이한우의 태종실록

태조·정종·세종실록에서 찾은

태종 이방원

이한우의 태종실록

이한우 옮김

삶과 세계에 대한 뿌리 깊은 지혜,
그 치밀한 기록

2001년부터 2007년까지 7년 동안 『조선왕조실록』을 완독했으니 완독을 끝마친 지 10년이 지났다. 그동안 관심은 사서삼경을 거쳐 진덕수(眞德秀)의 『대학연의(大學衍義)』, 『심경부주(心經附註)』에 이어 지금은 『문장정종(文章正宗)』 그리고 반고(班固)의 『한서(漢書)』 번역으로 확장돼왔다.

원점인 2001년으로 돌아가보자. 나는 왜 『조선왕조실록』을 다 읽기로 결심한 것일까? 그것은 다름 아닌 선조들의 정신세계를 탐구해 우리의 정신적 뿌리를 확인해보려는 것이었다. 그런데 정작 7년간의 실록 읽기가 끝났을 때는 이룬 것보다 앞으로 해야 할 일이 많음을 깨달았다. 우리 선조들의 뛰어난 능력과 치열했던 삶의 태도를 확인했지만 그 뿌리를 제대로 알지 못했던 것이다. 그래서 완독을 끝내자마자 시작한 것이 한문(漢文) 공부다. 위에서 언급한 책들은 한문 공부를 마치고서 우리나라에 번역되지 않은 탁월한 한문책들을 엄선해 우리말로 옮긴 것이다. 이때 중요한 것은 '우리말'이다.

우리말이란 대한민국에서 일정한 교육을 받은 사람들이 편안하게 쓰는 말을 뜻한다. 과도한 한자 사용을 극복하고 지나친 순우리말 또한 일정하게 거리를 뒀다. 그리고 쉬운 말로 풀어 쓸 수 있는 한자어는 가능한 다 풀어냈다. 그래서 나는 '덕(德)'이라는 말은 '은덕(恩

德)’이라고 할 때 외에는 쓰지 않는다. ‘다움’이 우리말이다. 부덕(不德)도 그래서 ‘부덕의 소치’라고 하지 않고 ‘임금답지 못한 때문’이라고 옮긴다.

특히 정치를 다룬 역사서에서 중요한 용어가 ‘의(議)’와 ‘논(論)’이다. 그런데 실록 원문에서는 분명히 이 둘을 엄밀하게 구분해 ‘의지(議之)’, ‘논지(論之)’라고 표현했는데, 번역 과정에서 의(議)도 의논이라고 번역하고 논(論)도 의논이라 번역하면 이는 원문의 뜻을 크게 왜곡하는 것이다. 의(議)란 책임 있는 의견을 내는 것을 말한다. 의정부(議政府)를 논정부(論政府)라고 해서는 안 되는 것과 같다. 논(論)은 일반적으로 책임을 떠나 어떤 사안에 대한 논리적 진단을 하는 것이다. 오늘날 ‘논객(論客)’이 그런 경우다. 그러나 ‘의객(議客)’이란 말은 애당초 성립할 수가 없다. 다만 법률과 관련해서는 의(議)보다 논(論)이 중요하다. 그래서 ‘논죄(論罪)’나 ‘논핵(論劾)’이라는 말은 현실적 구속력을 갖는다. 재판은 의견을 내는 것이 아니라 기존 법률에 입각해 죄의 경중을 논리적으로 가려내는 일이라는 점에서 논(論)이지 의(議)가 아닌 것이다. 이처럼 기존의 실록 번역은 예나 지금이나 정치에서 대단히 중요한 역할을 할 수밖에 없는 의(議)와 논(論)을 전혀 구분하지 않아 의미를 제대로 전달하지 못한다. 사실 이런 예는 일일이 거론하기 힘들 만큼 많다.

 이런 우리말화(化)에 대한 생각을 직접 번역으로 구현해내면서 다시 실록을 읽어보았다. 기존의 공식 번역은 한자어가 너무 많고 문투도 1970년대 식이다. 이래가지고는 번역이 됐다고 할 수가 없다. 게다가 너무 불친절해서 역주가 거의 없다. 전문가도 주(註)가 없으면 정확히 읽을 수 없는 것이 실록이다. 진덕수의 『문장정종』 번역을 통해 한문 문장의 문체에 어느 정도 눈을 뜨게 된 것도 실록을 다시 번역해야겠다는 결심을 부추겼다. 특히 실록의 뛰어난 문체가 기존의 번역 과정에서 제대로 드러나지 못했다는 인식이 있었기 때문에 이 점을 개선하는 데 많은 노력을 쏟았다. 그리고 사소한 오역은 그냥 두더라도 심한 오역은 주를 통해 바로잡았다. 누구를 비판하려는 것이 아니라 미래를 향한 개선의 기대를 담은 것이다.

 물론 이런 언어상의 문제 때문에 실록 번역에 뛰어든 것은 아니다. 실은 삶에 대한, 그리고 세계에 대한 깊은 지혜를 얻고 싶어서다. 이런 기준 때문에 여러 왕의 실록 중에 『태종실록(太宗實錄)』을 번역하기로 결심했다. 일기를 포함한 모든 실록 중에서 『태종실록』이야말로 어쩌면 오늘날 우리에게 반드시 필요한 지혜를 담고 있는지 모른다고 생각했기 때문이다.

지난 10년간 사서삼경과 진덕수의 책들을 공부하고 옮기는 과정에서 공자의 주장에 대해 새롭게 눈뜰 수 있었다. 그것은 다름 아닌 '일[事]'의 중요성이다. 성리학이 아닌, 공자의 주장으로서의 유학은 리더가 일하는 태도를 가르치는 이론이다. 기존의 학계는 성리학의 부정적 영향 때문인지 유학을 철학의 하나로만 국한해서 가르치는 경향이 있다. 그러나 내가 공부한 바에 따르면 공자는 리더의 바람직한 모습 그리고 그런 리더가 되기 위한 수양 과정을 지독할 정도로 치밀하게 이야기하고 가르쳤던 인물이다.

이런 깨우침에 기반을 두고서 이번에는 공자가 제시했던 지도자상을 태종이 얼마나 체화하고 구현했는지를 확인하고 싶었다. 이런 부분들을 주를 통해 드러낼 것이다. 그렇게 할 때 경학과 역사가 통합된 경사(經史) 통합적인 공부가 될 수 있다.

그렇다면 '왜 세종이 아니고 태종인가?'라는 질문을 던질 수 있겠다. 물론 세종의 리더십을 탐구하는 것도 대단히 중요하다. 그러나 그의 아버지 태종의 리더십을 충분히 탐구하지 않으면 세종에 대한 탐구는 피상적인 데 그칠 우려가 있다. 따라서 이 작업은 추후 세종의 리더십을 제대로 탐구하기 위한 기초 작업이기도 하다는 점을 밝혀둔다.

이 책에는 새로운 시도가 담겨 있다. '실록으로 한문 읽기'라는 큰 틀에서 번역을 진행했다. 월 단위로 원문과 연결 독음을 붙인 것도 그 때문이다. 번역문 중에도 어떤 말을 번역했는지를 대부분 알 수 있게 표시했고 번역 단위도 원문 단위와 거의 일치하기 때문에 어떤 문장을 어떻게, 심지어 어떤 단어를 어떻게 옮겼는지를 남김없이 알 수 있도록 했다. 물론 '착할 선(善)', '그 기(其)', '오를 등(登)' 수준의 뜻풀이는 생략했다. 아무런 의미가 없기 때문이다. 이러한 장치를 통해 조금이라도 살아 있는 한문을 익히고 우리 역사와 조상들의 사고방식을 가까이하는 데 도움이 되기를 바란다.

역주는 워낙 방대한 작업이기 때문에 앞에서 언급했다고 해서 다시 언급하지 않는 것이 아니라 그때그때 필요하면 중복되더라도 다시 달았다. 편집의 아름다운 완결성을 다소 희생하더라도 독자들의 읽는 재미와 속도를 감안했기 때문이다.

재위 1년 단위로 한 권씩 묶어 태종의 재위 기간 18년—18권을 기본으로 하고, 태조와 정종 때의 실록에 있는 기록과 세종 때의 실록에 담긴 상왕으로서의 기록을 묶은 1권을 별권으로 삼아 모두 19권으로 구성했다. 이를 통해 우리 사회에 태종의 리더십에 대한 제대로 된 탐구가 시작되기를 기대한다.

21세기북스 김영곤 대표의 결단이 없었다면 이 책은 세상에 나오지 못했을 것이다. 이 자리를 빌려 깊이 감사드린다. 더불어 계획 초기부터 함께 방향을 고민했던 정지은 이사와 편집 실무자들에게도 고맙다는 말을 전한다. 그리고 함께 공부하는 즐거움을 누리고 있는 우리 논어등반학교 대원들께 진심으로 고맙다는 말을 전하고 싶다. 마지막으로 내 글쓰기 작업의 원동력인 가족들에게도 깊은 감사를 올린다.

서울 상도동 보심서실(普心書室)에서

탄주(灘舟) 이한우

| 일러두기 |

1. 실록은 무엇보다 인물과 역사적 배경이 중요하기 때문에 문맥에서 필요한 범위 내에서· 충실하게 주(註)를 달았다.

2. 기존의 번역 중 미세한 오역이나 번역이 누락된 경우는 번역의 어려움을 감안해 지적하지 않았지만 중대한 오역이거나 향후 한문 번역에서 같은 잘못이 반복될 수 있다고 판단되는 경우에는 주를 통해 지적했다.

3. 간혹 역사적 흐름에 대한 설명이 필요한 경우 간략한 내용을 주로 달았다. 그러나 독자들의 해석과 평가에 영향을 미치지 않도록 최소한의 범위에서만 언급했다.

4. 『논어(論語)』를 비롯해 동양의 고전들을 인용한 경우가 많은데 기존의 번역에서는 출전을 거의 밝히지 않았다. 그러나 당시 우리 선조들이 실제 정치를 행사하는 데 고전의 도움을 얼마나 받았는지를 알려면 그들의 말과 글 속에 동양 고전들이 얼마나 자연스럽게 녹아 있는지를 살피는 것이 중요하다. 하여 확인 가능한 고전 인용의 경우 주를 통해 그 전거를 밝혔다.

5. 분량이 워낙 방대하기 때문에 설사 앞서 주를 통해 언급한 바 있더라도 다시 찾아보는 번거로움을 덜기 위해 중복이 되더라도 다시 주를 단 경우가 있음을 밝혀둔다.

6. '원문 읽기를 위한 도움말'의 경우 단조로운 문장은 그대로 두고 한문 문장의 독특한 구조를 보여주는 구문에 초점을 맞췄다.

7. 한자는 대부분 우리말로 풀어쓰고 대괄호([ ]) 안에 독음과 함께 한자를 표기했다. 그래서 '천명(天命)'이라고 표기한 경우도 있지만 대부분 '하늘의 명[天命]'이라는 방식으로 표기했다. 또한 한자 단어의 경우 독음을 붙여쓰기로 표기하여 한문 문장을 이해하는 데 도움이 되고자 했다.

8. 문단 맨 앞의 'O' 표시는 같은 날 다른 기사임을 구분한 것이다.

차
례

들어가는 말 · 4

일러두기 · 10

제1부 『태조실록』에서 본 이방원

태조 총서 · 15

태조 1년(1392년) 임신년 · 30

태조 2년(1393년) 계유년 · 50

태조 3년(1394년) 갑술년 · 72

태조 4년(1395년) 을해년 · 111

태조 5년(1396년) 병자년 · 113

태조 6년(1397년) 정축년 · 119

태조 7년(1398년) 무인년 · 126

제2부 『정종실록』에서 본 이방원

정종 1년(1399년) 기묘년 · 165

정종 2년(1400년) 경진년 · 177

제3부 『세종실록』 속의 상왕 태종

세종 즉위년(1418년) 무술년 · 279

세종 1년(1419년) 기해년 · 349

세종 2년(1420년) 경자년 · 427

세종 3년(1421년) 신축년 · 449

세종 4년(1422년) 임인년 · 463

제1부
『태조실록』에서 본 이방원

태조 총서

○ 환조의 배위(配位-배우자)는 의비(懿妃) 최씨(崔氏)이니, 증 문하시중(贈門下侍中) 영흥부원군(永興府院君) 시호(諡號) 정효공(靖孝公) 최한기(崔閑奇)의 딸이다. 지원(至元) 원년, 고려 충숙왕(忠肅王) 4년 을해(乙亥-1335년) 10월 11일 기미(己未)에 태조(太祖)를 화령부(和寧府)【곧 영흥부(永興府)이다.】 사제(私第)에서 낳았다. 태조는 나면서부터 총명했으며 우뚝한 콧마루와 임금다운 얼굴[龍顔]에, 신채(神彩)는 영특(英特)하고 준수(俊秀)하며 지략과 용맹이 남보다 월등하게 뛰어났다. 어릴 때 화령(和寧)과 함주(咸州) 사이에서 노니니, 북방 사람 중에 매를 구하는 사람들이 흔히 이렇게 말했다.

"이성계(李成桂)와 같이 뛰어나게 걸출(傑出)한 매를 얻고 싶다."

○ 공민왕 20년 신해(辛亥-1371년) 7월, 태조를 지문하부사(知門下府事-문하부 지사)로 삼고 이색(李穡)을 정당문학(政堂文學)으로 삼았다. 왕이 근신(近臣)에게 물었다.

"문신(文臣)인 이색과 무신(武臣)인 이성계(李成桂)가 같은 날에 문하성(門下省)에 들어왔는데, 조정의 의견은 어떤가?"

대개 인재 얻은 것을 스스로 장하게 여겼기 때문이다.

○ 처음에 환조(桓祖)가 세상을 떠나자 태조가 정안옹주(定安翁主)

김씨(金氏)를 맞이해서 서울의 제택(第宅)으로 왔는데, 그를 섬기기를 매우 공손히 했으며 매양 나아가 뵈올 적엔 항상 섬돌 아래에 꿇어앉았다. 공민왕이 태조를 공경하고 중히 여긴 까닭에 김씨의 아들 이화(李和, 1348~1408년)[1]를 사랑하고 우대해서 항상 금중(禁中)에 모시게 했으며, 자주 연회 자리를 만들어서 화(和)에게 음식물을 내려 어머니에게 드리게 했고, 또 교방(敎坊)의 음악을 내려주어 우대하고 총애함을 보였다. 태조도 임금의 내려주심을 영광스럽게 여겨서 전두(纏頭)[2]를 많이 주었고, 또 화 및 서형(庶兄) 이원계(李元桂)[3]

---

1 1388년(우왕 14년) 위화도회군에 참여해 회군공신에 봉해졌고, 1392년(공양왕 4년) 이방원이 정몽주를 격살하는 데 가담했다. 그해 이성계를 추대하는 데 참여해 개국공신 1등에 서훈되고 의안군(義安君)에 봉해졌다. 1398년(태조 7년) 1차 왕자의 난에 이방원을 도운 공으로 정사공신(定社功臣) 1등에 서훈되고, 1400년(정종 2년) 2차 왕자의 난에 다시 공을 세워 좌명공신(佐命功臣) 2등에 서훈됐다. 1407년(태종 7년) 7월에 영의정부사로 임명되자, 민무구(閔無咎)·민무질(閔無疾) 형제를 죄주고자 청하는 상소를 올려 민씨 형제가 결정적으로 불리해지게 만들었다. 당시 기공친(朞功親-기복·대공복·소공복에 해당하는 친척)·대공친(大功親-종형제자매·중손·중손녀 및 질부와 남편의 조부모 또는 백숙부모 및 질부 같은 겨레붙이) 이상의 종친은 관직 활동이 금지되고 있었는데 그가 지친으로서 의정부찬성사를 거쳐 영의정부사라는 최고 관직에 임명된 것은, 태종 때 태조의 직계가 아닌 왕족은 왕위 계승의 권외로 밀려나게 하는 대신 일반 문무관처럼 벼슬길에 나갈 수 있게 해주었기 때문이다.

2 가무(歌舞)하는 사람에게 주는 상금(賞金)이다.

3 태조 이성계(李成桂)의 이복형이다. 자식으로는 이양우(李良祐)·이천우(李天祐)·이조(李朝)·이백온(李伯溫) 등 아들 4형제와 딸 4명을 두었다. 공민왕 때 문과에 급제한 뒤 내부령(內府令)이 됐다. 1359년(공민왕 8년)과 1361년에 두 차례에 걸친 홍건적의 침입을 방어하는 데 활약했다. 특히 홍건적의 2차 침입 때는 조천주(趙天柱) 등과 함께 안우(安祐)의 휘하에 종군해서 홍건적을 격퇴하고 개경을 수복하는 데 공을 세웠다. 이러한 공과, 1363년 개경을 수복한 공과, 기해년(1359년)에 홍건적을 격퇴한 공으로 각각 이등공신에 책록되고 척산군(陟山君)에 봉해졌다. 1375년(우왕 1년) 원나라에서 고려 국왕으로 임명한 심왕(瀋王) 탈탈불화(脫脫不花)가 입국한다는 보고에 따라 국경 방비를 강화할 때, 동지밀직(同知密直)으로서 원수가 돼 서북 방어의 임무를 담당했다. 이어 1377년 나세(羅世)의 휘하로 종군, 강화에서 왜구를 격퇴했고, 1380년 왜구가 또다시 광주와 능성(綾城)·화순(和順)의 두 현(縣)을 침범하자 원수(元帥)로서 최공철(崔公哲)과 함께 전라도 방

와 더불어 항상 같이 거처하며 우애가 더욱 지극해서 그 어머니의 천안(賤案)을 모두 불살라 없애버렸다.

○처음에 환조(桓祖)가 세상을 떠나니, 이천계(李天桂)는 자기가 적사(嫡嗣)가 되는 까닭에 마음속으로 태조를 꺼리었다. 태조의 종 가운데 양민(良民)임을 호소하는 사람이 있었으니, 천계가 그 누이인 강우(康祐)의 아내와 모여 모의(謀議)하기를 양민(良民)임을 호소한 사람과 서로 결탁해서 난을 일으키려고 했으나 여의치 못했다. (그러나) 태조는 이 일을 마음에 두지 않고 그들을 처음과 같이 대접했다. 병진년 여름에 이르러 어떤 사람이 천계의 관하(管下) 사람의 이미 혼인한 아내를 빼앗자 천계가 노해서 구타해 죽이니, 천계를 마침내 옥에 내려 가두었다. 일찍이 천계가 권세를 부리는 재상(宰相)을 꾸짖어 욕한 일이 있었는데, 재상이 드디어 그전 감정으로써 장차 그를 죽이려고 했다. 태조가 변명하여 구원하고 힘써 청했으나 마침내 구원해 내지 못했으므로, 이를 매우 슬피 여겨서 여러 고아(孤兒)를 어루만져 양육했으며 무릇 장가들고 시집가는 일들을 모두 자기가 주관(主管)했다. 강우(康祐)의 아내가 집이 가난하니 태조가 이를 불쌍히 여겨서 노비(奴婢)를 많이 주어 그 생업을 넉넉히 해주었고, 개국

어의 임무를 맡았다. 같은 해 황산싸움에서 양광도순검사(楊廣道巡檢使)로서 원수로 임명되어, 양광·전라·경상도 도순찰사(都巡察使)인 이성계(李成桂)를 도와 왜구를 격퇴하는 데 공을 세워서 추충절의보리공신(推忠節義輔理功臣) 삼중대광(三重大匡) 완산군(完山君)에 봉해졌다. 1388년 요동정벌 때는 우군도통사(右軍都統使) 이성계 휘하의 팔도도통사 조전원수(八道都統使助戰元帥)로 출전했다가 회군 5개월 뒤 죽었다.

(開國) 후에는 천계의 아들들을 모두 높은 관작에 임명했다.

○ 신우(辛禑) 8년 임술(壬戌-1382년) 가을 7월, 태조를 동북면 도지휘사(東北面都指揮使)로 삼았다. 이때 여진(女眞) 사람 호발도(胡拔都)가 동북면의 인민을 사로잡아 가자, 태조가 그 도(道)의 군무(軍務)를 대대로 관장해서 본래부터 위신(威信)이 드러나 있었기 때문에 태조를 보내 그들을 위로하고 어루만져주게 했다. 한산군(韓山君) 이색(李穡)이 시(詩)를 지어 전송했다.

"송헌(松軒-이성계의 호)의 담기(膽氣)가 무신(武臣)을 뒤덮으니,

만리장성(萬里長城)이 한 몸에 맡겨졌네.

분주하면서 몇 번이나 다사(多事)한 시기를 지냈던고,

돌아오면 함께 태평한 날을 즐길 것이네.

지금은 대세(大勢)가 종사(宗社)에 관계되는데,

하물며 이 선봉(先鋒)은 귀신같음에랴.

양조(兩朝-공민왕과 우왕)에 같이 벼슬하니 정(情)이 얕지 않건만,

다만 시율(詩律)을 지어 가는 것을 전송하노라!"

○ 신우(辛禑) 14년 무진(戊辰-1388년) 정월, 이때 시중(侍中-재상) 이인임(李仁任, ?~1388년)⁴이 권세를 마음대로 부리자 그의 무리 영

---

4 처음 문음(門蔭)으로 전객시승(典客寺丞)이 된 후 전법총랑(典法摠郎)을 거쳐 1358년(공민 7년)에 좌부승선(左副承宣)이 됐다. 이듬해 12월 홍건적이 침입해 의주를 함락시키자 서경존무사(西京存撫使)에 임명돼 홍건적에 대비했고, 1361년의 재차 침입했을 때에도 크게 활약했다. 1362년 8월 판개성부사로서 서북면도지휘사, 이듬해 2월 첨의평리로

삼사(領三司) 임견미(林堅味), 좌사(左使) 염흥방(廉興邦), 찬성사(贊成事) 도길부(都吉敷) 등이 요로(要路)에 나눠 점거해서, 돈을 받고 관작을 팔며 남의 전정(田丁)을 빼앗는 등 그 탐욕과 포학을 자행하니 관청과 민간이 빈곤해졌다. 태조가 최영과 더불어 그들의 하는 짓을 분히 여겨 마음을 같이하고 힘을 합쳐 우왕을 인도해서 이들을 제거하니, 온 나라가 크게 기뻐하며 길가는 사람이 노래하고 춤추었다. 견미(堅味) 등이 참형(斬刑)을 당하자, 태조를 수문하시중(守門下侍中)

서 서북면도순문사 겸 평양윤이 됐고, 윤3월에는 수복경성공신(收復京城功臣) 1등에 봉해졌다. 5월 원나라가 덕흥군(德興君-충선왕의 셋째 아들)을 왕으로 삼아 고려에 들이려 하자 평양윤이 되어, 덕흥군 일파의 침략을 물리친 출정군의 식량을 조달하는 일을 담당했다. 같은 해 11월 기해격주홍적공신(己亥擊走紅賊功臣) 2등에 봉해졌다. 이어 삼사우사(三司右使)·도첨의찬성사(都僉議贊成事)가 되고, 1368년(공민왕 17년) 12월 좌시중(左侍中)이 되었다. 1374년(공민 23년) 4월 잠시 면직됐다가, 6월 수문하시중(守門下侍中)에 임명되고 광평부원군(廣平府院君)에 책봉됐다. 공민왕이 피살되고 명덕태후(明德太后)와 시중 경복흥(慶復興)이 종친을 새로운 왕으로 세우려 하자, 자신의 일파와 모의해 나이 10세의 어린 우왕을 즉위시켰다. 한편 당시 고려에 와 있던 명나라 사신 채빈(蔡斌)이 공민왕 피살사건을 본국에 보고해 책임이 재상인 자신에게 돌아올까 염려해서, 일을 마치고 돌아가는 채빈을 호송관 김의(金義)로 하여금 살해토록 하고 그동안 배척당했던 원나라와 가깝게 지내려고 했다. 이에 삼사좌윤(三司左尹) 김구용(金九容), 전리총랑(典理摠郎) 이숭인(李崇仁), 전의부령(典儀副令) 정도전(鄭道傳), 삼사판관(三司判官) 권근(權近)이 정부의 친원정책을 비판하자 우헌납 이첨(李詹)이 이인임과 찬성사 지윤(池奫)의 죄목을 열거하며 이들을 목 벨 것을 상소했는데, 최영(崔瑩)·지윤 등과 합심해서 이첨·전백영을 사기죄로 몰아 유배시켰고, 김구용·이숭인·정몽주(鄭夢周)·임효선(林孝先)·정사도(鄭思道)·박형(朴形)·이성림(李成林) 역시 자신을 해치려 한다며 모두 유배시켰다. 반대세력을 제거한 뒤로, 지윤·임견미(林堅味)·염흥방(廉興邦)과 함께 권력을 휘두르며 관직과 옥(獄)을 팔고 전국에 걸쳐 토지와 노비를 축적하는 등 탐학을 일삼았다. 1381년(우왕 7년) 2월 문하시중(門下侍中), 이듬해 6월 영문하부사(領門下府事)를 거쳐, 1384년 9월 판문하부사, 1386년 8월 좌시중이 됐다가 이듬해 8월 노환으로 사직했다. 1388년에 염흥방의 가노(家奴) 이광(李光)이 주인의 권세를 배경으로 전 밀직부사 조반(趙胖)의 토지를 빼앗자 이에 격분한 조반이 이광을 죽였다. 이에 염흥방이 조반을 국가모반죄로 몰아 순군(巡軍)에 가두고 심하게 고문한 사건이 발생했다. 이를 계기로 그동안 기회를 엿보던 우왕·최영·이성계 등이 오히려 염흥방·임견미·왕복해(王福海) 등을 처단하고 그 일파를 유배시켰는데, 이때 이인임도 경산부로 옮겨졌다가 곧 죽었다.

으로 삼았다.

○ 태조는 본래부터 유술(儒術-유학)을 존중해서, 비록 군중(軍中)에 있더라도 매번 창을 던진 뒤 휴식할 동안에는 유사(儒士) 유경(劉敬) 등을 인접(引接)해서 경사(經史)를 토론(討論)했고, 더욱이 진덕수(眞德秀)[5]의 『대학연의(大學衍義)』 보기를 좋아해 혹은 밤중에 이르도록 자지 않았으며, 개연(慨然)히 세상의 도의(道義)를 만회(挽回)할 뜻을 가졌다.

○ 애초에 신의왕후(神懿王后-한씨)는 (경기도) 포천(抱川) 재벽동(滓甓洞)의 전장(田莊)에 있고 강비(康妃)는 포천 철현(鐵峴)의 전장에 있었는데, 전하(殿下-태종)께서 전리 정랑(典理正郎-이조정랑)이 돼 서울(-개경)에 있다가 변고가 발생했다는 말을 듣고 사제(私第)에 들지 않고 곧 말을 달려 포천에 이르니, 일을 주간하는 노복(奴僕)들은 이미 다 흩어져 도망간 상태였다. 전하께서 왕후(王后)와 강비(康妃)를 모시고 동북면을 향해 갔는데, 말을 탈 때나 말에서 내릴 때나 전하께서 모두 친히 부축해주었으며 스스로 허리춤에 불에 익힌 음식을 싸가지고 봉양했다. 경신공주(慶愼公主)·경선공주(慶善公主)·무안군(撫安君)·소도군(昭悼君)이 모두 어린 나이에도 또한 따라왔으므로, 전하께서 자기가 안아서 말에 태웠으며 길이 험하고 물이 깊은 곳에는 전하께서 또한 말을 이끌기도 했다. 가는 길이 매우 험하고 양

---

5   송나라 정치가이자 유학자다.

식이 모자라서 길가의 민가(民家)에서 밥을 얻어먹었다. 철원관(鐵原關)을 지나다가 관리들이 붙잡으려고 한다는 말을 전해 듣고는 밤을 이용해 몰래 가면서, 감히 남의 집에 들어가지 못하고 들판에 유숙했다. (강원도) 이천(伊川)에 있는 한충(韓忠)의 집에 이르러서는 가까운 마을의 장정(壯丁) 100여 명을 모아서 항오(行伍)를 나눠 변고를 대비(待備)케 하면서 말했다.

"최영은 일을 환하게 알지 못하는 사람이니, 반드시 능히 나를 뒤쫓지는 못할 것이다. 비록 오더라도 나는 두려워하지 않을 것이다."

7일 동안을 머물다가 일이 안정된 것을 듣고는 돌아왔다. 애초에 최영이 영을 내려 정벌에 나간 여러 장수의 처자(妻子)를 가두고자 했으나, 조금 후에 일이 급박해지자 과연 시행하지 못했다.

○ (1392년) 3월, (공양왕의 아들인) 세자(世子) 석(奭)이 중국에 조현(朝見)하고 돌아오니, 태조가 황주(黃州)에 나가서 맞이하고 드디어 해주(海州)에서 사냥했다. 장차 길을 떠나려 하자 무당 방올(方兀)이 강비(康妃)에게 말했다.

"공(公)의 이번 행차는, 비유하건대 사람이 100척(尺)의 높은 다락에 오르다가 실족(失足)해 떨어져서 거의 땅에 이르자 만인(萬人)이 모여서 받드는 것과 같습니다."

강비가 매우 근심했다. 태조가 활을 쏘아 사냥하면서 새를 쫓다가 말이 진창에 빠져 넘어져서, 드디어 떨어져 몸을 다쳐 교자(轎子)를 타고 돌아왔다. 공양왕이 중사(中使)를 연달아 보내 문병(問病)했다. 애초에 정몽주(鄭夢周)가 태조의 위엄과 덕망이 날로 성해서 조정과 민간이 진심으로 붙좇음을 꺼려 했는데, 태조가 말에서 떨어졌다는 말을 듣고는 기뻐하는 기색을 띠면서 기회를 타 태조를 제거하고자 대간(臺諫)을 사주해서 말했다.

"먼저 그의 보좌역(補佐役)인 조준(趙浚) 등을 제거한 후에 그를 도모할 것이다."

이에 태조의 친근하고 신임이 있는 삼사좌사(三司左使) 조준(趙浚), 전 정당문학(政堂文學) 정도전(鄭道傳), 전 밀직부사(密直副使) 남은(南誾), 전 판서(判書) 윤소종(尹紹宗), 전 판사(判事) 남재(南在), 청주목사(淸州牧使) 조박(趙璞)을 탄핵하니, 공양왕이 그 글을 도당(都堂-조선 시대 의정부에 해당하는 도평의사사)에 내렸다. 몽주(夢周)가 중간에서 이를 선동(煽動)해서 조준 등 6인을 모두 먼 곳으로 귀양 보내고, (이어서) 그 무리 김귀련(金龜聯)·이반(李蟠) 등을 조준·정도전·남은의 귀양 간 곳으로 나눠 보내 그들을 국문(鞫問)해서 죽이고자 했다. 김귀련 등이 길을 떠나려 할 적에 우리 전하(殿下-태종)께서는 모친상[內憂]을 당해 속촌(粟村)의 무덤 옆에서 여막(廬幕)살이를 하고 있었는데, 이제(李濟)가 차와 과일을 준비해서 가니 전하(殿下)가 이제에게 말했다.

"몽주는 반드시 우리 집에 이롭지 못하니, 마땅히 이를 먼저 제거해야 되겠다."

이제가 말했다.

"예! 예! 지당한 말씀입니다."

태조가 벽란도(碧瀾渡)에 이르러 유숙하니, 전하가 달려와 아뢰었다.

"몽주가 반드시 우리 집을 모함(謀陷)할 것입니다."

태조는 대답하지 않았다. 또 아뢰어 말했다.

"마땅히 곧 서울로 들어가셔야 할 것입니다. 유숙할 수가 없습니다."

태조께서 허락하지 않다가 굳게 청한 후에야 병을 참고 밤에 행차하니, 전하가 태조를 부축해서 저택(邸宅)에 이르렀다.

○ 정몽주(鄭夢周)가 성헌(省憲-사헌부 사간원)을 사주해서 번갈아 글을 올려 조준(趙浚)·정도전(鄭道傳) 등을 목 베기를 청하니, 태조가 아들 이방과(李芳果)와 아우 화(和), 사위 이제(李濟) 및 휘하의 황희석(黃希碩)·조규(趙珪) 등을 보내 대궐에 나아가 아뢰어 말했다.

"지금 대간(臺諫)은 전하(殿下)를 왕으로 세울 때 조준이 다른 사람을 세울 의논이 있었으나 신(臣)이 이 일을 저지(沮止)시켰다고 논핵(論劾)하는데, 조준이 의논한 사람이 어느 사람이며 신이 이를 저지시킨 말을 들은 사람은 누구입니까? 청컨대, 조준 등을 불러와서 대간(臺諫)과 더불어 조정에서 변론하게 하소서."

이 말을 주고받기를 두세 번 했으나 공양왕은 듣지 않았고 여러 소인의 참소와 모함은 더욱 급하므로, 화(禍)가 알 수 없는 지경에 이르렀다. 우리 전하(殿下-태종)께서 몽주(夢周)를 죽이기를 청하니 태조가 허락하지 않았다. 전하가 나가서 상왕(上王-정종)과 이화(李和), 이제(李濟)와 더불어 의논하고는 또 들어와서 태조에게 아뢰어 말했다.

"지금 몽주 등이 사람을 보내 도전(道傳) 등을 국문(鞫問)하면서 그 공사(供辭)를 우리 집안에 관련시키고자 하니, 사세(事勢)가 이미 급하온데 장차 어찌해야 하겠습니까?"

태조가 말했다.

"죽고 사는 것은 명(命)이 있으니, 다만 마땅히 순리대로 받아들일 뿐이다."

(이어) 우리 전하에게 말했다.

"속히 여막(廬幕)으로 돌아가서 너의 대사(大事-모친상)를 마치도록 하라."

전하가 남아서 병환을 시중들기를 두세 번 청했으나 마침내 허락하지 않았다. 전하가 하는 수 없이 나와서 숭교리(崇敎里)의 옛 저택(邸宅)에 이르러, 사랑에 앉아 있으면서 근심하고 조심해서 결정하지 못했다. 조금 후에 문을 두드리는 소리가 나므로 급히 나가보니 광흥창사(廣興倉使) 정탁(鄭擢)이었다. 정탁이 극언(極言)해 말했다.

"백성의 이해(利害)가 이 시기에 결정되는데도 여러 소인의 반란을 일으킴이 저와 같은데, 공(公)은 어디로 가십니까? 왕후(王侯)와 장상(將相)이 어찌 혈통(血統)이 있겠습니까?"

이렇게 간절히 말했다. 전하가 즉시 태조의 사제(私第)로 돌아와 상왕(上王)과 이화(李和), 이제(李濟)와 의논해서 이두란(李豆蘭)으로 하여금 몽주를 치고자 하니, 두란(豆蘭)이 말했다.

"우리 공(公-태조)께서 모르는 일을 내가 어찌 감히 하겠습니까?"

전하가 말했다.

"아버님께서 내 말을 듣지 아니하시지만, 그러나 몽주는 죽이지 않을 수 없으니 내가 마땅히 그 허물을 책임지겠다."

휘하 인사(人士) 조영규(趙英珪)를 불러 말했다.

"이씨(李氏)가 왕실(王室)에 공로가 있는 것은 나라 사람들이 모두 알고 있으나 지금 소인의 모함을 당했으니, 만약 스스로 변명하지 못하고 손을 묶인 채 살육을 당한다면 저 소인들은 반드시 이씨(李氏)에게 나쁜 평판을 뒤집어씌울 것이다. 뒷세상에서 누가 능히 이 사실을 알겠는가? 휘하의 인사들이 많은데, 그중에 한 사람도 이씨(李氏)를 위해 힘을 쓸 사람이 없는가?"

영규(英珪)가 개연(慨然)히 말했다.

"감히 명령대로 하지 않겠습니까?"

영규·조영무(趙英茂)·고여(高呂)·이부(李敷) 등으로 하여금 도평의사사(都評議使司)에 들어가서 몽주를 치게 했는데, 변중량(卞仲良)이 그 계획을 몽주에게 누설했다. 몽주가 이를 알고 태조의 사제(私第)에 나아와서 병을 위문했으나, 실상은 변고를 엿보고자 함이었다. 태조는 몽주를 대접하기를 전과 같이 했다. 이화가 우리 전하에게 아뢰어 말했다.

"몽주를 죽이려면 이때가 그 시기입니다."

이미 계획을 정하고 나서 이화가 다시 말했다.

"공(公)이 노하시면 두려운 일인데, 어찌하겠습니까?"

의견이 결정되지 못하니 전하가 말했다.

"기회는 잃어서는 안 된다. 공이 노하시면 내가 마땅히 대의(大義)로써 아뢰어 위로해 풀도록 하겠다."

이에 노상(路上)에서 치기로 모의했다. 전하가 다시 영규에게 명해 상왕(上王)의 저택(邸宅)으로 가서 칼을 가지고 바로 몽주의 집 동리

입구에 이르러 몽주를 기다리게 하고, 고여·이부 등 두서너 사람으로 그 뒤를 따라가게 했다. 몽주가 집에 들어왔다가 머물지 않고 곧 나오니, 전하는 일이 성공되지 못할까 두려워 친히 가서 지휘하고자 했다. 문밖에 나오니 휘하 인사의 말이 안장을 얹은 채 밖에 있는지라, 드디어 이를 타고 달려서 상왕(上王)의 저택에 이르러 몽주가 지나갔는가 아니 갔는가를 물었다.

"지나가지 않았습니다."

전하가 다시 방법과 계책을 지시하고 돌아왔다. 이때 전 판개성부사(判開城府事) 유원(柳源)이 죽자 몽주가 지나면서 그 집에 조상(弔喪)하느라고 지체했는데, 이 때문에 영규 등이 무기(武器)를 준비하고 기다리게 됐다. 몽주가 이르자 영규가 달려가서 쳤으나, 맞지 아니했다. 몽주가 그를 꾸짖고 말을 채찍질해 달아났으나, 영규가 쫓아가 말머리를 치자 말이 넘어졌다. 몽주가 땅에 떨어졌다가 일어나서 급히 달아나니, 고여 등이 쫓아가서 그를 죽였다. 영무가 돌아와서 전하에게 이 사실을 아뢰니, 전하가 들어가서 태조에게 알렸다. 태조는 크게 노해 병을 참고 일어나서 전하에게 말했다.

"우리 집안은 본디 충효(忠孝)로써 세상에 알려졌는데, 너희들이 마음대로 대신(大臣)을 죽였다. 나라 사람들이 내가 이 일을 몰랐다고 여기겠는가? 부모가 자식에게 경서(經書)를 가르치는 것은 그 자식이 충성하고 효도하기를 원한 것인데, 네가 감히 불효(不孝)한 짓을 이렇게 하니 내가 사약을 마시고 죽고 싶은 심정이다."

전하가 대답했다.

"몽주 등이 장차 우리 집을 모함하려고 하는데 어찌 앉아서 망하기를 기다리는 것이 이치에 부합하겠습니까? (몽주를 살해한) 이것이 곧 효도가 되는 까닭입니다."

태조가 성난 기색이 한창 성하자 강비(康妃)가 곁에 있으면서 감히 말하지 못하는지라, 전하가 말했다.

"어머니께서는 어찌 변명해주지 않습니까?"

강비가 노기(怒氣)를 띠고 고했다.

"공(公)은 항상 대장군(大將軍)으로서 자처(自處)했는데, 어찌 놀라고 두려워함이 이 같은 지경에 이릅니까?"

전하가 말했다.

"마땅히 휘하의 인사들을 모아서 뜻밖의 변고에 대비(待備)해야겠다."

즉시 장사길(張思吉) 등을 불러 휘하 군사들을 거느리고 빙 둘러싸서 지키게 했다. 이튿날 태조는 마지못해 황희석(黃希碩)을 불러 말했다.

"몽주 등이 죄인과 한편이 되어서 대간(臺諫)을 몰래 꾀어 충량(忠良)을 모함하다가 지금 이미 복죄(伏罪)해 처형(處刑)됐으니, 마땅히 조준·남은 등을 불러와서 대간과 더불어 변명하게 할 것이다. 경(卿)이 가서 왕에게 이 사실을 아뢰라."

희석(希碩)이 의심을 품고 두려워해 말없이 쳐다보고만 있었다. 이제가 곁에 있다가 성난 목소리로 꾸짖으므로, 희석이 대궐에 나아가서 상세히 고하니 공양왕이 말했다.

"대간(臺諫)을 탄핵당한 사람들과 맞서서 변명하게 할 수는 없다. 내가 장차 대간을 밖으로 내어 보낼 것이니, 경(卿) 등은 다시 말하지 말라."

이때 태조는 노기(怒氣)로 인해 병이 대단해서 말을 할 수 없는 지경에 이르렀다. 전하가 말했다.

"일이 급하다."

비밀리에 이자분(李子芬)을 보내 조준·남은 등을 불러 돌아오게 할 의사로서 개유(開諭)하고, 또 상왕(上王-정종)과 이화·이제 등과 더불어 의논한 뒤 상왕을 보내 공양왕에게 아뢰었다.

"만약 몽주의 무리를 문죄(問罪)하지 않는다면 신(臣) 등을 죄주기를 청합니다."

공양왕이 마지못해 대간(臺諫)을 순군옥(巡軍獄)에 내려 가두고 또 말했다.

"마땅히 외방(外方)에 귀양 보내야 할 것이나, 국문(鞫問)할 필요는 없다."

조금 후에 판삼사사(判三司事) 배극렴(裵克廉), 문하평리(門下評理) 김주(金湊), 동순군 제조(同巡軍提調) 김사형(金士衡) 등에게 명해 대간을 국문하게 하니, 좌상시(左常侍) 김진양(金震陽)이 말했다.

"몽주·이색(李穡)·우현보(禹玄寶)가 이숭인(李崇仁)·이종학(李種學)·조호(趙瑚)를 보내 신(臣) 등에게 이르기를 '판문하(判門下) 이성계(李成桂)가 공(功)을 믿고 제멋대로 권세를 부리다가 지금 말에서 떨어져 병이 위독하니, 마땅히 먼저 그 보좌역(補佐役)인 조준 등을 제거한 후에 이성계를 도모할 것이다'라고 했습니다."

이에 이숭인·이종학·조호를 순군옥(巡軍獄)에 가두었다가, 조금 후에 김진양과 우상시(右常侍) 이확(李擴), 우간의(右諫議) 이래(李來),

좌헌납(左獻納) 이감(李敢), 우헌납(右獻納) 권홍(權弘), 사헌집의(司憲執義) 정희(鄭熙)와 장령(掌令) 김묘(金畝)·서견(徐甄), 지평(持平) 이작(李作)·이신(李申)과 이숭인·이종학을 먼저 먼 지방에 귀양 보냈다. 형률(刑律)을 다스리는 사람이 말했다.

"김진양 등의 죄는 참형(斬刑)에 해당합니다."

태조가 말했다.

"내가 사람 죽이기를 좋아하지 않은 지가 오래되었다. 진양 등은 몽주의 사주(使嗾)를 받았을 뿐이니, 어찌 함부로 형벌을 쓰겠는가?"

"그렇다면 마땅히 호되게 곤장을 쳐야 할 것입니다."

태조가 말했다.

"이미 이들을 용서했는데, 어찌 곤장을 칠 필요가 있겠는가?"

진양 등이 이로 말미암아 형벌을 면하게 됐다.

태조 1년(1392년) 임신년

8월

병진일(丙辰日-7일)에 강씨(康氏)를 세워 현비(顯妃)로 삼았다.

○ 왕자들을 여러 군(君)에 봉(封)했다. 방우(芳雨)를 진안군(鎭安君)이라 하고, 방과(芳果)【상왕(上王)의 구휘(舊諱)】[6]를 영안군(永安君)이라 하여 의흥친군위 절제사(義興親軍衛節制使)로 삼았으며, 방의(芳毅)를 익안군(益安君), 방간(芳幹)을 회안군(懷安君), 방원(芳遠)【금상(今上)의 휘(諱)】을 정안군(靖安君)이라 하고 서자(庶子) 방번(芳蕃)을 무안군(撫安君)이라 하여 의흥친군위 절제사로 삼았다. 부마(駙馬) 이제(李濟)를 흥안군(興安君)이라 하여 의흥친군위 절제사로 삼고, 서형(庶兄) 원계(元桂)의 아들 양우(良祐)를 영안군(寧安君)이라 했다.

정사일(丁巳日-8일)에 지금의 전하(殿下-태종)를 동북면(東北面)에 보내서 사대(四代)의 능실(陵室)에 제사를 지내며 왕위에 오른 일을 고하고 마침내 능호(陵號)를 올리니, 황고(皇考)는 정릉(定陵), 황비(皇

---

6 원래 임금의 경우에는 이름을 피하기[避諱] 때문에 방과(芳果)라는 이름이 『정종실록』 이후에는 없다. 뒤에 나오는 방원(芳遠)도 마찬가지로 『태종실록』 이후에는 이름이 나오지 않는다.

姒)는 화릉(和陵), 황조(皇祖)는 의릉(義陵), 황조비(皇祖妣)는 순릉(純陵), 황증조(皇曾祖)는 지릉(智陵), 황증조비(皇曾祖妣)는 숙릉(淑陵), 황고조(皇高祖)는 덕릉(德陵), 황고조비(皇高祖妣)는 안릉(安陵)이라고 했다.

임술일(壬戌日-13일)에 도평의사사(都評議使司-훗날의 의정부)에 명을 내려 한양(漢陽)으로 도읍(都邑)을 옮기게 했다.

기사일(己巳日-20일)에 어린 서자(庶子) 방석(芳碩)을 세워 왕세자로 삼았다. 애초에 공신(功臣) 배극렴(裵克廉)·조준(趙浚)·정도전(鄭道傳)이 세자를 세울 것을 청하면서 나이와 공로로써 청하고자 하니 상이 강씨(康氏)를 존중해 뜻이 방번(芳蕃)에 있었으나, 방번은 광망(狂妄)하고 경솔해서 볼품이 없었으므로 공신들이 이를 어렵게 여겨 남몰래 서로 일러 말했다.

"만약에 반드시 강씨(康氏)가 낳은 아들을 세우려 한다면 막내아들이 조금 낫겠다."

이때에 이르러 상이 물었다.

"누가 세자가 될 만한 사람인가?"

장자(長子-덕망이 있는 아들)를 세워야만 한다거나 공로가 있는 사람을 세워야 한다고 간절히 말하는 사람이 없었다. 극렴이 말했다.

"막내아들이 좋습니다."

상이 드디어 뜻을 결정해 세자로 세웠다.

○ 교지(敎旨)를 내려 개국공신(開國功臣)의 위차(位次)를 정하게

했다.

"고려 왕조의 임금 자리는, 공민왕이 아들이 없이 세상을 떠남으로써 요망한 중 신돈(辛旽)의 아들 우(禑)가 사이를 틈타 도둑질해 차지해서, 주색(酒色)에 빠져 무도(無道)한 짓을 하고 마음대로 살육(殺戮)을 행했다. 무진년(戊辰年-1388년)에 함부로 군대를 일으켜 장차 상국(上國)의 국경을 범하려고 하니, 여러 장수가 대의(大義)에 의거해 군사를 돌이켰다. 우(禑)는 그제야 그 죄를 스스로 알고서 아들 창(昌)에게 왕위를 전했다. 왕씨(王氏)가 이미 끊어진 것이 16년이 되자, 그래도 오히려 종친(宗親) 중에서 골라 정창부원군(定昌府院君) 요(瑤-왕요)로 하여금 임시로 국사(國事)를 서리(署理)하게 했다. 요(瑤)는 혼미(昏迷)하고 법도에 어긋나서, 먼 앞날을 헤아리는 대체(大體)를 잊고 눈앞의 작은 이익만 보았다. 그 사친(私親)이 있는 것만 알고 공신(功臣)이 있는 것은 알지 못하며, 전제(田制)는 그 경계(經界)의 바른 것을 싫어하고 공름(公廩)은 자식과 사위의 봉양(奉養)에 다 없어졌다. 무릇 정인(正人)·군자(君子)에게는 다만 시기하고 꺼릴 뿐 아니라 반드시 죄를 가하고자 하며, 참소하고 아첨해 면전(面前)에서 알랑대는 자에게는 다만 친근히 할 뿐 아니라 빠짐없이 임용했다. 상벌(賞罰)은 규칙이 없어서 국법(國法)이 무너지고 용도(用度)는 절제(節制)가 없어서 백성의 재물을 해쳤으며 다만 인아(姻婭-친인척)와 부시(婦寺-부인과 환관)의 말만 듣고 곧은 말을 하는 선비는 모두 내쫓았으니, 백성이 원망하고 신(神)이 노해 요얼(妖孼)이 자주 일어나고 화란(禍亂)의 기미가 날로 발생해서 그치지 않았다.

(이에) 문하좌시중(門下左侍中) 배극렴(裵克廉), 우시중(右侍中) 조준

(趙浚), 문하시랑찬성사(門下侍郎贊成事) 김사형(金士衡)·정도전(鄭道傳) 및 흥안군(興安君) 이제(李濟)와 의안백(義安伯) 이화(李和), 참찬문하부사(參贊門下府事) 정희계(鄭熙啓)·이지란(李之蘭), 판중추원사(判中樞院事) 남은(南誾), 지중추원사(知中樞院事) 장사길(張思吉), 첨서중추원사(僉書中樞院事) 정총(鄭摠), 중추원 부사(中樞院副使) 조인옥(趙仁沃), 중추원 학사(中樞院學士) 남재(南在), 예조 전서(禮曹典書) 조박(趙璞), 대장군(大將軍) 오몽을(吳蒙乙)·정탁(鄭擢) 등은 천명(天命)의 거취(去就)와 인심(人心)의 향배(向背)를 알고 백성과 사직(社稷)의 대의(大義)로써 의심을 판단하고 계책을 결정해서, 과궁(寡躬-과인)을 추대해 대업(大業)을 함께 이뤄 그 공이 매우 컸으니, 황하(黃河)가 띠와 같이 좁아지고 태산(泰山)이 숫돌과 같이 작게 돼도 잊기가 어렵도다!

판삼사사(判三司事) 윤호(尹虎), 공조전서(工曹典書) 이민도(李敏道), 대장군(大將軍) 박포(朴苞), 예조 전서(禮曹典書) 조영규(趙英珪), 지중추원사 조반(趙胖), 평양윤(平壤尹) 조온(趙溫), 동지중추원사(同知中樞院事) 조기(趙琦), 좌부승지(左副承旨) 홍길민(洪吉旼), 성균 대사성(成均大司成) 유경(劉敬), 판사복시사(判司僕寺事) 정용수(鄭龍壽), 판군자감사(判軍資監事) 장담(張湛) 등은 모의(謀議)에 참여해서 과궁을 추대했으니, 그 공이 또한 크다.

도승지 안경공(安景恭), 중추원부사(中樞院副使) 김균(金稇), 전 한양윤(漢陽尹) 유원정(柳爰廷), 전 지신사(知申事) 이직(李稷), 좌승지 이근(李懃), 호조 전서(戶曹典書) 오사충(吳思忠), 형조 전서(刑曹典書) 이서(李舒), 판전중시사(判殿中寺事) 조영무(趙英茂), 전 예조판서 이

백유(李伯由), 판봉상시사(判奉常寺事) 이부(李敷), 상장군(上將軍) 김로(金輅)·손흥종(孫興宗), 사헌 중승(司憲中丞) 심효생(沈孝生), 전의감(典醫監) 고여(高呂), 교서감(校書監) 장지화(張至和), 개성 소윤(開城少尹) 함부림(咸傅霖) 등은 고려 왕조의 정치가 문란할 때를 당해 과궁에게 뜻을 두어 오늘날에 이르기까지 지조를 굳게 지키고 변하지 않았으니, 그 공이 칭찬할 만하다!

위에 말한 사람들에게는 차례대로 공신(功臣)의 칭호를 내리고, 그 포상(褒賞)의 전례(典禮)는 유사(有司)에서 거행할 것이다. 중추원사(中樞院使) 김인찬(金仁贊)은 불행히 죽었지만, 일찍이 극렴 등이 의심스러운 일을 판단하고 계책을 결정해서 과궁을 추대할 때 마음을 같이해 서로 도왔으니 그 공이 매우 크다. 아울러 극렴의 예(例)에 의거해 시행하라."

임신일(壬申日-23일)에 손흥종(孫興宗)·황거정(黃居正)·김로(金輅) 등이 조정에 돌아왔으나, 경상도에 귀양 간 이종학(李種學)·최을의(崔乙義)와 전라도에 귀양 간 우홍수(禹洪壽)·이숭인(李崇仁)·김진양(金震陽)·우홍명(禹洪命)과 양광도(楊廣道)에 귀양 간 이확(李擴)과 강원도에 귀양 간 우홍득(禹洪得) 등 8인은 죽었다. 상이 이 소식을 듣고 노해서 말했다.

"장(杖) 100대 이하를 맞은 사람이 모두 죽었으니, 무슨 까닭인가."

숭인(崇仁)은 성주(星州) 사람으로서 자(字)는 자안(子安)이고 호(號)는 도은(陶隱)이니, 성산군(星山君) 이원구(李元具)의 아들이다.

고려 지정(至正) 경자년(庚子年-1360년)에 나이 14세로서 성균시(成均試-진사시)에 합격하고, 임인년(壬寅年-1362년)에 예위시(禮闈試-조선의 복시) 병과(丙科) 제2인에 합격해 예문 수찬(藝文修撰)에 임명됐으며, 여러 번 옮겨 전리 좌랑(典理佐郎)에 이르렀다. 홍무(洪武) 신해년(辛亥年-1371년)에 조정(朝廷-명나라 조정)에서 공사(貢士-지방에서 천거한 선비)를 보내도록 명하니 문충공(文忠公) 이인복(李仁復)과 문정공(文靖公) 이색(李穡)이 향시(鄕試)를 주관하면서 숭인을 뽑아 제1로 삼았는데, 공민왕이 이를 아껴서 (중국에) 보내지 않았다. 조금 후에 성균 직강(成均直講)과 예문 응교(藝文應敎)에 제수(除授)돼 전리 총랑(典理摠郎)에 이르렀다. 이때 김승득(金承得)이 박상충(朴尙衷) 등을 지윤(池奫)에게 무함(誣陷)해서 모두 외방(外方)으로 폄출(貶黜)됐는데, 숭인도 또한 대구현(大丘縣)으로 폄출됐다. 무오년(戊午年-1378년)에 성균 사성(成均司成)으로 소환(召還)됐다. 신유년(辛酉年-1381년)에 어머니 상(喪)을 당하고, 임술년(壬戌年-1382년)에 기복(起復)돼 좌우위 상호군(左右衛上護軍)으로 성균시(成均試)를 주관했다. 아버지가 생존해 있고 또 기년(期年)이 지났으므로 시관(試官)을 사양하지 않았는데, 사람들이 이 일을 갖고서 그의 결점으로 지적했다. 벼슬을 옮겨 전리 판서(典理判書)에 이르렀고, 밀직제학(密直提學)으로 승진됐다. 병인년(丙寅年-1386년)에 하정사(賀正使)로 중국의 서울에 가고, 무진년(戊辰年-1388년) 봄에 최영(崔瑩)의 문객(門客) 정승가(鄭承可)의 참소를 입어 통주(通州)로 폄출(貶黜)됐다가, 여름에 최영이 패망하자 소환돼 다시 지밀직사사(知密直司事)에 임명됐으며, 겨울에 좌시중(左侍中) 이색(李穡)이 중국의 서울에 조회할 때 숭인을 부행(副行-부사)으로 삼았다. 기사년(己巳年-1389년) 가을에 어느 사람이 일본(日本)에 와서 스스로 영흥군(永興君)이라 일컬으니, 숭인이 영흥군의 인친(姻親)으로서 일찍부터 그 사람됨을 상세히 잘 알고 있으므로, 그 거짓임을 분변하다가 성주(星州)로 폄출(貶黜)을 당했다. 경오년(庚午年-1390년) 여름에 윤이(尹彝)·이초(李初)의 옥사(獄事)[7]로 체포돼 청주(淸州)에 갇혔다가, 수재(水災)로 인해 사면돼 충주(忠州)에 돌아왔다. 임신년(壬申年-1392년) 봄에 다시 지밀직사사(知密直司事)에 임명됐다가 여름에 순천(順天)으로 폄출(貶黜)됐다. 이때에 황거정(黃居正)이 나주(羅州)에 이르러 그의 등골을 매질해서 드디어 남평(南平)에서 죽으니, 나이 46세였다. 아들이 넷이니, 이차점(李次點)·이차약(李次若)·이차건(李次騫)·이차삼(李次參)이다. 숭인은 총명(聰明)이 남보다 뛰어나서 글을 읽으면 문득 외웠고, 나이 20세가 되지 않았는데도 시문(詩文)은 당시의 사람들이 추허(推許)하는 바가 됐으며, 여러 서적을 널리 다 통했는데 특히 성리학(性理學)을 정밀히 연구했다. 직강(直講)에서 판서(判書)까지 모두 제교(製敎-조서·교서 등을 짓는 일)를 겸무(兼務)해서, 이색(李穡)이 병들고 난 뒤에는 중국과의 외교(外交)에 관계되는 문자(文字)가 모두 그 손에서 만들어졌으니, 고황제(高皇帝-주원장)가 이를 칭찬해 말했다.

---

7 고려 공양왕 2년(1390년)에 이성계(李成桂) 일파가 실권을 장악하자 파평군(坡平君) 윤이(尹彝)와 중랑장(中郞將) 이초(李初)가 명나라에 몰래 들어가서 이성계가 장차 명나라를 치려 한다고 밀고한 사건이다. 이는 명나라 세력을 끌어들여 이성계 일파를 제거하려던 음모였다. 이색(李穡)·우현보(禹玄寶)·권근(權近) 등 많은 유신(儒臣)이 이 사건으로 청주(淸州)에 유배당했다.

"표사(表辭)가 자세하고 적절(適切)하다."

이색도 일찍이 말했다.

"우리 동방(東方)의 문장으로는 선배(先輩) 중에도 자안(子安)과 같은 사람이 없었다."

지금 우리 전하(殿下-태종)께서 문충공(文忠公) 권근(權近)에게 명해 그의 유고(遺藁)에 서문(序文)을 짓게 해서, 인쇄해 세상에 반행(頒行)시켰다. 애초에 정도전과 친구를 삼아 종유(從遊)한 지가 가장 오래됐는데, 정도전이 후일에 조준과 친밀하게 되자 조준이 숭인을 미워함을 알고는 도리어 (숭인을) 몰래 험담하여 죽음에 이르게 했다.

종학(種學)은 자가 중문(仲文)이니, 한산백(韓山伯) 이색(李穡)의 둘째 아들로 천성이 영특하고 호걸스러웠다. 공민왕 갑인년(甲寅年-1374년)에 나이 14세로서 성균시(成均試)에 합격한 뒤 위조(僞朝-우왕) 병진년에 진사(進士)에 합격해서 마침내 장흥고사(長興庫使)에 임명됐고, 관직을 오랫동안 지내다가 밀직사 지신사(密直司知申事)에 이르렀다. 무진년에 성균시(成均試)를 주관해 첨서밀직사사(簽書密直司事)에 승진되고, 기사년에 동지공거(同知貢擧)에 임명됐다. 이때 이색이 나라의 정무(政務)를 맡고 있었는데, 종학이 해마다 시험을 관장하게 되니 사람들이 자못 비난했다. 공양왕이 왕위에 오르자 이색이 탄핵을 당했고, 종학도 또한 폄출(貶黜)됐다. 경오년에 윤이(尹彝)·이초(李初)의 옥사(獄事)가 일어나자 부자(父子)가 함께 청주(淸州)에 체포되어 있던 중 수재(水災)로 인해 함께 사면(赦免)을 입었고, 임신년에 다시 함창(咸昌)으로 폄출(貶黜)됐다. 이때에 이르러 손흥종(孫興宗)이 계림(鷄林)에 와서 등골에 곤장을 치려고 했는데, 문생(門生) 김여지(金汝知)가 그때 판관(判官)으로 있으면서 몰래 형리(刑吏)에게 법 밖의 형벌은 시행하지 못하게 했다. 이로 인해 겨우 살게 돼서 장사현(長沙縣)으로 옮겨 안치(安置)됐는데, 손흥종이 사람을 보내 뒤쫓게 해서 무촌역(茂村驛)에 이르러 밤을 이용해서 목 졸라 죽이니 나이 32세였다. 아들이 여섯이니, 숙야(叔野)·숙휴(叔畦)·숙당(叔當)·숙묘(叔畝)·숙복(叔福)·숙치(叔時)다.

홍수(洪壽)는 단양백(丹陽伯) 우현보(禹玄寶)의 맏아들이다. 위조(僞朝) 정사년(丁巳年-1377년)에 진사(進士)에 합격해서 낭장(郎將)에 임명되고 성균 박사(成均博士)를 겸했으며, 여러 번 관직을 옮겨 지신사(知申事)에 이르러 대사헌(大司憲)으로 승진됐다. 기사년에 첨서밀직사사(僉書密直司事)에 임명됐으나, 임신년 여름에 순천(順天)으로 폄출(貶黜)됐다가 또한 황거정이 등골에 곤장을 쳐서 죽였다. 나이 39세였다. 아들이 넷이니, 성범(成範)·승범(承範)·흥범(興範)·희범(希範)이다. 애초에 현보(玄寶)의 족인(族人)인 김진(金戩)이란 사람이 일찍이 중이 되어 그의 종 수이(樹伊)의 아내와 몰래 간통해 딸 하나를 낳았는데, 김진의 족인(族人)들이 모두 수이(樹伊)의 딸이라고 했으나 오직 김진만은 자기의 딸이라고 하여 비밀히 사랑하고 보호했다. 김진이 후일에 속인(俗人)이 되자 수이를 내쫓고 그 아내를 빼앗아 자기의 아내로 삼고, 그 딸을 사인(士人) 우연(禹延)에게 시집보내고는 노비(奴婢)와 전택(田宅)을 모두 주었다. 우연이 딸 하나를 낳아서 공생(貢生-지방에서 천거한 학자) 정운경(鄭云敬)에게 시집보냈는데, 운경(云敬)은 벼슬을 오래해서 형부상서(刑部尙書)에 이르렀다. 운경이 아들 셋을 낳았으니, 맏아들이 곧 도전(道傳)이다. 그가 처음 벼슬하니 현보(玄寶)의 자제(子弟)들이 모두 그를 경멸(輕蔑)했는데, 매번 관직을 옮기고 임명할 때마다 대성(臺省)에서 고신(告身)에 서경(署經)하지 않자 도전은 현보의 자제들이 시켜서 그렇게 했을 것이라고 여겨 일찍부터 분개하고 원망했다. 공양왕이 왕위에 올라 홍수(洪壽)의 아들 성범(成範)을 부마(駙馬)로 삼으니, 도전은 성범 등이 형세를 이용해서 그 근원을 발각시킬까 두려워하여 현보의 한 집안을 무함할 만한 일을 계획하지 않은 것이 없었다. 개국(開國)한 즈음에 성범을 무함해 죽이고는 마침내 현보의 부자(父子)를 무함해서 죽이려고 했는데, 또 조준이 이색·이숭인과 틈이 있자 인하여 이색과 종학(種學)·숭인 등을 무함해서 원례(援例)로 삼고자 했다. 후에 즉위(卽位)의 교서(敎書)를 지으면서 백성에게 편리한 사목(事目)을 조례(條例)하고는, 계속해서 현보 등 10여 인의 죄를 논하며 극형(極刑)에 처하기를 주장했다. 상이 도승지(都承旨) 안경공(安景恭)으로 하여금 이를 읽게 하고는 매우 놀라 말했다.

"이미 관대한 은혜를 베푼다고 말했는데 어찌 감히 이와 같이 하겠는가? 마땅히 모두 논죄(論罪)하지 말라."

도전 등이 형벌을 감등(減等)해서 죄를 집행하기를 청하니, 상이 말했다.

"우현보·이색·설장수(偰長壽)는 비록 감등시키더라도 역시 옳지 못하다."

이에 그 나머지 사람들에게 장형(杖刑)을 집행하되 차등이 있게 하기를 청하니, 상이 장형을 집행당한 사람은 죽음에 이르지는 않을 것이라 생각해서 마지못해 따랐다. 도전(道傳)이 남은(南誾) 등과 함께 몰래 황거정 등에게 일러 말했다.

"곤장 100대를 맞은 사람은 마땅히 살지 못할 것이다."

황거정 등이 우홍수 형제 3인과 이숭인 등 5인을 곤장으로 때려서 모두 죽음에 이르게 하고는 돌아와서, 곤장을 맞아 병들어 죽었다고 아뢰었다. 도전이 임금의 총명을 속이고서 사감(私憾)을 갚았는데, 상이 처음에는 알지 못했다가 뒤에 그들이 죽은 것을 듣고는 크게 슬퍼하고 탄식했다. 우리 전하(殿下) 신묘년(辛卯年-1411년) 가을에 황거정과 손흥종 등이 임금을 속이고 제 마음대로 죽인 죄를 소급해서 다스려 그들의 원통함을 풀어주었다.

9월

병오일(丙午日-28일)에 개국공신(開國功臣)들이 왕세자 및 여러 왕자와 회동(會同)해서 왕륜동(王輪洞)에서 맹세 했다. 그것을 기록한 문서는 이러했다.

'문하좌시중(門下左侍中) 배극렴(裵克廉, 1325~1392년)[8] 등은 감히

---

8 고려 말 진주·상주의 목사(牧使)와 계림윤(鷄林尹)·화령윤(和寧尹) 등 외직을 담당해서 선정을 베풀었다. 1376년(우왕 2년)에는 진주도원수(晉州都元帥)로서 진주에 침략한 왜구를 반성현(班城縣)에서 크게 격파했다. 이듬해에는 우인열(禹仁烈)을 대신해 경상도도순문사(慶尙道都巡問使)가 돼 왜구방어에 공을 세웠다. 이때 병영이 있는 창원 인근의 합포(合浦)에 왜구방어를 위한 축성을 주관해서 완성했는데, 조선 시대 경상우도 병마절도사영(兵馬節度使營)의 번성(藩城)이 그것이다. 한편 1378년 경상도원수로서 욕지도(欲知島)

황천후토(皇天后土)와 송악(松嶽)·성황(城隍) 등 모든 신령에게 고합니다. 삼가 생각건대, 우리 주상 전하(主上殿下)께서는 하늘의 뜻에 응하고 사람의 마음을 따라서 대명(大命)을 받았으므로, 신 등이 힘을 합하고 마음을 같이해서 함께 큰 왕업을 이루었습니다. 이미 일을 같이했으므로 함께 한 몸이 됐으니, 다행함이 이보다 큰 것이 없습니다. 그러나 "누구나 처음은 있지만, 종말은 있기 드물다"라고 하여, 옛날 사람이 경계한 바 있습니다. 무릇 우리들 일을 같이한 사람들은 각기 마땅히 임금을 성심으로 섬기고, 친구를 신의로 사귀고, 부귀를 다퉈 서로 해치지 말며, 이익을 다퉈 서로 꺼리지 말며, 다른 사람의 이간하는 말로 생각을 움직이지 말며, 말과 얼굴빛의 조그만 실수로 마음에 의심을 품지 말며, 등을 돌려서는 미워하면서도 얼굴을 마주 대해서는 기뻐하지 말며, 겉으로는 서로 화합하면서도 마음

에서 왜구를 대파했고, 겨울에는 경상도 도순문사로서 하동과 진주에 침략한 왜구를 추격, 사주(泗州)에서 크게 이겼다. 이듬해에는 진주 반성현의 대혈전(大血戰), 울주전투와 청도전투·사주전투 등에서 크게 활약했다. 그 뒤 정치적 성장을 거듭, 1380년에 밀직부사(密直副使)에 올랐다. 1388년 요동 출병 때 우군의 조전원수(助戰元帥)로서 우군도통수(右軍都統師)인 이성계(李成桂)의 휘하에 참여, 위화도회군(威化島回軍)을 도와주었다. 1389년(창왕 1년) 7월에는 판개성부사(判開城府事)의 요직을 맡았다. 그해 10월 문하찬성사(門下贊成事)로 승진하고 하정사(賀正使)로 명나라에 다녀왔다. 1390년(공양왕 2년)에는 평리(評理)로서 회군공신(回軍功臣)에 추록됐으며, 같은 해에 양광도찰리사(楊廣道察理使)가 돼 한양 궁궐의 조성을 감수했다. 이어 삼군도총제부(三軍都摠制府)의 중군총제사(中軍摠制使)가 돼 도총제사(都摠制使) 이성계의 병권 장악에 일익을 담당했다. 같은 해에 판삼사사(判三司事)가 돼 개경의 내성(內城)을 축성하는 총책을 맡았고, 1392년에는 수문하시중(守門下侍中)에 올랐다. 그해 7월 문하우시중(門下右侍中)으로서 조준(趙浚)·정도전(鄭道傳)과 함께 공양왕을 폐하고 이성계를 추대함으로써 조선 건국에 중요한 소임을 담당했다. 이어 1등 개국공신이 되고 성산백(星山伯)에 봉해졌으며, 문하좌시중(門下左侍中)이 됐다. 1392년 11월 세상을 떠났다. 고려와 조선 두 왕조에 걸쳐 정승에 올랐으나, 태조의 계비 신덕왕후(神德王后) 강씨(康氏) 소생인 방석(芳碩)이 세자에 책봉되는 데 관여했다는 이유로 뒤에 태종에 의해 폄하(貶下)됐다.

으로는 멀리하지 말며, 과실이 있으면 바로잡아주며, 의심이 있으면 물어보며, 질병이 있으면 서로 부조(扶助)하며, 환란이 있으면 서로 구원해줄 것입니다. 우리의 자손에게 이르기까지 대대로 이 맹약을 지킬 것이니, 혹시 변함이 있으면 신(神)이 반드시 죄를 줄 것입니다.'

10월

신유일(辛酉日-13일)에 우시중(右侍中) 조준(趙浚), 문하시랑찬성사(門下侍郎贊成事) 정도전(鄭道傳), 예문관 학사(藝文館學士) 정총(鄭摠)·박의중(朴宜中), 병조전서(兵曹典書) 윤소종(尹紹宗)에게 명해『고려사(高麗史)』를 수찬(修撰)하게 했다.

계유일(癸酉日-25일)에 문하시랑찬성사(門下侍郎贊成事) 정도전(鄭道傳)을 보내 중국 남경[京師]에 가서 사은(謝恩)하고 말 60필을 바치게 했다.

그 표문(表文)은 이러했다.

'배신(陪臣-제후의 신하가 황제에게 자신을 칭하는 말) 조반(趙胖)이 남경에서 돌아올 때 예부(禮部)의 차자(箚子)를 가지고 오니 삼가 황제의 칙지(勅旨)를 받았는데, 고유(誥諭)하심이 간절하고 지극하시니 신이 온 나라 신민과 더불어 감격함을 이길 수 없습니다. 황제의 훈계가 친절하고 황제의 은혜가 넓고 깊으시니, 몸을 어루만지면서 감격함을 느끼고 온 나라가 영광스럽게 여깁니다. 가만히 생각건대 천지의 사이에는 본래부터 패망하고 흥기하는 이치가 있는데, 소방(小邦)은 공민왕(恭愍王)이 후사(後嗣)가 없으면서부터 왕씨가 망한 지 이미 오래되었고 백성의 재화(災禍)가 날로 증가해갔습니다. 우(禑-우왕)가 이미 요동(遼東)을 공격하는 일로써 불화(不和)의 씨를 만들었으며, 요(瑤-공양왕)도 또한 중국을 침범하는 일에 모의(謀議)를 계속하고 있었습니다. 다만 간사한 무리가 내쫓김을 당한 것은 실로 황제의 덕택이 가해지고 또한 여러 사람이 기필하기 어렵다고 생각한 때문이오니, 이것이 어찌 신의 힘이 미친 것이겠습니까? 어찌 성감(聖鑑)께서 사정을 환하게 알아서 천한 사신의 말씀을 듣고 즉시 덕음(德音-황제의 말씀)을 갑자기 내리게 될 줄을 생각했겠습니까? 마음속에 새겨서 은혜를 잊지 않겠으니, 쇄골분신(碎骨粉身)이 되어도 보답하기가 어렵겠습니다. 삼가 황제 폐하께서는 구중궁궐(九重宮闕)에서 천하를 다스리면서도 만 리 밖을 밝게 보시어, 『주역(周易)』의 먼 지방을 포용하는 도리를 본받고 『예경(禮經)』의 먼 나라 사람을 회유(懷柔)하는 인덕(仁德)을 미뤄서 마침내 자질구레한 자질로 하여금 봉강(封疆)을 지키는 데 조심하게 하셨습니다. (이에) 신은 삼가 시종을 한결같이 해서 더욱 성상을 섬기는 성심을 다해서, 억만년(億萬年)이 돼도 항상 조공(朝貢)하고 축복하는 정성을 바치겠습니다.'

병자일(丙子日-28일)에 지금의 전하(殿下-태종)가 (함길도에서) 와서 여러 능(陵)의 산세(山勢)를 그린 화본(畫本)을 바쳤다. 정릉(定陵-태조의 아버지 환조의 능)·화릉(和陵-환조의 비 의비의 능)·의릉(義陵-태조의 조부 도조의 능)·순릉(純陵-도조의 비 경비의 능)은 모두 함주(咸

州-함흥)에 있고, 지릉(智陵-태조의 증조부 익조의 능)은 안변(安邊)에 있고, 숙릉(淑陵-익조의 비 정비의 능)은 문주(文州-문천)에 있고, 덕릉(德陵-태조의 고조부 목조의 능)·안릉(安陵-목조의 비 효비의 능)은 공주(孔州-경원)에 있는데, 능(陵)마다 능지기[陵直] 권무(權務) 2인과 수릉호(守陵戶-능을 지키는 민가) 몇 호(戶)를 두고 재궁(齋宮)을 건축해서 세웠다.

11월

계미일(癸未日-6일)에 사대(四代) 선조의 존호(尊號)를 책봉(冊封)해서 올렸다. 황고조실(皇高祖室)의 책문(冊文)은 이러했다.

'집을 변화시켜 나라를 세움[化家爲國]은 실로 여러 대에 걸쳐 쌓은 공로에 말미암은 것입니다. 시호(諡號)를 올려 이름을 바꾸고, 이에 존숭(尊崇)하는 전례(典禮)를 거행합니다. 삼가 생각건대, 황고조(皇高祖)께서는 성품이 인애(仁愛)와 효성에 전일했으며, 덕은 온화(溫和)와 선미(善美)를 구비했습니다. 영구한 계획을 세워 후세의 사람에게 계시(啓示)해서, 처음으로 제왕의 대업(大業)에 터전을 닦고 안일(安逸)하지 않는 데 정주(定住)해서 그 동지(動止)를 삼가 능히 천심(天心)을 기쁘게 했으니, 공열(功烈)을 삼한(三韓)에 나타내셨으며 본손(本孫)과 지손(支孫)을 백세에 성대하게 했습니다. 삼가 생각건대, 황고조비(皇高祖妣)께서는 인자하고 온화하고 조용하고 아름답고 유순하고 정숙하고 전일하여, 알[卵]을 남긴 상서를 받은 것은 은(殷)

나라의 간적(簡狄)[9]과 같았으며, 애기를 밴 경사를 얻은 것은 주(周)나라 태임(太任)[10]에게 짝할 만했습니다. 이미 무궁한 세대(世代)에 국운을 연장함은 곧 처음에서 발단(發端)된 것이니, 삼가 생각건대 외람되이 황고조(皇高祖)와 황고조비(皇高祖妣)의 도움을 입어 큰 왕업(王業)을 받은 것입니다. 이에 비천한 정성을 다해 휘호(徽號)[11]를 받들어서 황고조(皇高祖)의 시호(諡號)를 올려 목왕(穆王)이라 하고 황고조비(皇高祖妣)의 시호를 효비(孝妃)라 했으니, 밝게 돌봐서 번성한 복을 주시기를 바라옵니다.'

황증조실(皇曾祖室)의 책문은 이러했다.

'집을 변화시켜 나라를 세운 것은 실로 적선(積善)의 공로에 말미암은 것이니, 조(祖)를 높이고 종(宗)을 공경함은 이름을 바꾸는 예절을 삼가는 것입니다. 삼가 생각건대 황증조(皇曾祖)께서는 충성하고 효도하고 검소하고 근실해, 뜻을 백성에게 두어 실로 가없는 은혜가 있었으며 덕을 후손에게 전해서 길이 크게 나타나는 계책을 끼쳤습니다. 삼가 생각건대, 황증조비(皇曾祖妣)께서는 천성이 조용하고 전일함을 타고났으며 몸으로는 정숙(貞淑)함을 실천했습니다. 반드시 공경하고 반드시 경계하니 다만 군자의 좋은 배필이었으며, 비행(非行)도 없고 작태(作態)도 없으니 규문(閨門)의 아름다운 법도[懿範]였_{의범}습니다. 삼가 생각건대, 다행히 황증조(皇曾祖)와 황증조비(皇曾祖妣)

---

9 중국 상고시대(上古時代) 제곡(帝嚳)의 원비(元妃)다. 은(殷)나라 시조(始祖) 설(契)을 낳았다.
10 주(周)나라 왕계(王季)의 비(妃)이며 문왕(文王)의 어머니다.
11 후비(后妃)가 세상을 떠난 뒤에 시호(諡號)와 함께 올리는 존호(尊號)를 말한다.

의 도움을 힘입어 처음으로 큰 왕업을 세웠으니, 큰 은혜를 갚고자 한다면 진실로 헤아리기가 어렵겠습니다. 감히 휘호(徽號)를 올리오니, 현양(顯揚)하는 마음이 배나 간절합니다. 삼가 책호(冊號)를 받들어서 황증조(皇曾祖)의 시호를 올려 익왕(翼王)이라 하고 황증조비(皇曾祖妣)의 시호를 정비(貞妃)라 했으니, 저의 정성을 흠향해 번성한 복을 주시기를 바라옵니다.'

황조실(皇祖室)의 책문은 이러했다.

'공이 있는 이를 조(祖)로 하고 덕이 있는 이를 종(宗)으로 하니 효도는 어버이를 높이는 것보다 큰 것이 없으며, 시호(諡號)로써 이름을 바꾸게 되니 예의는 마땅히 왕으로 추존(追尊)함을 먼저 해야 할 것입니다. 이에 옛 전적(典籍)을 상고해서 감히 특수한 칭호를 올립니다. 삼가 생각건대, 황조(皇祖)께서는 아름답고 온유(溫柔)하고 공손하고 용감하고 굳세어서, 처음으로 제왕의 대업(大業)을 세워 오늘날의 경사(慶事)에 이르게 하고, 후손에게 계획을 전해서 천세(千歲)의 업(業)을 빛나게 열어주셨습니다. 삼가 생각건대, 황조비(皇祖妣)께서는 행실이 부지런하고 검소함을 겸했으며, 덕은 엄숙하고 화목함을 구비했습니다. 일찍이 예로써 정한 상서에 부합(符合)해서 내치(內治)를 엄격히 했으며, 장경(莊敬)의 도리를 나타내 후손에게 좋은 계책을 전했습니다. 삼가 생각건대, 외람되이 용렬한 자질로써 큰 명령을 받게 됐으니, 비록 이것이 세상의 인정(人情)의 추대라고는 하지만 실상은 황조(皇祖)와 황조비(皇祖妣)의 도움이 가(加)해진 것입니다. 삼가 책호(冊號)를 받들어서 황조(皇祖)의 시호를 올려 도왕(度王)이라 하고 황조비(皇祖妣)의 시호는 경비(敬妃)라고 했습니다. 삼가 바라건대 영명(英明)께서는 이 책호(冊號)를 받으시어, 높이 위에 계시면서 항상 자손을 도와주시고 빛나신 그 영령께서는 길이 나라에 복을 주소서.'

황고실(皇考室)의 책문은 이러했다.

'나라를 세우고 집을 계승했으니 효도는 왕으로 추존(追尊)하는 것보다 먼저 할 것이 없으며, 시호를 보고 행실을 알게 되니 예의는 존숭(尊崇)함을 삼가야 할 것입니다. 삼가 생각건대, 황고(皇考)께서는 천성이 매우 깊으시고 자질이 영특해서, 무공(武功)을 원근(遠近) 지방에 펴 나라에 근실했으며 큰 명령을 후손에게 전해 그 경사를 견고히 했습니다. 삼가 생각건대, 황비(皇妣)께서는 마음은 정정(貞靜)함에 두고 덕은 유순함을 지켰으며, 지위는 바르게 중도에 위치해서 반드시 가인(家人)의 도리에 합당했고, 덕은 돈독히 아래에 미쳐 진실로 규목(樛木)[12]의 기풍에 부합했습니다. 삼가 생각건대 다행히 여러 대에 쌓인 경사를 계승해서 유신(維新)의 왕업(王業)을 창건했으므로, 마땅히 이름을 바꾸는 전례(典禮)를 거행해서 근본을 잊지 않는 정성을 밝힙니다. 이에 강일(剛日)[13]을 점쳐서 가려 아름다운 덕을 현양(顯揚)합니다. 삼가 책호(冊號)를 받들어 황고(皇考)의 시호를 올려 환왕(桓王)이라 하고 황비(皇妣)의 시호를 의비(懿妃)라고 했으니, 굽어보심이 빛남이 있어 나머지 복을 무궁한 세대에 내려주소서.'

---

12 가지가 아래로 굽은 나무이니, 윗사람이 아랫사람을 비호(庇護)하는 것의 비유다.

13 일진(日辰)의 천간(天干)이 갑(甲)·병(丙)·무(戊)·경(庚)·임(壬)인 날이다. 양일(陽日)이므로 길일(吉日)로 보았다.

임인일(壬寅日-25일)에 대사성(大司成) 유경(劉敬)과 내사사인(內史舍人) 유관(柳觀)에게 명해서 날마다 교대로 입직(入直)해『대학연의(大學衍義)』를 진강(進講)하게 했다.

병오일(丙午日-29일)에 예문관 학사(藝文館學士) 한상질(韓尙質, ?~1400년)[14]을 보내 중국 남경에 가서 조선(朝鮮)이나 화령(和寧)으로 국호(國號)를 고칠 것을 청하게 했다. 주문(奏文)은 이러했다.

'배신(陪臣) 조림(趙琳)이 중국 서울로부터 돌아올 때 삼가 예부(禮部)의 자문(咨文)을 가지고 왔는데, 그 자문에 "삼가 황제의 칙지를 받들었는데, 그 내용은 이랬다. 이번 고려에서 과연 능히 천도(天道)에 순응하고 인심에 합해서 동이(東夷)의 백성을 편안케 하고 변방의 흔단(釁端)을 발생시키지 않는다면 사절(使節)이 왕래하게 될 것

---

14 아버지는 판후덕부사(判厚德府事) 한수(韓脩)이며, 어머니는 길창군(吉昌君) 권적(權適)의 딸이다. 조선의 개국공신 한상경(韓尙敬)이 그의 아우이고, 세조 때의 공신 한명회(韓明澮)가 그의 손자다. 1374년(공민왕 23년) 대군시학(大君侍學)을 지냈고, 1380년(우왕 6년)에 좌랑으로서 문과에 급제했다. 공양왕 때는 형조판서를 거쳐 우부대언·우상시(右常侍)·예문관제학 등을 역임했다. 1390년(공양왕 2년) 6월 천추사(千秋使)로서 명나라에 가서 윤이(尹彛)·이초(李初)의 속임을 변명하고 돌아와, 12월에 서북면도관찰출척사 겸 병마도절제사를 지냈다. 1392년 7월 조선왕조가 건국되자 예문관학사로서 주문사(奏聞使)를 자청해 명나라에 가서 '조선(朝鮮)'이라는 국호를 승인받고 이듬해 2월에 돌아왔다. '조선'이라는 국호는 기로(耆老)와 백관(百官)이 도당(都堂)에 모여 국호를 의논할 때 거론됐다. 당시 이성계(李成桂)의 고향인 '화령(和寧)'과, 단군·기자·위만의 세 조선을 상징하는 '조선'으로 압축됐는데, 명나라는 기자조선을 의식하고 '조선'이라는 칭호를 새 왕조의 국호로 선정했으나 조선은 단군조선과 기자조선의 문화전통을 동시에 계승한다는 의미에서 국호로 추천한 것이었다. 그것은 국호를 제정하기 이전인 1392년(태조 1년) 8월에 이미 국가에서 단군을 동방의 첫 수명군주(受命君主-천명을 받은 군주)로 삼아 평양부로 하여금 시제(時祭)를 지내도록 조처한 사실에서 확인된다. 1393년 9월 양광도관찰출척사(楊廣道觀察黜陟使)가 됐고, 1397년 경상도 관찰출척사를 거쳐 예문춘추관 대학사가 됐다. 성품이 총민(聰敏)해 중앙과 지방의 관직을 역임하면서 치적을 많이 쌓았다.

이니, 실로 그 나라의 복이다. 문서가 도착하는 날에 나라에서 어떤 칭호로 고칠 것인가를 빨리 달려와서 보고할 것이다"라고 했습니다. 삼가 간절히 생각건대, 소방(小邦)은 왕씨(王氏)의 후손인 요(瑤)가 혼미(昏迷)해 도리에 어긋나서 스스로 멸망하는 데 이르게 되자, 온 나라의 신민이 신을 추대해서 임시로 국사를 보게 했으므로 놀라고 두려워서 몸 둘 곳이 없었습니다. 요사이 황제께서 신에게 권지국사 (權知國事)를 허가하시고 이내 국호(國號)를 묻게 되시니, 신은 나라 사람과 함께 감격해 기쁨이 더욱 간절합니다. 신이 가만히 생각하옵 건대, 나라를 차지하고 국호(國號)를 세우는 것은 진실로 소신(小臣) 이 감히 마음대로 할 수가 없는 일입니다. 조선(朝鮮)과 화령(和寧) 등의 칭호로써 천총(天聰)에 주달(奏達)하오니, 삼가 황제께서 재가 (裁可)해주심을 바라옵니다.'

애초에 임금이 사신을 보내고자 했으나 그 적임자를 어렵게 여겼 는데, 상질(尙質)이 자청하며 아뢰었다.

"신(臣)이 비록 외국에 사신으로 가서 전권을 갖고서 응대할 만한 재주[專對之才][15]는 부족하지만, 감히 상의 명령을 받들어 조그만 충 성을 나타내지 않을 수 있겠습니까?"

상이 기뻐했다.

---

15 '전대'란 외교관으로서 임금의 명을 제대로 수행할 수 있는 능력을 말한다. 『논어(論語)』 「자로(子路)」편에 나오는 말이다. "공자가 말했다. '『시경』 300편을 달달 외우더라도 정사 를 맡겼을 때 잘하지 못하고, 외국에 사신으로 나가 혼자 응대해 처결하지[專對] 못한다 면, 비록 많이 배웠다 한들 또한 어디에다 쓰겠는가?'"

태조 2년(1393년) 계유년

1월

계축일(癸丑日-7일)에 삼사좌복야(三司左僕射) 권중화(權仲和)를 보내 태실(胎室)을 (전라도) 완산부(完山府) 진동현(珍同縣)에 안치(安置)하고, 그 현(縣)을 승격시켜 진주(珍州)로 삼았다. 가르쳐 말했다.

"이달 18일에 계룡산(鷄龍山)으로 행차할 것이니 대성(臺省)에서 각기 한 사람씩이, 또 의흥친군(義興親軍)이 시종(侍從)하라."

무오일(戊午日-12일)에 사헌부에서 말씀을 올렸다.

"전 예문춘추관(藝文春秋館) 학사(學士) 이행(李行, 1352~1432년)[16] 이 일찍이 공양왕(恭讓王)의 지신사(知申事)가 돼서 직책이 사관 수찬(史官修撰)을 겸했는데, 이색(李穡)과 정몽주(鄭夢周)에게 아첨해서

---

16 1371년(공민왕 20년) 과거에 급제, 한림수찬이 됐다. 1386년(우왕 12년) 탐라(耽羅-제주도)가 자주 반란을 일으키므로 전의부정(典醫副正)으로 탐라에 가서 성주(星主-제주목사의 별칭) 고신걸(高臣傑)의 아들 고봉례(高鳳禮)를 볼모로 데리고 왔다. 1389년(창왕 1년) 좌간의대부(左諫議大夫)로서 사전(私田)의 폐단을 논하는 상소를 올렸고, 이해에 지신사(知申事)가 됐다. 1390년(공양왕 2년) 윤이(尹彝)·이초(李初)의 옥사가 일어나자 이에 연루돼 이색(李穡)과 함께 청주옥에 갇혔으나 수재(水災)로 석방됐다. 그 뒤 경연참찬관(經筵參贊官)·예문관대제학을 지냈고, 1392년에는 이조판서로서 정몽주(鄭夢周)를 살해한 조영규(趙英珪)를 탄핵했다. 고려가 망하자 예천동(醴泉洞)에 은거했다. 이때인 1393년(태조 2년), 고려의 사관(史官)이었을 때 이성계(李成桂)를 무서(誣書-글로써 무고함)한 죄가 있다 해서 사헌부의 탄핵을 받아, 가산이 적몰되고 울진에 귀양 갔다가 이듬해에 풀려났다.

우리 주상 전하께서 신우(辛禑)·신창(辛昌)과 변안열(邊安烈)을 죽였다고 거짓으로 꾸며 썼습니다. 청컨대 직첩(職牒)을 회수하고 국문(鞫問)해 논죄(論罪)하소서."

상이 이를 윤허했다.

이에 앞서 시중(侍中) 조준(趙浚)이 춘추관(春秋館)에 앉아서 고려 왕조의 사초(史草)를 보다가, 행(行)이 기록한 글에 '윤소종(尹紹宗)이 이숭인(李崇仁)의 재주를 꺼려서 조준에게 알려 숭인(崇仁)을 해치려고 했다'라는 말이 있음을 보았다. 준(浚)이 해를 가리키며 맹세해 말했다.

"소종의 말을 듣고 숭인을 해치려 했다니, 저 하늘의 해가 증명한다."

(이윽고) 나아가 임금에게 고(告)했다. 상이 명해 무진년(戊辰年-1388년) 이후의 사초(史草)를 바치게 하고서 친히 행이 기록한 것을 보니, 안열(安烈)과 신우·신창 부자(父子)를 목 벤 일들에 대해 모두 상을 지목했고 죄 없이 살해당했다고 했다. 상이 말했다.

"변안열은 대성(臺省-사헌부)에서 죄주기를 청하니 공양왕이 그대로 목 벨 것을 허가했는데, 내가 미처 이를 중지할 것을 청하지 못한 것이다. 우(禑)와 창(昌) 부자(父子)는 백관(百官)과 나라 사람들이 합사(合辭)해서 목 벨 것을 청하므로 공양왕이 이를 윤허했다. 나는 처음부터 살해할 마음이 없었는데, 유치한 선비[小儒]가 어찌 이 지경에까지 이르렀는가?"

마침내 헌사(憲司)에서 국문(鞫問)하는 것을 허락했다.

애초에 고려 왕조의 공민왕에게 아들이 없었으므로, 신돈(辛旽)의 간사한 계책에 현혹돼 신돈의 아들 우(禑)를 궁녀(宮女) 한씨(韓氏)가 낳았다고 일컬으면서 나이 9세에 강녕대군(江寧大君)으로 책봉해 왕대비(王大妃)의 궁전에 두었었다. 뒤에 공민왕이 갑자기 세상을 떠나자, 이인임(李仁任) 등이 이에 공민왕의 부정(不正)한 뜻을 탐색(探索)해서 그를 세워 군주로 삼았다. 무진년에 (위화도에서) 군사를 돌이키던 날에 상이 다시 왕씨(王氏)를 세우려고 하자 조민수(曹敏修)가 이색(李穡)의 말을 써서 우(禑)의 아들 창(昌)을 세우기를 의논했고, 변안열은 우(禑)의 장인(丈人) 이림(李琳)에게 가담해서 우(禑)를 맞이하기를 꾀하니, 정상(情狀)이 현저해졌다. 뒤에 공양왕이 왕위에 오르자 대성(臺省)에서 안열에게 죄줄 것을 청하니, 공양왕이 이를 윤허했다. 헌사(憲司)에서 즉시 관리를 보내 배소(配所-유배지)에 가서 목베었다. 상이 듣고 이를 중지시키고자 했으나 미치지 못했다. 우와 창 부자는 대소 신료(大小臣僚)들이 형(刑)에 처해 화근(禍根)을 근절시키기를 청하므로 공양왕이 윤허했던 것이다. 행이 공양왕의 근신(近臣)이라서 사건의 본말(本末)을 바른 대로 쓰지 않았기 때문에 국문(鞫問)을 받게 된 것이다.

을축일(乙丑日-19일)에 상이 송경(松京-개경)을 출발해 계룡산(鷄龍山)의 지세(地勢)를 친히 살펴보았으니, 장차 도읍을 정하려 함이었다. 영삼사사(領三司事) 안종원(安宗源), 우시중(右侍中) 김사형(金士衡), 참찬문하부사(參贊門下府事) 이지란(李之蘭), 판중추원사(判中樞院事) 남은(南誾) 등이 따라갔다.

2월

병자일(丙子日·1일)에 먼동이 틀 무렵[昧爽] 상이 행차하려고 수레를 준비하도록 명했는데, 지중추원사(知中樞院事-중추원 지사) 정요(鄭曜)가 도평의사사의 계본(啓本-아뢰는 글)을 가지고 경성(京城-개경)에서 와서, 현비(顯妃)가 병환이 나서 편치 못하고 또 평주(平州)와 봉주(鳳州) 등지에 초적(草賊)이 있다고 아뢨다. 상이 기뻐하지 않으면서 말했다.

"초적(草賊)은 변장(邊將)의 보고가 있던가? 어떤 사람이 와서 알리던가?"

요(曜)는 대답할 말이 없었다. 상이 말했다.

"도읍을 옮기는 일은 세가대족(世家大族)들이 함께 싫어하는 바이므로, 그것을 구실(口實)로 삼아 중지시키려는 것이다. 재상(宰相)은 송경(松京)에 오랫동안 살아서 다른 곳으로 옮기기를 즐겨 하지 않으니, 도읍을 옮기는 일이 어찌 그들의 본뜻이겠는가?"

좌우(左右)에서 모두 대답할 말이 없었다. 남은(南誾)이 아뢰어 말했다.

"신 등이 외람되이 공신(功臣)에 참여해서 높은 지위의 은혜를 입었사오니, 비록 새 도읍으로 옮기더라도 무엇이 부족한 점이 있겠으며 송경(松京)의 토지와 집이 어찌 아까울 것이 있겠습니까? 지금 이 행차는 이미 계룡산(鷄龍山)에 가까이 왔사오니, 바라건대 상께서는 가서 도읍을 건설할 땅을 보소서. 신 등이 남아서 초적(草賊)을 치겠습니다."

상이 말했다.

"도읍을 옮기는 일은 경들도 역시 하고 싶지 않을 것이다. (그러나) 예로부터 왕조(王朝)가 바뀌면 천명(天命)을 받는 군주는 반드시 도읍을 옮기게 마련이다. 지금 내가 계룡산(鷄龍山)을 급히 보고자 하는 것은, 나 자신의 때에 친히 새 도읍을 정하고자 하기 때문이다. 후사(後嗣) 될 적자(嫡子)가 비록 선대의 뜻을 계승해 도읍을 옮기려고 하더라도, 대신(大臣)이 옳지 않다고 저지(沮止)시킨다면 후사 될 적자가 어찌 이 일을 할 수 있겠는가?"

마침내 명해 어가(御駕)를 돌리게 했다. 은(誾) 등이 이민도(李敏道)로 하여금 점을 치게 하니, "현비의 병환도 반드시 나을 것이요, 초적(草賊) 또한 염려할 것이 없습니다"라고 했다. 서로 모여서 토의해 가기를 청하니, 상이 말했다.

"그렇다면 반드시 요를 처벌한 뒤에 가자."

은이 아뢰어 말했다.

"어찌 반드시 그를 처벌할 필요까지 있겠습니까?"

상이 드디어 길을 떠나서 청포원(靑布院) 들에 이르러 유숙(留宿)했다.

갑신일(甲申日-9일)에 햇무리가 지더니 저물어서야 없어졌다. 상이 여러 신하를 거느리고 새 도읍할 곳의 산수(山水) 형세(形勢)를 관찰하고서, 삼사우복야(三司右僕射) 성석린(成石璘), 상의문하부사(商議門下府事-문하부 상의사) 김주(金湊), 정당문학(政堂文學) 이염(李恬)에게 명해 조운(漕運)의 편리하고 편리하지 않은 것과 노정(路程)의 험

54

난(險難)하고 평탄한 것을 살피게 하고, 또 의안백(義安伯) 이화(李和)와 남은(南誾)에게 명해 성곽(城郭)을 축조할 지세(地勢)를 살피게 했다.[17]

을유일(乙酉日-10일)에 삼사좌복야 영서운관사(三司左僕射領書雲觀事) 권중화(權仲和)가 새 도읍의 종묘(宗廟)·사직(社稷)·궁전(宮殿)·조시(朝市)를 만들 지세(地勢)의 그림을 바쳤다. 서운관(書雲觀)과 풍수학인(風水學人) 이양달(李陽達)·배상충(裵尙忠) 등에게 명해 지면(地面-지역)의 형세를 살펴보게 하고, 판내시부사(判內侍府事-내시부판사) 김사행(金師幸)에게 명해 먹줄[繩]로 땅을 측량하게 했다.

병술일(丙戌日-11일)에 어가(御駕)가 새 도읍의 중심인 높은 언덕에 올라가서 지세(地勢)를 두루 관람한 뒤 왕사(王師) 자초(自超-무학대사)에게 물으니 "잘 모르겠습니다"라고 답했다.

경인일(庚寅日-15일)에 주문사(奏聞使) 한상질(韓尙質)이 (경사로부터) 와서 예부(禮部)의 자문(咨文)을 전하니, 상이 황제의 궁궐을 향해 은혜를 사례하는 예(禮)를 거행했다. 그 자문(咨文)은 이러했다.

'본부(本部)의 우시랑(右侍郎) 장지(張智) 등이 홍무(洪武) 25년(1392년) 윤12월 초9일에 삼가 성지(聖旨)를 받들었는데, 그 조칙에 "동이(東夷)의 국호(國號)에는 다만 조선(朝鮮)의 칭호가 아름답고,

---

17 이를 통해 도읍의 입지 조건의 첫 번째가 조운, 두 번째가 방어 시설임을 알 수 있다.

또 이것이 전래한 지가 오래됐다. 그 명칭을 근본하여 본받을 것이며, 하늘을 본받아 백성을 다스려서 후사(後嗣)를 영구히 번성하게 하라"라고 했소. 삼가 본부(本部)에서 지금 성지(聖旨)의 사의(事意)를 갖춰 앞서가게 하오.'

상이 감격하고 기뻐해 한상질에게 전지(田地) 50결(結)을 내려주고, 경내(境內-나라 안)에 교지를 내렸다.

"왕은 이르노라. 내가 임금다움이 적은 사람[涼德]으로서 하늘의
아름다운 명을 받아 나라를 처음 소유하게 됐다. 지난번에 중추원사(中樞院使) 조림(趙琳)을 보내 황제에게 주문(奏聞)했더니 회보(回報)하기를 '나라를 무슨 칭호로 고쳤는지 빨리 와서 보고하라' 하기에, 즉시 첨서중추원사 한상질로 하여금 (가서) 국호(國號)를 고칠 것을 청했다. 홍무(洪武) 26년 2월 15일에 한상질이 예부(禮部)의 자문(咨文)을 가지고 왔는데, 그 자문에 '본부(本部)의 우시랑(右侍郎) 장지(張智) 등이 홍무(洪武) 25년 윤12월 초9일에 삼가 성지(聖旨)를 받들었는데, 그 조칙에 "동이(東夷)의 국호(國號)에 다만 조선(朝鮮)의 칭호가 아름답고, 또 그것이 전래한 지가 오래됐다. 그 명칭을 근본하여 본받을 것이며, 하늘을 본받아 백성을 다스려서 후사(後嗣)를 영구히 번성하게 하라"고 했소'라고 했다. 지금 내가 불선(不善)하니 어찌 감히 스스로 경하(慶賀)하겠는가? (그렇지만) 실로 이는 종사(宗社)와 백성의 한이 없는 복(福)이다. 진실로 중앙과 지방에 널리 알려서 그들과 함께 혁신(革新)하게 할 것이니, 지금부터는 고려(高麗)라는 나라 이름을 없애고 조선(朝鮮)의 국호를 좇아 쓰게 할 것이다. 이 처음으로 교화(敎化)를 시행하는 시기에 있어 마땅히 관대한 은

전(恩典)을 보여야 할 것이니, 홍무(洪武) 26년(1393년) 2월 15일 이른 새벽 이전의 이죄(二罪) 이하의 죄는 이미 발각된 것이거나 발각되지 않은 것이거나, 또는 이미 결정(結正)된 것이거나 결정되지 않은 것이거나 간에 모두 이를 사유(赦宥-사면)해 없애버리고, 감히 유지(宥旨-사면령) 전(前)의 일로써 서로 고발해 말하는 사람은 그 죄로써 죄주게 할 것이다. 아아! 나라를 세워 자손에게 전하고 이미 국호(國號)를 고쳤으니, 바른 정치를 시행해 인정(仁政)을 펼치고 마땅히 백성의 일에 힘쓰는 정치를 펴야 할 것이다.'

3월

기사일(己巳日-24일)에 계룡산을 새 도읍으로 정했는데, 기내(畿內-경기권)의 주현(州縣)·부곡(部曲)·향(鄕)·소(所)[18]가 모두 81곳이었다.

---

18 특수한 지방의 하급 행정 구획이다. 소(所)는 국가에서 필요로 하는 금·은·동·철·실·종이·도기(陶器)·먹(墨) 등을 만들기 위해 두었던 특수 기관으로, 여기서 일하는 공장(工匠)은 죄인 또는 천민의 집단이었다. 향(鄕)은 부곡(部曲)과 비슷한 행정 구역의 하나인 듯하다.

4월

무인일(戊寅日-4일)에 상이 왕우(王瑀, ?~1397년)[19]와 더불어 격구(擊毬)를 했다. 우(瑀)에게 일러 말했다.

"사람들이 모두 '내가 (그대와) 인아(姻婭-인척) 관계인 까닭으로 경(卿)을 용서했다'라고 말하지만, 그렇지 않다. 내가 경과 함께 공민왕을 함께 섬겼으므로 서로의 교분이 얕지 않으니, 내가 어찌 경을 해치겠는가? 경을 마전군(麻田郡)에 봉한 것은 주(周)나라에서 (무왕이 은나라 왕실 사람인) 미자(微子)를 송(宋)나라에 봉해준 것과 같다. 다만 경의 형인 공양왕이 욕심이 많기가 한량이 없었던[無厭] 까닭으로 오늘날의 일이 있게 됐다."
무염

우가 울면서 사례했다.

5월

정미일(丁未日-3일)에 명해 유정현(柳廷顯, 1355~1426년)[20]의 직첩(職

---

19 공양왕의 아우이고, 정원부원군(定原府院君) 왕균(王鈞)의 아들이다.
20 음보로 등용돼 사헌규정(司憲糾正)을 시발로 여러 벼슬을 거쳐 공양왕 때 좌대언이 됐으나, 정몽주(鄭夢周) 일파로 몰려 유배됐다가 조선이 건국되자 풀려났다. 1394년(태조 3년) 상주목사로 등용된 뒤 여러 벼슬을 거쳐, 1409년(태종 9년) 한성부판사로서 정조사(正朝使)가 돼 명나라에 다녀온 뒤 형조판서가 됐다. 예조판서·평양부윤·대사헌·이조판서·병조판서·찬성사 등을 역임한 뒤에 1416년 좌의정을 거쳐 영의정에 올랐다. 그는 태종에게 권한 중외구임법(中外久任法)은 제정 뒤에도 한참 시행되지 못하다가, 세종 때 모든 반론을 물리치고 시행해 좋은 성과를 올렸다. 1419년(세종 1년) 대마도정벌 때 삼군도통사

牒)을 돌려주었다. 그 아들 의(顗)와 장(暲)이 모두 감시(監試)에 합격한 때문이다.

6월

을해일(乙亥日) 초하루에 중추원 학사(中樞院學士) 남재(南在)를 보내 표문(表文)을 중국의 서울에 올리게 했다.

'계명(誡命-황제의 경계시키는 명령)을 정성스럽게 밝게 보여주셨고 천위(天威-황제의 권위)는 지척(咫尺)에서 멀지 않으니, 깊이 두려워하며 사정을 호소하게 됩니다. 가만히 생각건대, 용렬하고 못난 자질로 궁벽하고 먼 땅에 처(處)해 있으나 성현(聖賢)의 교훈을 대략이나마 들었으므로 중화(中華)를 마땅히 높일 줄을 알게 됐습니다. 홍무(洪武) 21년(1388년)에 신우(辛禑)와 최영(崔瑩) 등이 군대를 함부로 일으켜 요동(遼東)으로 향하고자 했고, 25년(1392년)에 왕요(王瑤-공양왕)와 정몽주 등이 신우의 부정한 뜻을 계승해서 장차 상국(上國)을 범하려 했습니다. (이에) 신(臣)이 온 나라 신민(臣民)에게 효유(曉諭)하기를 오랑캐가 중화(中華)를 소란하게 할 수가 없으며 아랫사람이 윗사람을 범할 수 없다고 하니, 여러 사람이 모두 그 역리(逆理)와 순리(順理)를 알게 되고 저들이 모두 그 죄에 자복(自服)했습니다. 이는

(三軍都統使)로 활약했고, 1424년 돈령부영사 겸 호조판사를 거쳐 1426년에 다시 좌의정이 됐으나 병으로 물러났고, 사퇴한 지 4일 만에 죽었다.

다만 상천(上天)이 밝게 알 뿐 아니오라, 실로 황제께서 환하게 보신 바입니다. 여러 번 윤허(允許)하신다는 명을 받들었으므로 항상 보답하려는 정성을 품고, 삼가 세시(歲時)에 예절을 차려서 직공(職貢)을 게을리함이 없었습니다.

지금 삼가 수조(手詔)를 받들었사온데, 그 한 항목에 "지난번에 절동(浙東)·절서(浙西)의 백성 중에서 불량한 무리가 그대를 위해 소식을 보고했다"라고 하고, 한 항목에 "사람을 보내 요동(遼東)에 이르러서 포백(布帛)·금은(金銀)의 종류를 가지고는, 행례(行禮)함을 거짓되게 사유(事由)로 삼았으나 마음은 우리 변장(邊將)을 꾀는 데 있다"라고 하고, 한 항목에 "최근에 은밀하게 사람을 보내 여진(女眞)을 말로 꾀어서 가솔 500여 명을 데리고 몰래 압록강(鴨綠江)을 건너갔다"라고 하고, 한 항목에 "입으로는 신하라 일컫고 들어와 조공(朝貢)한다 하면서도 매번 말을 가져올 때마다 말 기른 사람으로 하여금 이를 뽑은 뒤에 보내게 하니, 말은 모두 느리고 또한 타서 피로한 것들이다"라고 하고, 한 항목에 "국호(國號)를 고치는 일절(一節)은 사람을 보내 조지(詔旨)를 청하므로 그대의 마음대로 하도록 허용해서 조선(朝鮮)을 계승해 그대가 후손이 되도록 했는데, 사자(使者)가 이미 돌아간 후에는 오래도록 소식이 없다"라고 했습니다.

삼가 이것은 왕요(王瑤)가 스스로 흔단(釁端)을 만들었으므로 나라 사람들이 그가 한 짓을 옳게 여기지 않아서 그를 집에 물러가 있게 하되, 그 생명을 보전해 처자(妻子)와 한곳에서 그전처럼 단란하게 살게 하고 조석의 봉양(奉養)도 평상시와 같게 한 것입니다. 왕요가 비록 지극히 혼암(昏暗)하지만 어찌 스스로 반성하지 않겠습니까? 이는 곧 성은(聖恩)이 미치는 바이므로, 신의 마음에 다른 뜻이 없음을 밝힐 수 있습니다.

또 절동(浙東)·절서(浙西)의 백성은 소식을 본디부터 서로 보고한 일이 없었는데, 하물며 왕씨(王氏)가 있었던 시기의 정상(情狀)이 신에게 무슨 상관이 있겠습니까? 요동(遼東)에 행례(行禮)하는 일 같은 것은, 이 또한 상국(上國)을 사모하고 우러러봐[景仰] 사신(使臣)이 왕래하는 때 빈주(賓主)의 교접(交接)하는 의식이 있었던 것으로, 예의(禮儀)에 있어서 그렇게 한 것이오니 어찌 꾀는 일이 감히 있었겠습니까? 여진(女眞)은 동녕부(東寧府)에 예속돼 이미 모두 군사가 되었으므로 마땅히 보내게 됐는데, 어찌 사람을 보내서 말해 꾀겠습니까? 다만 요동 도사(遼東都司)가 탈환불화(脫歡不花)를 데려갈 때 그 관하(管下)의 인민들이 혹은 즉시 따라가지 않은 사람이 있는 것은 저들이 그곳에서 편안히 살고 있기 때문이지 신이 강제로 머물러 있게 한 것이 아닙니다. 우리나라에 이바지할 바가 없이 각자가 스스로 그 구업(舊業)을 지키고 있기 때문입니다. 삼가 수조(手詔)의 내용에 따라 탈환불화의 본래 관하(管下)의 인민으로서 그곳에 편안히 살면서 즉시 따라가지 않은 사람을, 사람을 보내어 조사해서 현재의 수효대로 발송(發送)하겠습니다.

요동(遼東)에는 이전에 본국(本國-조선)의 인민이 가서 요동에 의탁하고 있었으므로, 고향과 친척들을 생각해 혹 다시 도망해 와서 산골짜기 사이에 몰래 숨어 살고 있었는데, 신이 처음에는 절차(節次)를 알지 못해 요동(遼東)에서 온 자문(咨文)에 의거해서 사람을 보내모두 체포해 오게 했습니다. 신이 생각하기를 비록 본 계통은 소방

(小邦)의 백성에게 나왔으나 그 성명(姓名)이 관군(官軍)의 명부에 기재된 사람은 마땅히 용납해 두지 못하겠으므로 일찍이 벌써 돌려보냈습니다. 그 도망해 와서 잡지 못한 사람은 여진인(女眞人)인지 고려인(高麗人)인지 알지 못하나 이미 도망한 군사에 관계되므로, 아직 잡지 못했고 몰래 숨어간 곳을 살피지 못했으나 지금 사람을 파견해서 널리 찾아 체포하도록 했으니 곧 날짜를 정해 보내겠습니다. 사정이 급박해 놀라고 두려워서 먼저 이 사유를 아룁니다.

공마(貢馬)가 좋지 않다는 것은 곧 토성(土性) 때문에 그렇게 된 것이오니, 조처해 출판(出辦)한 수효는 많았으나 느리고 약한 말도 혹 있었을 것입니다.

조지(詔旨)에 또 말씀하기를 "어찌 그대 고려는 전쟁의 재앙을 일으키는 데 급급한가"라고 했는데, 삼가 이 말은 진실로 황공하옵니다. 신이 비록 못나고 어리석지마는 광망(狂妄)한 데까지는 이르지 않았습니다. 황제의 덕을 입으면서도 그 덕을 꺼리고 다른 사람의 허물을 책망하면서도 그 허물을 본받는 것은 진실로 인정(人情)이 아니오니, 어찌 이런 도리가 있겠습니까? 신이 만약 (황제를) 속인다면 하늘이 실로 굽어살피실 것입니다.

생각건대, 신이 일신(一身)의 미력(微力)으로써 죽음을 무릅쓰는 계책을 내어 맨 먼저 대의(大義)를 일으켜서 화란(禍亂)의 발단을 근절한 것은 진실로 대국(大國)을 섬기는 충성에서 말미암은 것이지만, 여러 소인(小人)의 원망을 많이 받았습니다. 전일에 윤이(尹彛)·이초(李初) 등이 몰래 조정(朝廷-명나라 조정)에 가서 시비(是非)를 거짓 꾸몄사오나, 다행히 황제의 살피심을 입어 신의 심정을 통할 수 있었

습니다. 이미 황제의 고명(高明)한 세상을 만나서 의뢰(依賴)를 삼고
자 하므로 비록 거짓의 참소가 있더라도 스스로 근심하지 않았는데,
어찌 비단처럼 꾸민 참소의 말이 또 황제의 귀에 들어갈 줄을 생각
했겠습니까? 매번 삼가 공봉(供奉)하는 일에 힘을 다했으니, 홀로 무
슨 마음으로 모시(侮視)하고 흔단(釁端)을 일으키겠습니까? 하늘의
꾸지람을 만났으니 땅에서 스스로 용납할 수가 없습니다.

　삼가 바라옵건대 황제 폐하께서는 해와 달 같은 총명을 드리우시
고 하늘과 땅 같은 도량을 넓히시어, 참소하는 사람이 사방의 나라
를 뒤섞어 어지럽힘을 살피시고 소신(小臣)이 한마음[一心]을 가짐을
어여삐 여기소서. (그리하여) 특별히 큰 은혜를 내려서 먼 지방의 풍
속을 편안하게 하신다면, 신은 삼가 마땅히 신하의 절개를 시종여일
하게 더욱 굳게 지키고 황제의 연세(年歲)가 강녕(康寧)하시라고 배
(倍)나 축원하겠습니다.'

7월

　신미일(辛未日-28일)에 하성절사(賀聖節使) 김입견(金立堅)을 따라갔
던 통사(通事-통역관) 곽해룡(郭海龍)이 와서 아뢰었다.

　"입견(立堅)이 (요동) 백탑(白塔)에 이르니 요동 도사(遼東都司)가 들
어오지 못하게 하면서 말하기를, '황제의 명이 지금부터 고려 사람은
통과해 오는 것을 허락하지 못하게 합니다'라고 했습니다."

임신일(壬申日·29일)에 양부(兩府)의 기로(耆老)들이 곽해룡(郭海龍)이 와서 아뢴 일을 가지고 모여서 토의했다.

8월

을해일(乙亥日·2일)에 하성절사(賀聖節使) 김입견(金立堅)과 사은사(謝恩使) 윤사덕(尹思德) 등이 요동(遼東)에 이르렀으나, (끝내) 중국에 들어가지 못하고 돌아왔다.

무자일(戊子日·15일)에 사은사(謝恩使) 이염(李恬)이 중국 서울로부터 돌아왔다. 염(恬)이 들어가서 황제를 뵈오니, 황제가 그의 꿇어앉음이 바르지 못하다고 책망하고 또 머리를 숙이게 한 뒤 염을 몽둥이로 쳐서 거의 죽게 되었는데, 약을 마시고 살게 됐다. 그가 돌아와 요동(遼東)에 이르니, 역마(驛馬)를 주지 않으므로 걸어서 왔다. 황제가 요동(遼東)에 명했다.
"조선의 사신은 들어오지 못하게 하라."

9월

갑진일(甲辰日·2일)에 주문사(奏聞使) 남재(南在)가 중국 서울로부터 돌아와서 아뢰었다.

"황제께서 두텁게 대우하고 또 명하기를 '너희 나라 사신의 행차가 왕래함에 길이 멀어서 비용이 많이 드니, 지금부터는 3년 만에 한 번만 조회하라'라고 했습니다."

기미일(己未日-17일)에 진표사(進表使-표문을 올리는 사신) 이지(李至)가 요동(遼東)에 이르렀다가 중국에 들어가지 못하고 돌아왔다.

경신일(庚申日-18일)에 (동북면(東北面) 함주(咸州)에 환왕의 정릉비(定陵碑)를 세웠다.) 환왕(桓王-태조의 아버지 이자춘)에게 서자(庶子) 두 사람이 있었으니, 이원계(李元桂)는 비(婢) 내은장(內隱藏)이 낳았고, 이화(李和)는 비(婢) 곰가[古音加]가 낳았다. 원계(元桂)의 아들이 네 사람이니 양우(良祐)·천우(天祐)·조(朝)·백온(伯溫)이고, 화(和)의 아들이 일곱 사람이니 지숭(之崇)·숙(淑)·징(澄)·담(湛)·교(皎)·회(淮)·점(漸)이다. 양우의 아들은 흥발(興發)·흥제(興濟)·흥로(興露)·흥미(興美)요, 천우의 아들은 굉헌(宏軒)이다. 지숭의 아들은 수장(壽長)이요, 숙의 아들은 오망(吾望)·지발(之發)이요, 징의 아들은 의경(義敬)·미동(微童)이요, 담의 아들은 효손(孝孫)이요, 회의 아들은 복동(福同)이요, 점의 아들은 실견(實堅)이다.

계해일(癸亥日-21일)에 중추원 학사(中樞院學士) 이직(李稷)을 보내 중국 서울에 가서 사은(謝恩)하고 마침내 예전대로 조빙(朝聘)할 것을 청하게 했다. 그 표문(表文-조선이 명에 보내는 외교 문서)은 이러했다.

'배신(陪臣) 남재(南在)가 경사(京師)에서 돌아옴에 삼가 간절하고 지극하신 선유(宣諭)를 받으니, 신(臣)은 나라 사람들과 더불어 감격함을 견딜 수 없습니다. 성훈(聖訓)이 곡진하게 타일러 포용(包容)하는 도량을 보이셨는데, 신의 마음은 성실하고 전일하오나 감괴(感愧)의 사정(私情)을 품게 됐습니다. 신은 그해 6월에 배신(陪臣) 김입견(金立堅)을 보내 말 값[馬價]을 내려주심을 사례하려 했고 또 7월에 배신(陪臣) 윤사덕(尹師德)을 보내 성절(聖節)을 하례하려 했는데, 모두 요동 도사(遼東都司)가 성지(聖旨)가 있다고 일컬으면서 막았으므로 돌아왔습니다. 삼가 배신(陪臣-제후의 신하) 이지(李至)를 보내 사정의 이유[情由]를 상세히 갖춰 즉시 주문(奏文)하오니, 제 몸을 돌아볼 때 어찌할 바를 모르므로 예감(睿鑑-황제의 지혜로움)이 밝게 아시기를 바랄 뿐입니다.

지금 배신(陪臣) 남재(南在)가 선유(宣諭)하는 성지(聖旨)를 전해 받들고 왔사온데, "그대가 돌아가거든 그대 나라에 대해 3년 만에 한 번 조공(朝貢)하도록 하라. 그대의 지성을 봐서 내가 사람을 시켜 그대를 불러오게 한다"라고 하여 사신 행차의 왕래하는 길을 통하게 하셨으니, 성인(聖人)의 회수(懷綏-편안하게 품어줌)하는 은혜를 입게 되었습니다. 이것은 대개 황제 폐하께서 인애(仁愛)로써 소민(小民)을 사랑하고 총명으로써 미세(微細)한 것을 밝게 살피시어, 신의 낮은 정성을 살펴서 신으로 하여금 다시 일어나게 했습니다. 다만 세시(歲時)에 드물게 가는 것은 신의 마음에 예의(禮儀)를 다하지 못함이 있사오니, 바라건대 수공(修貢)은 평상시와 같이 (1년에 3차례씩으로) 해서 천자(天子)의 수명이 영원하기를 빌게 하소서.'

신미일(辛未日·29일)에 천추절 진하사(千秋節進賀使) 박영충(朴永忠)이 첨수참(甛水站)에 이르렀다가 (중국에) 들어가지 못하고 돌아왔다.

10월

임오일(壬午日·10일)에 청성부원군(靑城府院君) 심덕부(沈德符)의 아들 심종(沈淙, ?~1418년)²¹을 부마(駙馬)로 삼았다.

기해일(己亥日·27일)에 사은사(謝恩使) 이직(李稷)이 백탑(白塔)에 이르렀다가 (중국에) 들어가지 못하고 돌아왔다.

11월

신유일(辛酉日·20일)에 얼음이 얼지 아니하고 또 안개가 낀 이유로

---

21 1391년 고려 하급 관직을 사퇴했다가 1392년 고려가 망하고 조선이 창건되자, 이때인 1393년(태조 2년)에 태조 이성계의 차녀 경선공주(慶善公主)와 혼인해서 부마도위(駙馬都尉)가 되고 청원군(淸原君)에 봉해졌다. 1398년(태조 7년) 왕자를 공(公)으로, 종친을 후(侯)로, 정1품을 백(伯)으로 봉할 때 부마(駙馬)로서 청원후(靑原侯)에 봉해졌다. 그해에 1차 왕자의 난이 일어나자 정사공신 2등에 책록됐다. 1401년(태종 1년) 다시 청원군(淸原君)에 봉해졌다. 1408년(태종 8년) 경상도 절도사에 임명됐다. 1416년(태종 16년) 회안군(懷安君) 이방간(李芳幹)과 내통한 죄로 교하(交河)에 안치(安置)됐다가, 다시 직첩(職牒)과 공신녹권(功臣錄券)이 거둬지고 폐서인(廢庶人)돼 토산현(兎山縣)에 자원안치(自願安置)됐다. 1418년(태종 18년) 토산현(兎山縣)에서 사망했다.

좌승지 최이(崔迤)를 보내서, 소격전(昭格殿)에서 태일성(太一星)을 초제(醮祭)[22]해 절후(節候)가 조화(調和)되기를 빌게 했다.

12월

무인일(戊寅日-7일)에 하정사(賀正使) 경의(慶儀) 등이 요동(遼東)에 이르렀다가 중국에 들어가지 못하고 돌아왔다.

기묘일(己卯日-8일)에 중국의 사신 내사(內史) 김인보(金仁甫-고려 출신 환관) 등 4인이 좌군도독부(左軍都督府)의 자문(咨文)을 가지고 오니, 상이 백관(百官)을 거느리고 의위(儀衛)를 갖춰 교외(郊外)에 가서 맞이했다.

임오일(壬午日-11일)에 대장군(大將軍) 심효생(沈孝生)을 보내 계룡산에 가서 새 도읍의 역사(役事)를 그만두게 했다.

경기좌우도 도관찰사(京畿左右道都觀察使) 하륜(河崙)이 말씀을 올렸다.

"도읍은 마땅히 나라의 중앙에 있어야 할 것이온데, 계룡산은 지대가 남쪽에 치우쳐서 동면·서면·북면과는 서로 멀리 떨어져 있습

---

22 이는 도교의 행사인데, 이후 태종도 도교 행사를 자주 거행했다.

니다. 또 신(臣)이 일찍이 신의 아버지를 장사하면서 풍수(風水) 관계의 여러 서적을 대강 열람했습니다. 지금 듣건대 계룡산의 땅은, 산은 건방(乾方)에서 오고 물은 손방(巽方)에서 흘러간다 하오니, 이것은 송(宋)나라 (풍수가) 호순신(胡舜臣)이 이른바 '물이 장생(長生)을 파(破)해 쇠패(衰敗)가 곧 닥치는 땅'이므로 도읍을 건설하는 데는 적당하지 못합니다."

상이 명해 글을 바치게 해서 판문하부사(判門下府事-문하부 판사) 권중화(權仲和), 판삼사사(判三司事-삼사 판사) 정도전(鄭道傳), 판중추원사(判中樞院事-중추원 판사) 남재(南在) 등으로 하여금 하륜과 더불어 참고하게 하고, 또 고려 왕조의 여러 산릉(山陵)의 길흉(吉凶)을 다시 조사해 아뢰게 했다. 이에 봉상시(奉常寺)의 『제산릉형지안(諸山陵形止案)』에서 산수(山水)가 오간 것으로 상고해보니 길흉(吉凶)이 모두 맞았으므로, 효생(孝生)에게 명해 새 도읍의 역사(役事)를 그만두게 하니 중앙과 지방에서 크게 기뻐했다. 호씨(胡氏)의 글이 이로부터 비로소 반행(頒行)하게 됐다. 상이 명해 고려 왕조의 서운관(書雲觀)에 저장된 비록문서(秘錄文書)를 모두 륜(崙)에게 주어서 고열(考閱)하게 하고는, 천도(遷都)할 땅을 다시 살펴봐서 아뢰게 했다.

갑신일(甲申日-13일)에 (진안군 이방우가 졸했다.) 진안군(鎭安君) 이방우(李芳雨)는 상의 맏아들인데, 성질이 술을 좋아해서 날마다 많이 마시는 것으로써 일을 삼더니, 소주(燒酒)를 마시고 병이 나서 졸(卒)했다. 3일 동안 조회를 정지하고 경효(敬孝)란 시호를 내렸다. 아들은 복근(福根)이다.

무술일(戊戌日-27일)에 간관(諫官)과 헌사(憲司)에서 정당문학(政堂文學) 이염(李恬, ?~1403년)[23]을 탄핵했다.

"신들이 가만히 생각건대, 공자가 말하기를 '사방에 사신으로 가서 임금의 명을 욕되게 하지 않는다'라고 했습니다. 우리 전하(殿下)께서 즉위하신 이래로 황제의 조정에 사신으로 간 사람들은 모두 지극한 은혜를 입었는데, 지금 염(恬)은 명을 받들고 입조(入朝)해 진현(進見)하고 응대(應對)할 때 어긋나고 실수한 일이 있어서 구타와 매질을 당해 중국에 웃음거리가 되었습니다. 이로부터 중국에서는 조빙(朝聘)을 허가하지 않으니, 이렇게 된 데는 반드시 그 까닭이 있을 것입니다. 죄를 마땅히 중하게 논단(論斷)해야 할 것인데도 도리어 용질

---

23 1362년(공민 11년) 10월 과거에 급제, 판전의시사(判典儀寺事)가 됐다. 우왕 때 예의(礼儀)·전공판서(典工判書) 및 밀직부사·첨서밀직사사(簽書密直司事)를 지냈다. 1392년(공양 4년) 정월 지밀직사사(知密直司事)에 이르렀는데, 팔관회에서 중방(重房)이 밀직사(密直司)에게 예대(礼待)하지 않음으로 인해 틈이 생겼다. 이에 왕에게 송사(訟事)했으나 왕이 소장(訴章)을 모두 보유하고 조처를 취하지 않자, 연회에서 만취해 왕에게 중방의 처벌을 강요하다가 순군(巡軍)에 갇히고 사형을 당하게 됐다. 그러나 이성계(李成桂)의 도움으로 합포(合浦-지금의 마산)에 장배(杖配)되는데 그쳤으며, 같은 해 4월 경상도절제사(慶尚道節制使)로 복귀했다. 1392년(태조 1년) 8월 삼사우복야(三司右僕射)로서 한양부의 궁실을 수즙(修葺)했으며, 윤12월 정당문학(政堂文學)으로 개국원종공신(開国原従功臣)에 녹훈됐다. 이듬해 3월 정당문학으로 사은사(謝恩使)가 돼 공민왕의 금인(金印)을 변환하기 위해 명나라에 갔다가, 8월 황제로부터 예를 갖추지 못한다는 질책을 받고 돌아왔으며 이때인 12월 대간의 탄핵을 받아 파직됐다. 1394년(태조 3년) 2월 문하평리(門下評理)로서 표전(表箋)과 예물을 가지고 명나라에 갔으며, 9월 심덕부(沈德符)와 함께 신도궁궐조성도감(新都宮闕造成都監)의 판사가 됐다. 이듬해 4월 예문춘추관 태학사로서 궁궐에 말을 탄 채로 드나들었다는 탄핵을 받아 파직당했다. 1398년 4월 광주(広州)의 신종(新鐘)을 주조하는 제조관(提調官)이 됐고, 이어 삼사우복야(三司右僕射)에 이르렀다. 같은 해 8월 1차 왕자의 난 때 정도전(鄭道伝)의 일파로 몰려 순군옥에 갇혔다가 9월에 풀려났다. 1400년(정종 2년) 7월 전 삼사우복야로서 전 판사 이덕시(李德時)와 더불어 덕수궁(德寿宮)에 있던 상왕(上王-태조)을 자주 찾아가 잡언(雜言)을 함부로 해서 춘주(春州)에 유배됐다가 그곳에서 1403년(태종 3년) 윤11월에 죽었다.

(寵秩-고위직)에 머물러 있으니, 온 나라 신민(臣民)이 매우 상심(傷心)하지 않는 사람이 없습니다. 바라건대 그 직첩(職牒)을 회수하고 그 까닭을 국문(鞫問)해서 사절(士節-선비의 절개)을 권려(勸勵)하소서."

상이 다만 파직만 하도록 했다.

태조 3년(1394년) 갑술년

1월

　병진일(丙辰日-16일)에 상이 수창궁에 행차했다. 판문하부사(判門下府事-문하부 판사) 안종원(安宗源)과 중추원부사(中樞院副使) 이승원(李承源)을 보내 중국 서울에 가서 사은(謝恩)하게 했다. 표문(表文)은 이러했다.

　'사신을 거듭 이르게 해 제명(帝命)을 선포하시니, 감격이 극도에 달해 눈물이 나며 부끄러움이 심해 땀이 납니다. 가만히 생각건대 예로부터 풍속이 다른 나라가 먼 곳에 있으면서도 모두 중국을 마땅히 높여야 할 것을 아는 까닭으로, 은혜를 생각하고 위력(威力)을 두려워해 반드시 충성을 나타내고 교화(敎化)에 향하게 되니, 진실로 혹 이것을 어긴다면 자존(自存)할 수가 없었음은 역대(歷代) 이래로 명백한 효과가 증거하고 있습니다. 하물며 신(臣)은 다행히 밝은 시대를 만나서 여러 번 덕음(德音-황제의 말씀)을 받드니, 신에게 군국(軍國)의 권한을 맡게 하시고 신에게 국호를 조선(朝鮮)으로 바꾸게 하셨습니다. 천위(天威)의 중(重)함을 힘입어 중심(衆心)의 귀속(歸屬)을 정했는데, 항상 보답하려 해도 미치지 못할 것을 생각하고 있으니 어찌 감히 흔단(釁端)을 일으킴을 마다하지 않았겠습니까?

　지금 좌군도독부(左軍都督府)의 자문(咨文)을 받아 삼가 성지(聖旨)

를 받들었는데, 한 항목에 "국호(國號)를 고치는 한 가지 절차는 사람을 보내 이를 청하므로 혹은 조선(朝鮮)을 계승하든지 이미 스스로 결정하도록 하라고 허락했으니, 즉시 이름을 바꿔야 할 것이다. 지금 국호를 조선(朝鮮)이라 고치고는 표문(表文)에는 그전대로 권지국사(權知國事)라 일컬으니, 무슨 계획인지 자세히 알 수 없다"라고 했습니다. 삼가 나라가 이미 국호를 고치고서도 신이 이름을 바루지 못한 것은, 다만 전고(典故)를 잘 알지 못 한 때문이며 실로 간모(姦侮)를 마구 부린 것이 아닙니다.

견책(譴責)하심이 매우 간절하시니 곧 천지(天地)의 덕이 있는 사람으로 만들려는 마음이고, 회유(誨諭)하심이 정녕(丁寧)하시니 실로 부모(父母)의 생육(生育)하는 은혜입니다. 이에 성명(成命-이뤄진 명)이 있으므로 삼가 준수(遵守)하겠습니다. 대개 황제 폐하께서 먼 곳을 보시기를 총명으로써 하시고 소민(小民)을 사랑하시기를 덕으로써 하시어, 신이 미혹해 잘못한 점을 용서해서 신에게 개과천선(改過遷善)할 것을 허가하시니, 신은 삼가 한 지방의 백성과 더불어 만년의 장수(長壽)를 영구히 축원하겠습니다.'

정사일(丁巳日-17일)에 순군 진무(巡軍鎭撫) 김영화(金永和)와 천호(千戶) 유양(柳陽) 등을 보내 왕씨(王氏)를 거제도(巨濟島)로 옮기게 하고, 또 대장군 심효생(沈孝生)을 보내 왕화(王和)와 왕거(王琚)를 안동옥(安東獄)에 가두게 했다.

신유일(辛酉日-21일)에 대간(臺諫)과 형조(刑曹)에서 글을 올려 왕씨

(王氏)를 제거할 것을 청하니, 윤허하지 않았다.

을축일(乙丑日-25일)에 대간(臺諫)과 형조(刑曹)에서 글을 올려 왕강(王康)·왕승보(王承寶)·왕승귀(王承貴)·박위(朴葳)의 죄를 논핵(論劾)하면서 서울에 살게 할 수 없다고 했으나, 윤허하지 않았다.

기사일(己巳日-29일)에 대간(臺諫)과 형조(刑曹)에서 글을 같이 올려 아뢰었다.

'바라건대 왕강(王康)·왕승보(王承寶)·왕승귀(王承貴)·왕격(王鬲)을 바다 안의 섬으로 옮기소서.'

상이 행수(行首)와 장무(掌務)를 불러 다시 말하지 말게 하니, 대답해 말했다.

"이 무리는 전하(殿下)께서 비록 대우하기를 매우 후하게 하시지만, 반드시 은혜를 생각하지 아니합니다. 더구나 왕강은 지모(智謀)가 남보다 뛰어나고 왕승보와 왕승귀는 용력(勇力)이 대적할 사람이 없으니, 서울에 있으면 반드시 불측(不測)의 변(變)을 선동할 것입니다. 바라건대 신 등의 아뢰는 말을 윤허하시어 훗날의 근심을 방비하소서."

상이 말했다.

"내가 어찌 알지 못하겠는가? 우선 가둔 것을 속히 풀어주게 하라."

왕강 등을 불러서 가르쳐 말했다.

"경 등은 모두 쓸 만한 인재(人材)인 까닭으로 불러와 서울에 두고서 가까이하고 신임해 의심함이 없었다. 지금 간관(諫官)이 바닷속의 섬에 옮기기를 청하지마는, 내가 이미 용서했으니 경 등은 마땅히 놀라거나 두려워하지 말고 출입하기를 그전과 같이 하라."

2월

신미일(辛未日-1일)에 대간과 형조에서 또 글을 같이 올려 왕강(王康) 등을 유배 보낼 것을 청하니, 상이 윤허하지 않았다.

병자일(丙子日-6일)에 대간과 형조에서 글을 같이 올렸다.

'신들이 가만히 김가행(金可行)·박중질(朴仲質)과 장님 이흥무(李興茂)의 공사(供辭)를 보니 대체(大體)에 관계되므로, 지난날에 글을 연명(連名)으로 올려 그 정상을 밝히기를 청했습니다. 그런데 전하께서 관대한 은혜를 베푸시어 외방(外方)에 나눠 유배 보내셨으니, 신 등은 종사(宗社)를 위해 대단히 상심(傷心)했습니다. 지금 왕화(王和)·왕거(王琚)와 중 석능(釋能)의 공사(供辭)가 또한 대체(大體)에 관계돼 이흥무의 공초(供招)와 더불어 사건은 같고 실정은 다른데, 몰래 반역을 모의했으니 왕법(王法)에서 용서할 수 없는 죄입니다. 대체로 악한 짓을 하는 사람은 반드시 먼저 당여(黨與)를 부식(扶植)하고 난 후에 그 뜻을 풀어놓게 됩니다. 그런 까닭으로 『춘추(春秋)』에서 난신적자(亂臣賊子)를 처단(處斷)할 적에는 반드시 먼저 그 당여(黨與)를 다스림으로써 악한 짓을 하는 사람으로 하여금 고립(孤立)돼 도움이 없게 했으니, 『춘추』의 법이 엄격했습니다. 전하께서 만약 이런 등류의 사람을 국문(鞫問)해서 나라 사람의 이목(耳目)에 밝히지 않는다면, 신 등은 간웅(奸雄)의 무리가 잇달아 일어나서 변고가 뜻밖에 일어날까 염려됩니다. 요사이 근거 없는 말을 상국(上國-명나라)에 일으키는 것도 반드시 이 무리로 말미암은 것이 아니라고 할 수 없습니다. 바라건대 전하께서는 대의(大義)로써 결단하시어, 즉시 대간(臺諫)과 법관(法官)으로 하여금 위의 항목의 사람들을 잡아 한곳에서 국문(鞫問)해서 그 죄를 밝게 처단하고, 아울러 당여(黨與)까지 죄를 다스려 화단(禍端)을 막게 하소서. 신 등이 말하는 바는 천만세(千萬世) 종사(宗社)의 대계(大計)를 위한 것이오니, 삼가 생각건대 전하께서는 정신을 두어 깊이 살피소서.'

상이 대간(臺諫)과 법관(法官)에게 명해 중질(仲質)·왕화(王和) 등을 잡아 수원부(水原府)에 모아두고, 가서 이들을 국문(鞫問)하게 했다.

신사일(辛巳日-11일)에 대간과 형조에서 장계(狀啓)했다.

"바라건대, 왕화(王和)·왕거(王琚)·석능(釋能)·이흥무(李興茂)·김가행(金可行)·박중질(朴仲質) 등을 한곳에서 대질 심문하게 하소서."

상이 대간(臺諫)·형조(刑曹)·순군부(巡軍府)에 각기 1원(員)씩을 명해 양광도 관찰사(楊廣道觀察使)와 함께 수원부(水原府)에 모여 대질 심문하게 했다.

○ 사헌 시사(司憲侍史) 권문의(權文毅)·윤창(尹彰)과 기거주(起居

注)²⁴ 정귀진(鄭龜晉), 좌습유(左拾遺) 최사강(崔士剛), 감찰(監察) 이복례(李復禮) 등이 대간(臺諫)과 형조(刑曹)의 탄핵을 당했다.

삼관(三官)이 모여 토의해서 공양왕의 삼부자(三父子)와 왕우(王瑀)의 삼부자(三父子) 및 왕강(王康)·왕승보(王承寶)·왕승귀(王承貴) 등을 제거하고자 해 말했다.

"어제 왕씨(王氏)를 제거하는 한 가지 일로써 장소(章疏)에 연명(連名)해 올려 청했으나 즉시 윤허를 받지 못했으니, 지금 또 왕강·왕승보·왕승귀를 제거하는 일로써 글을 올려 청하는 것이 어떻겠는가?"

문의(文毅) 등이 말했다.

"만약에 왕씨(王氏)를 제거하고자 한다면 반드시 다 제거할 일이지, 어찌 유독 왕강(王康) 등만 제거하겠는가?"

이런 까닭으로 그를 탄핵한 것이다.

정해일(丁亥日-17일)에 산기상시(散騎常侍) 이거이(李居易), 사헌중승(司憲中丞) 박신(朴信), 형조정랑(刑曹正郎) 전시(田時), 순군지사(巡軍知事) 성보(成溥) 등을 수원부(水原府)에 보내 왕화(王和), 왕거(王琚), 중 석능(釋能), 김가행(金可行), 박중질(朴仲質), 이흥무(李興茂) 등을 붙잡아 국문(鞫問)하게 했다.

---

24 고려 시대 중서문하성에 있던 관직으로, 문종 때 종5품 관원 1명을 두었다가 1356년(공민왕 5년) 다른 기거직(起居職)과 같이 정5품관으로 승격했다. 사관직 업무와 국왕에 대한 간쟁과 봉박을 담당하는 간관(諫官)의 역할을 수행했으며, 기거랑(起居郞)·기거사인(起居舍人)과 함께 왕 주변의 일을 기록했다.

무자일(戊子日-18일)에 좌시중 조준과 영삼사사 권중화 등 11인을 보내, 서운관(書雲觀)의 원리(員吏-관리) 등을 거느리고 『지리비록촬요(地理秘錄撮要)』를 가지고 가서 천도할 땅으로 무악(毋岳)[25] 남쪽을 살펴보게 했다.

기축일(己丑日-19일)에 조정(朝廷-명나라 조정) 사신 김인보(金仁甫)·장부개(張夫介)가 돌아가니, 상이 주본(奏本-황제에게 올리는 문서) 1통(通)을 지어 부쳐 올리면서 여러 신하를 거느리고 선의문(宣義門)에 이르러 전송했다. 그 주문은 이러했다.

'홍무(洪武) 26년(1393년) 12월 초8일에 흠차내사(欽差內史) 김인보(金仁甫) 등이 이르러 좌군도독부(左軍都督府)의 자문(咨文)을 받아 삼가 성지(聖旨)를 받았는데, 거기에 이르기를 "어찌해서 고려의 이성계(李成桂)는 스스로 변방의 흔단(釁端)을 일으키기를 해마다 그치지 않는가? 그 계량(計量)은 창해(滄海) 강토(疆土)를 빙 두르고 겹친 산[重山]을 짊어져서 험지(險地)를 삼은 것을 믿는 데 불과하니, 자주 흉완(兇頑)한 짓을 함부로 행함은 우리 조정이 군사를 징발함을 한(漢)나라·당(唐)나라와 같이 여기는 것이다. (그러나) 또한 한나라·당나라 장수들은 기사(騎射)에는 장점이 있고 주즙(舟楫-해전)에는 단점이 있는 까닭으로 바다를 건너는 데 고생을 하고 군사의 행진이 뜻대로 되지 않았지만, 짐(朕)은 중국을 평정함으로부터 호로(胡虜)를 물리치고 하해(河海)와 육지(陸地)를 통틀어 정벌했으니 수

───────

25 하륜의 주장이다.

군(水軍)의 여러 장수가 어찌 한나라·당나라의 일에 비할 수 있겠는가? 만약 반드시 군사가 삼한(三韓)에 이르지 않더라도, 전후(前後)에 유인(誘引)한 여진(女眞)의 대소(大小) 가족을 돌려보내고 유인한 여진(女眞)의 변방을 수비하던 천호를 보내며, 이후에는 간사한 꾀를 만들어 변방의 흔단(釁端)을 일으키지 말라. (그리하면) 그 나라의 백성을 편안하게 처하게 만들어서 바야흐로 동이(東夷)의 군주가 되고 후사(後嗣) 또한 번성하게 될 것이다"라고 했습니다.

삼가 가만히 생각건대, 소방(小邦)이 천조(天朝)를 섬기기를 지성으로 하고 두 마음이 없으니, 어찌 감히 스스로 변방의 흔단(釁端)을 일으키겠습니까? 국토(國土)는 좁고 인민은 적은데, 보잘것없는 산해(山海)를 무엇이 믿을 것이 있기에 흉완(兇頑)한 짓을 함부로 행하겠습니까? 전후(前後)에 여진(女眞)을 유인한 적이 실로 없었는데, 지금 삼가 성지를 받고 전일에 있었다고 함을 알았으니 두렵고 낭패해 몸 둘 곳이 없습니다.

신(臣)의 선대(先代)는 본래 조선(朝鮮)의 유종(遺種)으로, 신의 22대 조상(祖上) 이한(李翰)에 이르러 신라(新羅)에 벼슬해 사공(司空)이 되었고, 신라가 망하자 이한(李翰)의 6대 손(孫)인 이긍휴(李兢休)가 고려에 들어와 벼슬했으며, 이긍휴(李兢休)의 13대 손(孫)인 이안사(李安社)가 전대의 원(元)나라에 벼슬했으니 이분이 신의 고조(高祖)였습니다. 이로부터 뒤에는 고려의 관작은 받지 않았습니다. 원(元)나라 말기에 군사가 일어나자 신(臣)의 아버지 이자춘(李子春)은 신들을 거느리고 피란해 동쪽으로 왔습니다. 그 당시에 마침 왜구(倭寇)의 작란(作亂)이 있었고 또 모원수(毛原帥)·관선생(關先生)·나하

추(納哈出)가 잇달아 들어와서 침략하니, 신이 무재(武才)를 좀 익혔던 이유로 신을 항오(行伍)에 배치했지만, 신의 관직은 현달(顯達)하지 못했습니다.

고려 공민왕이 세상을 떠난 뒤로부터 위성(僞姓-가짜 성)인 신우(辛禑)까지 16년 동안에, 권신(權臣) 이인임(李仁任)·임견미(林堅味)·염흥방(廉興邦) 등이 잇달아 권세를 마음대로 부려서 백성에게 해독을 퍼뜨려 죄악이 가득한 끝에 스스로 주륙(誅戮)을 취(取)했습니다. 신의 본마음[素心]이 근신(謹愼)해 다른 과실이 없었으므로 신을 거용(擧用)해서 문하수시중(門下守侍中)으로 삼아 바야흐로 나라의 정사(政事)에 참여하게 했는데, 뜻밖에 최영(崔瑩)이 도리어 광망한 계획을 내어 신우(辛禑)와 더불어 군사를 일으켜서 요동(遼東)을 공격하려 했습니다. 신은 소국(小國)이 상국(上國)의 국경을 침범할 수 없다는 것으로써 여러 사람에게 대의(大義)로 개유(開諭)하고 군사를 거느려 돌아오니, 신우(辛禑)가 그 죄를 알게 되고 최영은 참형(斬刑)을 당했습니다.

나라 사람들이 종실(宗室) 왕요(王瑤-공양왕)로써 나랏일을 임시로 서리(署理)하게 하고 정몽주(鄭夢周)를 문하시중(門下侍中)으로 삼았는데, 몽주가 최영의 실패한 자취를 경계하지 아니하고 왕요와 더불어 다시 요동(遼東)을 공격하려고 모의하니, 나라 사람들이 옳지 않다고 하므로 왕요는 물러나 사제(私第)로 돌아가고 몽주는 참형(斬刑)을 당했습니다. 나라 사람들이 생각하기를, 왕씨(王氏)의 후손은 세상의 인망(人望)에 맞을 만한 사람이 없고 군국(軍國)의 정무(政務)는 하루라도 통솔이 없어서는 안 되겠다고 여겼습니다. 이에 대소 신료(大小臣僚)와 한량(閑良)·기로(耆老)들이, 신으로 하여금 대국(大國)을 섬기는 충성이 있다는 이유로써 함께 추대해 군국(軍國)의 정무(政務)를 임시로 보게 했으며, 즉시 주문(奏聞)해서 삼가 윤허(允許)를 얻었습니다.

신은 본래 무부(武夫)이므로 실로 사리(事理)를 아는 능력이 없으며 또 신의 선대(先代)는 고려에 있었으므로 전혀 빙자(憑藉-의지)할 세력이 없었는데, 다행히 성은(聖恩)을 힘입어 오늘날이 있게 됐으니 감사해 떠받드는 정성은 하늘의 해와 같이 명백합니다. 하물며 최영·정몽주의 한 일이 밝은 거울처럼 가까이 있는데 신이 만약 그 간사한 계획을 계속한다면, 성은(聖恩)은 비록 신을 용서하고자 하더라도 나라 사람들이 어찌 즐거이 용서하겠습니까? 신이 목석(木石)이 아닌데, 어찌 감히 심력(心力)을 수고롭게 하면서 이러한 이익 없는 흔단(釁端)을 만들어서 스스로 화(禍)를 초래하겠습니까? 신이 만약 기망(欺罔)한다면 천지 귀신이 위에서 굽어보실 것입니다. 지금 조관(條款)의 정유(情由-연유)를 낱낱이 한 조목 한 조목씩 열기(列記)해 삼가 갖춰 주문(奏聞)합니다.

한 항목[款]에 "조정(朝廷)에서 매번 장수에게 명해 요동(遼東)을 지키게 했는데, 저들이 즉시 사람을 보내 포백(布帛)과 금은(金銀)의 유(類)로써 거짓으로 행례(行禮)한다고 이유로 삼고 있으나, 마음속은 우리의 변장(邊將)을 꾀는 데 있다"라고 했습니다. 전건(前件)의 사리(事理)를 조회(照會)해보니, 소방(小邦)에서 무릇 사신을 보내 중국 서울에 갈 적에는 반드시 요양(遼陽)을 경유하게 되는데, 특별히 조정(朝廷)을 중하게 여겨서 혹은 토산물인 포백(布帛)으로 행례(行

禮)하게 됩니다. 이것은 곧 인정(人情)에서 나오는 것이니, 어찌 서로 꾀려는 이치가 있었겠습니까?

한 항목에 "요사이 사람을 보내 제왕(齊王)의 처소에 이르러 행례(行禮)했는데, 보내온 사람이 거짓으로 이상한 말을 하면서 스스로 그 나라를 비방하고 있으니, 마음속은 왕(王)의 동정(動靜)을 정탐하는 데 있다"라고 했습니다. 전건(前件)의 사리(事理)를 조회(照會)해보니, 소방(小邦)에서 다만 사신을 보내 중국 서울에 갈 적에는 제왕부(齊王府)를 경유하게 되므로 제왕 전하(齊王殿下)에게 나아가 행례(行禮)한 것이며, 또 그 중간에 혹시 언사(言辭)의 실수가 있었다면 대개 이것은 명령을 받고 간 원인(員人)의 과실이므로 소국(小國)이 알 수 있는 바가 아닙니다.

한 항목에 "전부터 자주 청해서 약속을 듣겠다 하고는, 약속한 지가 이미 오래되자 곧 전일의 약속을 어기고 암암리에 여진(女眞)을 꾀어 가족 500여 명을 거느리고 몰래 압록강을 건너게 했으니, 과연 이것이 약속을 듣겠다고 한 것인가? 죄의 큰 것이 이 흔단(釁端)보다 더한 것이 없다"라고 했습니다. 전건(前件)의 사리(事理)를 조회(照會)해보니, 소국(小國)의 군민(軍民)이 잇달아 요동(遼東)으로 도망해 가서 군정(軍丁)에 충당된 사람과 혹은 잠시 거주한 사람이, 본래부터 유인한 일이 없었는데도 고향을 생각해 다시 도망쳐 와서 산골짜기 사이에 몰래 거주하고 있습니다. 신이 처음에는 알지 못했으나 요사이 요동 도사(遼東都司)에서 온 자문(咨文)에 의거해서, 사람을 보내 소기(小旗) 이한니(李閑你) 등을 처자(妻子)까지 합쳐 23명을 잡아서 요동도사에 보냈습니다. (또) 홍무(洪武) 26년(1393년) 5월 13일에 삼가 수조(手詔)를 받고는 즉시 관할 서북면의 각 부(府)·주(州)·군(郡)·현(縣)에서 본래는 본국인(本國人)에 속했던 박룡(朴龍) 등을 가족 388명까지 잡아 오고 파절천호(把截千戶) 김완귀(金完貴) 등까지 잡아 와서, 전 밀직부사(密直副使) 조언(曺彦)을 시켜 압송(押送)했습니다. (또) 취(取)해 조사한 본래 거주하던 여진인(女眞人) 구을토(仇乙土) 등 116명을, 파견해 온 천호(千戶) 왕탈환불화(王脫歡不花)의 관령(管領)에게 부쳐서 모두 홍무(洪武) 26년 8월에 흠차내사(欽差內史) 황영기(黃永奇)·최연(崔淵) 등과 함께 요동 도사에 보내 서로 주고받고 했습니다.

한 항목에 "근일에 요동(遼東)에서 와서, '금년 7월에 불한당[劫賊]_{겁적} 1명을 잡아 왔는데, 살펴본즉 고려 해주(海州) 청산(靑山) 파절천호(把截千戶) 합도간(哈都干)의 하민(下民)으로서 이름은 장갈매(張葛買)였으니, 그가 이렇게 말했습니다. "고려왕(高麗王)이 흑포(黑布) 30통을 합도간(哈都干)에게 귀착(歸着)시켜서 배 17척을 내게 했는데, 배마다 군사 40명, 노 젓는 사람 18명, 백호(百戶) 1명씩으로, 연강(燕江)의 오천호(吳千戶)를 시켜 관령(管領)하게 하고는 7월 초5일에 길을 떠났다. 배 위의 사람을 모두 왜적(倭賊)처럼 꾸미고 배도 모두 흑색(黑色)으로 꾸민 채 거짓으로 매매(賣買)하고 다니면서 소식을 정탐하다가, 만약 관군(官軍)을 만나면 다만 이것이 왜선이라고 말했다. 연로(沿路)에서 겁략(劫掠)해 잡아가면서 안치(安置)했는데, 화자(火者) 9명 중에서 1명을 죽이고 6명을 놓아 돌려보낸 뒤 2명을 남겨두어 길을 인도하게 해서 7월 28일 밤에 금주(金州)의 위도(衛島)에 도착했다. 조금 정박했다가 오천호(吳千戶)가 매(每) 선척(船隻)에 남은 군사 10명을 내어 간수(看守)하게 한 뒤 그 나머지 군인들을 인솔해서 언덕에 올라 신시(新市)의 군둔(軍屯)을 불사르고 겁탈하니, 군인과 가속(家屬)을 합쳐서 4명을 사로잡아 가고 2명을 죽였으며 3명을 상(傷)하게 했다"라고 아뢨다'라고 했고, 한 항목에 "또 거짓으로 왜적(倭賊)을 꾸며 선척(船隻)을 타고 산동(山東)의 영해주(寧海州)로 가서 언덕에 올라 본주(本州-영해주)의 인연을 겁살(劫殺)했음을, 본래 잡혀갔던 화자(火者)가 도망쳐 돌아와서 말해서 그전의 사정을 알게 됐다"라고 했습니다. 삼가 전건(前件)의 사리(事理)를 가만히 생각건대, 소방(小邦)이 성조(聖朝)를 섬기면서 지성으로 하고 두 마음이 없는데, 어찌 감히 소민(小民)을 보내 배를 타고 거짓으로 왜적(倭賊)을 꾸며서 금주(金州)와 산동(山東) 등지에 가서 언덕에 올라 도둑질하며 인명(人命)을 살상(殺傷)했겠습니까? 그 장갈매(張葛買)가 일컫기를 "거짓으로 매매(賣買)한다 하면서 소식을 정탐한다" 했으나 신은 실로 갈매(葛買)가 어떤 사람인지를 알지 못하며, 더구나 만약 도둑질해 겁살(劫殺)했다면 인정(人情)이 조격(阻隔)해졌을 것이니 어떻게 사정을 정탐할 수 있겠습니까? 그것이 거짓인 것은 분변(分辨)하지 않더라도 자명(自明)한 일입니다. 그전에 윤이(尹彛)와 이초(李初)가 도망쳐 경사(京師)에 가서 시비(是非)를 거짓 꾸몄으나, 황제께서 살펴 만 리 밖의 일을 환하게 아시어 윤이와 이초가 이미 그 죄에 복종해 처형(處刑)됐는데, 신은 아마 장갈매(張葛買)도 역시 이런 등류의 불량(不良)한 무리로서 잡혀서 관청(官廳)에 이르게 되자 문득 없는 사실을 꾸며내었던 것이라 생각됩니다. 소국에서 사신을 보내자 이와 같은 원통하고 억울한 일이 있으니, 위에 하늘의 해가 있을 뿐 입으로는 사정을 호소(呼訴)하기가 어렵겠습니다. 삼가 바라건 대, 성자(聖慈)께서 조관(朝官)을 파견해서 잡힌 겁적(劫賊) 장갈매를 보내시어 나라 사람들과 대변(對辨)한다면 문득 거짓인가 참인가를 알 수 있을 것입니다.

한 항목에 "표문(表文)을 올려 입공(入貢)한다 일컫고는 매번 말을 가져오는데, 말을 기르는 사람으로 하여금 징발해서 보니 말이 모두 둔하고 타서 지친 것들뿐이다. 이번에 바친 말 중에는 다리가 병들고 이가 없는 것과 길들이지 않은 것이 반이나 되고 그 나머지도 비록 관절병(關節病)은 없지만, 또한 모두 둔해 지성으로 바친 물건이 아니 니, 이런 것으로써 업신여기고 화단(禍端)을 만드는 것이 어찌 줄여 서라도 물건이 좋고 뜻이 성실한 것만 같겠는가?"라고 했습니다. 전 건(前件)의 사리(事理)를 조회(照會)해 알아보니, 소국에서 생산되는 말이 본래 작고 둔하므로 무릇 공헌(貢獻)할 때를 당하면 힘을 다해 가려서 바치게 되는데, 대개 길이 매우 멀기 때문에 다리가 병들고 피곤해서 약한 것도 있을 것입니다. 소방(小邦)이 어찌 감히 업신여 기겠습니까?

한 항목에 "국호(國號)를 고치는 한 가지 절차는 사람을 보내 조칙 (詔勅)을 청하므로 혹은 조선(朝鮮)을 계승하든지 이미 스스로 하도 록 하라고 허가하고 즉시 정명(正名)하게 했는데, 지금 이미 국호(國 號)를 조선(朝鮮)으로 고치고서도 표문(表文)에는 그전대로 권지국사 (權知國事)라 일컬으니, 무슨 계획인지 자세히 알 수 없다. 다만 간사 한 짓을 써서 계획을 부리는 것일 뿐 아니라 실은 저들의 상서롭지 못한 징조이다"라고 했습니다. 전건(前件)의 사리(事理)는 (조회해보니)

홍무(洪武) 26년(1393년) 2월 15일에 배신(陪臣) 한상질(韓尙質)이 경사(京師)로부터 돌아오면서 예부(禮部)의 자문(咨文)을 가지고 올 때 삼가 성지(聖旨)를 받았는데, 그 칙지에 "동이(東夷)의 국호(國號)는 다만 조선(朝鮮)의 칭호가 아름답고 또 그 유래(由來)가 오래되었다. 그 명칭을 근본으로 삼아서, 하늘의 뜻을 본받고 백성을 잘 다스려서 후사(後嗣)를 영구히 번성하게 하라"라고 했는데, 신이 생각하기를 삼가 국호를 조선(朝鮮)이라 고쳐 일컬은 외에 국왕(國王)의 명작(名爵)은 내리지 않았다고 해서 감히 함부로 왕(王)이라 일컫지 못한 것이니, 실로 업신여기려는 마음은 없었습니다. 지금 좌군도독부(左軍都督府)의 자문(咨文)을 받아 삼가 성지(聖旨)를 받드니 "즉시 명칭을 바로잡아야 한다"라고 했으며, 또 도독부(都督府)에서 온 자문(咨文)에 의거하면 "조선 국왕(朝鮮國王) 이(李)에게 자문(咨文)을 보내니 이에 준해 사은표전(謝恩表箋)의 수찬(修撰)을 제폐하라"하기에 삼가 위의 명에 의거해 시행했습니다.

한 항목에 "이미 국호(國號)를 고치도록 허가했는데 사자(使者)가 돌아간 뒤로 오래도록 소식이 없었으며, 먼저 사람을 요왕(遼王)과 영왕(寧王)이 있는 곳에 보내 행례(行禮)하면서 조선국 권지국사(朝鮮國權知國事)라 일컫고는 한 달 후에야 겨우 표문(表文)을 올려 사은(謝恩)하니, 존비(尊卑)의 구분하기를 고의(故意)로 먼저 할 것을 뒤로했다"라고 했습니다. 전건(前件)의 사리(事理)를 조회(照會)해 알아보니 국호(國號)를 고치고 사은(謝恩)하는 일은, 홍무(洪武) 26년 3월 초9일에 문하평리(門下評理) 이염(李恬)을 파견해서 표전(表箋)과 예물(禮物)을 가지고 경사(京師)로 가게 했는데, 간 뒤에 요왕(遼王)과 영왕(寧王)이 봉작(封爵)을 받고 도래(到來)했다는 것을 들어서 알았습니다. 신이 생각건대 소방(小邦)은 요(遼)·영(寧)과 경계가 서로 가까우므로 특별히 조정(朝廷)을 중시(重視)함으로써 마땅히 행례(行禮)해야 되겠기에, 그해 4월 초6일에 전 밀직사(密直使) 박원(朴原)과 전 밀직부사(密直副使) 유운(柳雲) 등을 파견해 요왕과 영왕 전하(殿下)에게 가서 행례(行禮)하게 한 것입니다. 위 항목의 이염(李恬)은 대개 경사(京師)에 가는 길이 매우 멀고 또 진헌(進獻)할 안자(鞍子)와 예물(禮物)을 가져가기 때문에 시일을 오래 지체해서 서울에 이르게 된 것이니, 어찌 감히 고의로 먼저 할 것을 뒤로 여긴 것이겠습니까?

한 항목에 "지난해에 왕창(王昌-창왕)으로 하여금 내조(來朝)하기를 청하므로 허가하지 아니했고, 그 뒤에 왕요(王瑤-공양왕)에게 국사(國事)를 맡기더니 또 내조(來朝)하기를 청하므로 역시 허가하지 아니했다. 드디어 요(瑤)의 아들 석(奭)으로 하여금 내조(來朝)하게 했더니, 조정(朝廷-명나라)에 이른 후 도로 돌려보내자 도리어 그 부자(父子)가 부도(不道)하다고 일컬어 마침내 시역(弑逆-시해)을 행했다. 그들이 여러 번 내조(來朝)하기를 청한 것은 마음속으로 중국에서 정벌할까 두려워한 까닭으로, 이 일을 가탁(假託)해 신용을 얻으려고 한 것이다"라고 했습니다. 전건(前件)의 사리(事理)는 가만히 보건대, 전대(前代)의 신창(辛昌-창왕)과 왕요(王瑤) 등이 여러 번 친히 조회하기를 청했으며, 요(瑤)가 아들 석(奭)을 보내 친히 천조(天朝)에 조회하고 환국(還國)한 뒤에는 그 아버지와 더불어 부도한 짓을 마음대로 행하고 반역을 꾀하기까지 했습니다. 나라 사람들이 이를 싫어해 사저(私邸)로 물러가게 한 뒤 나라 사람들이 모두 신을 왕으로 추대해 조정(朝廷)에 주달(奏達)하니, 성자(聖慈)께서 그 사정을 환하게 아시고 신에게 권지국사(權知國事)를 허가한 것입니다. 그 왕요(王瑤) 부자(父子)는 현재 단란(團欒)하게 모여 살게 해서 타고난 수명(壽命)을 보전하도록 했습니다.

한 항목에 "국호(國號)를 고친 데 대한 사은(謝恩)하는 표전(表箋) 내에 업신여기는 언사(言辭)를 섞었으니, 소국(小國)으로써 대국(大國)을 섬기는 정성이 과연 이와 같을 수가 있겠는가?"라고 했습니다. 전건(前件)의 사리(事理)를 조회(照會)해 알아보니, 소방(小邦)이 먼 지방에 궁벽하게 있어서 언어(言語)도 통하지 못하고 문견(聞見)도 넓지 못한 까닭에 문자(文字)를 대강 익혀서 사정을 겨우 말하게 되므로, 표전(表箋)을 제작(製作)하는 데 체제와 격식을 잘 알지 못해서 잘못된 것이지 감히 고의(故意)로 모만(侮慢-깔보고 무시함)한 것은 아닙니다.'

신묘일(辛卯日-21일)에 대간(臺諫)과 형조에서 말씀을 올렸다.

'가만히 듣건대, 일이 커지기 전에 미리 막는 것이 『춘추(春秋)』의 의리입니다. 신 등이 지난번에 공양군(恭讓君) 삼부자(三父子)에게 천주(天誅)를 가할 것을 청했으나 윤허를 얻지 못했으니, 낭패함을 견딜 수 없습니다. 신 등은 그윽이 생각하기를, 가라지[稂莠]를 없애지 않는다면 좋은 곡식의 해가 되고 간웅(奸雄)을 제거하지 않는다면 반드시 사직(社稷)의 화(禍)가 되는 것이라 여기옵니다. 전하께서는 왕씨(王氏)를 해도(海島)에 내쫓은 경우도 있고 외방(外方)에 안치(安置)한 경우도 있으며 서울로 소환(召還)한 경우도 있는데, 신 등이 잘 알 수는 없습니다마는 해도에 내쫓은 사람은 무슨 죄이며 외방에 안치한 사람과 서울로 소환한 사람은 무슨 다행이옵니까? 옛날 사람이 말하기를 "짐승이 궁지(窮地)에 이르면 사람을 치고, 사람이 궁지에 이르면 살기를 꾀한다"라고 했는데, 하물며 왕강(王康)·왕격(王鬲)·왕승보(王承寶)·왕승귀(王承貴)는 속으로 간사하고 음흉한 마음을 품었으며 지모(智謀)와 계략(計略)이 남보다 뛰어납니다. 비록 전하께서 은혜로써 상을 주고 두텁게 대우하더라도, 그들의 마음은 반드시 만족할 줄 모르고 형세를 따라 관망(觀望)해서 반드시 훗날의 걱정이 될 것입니다. 이것이 조선의 신자(臣子)들이 먼일을 염려하고 뒤를 돌아봐서 전하를 위해 마음 섬뜩하게 여기는 바입니다. 바라건대 전하께서는 일월(日月) 같은 총명을 돌리시고 『춘추』의 대의(大義)를 본받아서, 즉시 유사(攸司)로 하여금 위 항목의 사람들을 그 처자(妻子)와 제질(弟姪)까지 아울러 해도에 옮기게 해서 미연(未然)에 방비한다면 종사(宗社)에 매우 다행이겠습니다.'

상이 윤허하지 않았다.

임진일(壬辰日·22일)에 대간(臺諫)과 형조에서 소장(疏狀)을 같이 올려 아뢰었다.

'공양군(恭讓君)과 여러 왕씨를 마땅히 해도(海島)에 안치해야 할 것입니다.'

상이 세 관청의 장무(掌務)를 불러 유시(諭示)했다.

"지난번에 이미 명하기를 '내 비록 대사(大事)가 있더라도 마땅히 소장(疏狀)을 같이 올리지 못하게 하라' 했는데, 어찌 명을 따르지 않는가? 이 일은 이미 깊이 생각하라고 명했는데도 어찌 급히 서둘기를 이같이 하는가?"

이에 대답했다.

"비록 이미 명을 받았사오나 또한 소장(疏狀)을 같이 올린 것은 일이 크기 때문이오며, 깊이 생각하라고 명하셨는데도 다시 아뢰게 된 것은 뜻밖의 변고가 있을까 두려워한 때문입니다."

계사일(癸巳日·23일)에 대간과 형조에서 장소(章疏)를 같이 올려 전조(前朝) 왕씨(王氏)와 박위(朴葳)의 죄를 논핵(論劾)하니, 상이 대궐 안에 머물러두고 내려보내지 않았다. 대궐 문에 엎드려 힘써 간언했으나 상이 윤허하지 않았다.

○ 영삼사사(領三司事-삼사 영사) 권중화(權仲和)와 좌시중(左侍中) 조준(趙浚) 등이 무악(毋岳)으로부터 돌아와 아뢰었다.

"무악(毋岳) 남쪽은 땅이 좁아 도읍을 옮길 수 없습니다."

(경상)좌도 도관찰사(左道都觀察使) 하륜(河崙)만이 홀로 아뢰어 말했다.

"무악(毋岳)의 명당(明堂)이 비록 협착(狹窄)한 듯하지만, 송도(松都)의 강안전(康安殿)과 평양(平壤)의 장락궁(長樂宮)에 비춰 관찰한다면 조금 넓은 편이 될 것입니다. 또한 고려 왕조의 비록(秘錄)과 중국에서 통행(通行)하는 지리(地理)의 법에도 모두 부합(符合)합니다."

상이 말했다.

"내가 친히 보고 정하려고 한다."

을미일(乙未日-25일)에 대간과 형조에서 장소(章疏)를 같이 올려 청했다.

'일찍이 듣건대 대역자(大逆者)는 용서하지 않는 것이 나라의 상전(常典)이오니, 신 등이 장소(章疏)에 연명(連名)해서 청하기를 그치지 않는 것은 이 때문입니다. 신 등이 지난번에 장님[盲人] 이흥무(李興茂)의 공초(供招)가 대체(大體)에 관계된 이유로 장소(章疏)에 연명(連名)해서 아뢰어 그 무리를 치죄(治罪)하기를 청하니 전하께서 즉시 대간(臺諫)과 법관(法官)으로 하여금 수원부(水原府)에 가서 그 죄상(罪狀)을 조사해 심문하게 했는데, 지금 이흥무와 박중질(朴仲質)의 공초(供招)에 "박위(朴葳)가 몰래 시인(廝人-심부름하는 종)을 보내 나라의 안위(安危)를 점치게 하고는 왕씨(王氏)를 왕으로 세우고자 도모함으로써 대역(大逆)을 범했다"라고 했습니다. 바라건대 유사(攸司)로 하여금 수원부로 잡아 보내서 흥무 등과 더불어 한곳에서 조사해 죄상을 밝힘으로써 화(禍)의 실마리를 막으소서.'

윤허하지 않았다.

병신일(丙申日-26일)에 대간과 형조에서 장소(章疏)를 같이해 말씀을 올렸다.

'어제 왕씨(王氏)를 제거하자는 한 가지 일로 장소(章疏)에 연명(連名)해서 올려 청했으나, 즉시 윤허를 얻지 못하고 여러 번 전하의 귀만 번거롭게 했사오니[屢瀆聰聞] 낭패스러움을 견딜 수 없습니다. 가만히 생각건대, 지극히 공평하고 사심이 없는 것은 하늘이고 지극히 어리석어도 신령한 것은 백성이니, 천도(天道)가 왕씨(王氏)에게 화

(禍)를 주고 전하에게 복을 준 것이 아니라 곧 무도(無道)한 자에게 화(禍)를 주고 유도(有道)한 자에게 복(福)을 준 것이며, 민심(民心)이 왕씨를 미워하고 전하를 사랑한 것이 아니라 곧 무도한 자를 미워하고 유도한 사람을 사랑한 것입니다. 전하께서 하늘의 뜻에 응하고 사람의 마음에 따라서 천명(天命)을 개혁해 나라를 세웠으니 진실로 마땅히 하늘의 명령을 듣고 사람의 마음을 따라야 할 것이온데, 대간(臺諫)과 법관(法官)이 (왕씨의 제거를) 두세 번이나 청했는데도 전하께서 장소(章疏)를 머물러두고 내려보내지 않으시는 것은 무슨 이유입니까?

대저 큰 과오를 석방하는 것은 『춘추(春秋)』에서 경계한 바이며, (어진 사람이라야) 사람을 제대로 사랑할 수 있고 사람을 제대로 미워할 수 있다는 것은 선유(先儒-공자)의 격언입니다. 지금 공양(恭讓)은 천명(天命)과 인심(人心)이 이미 끊어졌으므로 스스로 감내하지 못함을 알고서 물러나 밖에서 살고 있는데, 처자(妻子)가 한곳에 모여 살고 조석(朝夕)의 접대가 그전과 같으니 이는 전하의 하늘과도 같은 덕이옵니다. 이를 은덕으로 여기지 않고 도리어 반역을 도모해 스스로 흔단(釁端)을 일으켰으니, 이는 곧 하늘이 죄 있는 자를 토벌하는 것으로서 변경할 수 없는 정리(定理)입니다. 악(惡)을 제거하면서도 그 근본을 (없애는 데) 힘쓰지 않는다면 간웅(奸雄)과 호협(豪俠)들의 잠복(潛伏)이 한이 없을 것입니다. 저들 박중질(朴仲質)과 김가행(金可行)이 점친 것은 공양군(恭讓君)이 있기 때문입니다. 그 외의 왕씨들이 혹은 서울에서 혹은 기전(畿甸)에서 거리낌 없이 행동하면서 절도(節度)가 없으니 매우 염려스러운데, 하물며 왕강과 왕격은 지모와 계략이 남보다 뛰어나며 왕승보와 왕승귀는 사납고 용맹스러움이 남보다 뛰어나니 모두 능히 재주를 믿고 화란(禍亂)을 일으킬 만한 사람들입니다. 그들이 마음속에 불측(不測)한 생각을 품고 그 틈을 엿봐서 일찍이 하루라도 마음속에서 잊지 않았는데, 다만 기회가 불행히 없었을 뿐입니다. 더구나 광무제(光武帝)는 유씨(劉氏)에게 있어 남양(南陽)의 서얼(庶孼)일 뿐이었고 선주(先主-유비)는 중산왕(中山王)에게 족속(族屬)이 소원(疏遠)했는데도 팔을 뽑아내 한 번 부르짖자 천하 사람이 행동을 같이 취했사오니, 이것이 밝은 전감(前鑑)이라 이를 수 있습니다. 전조(前朝-고려)의 태조(太祖)가 후손(後孫)에게 훈계를 전하면서 백제(百濟) 사람을 쓰지 말라고 했습니다. 지난 왕조의 후손들이 그 훈계를 준수했더라면 (전주 사람인) 전하에게 실로 어찌 오늘날이 있겠습니까? 이것이 신 등이 감히 말씀을 드리는 까닭입니다. 옛날의 인주(人主)가 어물어물하고 속히 결단하지 못해 [優游不斷] 화란(禍亂)을 초래한 것은 전하께서 일찍이 들으신 바입니다.

우유부단

바라건대 전하께서는 천도(天道)가 일정하지 않음[靡常=不常]을 생각하시고 민심(民心)을 보존(保存)하기 어려운 것을 염려하시어 대의

미상   불상

(大義)로써 결단해, 즉시 대간(臺諫)과 법관(法官)으로 하여금 공양(恭讓)의 삼부자(三父子)를 법에 처하고 그 왕강·왕격·왕승보·왕승귀와 그 동성(同姓) 아우 및 조카까지 모두 해도(海島)로 내쫓고 강화(江華)에 부처(付處)한 왕씨들도 해도로 유배 보냄으로써 중외(中外)의 근심하고 의심하는 마음을 근절하소서.'

상이 윤허하지 않았다. 대간과 형조에서 모두 일을 보지 않았다.

상이 왕강(王康) 등을 불러 말했다.

"경들은 국가에 공로가 있으므로 폄적(貶謫)하는 예(例)에 처하지 아니했다. 지금 대간(臺諫)이 소(疏)를 올려 논핵(論劾)했으나 내가 따르지 아니하니, 대간이 모두 정사를 보지 않으므로 내가 어쩔 수 없이 따르겠다. 경들은 각기 폄소(貶所)로 돌아가라. 나도 경들의 공로를 잊지 않겠다."

술을 내려주었다. 왕강을 공주(公州)로, 왕격을 안변(安邊)으로, 왕승보를 영흥(永興)으로, 왕승귀를 합포(合浦)로 유배 보내니, 대간(臺諫)과 형조에서 마침내 일을 보았다.

○ 이거이(李居易) 등이 다시 이흥무(李興茂)·왕화(王和)·김가행(金可行)·석능(釋能) 등을 국문(鞫問)했다. 흥무(興茂)가 공초(供招)했다.

"임신년(壬申年-1392년) 9월에 남평군(南平君-왕화)을 의창(義昌)의 폄소(貶所-유배지)에서 만났는데, 남평군이 먼저 공양군(恭讓君)을 다시 왕으로 세우는 일의 가부(可否)를 점치게 하고 다음에 자기의 명운(命運)을 점치게 하므로, 내가 점쳐서 말하기를 '이 명운(命運)은 군신(君臣)이 경회(慶會)하고 천지(天地)가 덕합(德合)하는 명운이므로, 47세나 48세에 이르러 호운(好運)이 들어오고 50세 이후에는 장수로서 군사를 거느리게 돼서 반드시 대인(大人)이 될 것입니다'라고 했으며, 또 이름을 알 수 없는 중이 곁에 있다가 길흉(吉凶)을 묻기에 내가 말하기를 '이는 왕사(王師)가 될 명운(命運)이다'라고 했습니다."

왕화(王和)가 공초했다.

"임신년 9월에 의창(義昌)의 폄소(貶所)에서 장차 거제(巨濟)로 들어가려 할 때 삼촌숙(三寸叔)인 중 석능(釋能)과 더불어 흥무(興茂)

94

에게 길흉(吉凶)을 물으니, 점쳐서 말하기를 '이 명운(命運)은 매우 좋습니다. 섬에 들어간 지 3년 후에는 반드시 나오게 되고, 47세나 48세가 되는 때에 이르면 장수로서 군사를 거느리게 되고 또 일인(一人-임금)이 되는 명운입니다'라고 했습니다."

석능(釋能)이 공초했다.

"내가 왕거(王琚)·왕화(王和) 등과 더불어 의창(義昌)의 폄소(貶所)에 있을 때 흥무(興茂)에게 길흉(吉凶)을 물으니, 왕화의 명운을 점쳐서 말하기를 '섬에 들어간 지 3년 후에는 나오게 되고, 47세나 48세가 되는 때에 이르면 군사를 거느리고 군주가 되는 명운입니다'라고 했습니다."

김가행(金可行)이 공초했다.

"임신년 12월에 동래현(東萊縣)에 있을 때 흥무에게 길흉을 물으니 점쳐서 말하기를 '그대의 명운(命運)에 당연히 금전옥계(金殿玉階)의 행렬(行列)이란 말이 있으니, 하례(賀禮)할 만합니다'라고 했으며, 또 지난해 봄에 박중질(朴仲質)을 동래(東萊)의 객사(客舍)에서 만났는데 중질이 나에게 말하기를 '간성군(杆城君) 원자(元子)의 명운(命運)이 좋습니다'라고 하므로 내가 이미 그 복사(卜辭)를 주머니 속에 감춰두었습니다."

정유일(丁酉日-27일)에 헌사(憲司)에 명해, 왕씨(王氏) 가운데 늙은이와 약한 자를 강화부(江華府)에서 일일이 감시(監視)해 아뢰게 했다.

기해일(己亥日-29일)에 대간과 형조에서 소장(疏狀)을 같이해 말씀을 올렸다.

'참찬문하부사(參贊門下府事-문하부 참찬사) 박위(朴葳)가 사람을 보내 이흥무(李興茂)에게 길흉(吉凶)을 묻게 했으니, 이는 대역(大逆)을 도모한 일이라 죄를 용서할 수 없습니다.'

상이 말했다.

"경들의 말이 옳다. 그러나 이 사람의 재주는 아끼지 않을 수가 없으니, 어찌 믿기 어려운 말로써 갑자기 죄를 가할 수 있겠는가?"

3월

경자일(庚子日-1일)에 이거이(李居易)·박신(朴信)·전시(田時) 등이 다시 왕화(王和)·김유의(金由義) 등을 국문(鞫問)하니, 왕화가 말했다.

"임신년 11월에 정양군(定陽君-왕우)이 익천군(益川君-王緝)에게 사람을 보내 말하기를 '섬에 들어간 것을 근심하지 마시오. 내가 다시 왕으로 세우고자 꾀합니다'라고 했습니다."

김유의가 말했다.

"임신년 9월에 박위를 봉성(峰城)의 전사(田舍)에서 만났는데, 위가 묻기를 '이흥무(李興茂)가 나의 명운(命運)을 어떻다 하던가'라고 하니 내가 대답하기를 '액운(厄運)이다'라고 했습니다. 또 묻기를 '간성군(杆城君) 원자(元子)와 정양군(定陽君)의 명운(命運)은 어떻다던가?'라고 하니, 대답하기를 '모두 명운이 쇠진하다'라고 했습니다. 위가 또 나에게 이르기를 '다시 위에 말한 사람들의 명운을 점쳐서 오라'고 하므로, 내가 이해 11월에 밀성(密城)으로 돌아와 박위의 뜻을 갖고 박중질(朴仲質)에게 알려서 다시 흥무에게 점치게 했더니, 이를 점치고 나서 또 말하기를 '명운(命運)이 쇠진하다'라고 했습니다."

임자일(壬子日-13일)에 중승(中丞) 박신(朴信)이 수원(水原)에서 각 사람의 공사(供辭)를 가지고 와서 아뢰니, 두 시중(侍中)을 불러서 이를 토의하게 했다. 왕화·왕거·김가행·박중질·김유의·이흥무 등은 목 베고, 왕우와 박위는 특별히 유사(宥赦-사면)하고, 중 석능(釋能)은 거제도(巨濟島)에 안치(安置)시켰다.

계축일(癸丑日-14일)에 공양군(恭讓君) 삼부자(三父子)를 삼척(三陟)으로 옮겨 안치(安置)시켰다.

4월

경오일(庚午日-1일)에 대간과 형조에서 소장(疏狀)을 같이 올려 왕씨(王氏)를 제거할 것을 청하니, 상이 말했다.

"여러 왕씨를 한곳에 모이게 해서 잘 보호하게 했고[完護] 그중에서도 귀의군(歸義君) 왕우(王瑀)는 마전군(麻田郡)에 있으면서 선조(先祖)의 제사를 받들게 했으니, 함께 논하지 말라."

기묘일(己卯日-10일)에 대간과 형조에서 소를 올렸다.

'신 등이 요사이 왕씨를 제거하자는 일로써 여러 번 총청(聰聽-임금의 귀 밝음)을 번거롭게 했사오나, 윤허를 얻지 못해 각기 스스로 낭패를 당했사옵니다. 가만히 생각건대, 전하께서는 왕씨에게 지극히 공평하고 바른 도리로써 처우(處遇)하시어 조금도 싫어하고 시기하는 마음이 없으시니, 비록 탕왕(湯王)과 무왕(武王)의 임금다움이라도 이보다 더할 수는 없습니다. 그런데 왕씨는 이를 돌아보지 않고 도리어 흔단(釁端)을 일으켰습니다. 지난번에 장소(章疏)에 연명(連名)해서 죄주기를 청하니 지당(支黨)은 참형(斬刑)을 당했사오나 남은 무리가 각처에 모여 있으니, 만약에 위급한 일이 있으면 불측(不測)한 우환이 발생할까 두렵습니다. 전(傳)에 이르기를 "사람이 궁지에 처하면 계획을 세운다"라고 했습니다. 바라건대 전하께서는 깊이 이를 염려해 대의(大義)로써 결단하시어, 즉시 유사(有司)로 하여금 공양군(恭讓君) 부자(父子)와 여러 왕씨를 잡아서 일체 영절(永絶)하신다면 종사(宗社)에 매우 다행하겠습니다.'

상이 말했다.

"세 관청에서 소장(疏狀)을 같이 올리는 것을 내가 이미 금지시켰는데, 어찌 다시 그렇게 하는가?"

드디어 (소를) 대궐 안에 머물러두었다.

계미일(癸未日-14일)에 대간과 형조에서 나아와 아뢰었다.

"신 등은 전일의 청한 일을 윤허하시기를 원하옵니다."

상이 말했다.

"세 관청에서 장소(章疏)를 같이 올리는 것을 이미 일찍이 금했는데, 따르지 않는 것은 무슨 이유인가?"

애초에 대간과 형조에서 비록 여러 번 소(疏)를 올려 왕씨(王氏)를 제거할 것을 청했으나 상이 마음으로 차마 할 수가 없어서[心不忍= 不忍之心=仁] 그 청을 윤허하지 않았다. 이때에 이르러 대궐 문 앞에 엎드려 힘써 간언한 지 여러 날이 됐다. 상이 도평의사사에 명했다.

"왕씨를 제거하는 일은 내가 차마 할 수 없는 바[所不忍]다. 마땅히 대소(大小) 각 관사(官司)와 한량(閑良)·기로(耆老)를 모아 각기 가부(可否)를 진술하게 해서 단단히 봉해 바치라."

도평의사사에서 모든 관사와 기로를 수창궁에 모아놓고 알렸다.

"전조(前朝-고려) 왕씨는 천명(天命)이 이미 가버리고 인심이 이미 떠나서 스스로 하늘이 내리는 주벌(誅伐)을 초래했다. 전하께서 살리기를 좋아하는 다움[好生之德=仁]으로 생명을 보전해주었으니 은덕이 지극히 무거운데도, 왕씨들은 도리어 의심을 내어 몰래 반역을 도모했으니 법에 용납될 수가 없다. 그 왕씨를 구처(區處)할 일을 단단히 봉해서 계문(啓聞)하라."

마침내 양부(兩府) 각 관사와 기로가 모두 말했다.

"왕씨를 모두 제거해 후일의 근심을 막게 하소서."

다만 서운관(書雲觀)·전의(典醫)·요물고(料物庫)의 관원 수십 인만이 마땅히 해도(海島)에 유배 보내야 한다고 하므로, 도평의사사에 명해 다시 토의해 아뢰게 했다. 도평의사사에서 말했다.

"마땅히 여러 사람의 의견에 따라야 할 것입니다."

상이 그것을 따랐다. 뜻을 전해 말했다.

"왕씨를 조처하는 일은 한결같이 각 관사(官司)의 봉해 올린 글에 의거하게 하나, 왕우(王瑀)의 삼부자(三父子)는 선조(先祖)를 봉사(奉祀)하는 이유로써 특별히 사유(赦宥)한다."

중추원부사(中樞院副使) 정남진(鄭南晉)과 형조의랑(刑曹議郞) 함부림(咸傅霖)을 삼척(三陟)에 보내고, 형조전서(刑曹典書) 윤방경(尹邦慶)과 대장군 오몽을(吳蒙乙)을 강화(江華)에 보내고, 형조전서(刑曹典書) 손흥종(孫興宗)과 첨절제사(僉節制使) 심효생(沈孝生)을 거제도(巨濟島)에 보냈다.

갑신일(甲申日-15일)에 윤방경(尹邦慶) 등이 왕씨(王氏)를 강화나루[江華渡]에 던졌다.
  강화도

병술일(丙戌日-17일)에 정남진 등이 삼척(三陟)에 이르러 공양군(恭讓君)에게 상의 뜻을 전했다.

"신민(臣民)이 추대해 나를 임금으로 삼았으니 실로 하늘의 운수요. 군(君)을 관동(關東)에 가서 있게 하고 그 나머지 동성(同姓)들도 각기 편리한 곳에 가서 생업(生業)을 보안(保安)하게 했는데, 지금 동래현령(東萊縣令) 김가행(金可行)과 염장관(鹽場官) 박중질(朴仲質) 등이 반역을 도모해서 군(君)과 친속(親屬)의 명운(命運)을 장님 이흥무(李興茂)에게 점쳤다가 일이 발각돼 복죄(伏罪)했소. 군(君)은 비록 알지 못하지만 일이 이 같은 지경에 이르니, 대간(臺諫)과 법관(法官)이 장소(章疏)에 연명(連名)해서 청하기를 12번이나 했소. 여러 날 동안 군이 다퉈 간쟁하고[固爭] 대소신료(大小臣僚)들이 또 글을 올려 간(諫)하므로, 내가 마지못해 억지로 그 청을 따르게 되니 군(君)
                    고쟁

은 이 사실을 잘 아시오."

마침내 그를 교살(絞殺)하고 그의 두 아들까지 교살했다.

기축일(己丑日-20일)에 손흥종(孫興宗) 등이 왕씨(王氏)를 거제(巨濟) 바다에 던졌다.

○ 중앙과 지방에 명해 왕씨(王氏)의 남은 자손을 대대적으로 수색해서 이들을 모두 목 베게 했다.

을미일(乙未日-26일)에, 고려 왕조에서 왕씨(王氏)로 사성(賜姓)이 된 사람에게는 모두 본성(本姓)을 따르게 하고, 무릇 왕씨 성을 가진 사람은 비록 고려 왕조의 후손이 아니더라도 또한 어머니의 성(姓)을 따르게 했다.

5월

무진일(戊辰日-30일)에 삼사판사 정도전이 『조선경국전(朝鮮經國典)』[26]을 지어 바치니, 상이 읽어보고 감탄해 칭찬하면서 구마(廐馬- 대궐의 말)와 무늬 있는 비단과 명주·백은(白銀)을 내려주었다.

---

26 조선(朝鮮) 개국의 기본 강령(綱領)을 논한 규범서(規範書)다. 내용은 정보위(正寶位)·국호(國號)·안국본(安國本)·세계(世系)·교서(敎書) 등으로 나뉘어서 국가 형성의 기본을 논한데 이어 동양의 전통적인 관제(官制)를 따라 육전(六典)의 관할 사무를 규정하고 있다.

6월

　기사일(己巳日-1일)에 태조(太祖)께서 정안군(靖安君-태종)에게 일러 말했다.

　"천자가 만일 묻는 일이 있게 되면 네가 아니면 능히 대답할 사람이 없다."

　정안군이 대답했다.

　"종묘와 사직의 큰 계책을 위하는 일인데, 어찌 감히 사양하겠습니까?"

　태조가 눈물을 글썽거리면서 말했다.

　"너의 체질이 파리하고 허약하니[羸瘦], 만 리 먼 길을 탈 없이 갔다가 올 수 있겠는가?"
　　　　　　　　　　　　　　　이수

　조정 신하들이 모두 정안군이 위험하다고 하니, 남재(南在)가 말했다.

　"정안군이 만릿길을 떠나는데 우리들이 어찌 베개를 베고 여기에서 죽겠습니까?"

　스스로 따라가기를 청했다.

　을해일(乙亥日-7일)에 상이 정안군과 지중추원사(知中樞院事-중추원 지사) 조반(趙胖)에게 분부해 표문을 올리게 하고, 참찬문하부사(參贊門下府事-문하부 참찬사) 남재(南在)로 하여금 전문(箋文)을 올리게 했다. 그 표문은 이러했다.

　'흠차내사(欽差內史) 황영기(黃永奇) 등이 좌군도독부(左軍都督府)

에서 준청(准請)한 자문(咨文)을 가지고 왔사온데, 삼가 성지를 받자오니 이르기를 "붙잡아 온 적인(賊人) 호덕(胡德) 등의 공초에 나오는 사람들의 성명을 등본해 가지고 가서, 조선 국왕 아무개로 하여금 장남 또는 차남을 보내 친히 잡아 오게 하라"했으니, 천명보다 엄한 이 명을 받고 신하의 직분으로 자식을 보내지 아니할 수 없어, 이제 신의 간곡한 마음을 기록해 성총(聖聰)을 번거롭게 하나이다.

가만히 생각건대, 신이 성상의 지극한 은혜를 입사와 오늘의 지위에 이르러, 삼가 번신(蕃臣)의 직책을 닦아서 해마다 사신의 왕래를 이루었습니다. 곧 홍무(洪武) 26년에 배신(陪臣) 김입견(金立堅)을 보내어 표전(表箋)을 가지고 가서 말값[馬價]을 하사한 데 대해 사례하게 하고, 배신 윤사덕(尹思德)으로써 표문을 가지고 성절(聖節)을 진하(進賀)하게 했더니, 모두 다 요동 도사(遼東都司)가 황제의 분부라 해서 가지 못하게 하므로 돌아왔습니다. 이번에도 삼가 배신 이지(李至)를 보내서 도로의 내왕을 주청케 했으며, 또 배신 박영충(朴永忠)을 보내 천추절(千秋節)을 진하하게 하고, 배신 경의(慶儀)에게는 27년 정조(正朝)를 진하하게 했더니, 모두 요동까지 가서 도사(都司)로부터 전날과 같은 저지를 당하고 돌아왔습니다.

삼가 이로써 일국 신민이 전전긍긍 황공하던 차에, 금년 12월 초8일에 칙사로 보낸 내사(內史) 김인보(金仁甫) 등이 도착해서 좌군도독부의 자문을 받아보게 되니, 성상의 분부하신 일관(一款) 가운데, "조선은 이미 자주권을 허락했으니 곧 정당한 조선 국왕(朝鮮國王)이란 명칭을 사용해야 한다. 그런데 지금 국호를 조선으로 고치고도 표문에는 아직도 권지국사(權知國事)라 했으니, 무슨 까닭인지 알지 못하겠노라"라고 했습니다. 이것을 받자온대, 신의 어리석은 생각에 국호는 명확히 내리신 바 있으므로 고쳤거니와 조선왕의 작호(爵號)는 아직 내리신 처분이 없으므로 감히 왕이라고 일컫지 못한 것입니다. 이번에 (조선 국왕의) 칭호를 바로 하라는 성지를 받잡고, 또 좌군도독부 자문 속에 "이상을 조선 국왕에게 자문하니 이에 따라 시행하라"라고 했으므로, 표전을 수찬(修撰)해서 배신 안종원(安宗源) 등을 경사(京師-금릉)에 보내 은총을 사례하게 했더니 요동에 이르러 또한 전과 같이 길을 막으므로 가지 못하고 돌아왔습니다. 신이 온 나라 백성과 함께 더욱 간장이 떨어지는 듯하여 황천을 우러러 호소도 하면서 성상의 마음이 돌아서기를 바랐으나 여태껏 길이 막혀서 성청(聖聽)에 사무치지 못할까 염려했더니, 어찌 뜻하였으리요, 홀연히 성은을 입사와 미천한 자식이 들어가 뵙게 될 줄이야! 마치 곤궁한 자식이 어미의 품 안에 안긴 것 같고 길 가던 사람이 집에 당도한 것과 같아서, 감격과 기쁨이 겹쳐 말을 하려 해도 눈물이 흐릅니다.

말씀하신바 유두아(劉肚兒) 등은 저의 나라 백성 가운데 아무리 찾아봐도 이러한 성명을 가진 사람은 없고, 오직 임갈용의(任葛龍義)를 임거륜(林擧輪)이라 하고 여균피력(藜均皮力)을 이군필(李君必)이라 한 것은 혹은 직역(職役)이 비슷하고 혹은 음(音)이 비슷하므로 추리해서 잡아 보내는 것입니다. 어찌 유두아 등만 아껴서 강제로 유치(留置)시키겠습니까? 신은 또 호덕 등이 공초한 소식을 정탐하기 위해 왔다는 것은 더욱 거짓말이라고 생각합니다. 일월(日月)이 중천에 밝게 있으니 이목(耳目)이 있는 자로서 보고 듣지 않을 사람이 없으며, 성상이 지존에 계시니 무릇 혈기 있는 자들이 어버이로 높이지 않는 사람이 없습니다. 저의 작은 나라가 성대(聖代)를 섬기어 오래전부터 인민과 군병의 수가 많은 것을 알고 예악과 형정(刑政)이 잘되어가는 것도 깊이 알고 있는 터에, 어찌 어린애 같은 자들을 보낸 뒤에 중국의 일을 알고자 하겠습니까? 이러한 사정은 이미 표문에 갖춰서 주달했으니, 바라건대 황제께서는 어린것을 사랑하는 인자한 마음으로 미루시고 하늘과 땅을 감싸는 도량을 넓히시어, 신의 원통함을 하소할 곳이 없는 것을 불쌍히 여기시고 신으로 하여금 충성을 다해서 새로운 출발을 하게 해주소서. 그리하면 영원히 변방의 한 나라가 되어 언제나 (폐하의) 만수강령(萬壽康寧)하기를 빌겠습니다.'

을미일(乙未日·27일)에 상이 도평의사사에 가르쳐 일깨웠다.

"무악(毋岳) 신도(新都)의 땅은 앞서 10여 재상에게 명해 이곳을 보게 해서 지금 이미 결정했는데, 서운관원(書雲觀員) 유한우(劉旱雨)와 이양달(李陽達) 등이 말하기를 '신이 배운 바로 봐서는 도읍으로 정할 곳이 아닙니다'라고 했다. 나라의 큰일 중에 이보다 중한 것이 없는데도 혹은 좋다 하고 혹은 좋지 않다 하니, 전일에 가본 재상 및 서운관 관원과 더불어 그 옳고 그른 것을 토의해서 알리라."

영삼사사 권중화(權仲和)와 우시중 김사형(金士衡)이 여러 재상과 더불어 서운관이 말한 바를 기록해 아뢰었다.

"다 좋지 못하다고 합니다."

상이 말했다.

"이들로 하여금 다시 좋은 곳을 물색하게 하라."

8월

을해일(乙亥日-8일)에 상이 친히 무악(毋岳)의 천도(遷都)할 땅을 보기 위해 도평의사사와 대성(臺省)·형조의 관원 각각 한 사람씩과 친군위(親軍衛)를 데리고 갔다.

경진일(庚辰日-13일)에 상이 (남경(南京-한양)의) 옛 궁궐터 집터를 살폈는데, 산세를 관망(觀望)하다가 윤신달 등에게 물었다.

"여기가 어떠냐?"

대답했다.

"우리나라 경내에서는 송경이 제일 좋고 여기가 다음가는데, 아쉬운 바는 건방(乾方-북쪽)이 낮아서 물과 샘물이 마른 것뿐입니다."

상이 기뻐하면서 말했다.

"송경이라고 해서 어찌 부족한 점이 없겠는가? 이제 이곳의 형세를 보니 왕도가 될 만한 곳이다. 더욱이 조운하는 배가 통하고 (사방의) 이수도 고르니[里均], 백성에게도 편리할 것이다."
이균

상이 또 왕사(王師) 자초(自超)에게 물었다.

"어떠냐?"

자초가 대답했다.

"여기는 사면이 높고 수려하며 중앙이 평평하니, 성을 쌓아 도읍을 정할 만합니다. 그러나 여러 사람의 의견을 따라서 결정하소서."

상이 여러 재상에게 분부해서 토의하게 하니, 모두 말했다.

"꼭 도읍을 옮기려면 이곳이 좋습니다."

하륜이 홀로 말했다.

"산세는 비록 볼 만한 것 같으나, 지리의 술법으로 말하면 좋지 못합니다."

상이 여러 사람의 말을 들어 한양(漢陽)을 도읍으로 결정했다. 그런데 전 전서 양원식(楊元植)이 나와서 말했다.

"신이 가지고 있던 비결은 앞서 이미 명령을 받아서 올렸거니와, 적성(積城) 광실원(廣實院) 동쪽에 산이 있어 거기에 사는 사람들에게 물으니 계족산(雞足山)이라 하는데, 그곳을 보니 비결에 쓰여 있는 것과 근사합니다."

상이 말했다.

"조운할 배가 통할 수 없는데, 어찌 도읍 터가 되겠는가?"

원식(元植)이 대답했다.

"임진강에서 장단까지는 물이 깊어서 배가 다닐 수 있습니다."

상이 드디어 연(輦)에 올라 종묘 지을 터를 본 뒤 노원역(盧原驛) 들판에 이르러 유숙했다.

9월

무술일(戊戌日-1일)에 신도궁궐조성도감(新都宮闕造成都監)을 설치하고, 청성백(靑城伯) 심덕부(沈德符)와 좌복야(左僕射) 김주(金湊), 전 정당문학 이염(李恬), 중추원학사 이직(李稷)을 판사(判事)로 임명했다.

10월

신묘일(辛卯日-25일)에 한양으로 서울을 옮겼다. 각 관청의 관원 2명씩을 송경에 머물러 있게 하고, 문하시랑찬성사 최영지(崔永沚)와 상의문하부사 우인열(禹仁烈) 등을 분도평의사사(分都評議使司)로 삼았다.

11월

경자일(庚子日-4일)에 전중경(殿中卿) 변중량(卞仲良)을 순군옥에 가두고, 대사헌 박경(朴經)과 순군 만호 이직(李稷) 등으로 하여금 국문하게 했다.

애초에 중량(仲良)이 병조정랑 이회(李薈)와 말했다.

"예로부터 정권(政權)과 병권(兵權)은 한 사람이 겸임해서는 안 되는 법이라, 병권은 종친에게 있어야 하고 정권은 재상에게 있어야 한다. 그런데 지금은 조준·정도전·남은 등이 병권을 장악하고 또 정권을 장악하니, 실로 좋지 못하다."

(그 후에) 중량이 또 이 말을 의안백(義安伯) 이화(李和)에게 말했다. 화(和)가 상에게 고하니, 상이 중량을 불러서 물은즉 중량이 사실대로 대답하고 또 말했다.

　"박포(朴苞)도 또한 전하께서 국정을 잘못해서 여러 차례 별[星]의 변고가 일어난 것이라고 말했습니다."

　상이 화를 내며 말했다.

　"이들은 모두 나의 수족 같은 신하들로서 끝끝내 같은 마음을 가진 사람들이다. 이들을 의심한다면 믿을 사람이 누구냐? 이런 말을 하는 자들은 까닭이 있을 것이다."

　즉시 중량과 포와 회를 국문하게 하니, 포와 회가 중량과 더불어 서로 따지면서 자기만 모면하려고 했다.

　을묘일(乙卯日-19일)에 우리 전하(-정안군)가 명나라 서울에서 돌아왔다. 남재와 조반(趙胖)도 같이 왔다. 정안군이 명나라 서울에 이르자 황제가 두세 번 인견했는데, 정안군이 소상하게 (사신 통행에 대해) 주문(奏聞)하니 황제가 우대하고 돌려보냈다.

　애초에 정안군이 떠날 때 찬성사 성석린(成石璘)이 시를 지어 정안군을 전송했다.

　"자식을 알고 신하를 아는 예감(睿鑑)이 밝고, 하늘을 두려워하는 성의(誠意)는 백성을 살리기 위함이라. 모두 말하기를 만세의 조선 경사는, 이 더위와 장마에 산을 넘고 물을 건너가는 데 있다 하더라."

　명나라 선비들이 정안군을 보고 모두 조선 세자라 하면서 대단히 존경했다. 정안군이 연부(燕府)를 지날 때는 연왕(燕王)【성조 황제 곧 영락제】이 친히 마주해 보았는데 곁에 시위하는 군사도 없이 다만 한 사람이 모시고 서 있었으니, 온순한 말과 예절로 후하게 대접하고 모시고 선 사람을 시켜 술과 음식을 내오게 했는데 극히 풍성하고 깨끗했다. 정안군이 연부를 떠나서 도중에 있을 때, 연왕이 서울 (-금릉)에 조회하기 위해 편안한 연(輦)을 타고 말을 몰아서 빨리 달려갔다. 정안군이 말 위에서 내려 길가에서 인사하니, 연왕이 수레를 멈추고 재빨리 연의 휘장을 열고서 오래도록 온순한 말로 서로 이야기하다가 지나갔다. 뒤에 정안군이 흠차내관(欽差內官) 황엄(黃儼)을 보고 물었다.

"옛날에 황제를 연부에서 볼 때 모시고 섰던 사람이 누구냐?"

엄이 대답했다.

"경대인(慶大人)인데, 온순하고 선량한 사람으로 황제가 제일 신임하던 사람이나 지금은 죽고 없습니다."

태조 4년(1395년) 을해년

3월

병오일(丙午日·13일)에 세자이사(世子貳師) 정도전(鄭道傳)이 『맹자(孟子)』를 강(講)했는데, "달아본 뒤에야 가볍고 무거운 것을 안다"라는 대목에 이르러 말했다.

"마음은 저울과 같습니다. 저울눈[衡量]이 작으면 냥(兩)이 되고 저울눈이 크면 근(斤)이 되며, 크고 작은 것을 한 꺼번에 달면 근량이 섞입니다. 그러므로 크고 작은 것을 각각 달아본 뒤에야 물건의 경중과 근량을 알 수 있습니다. 저울이라는 물건은 비워둔 채로 물건을 기다리는 것인데, 사람의 한마음도 역시 이와 같습니다. 좋은 일을 보면 기뻐하고 못된 일을 보면 성을 내는 것인데, 기뻐하고 성을 내는 것이 사리에 맞아야 합니다. 좋아해야 할 때 성을 내고 성을 내야 할 때 기뻐하는 것이라면 옳겠습니까? 그러므로 마음이라는 물건은 더욱 비워두고 일을 기다려야 할 것이오니, 바라건대 세자께서는 정밀하게 살피소서."

10월

　정유일(丁酉日-7일)에 판삼사사 정도전(鄭道傳)에게 분부해서 새 궁
궐의 여러 전각의 이름을 짓게 하니, 도전이 이름을 짓고 아울러 이
름 지은 의의를 써서 올렸다. 새 궁궐을 경복궁(景福宮)이라 하고, 연
침(燕寢)을 강녕전(康寧殿)이라 하고, 동쪽에 있는 소침(小寢)을 연생
전(延生殿)이라 하고, 서쪽에 있는 소침(小寢)을 경성전(慶成殿)이라
하고, 연침(燕寢)의 남쪽을 사정전(思政殿)이라 하고, 또 그 남쪽을
근정전(勤政殿)이라 하고, 동루(東樓)를 융문루(隆文樓)라 하고, 서루
(西樓)를 융무루(隆武樓)라 하고, 전문(殿門)을 근정문(勤政門)이라 하
고, 남쪽에 있는 문[午門]을 정문(正門)이라 했다.
오문

112

태조 5년(1396년) 병자년

2월

정유일(丁酉日-9일)에 하정사(賀正使) 타각부(打角夫) 김을진(金乙珍)과 압물(押物) 고인백(高仁伯) 등이 예부(禮部)의 자문을 가지고 왔다. 그 자문은 이러했다.

'본부관(本部官)이 삼가 황제의 분부를 받드니, "지난번에 조선 국왕이 여러 번 흔단(釁端)을 내었다고 해서 악진(岳鎭)과 해독(海瀆) 등 산천 귀신에게 고하고 상제께 전달하게 했더니, 이번에도 본국에서 보낸 사신이 올린 홍무 29년 정조(正朝)의 표문(表文)과 전문(箋文) 속에 경박하게 희롱하고 모멸하는 문구가 있어 또 한 번 죄를 범했다. 이것으로 군병을 거느리고 부정(不靖)한 것을 다스릴 것이나, 만약에 언사가 모만(侮慢)하다고 해서 군사를 일으켜 죄를 묻는다면 옳지 못하니 무엇 때문일까? 예전에 주(周)나라에서 견융(犬戎)을 치려 하니 간언하는 자가 있어 말하기를 '옳지 못합니다. 선왕이 정하신 법제에, 원방에 동병을 하지 않는 이유가 다섯 가지 있습니다'라고 했다. 이번에 즉시 군사를 일으키지 않음도 이 때문이니, 이(李-이성계)로 하여금 흔단의 소이(所以)를 알게 하고, 글 지은 자를 사신이 도착하면 바야흐로 (함께) 돌려보내게 하라"라고 했습니다. 삼가 이것으로써 본부에서 지금 황제의 분부를 받들어 자문(咨文)으로 옮

겁니다.'

6월

정유일(丁酉日-11일)에 중국 사신 상보사승(尚寶司丞) 우우(牛牛)와 환자 왕예(王禮)·송패라(宋孛羅)·양첩목아(楊帖木兒) 등이 왔다. 상이 백관을 거느리고 반송정(蟠松亭)까지 나가서 맞았다. 사신들이 경복궁 근정전에 이르러 선유(宣諭)한 성지(聖旨)를 전했는데 이러했다.

"너희가 보내온 화자[火者]가 여기 내원(內園-궁궐 안)에서 이리저리 다니면서 친가(親家)처럼 여기고 있으니, 우리한테서 가는 내시도 왕의 대궐 안을 돌아다니면서 무엇이나 보게 해라. 그래야 다음에 혼사를 맺기가 좋을 것이다."

또 예부(禮部)의 자문(咨文)을 전했는데, 그 내용은 이러했다.

'본부 상서 문극신(門克新) 등 관이 삼가 성지(聖旨)를 받자오니, "지난번에 조선국에서 바친 정조(正朝)의 표문과 전문 속에 경박하고 모멸하는 구절이 있어 이(李)【모(某)】에게 글을 지은 사람을 보내게 했더니, 단지 전문(箋文)을 지은 자만 보내오고 그 표문(表文)을 지은 정도전·정탁은 여태껏 보내오지 않았다. 지금 다시 상보사승(尚寶司丞) 우우(牛牛)와 내사(內使) 양첩목아(楊帖木兒)·송패라(宋孛羅)·왕예(王禮) 등을 본국에서 원래 보냈던 통사(通事) 양첨식(楊添植), 종인(從人) 김장(金長)과 함께 보내니, 본국에 가서 표문을 지은 정도전 등을 속히 오게 해서 원래 왔던 본국 사신 유구(柳珣) 등을

(데리고 가서) 가솔과 함께 완취(完聚)하게 하라"라고 했습니다. 이제 이 뜻을 받들어서 성지(聖旨)를 갖춰 자문으로 전합니다.'

8월

무술일(戊戌日-13일) 밤에 현비가 이득분(李得芬)의 집에서 훙(薨)했다. 상이 통곡하고 슬퍼하기를 그치지 않았고, 조회(朝會)와 저자[市]를 10일간 정지했다.
시

9월

계미일(癸未日-28일)에 봉상시에서 현비의 존호를 신덕왕후(神德王后)로 하고 능호(陵號)를 정릉(貞陵)으로 해서 의견을 올렸다.

11월

무오일(戊午日-4일)에 계품사(計稟使) 하륜(河崙)과 표문(表文)을 지은 정탁(鄭擢)이 예부(禮部)의 자문(咨文)을 가지고 남경에서 돌아왔다. 그 자문은 이러했다.

'본부(本部) 좌시랑(左侍郎) 장병(張炳) 등 관원이 삼가 황제의 명을 받자온즉 "지난번에 조선국 표문 속에 표문을 지은 자가 고의로 희롱하고 모멸하는 문자를 썼으므로, 특히 사신(使臣) 유구(柳珣) 등 6명을 경사(京師)에 머물러 두고 그 표문을 지은 정도전(鄭道傳)을 찾아서 경사로 보내라 했다. 지금 사신이 돌아왔는데, 조선 국왕이 '정도전은 병이 침중(沈重)해서 조리하지 못하고 올 수 없다'라고 했다면서 단지 표문을 함께 지은 정탁 등 3명만이 경사에 왔다. 그 연유를 신문하니, 각 관원이 수재(秀才)가 표문을 지은 것이 확실하다 하고 앞서 보낸 글도 그들이 의논해 만든 것이라 하는데, 지난번에 보내온 유구 등은 모두 수재가 아니므로 이번 사신이 오지도 않아서 벌써 본국으로 돌려보냈고, 이번에 온 수재는 지난번에 온 수재와 함께 곧 돌려보내려 한다.

대개 이들은 깊이 고금(古今)을 통(通)하고 널리 전고(典故)를 알아서 표문과 전문 속에다 참작(參酌)해 의논하여 희롱하고 모멸하는 문자를 넣었다. 조선 국왕의 경우를 말하자면, (그의) 많거나 적은 유생들이 할 수 있는 바가 없지 않겠는가? 짐(朕)이 옛사람(의 말)으로써 두어 유생을 비교해보건대, 모든 유생이라 하더라도 우리 중국의 한 천(賤)한 사람만도 못할 따름이다. 옛날 초(楚)나라가 정(鄭)나라를 칠 때 군사가 적어 패하니, 영인(伶人-악공) 운공종의(鄖公鍾儀)를 정나라가 포로로 잡아 진(晉)나라에 바쳤다. 진공(晉公)이 군부(軍府)에서 보고 '남관(南冠)을 쓴 사람이 누구냐?'라고 물으니, 유사(有司)가 '정나라 사람이 바친 초나라 포로다'라고 했다. 진공이 불러서 묻자, 종의는 본래 악공(樂工)으로 천인(賤人)이되 그 응답(應答)하는 말이 모두 중평(中平)한 이치로서 편벽되고 구차한 말이 없으니, 비록 악공으로 있으나 그 뜻은 군자였다. 공(公)이 범문자(范文子)에게 말하자, 문자는 종의가 군자임을 알고는 '어찌 돌려보내지 않습니까? 진나라와 초나라가 전쟁하기를 여러 해 동안 그치지 않으니 생명(生命)을 상해(傷害)해서 천지의 화기(和氣)를 상하게 한 일이 비록 컸으나, 이 사람이 이미 돌아간 뒤에는 진나라와 초나라의 군사를 파(罷)하는 바가 반드시 될 수 있을 것입니다'라고 했다. 진공이 그 말대로 후대(厚待)해서 돌려보낸 지 얼마 되지 아니하여, 초나라에서 사람을 보내 종의가 돌아온 것을 진나라의 덕이라고 했고, 이 까닭에 군사가 풀리고 전쟁이 그쳐 수십 년 동안 전쟁하는 괴로움이 없었다. 이것은 한 사람의 천인(賤人)이 군자(君子)의 덕을 품고 있어, 능히 난리를 풀어서 백성을 편안하게 한 것이다. 조선의 두어 사람의 선비는 초나라의 한 악공만도 못하므로, 이제 경사에 억류시켜서 왕을 모시지 못하게 해야 할 것이다. 옛사람의 말에 '도리로써 임금을 도와줄 뿐, 군사로써 천하에 강한 체하지 말라'라고 했으니, 이 두어 사람의 선비는 왕을 위해 힘쓸 생각을 아니한 채 감히 작은 적(敵)으로써 반항하는 행동을 하고 감히 희롱하고 경멸하는 문자로써 틈이 생기게 해서 백성에게 앙화(殃禍)가 미치게 했다. 너 예부(禮部)는 조선 국왕에게 글월을 보내기를, 이들 선비는 중국에 머물러둘 필요도 없으니 낮은 벼슬이나 주도록 하라고 이르라"라고 했습니다.'

갑술일(甲戌日-20일)에 판예빈시사(判禮賓寺事-예빈시 판사) 강중림(姜仲琳)을 보내 정총(鄭摠)·권근(權近)·김약항(金若恒)·노인도(盧仁度) 등의 가솔(家率)을 호송해서 남경에 가게 했다. 총·근·약항에게는 모시와 마포(麻布) 각각 20필을 주고, 인도에게는 모시와 마포 각 6필을 주었다.

태조 6년(1397년) 정축년

2월

정미일(丁未日·24일)에 귀의군(歸義君) 왕우(王瑀)가 죽으니, 예장(禮葬)하게 하고 경희(景僖)라고 시호를 내려주었다. 우(瑀)는 공양왕(恭讓王)의 모제(母弟)이며, 왕씨(王氏)의 제사를 주관한 자였다. 아들은 조(珇)와 관(琯)이고, 딸은 무안군(撫安君) 이방번(李芳蕃)에게 출가했다.

3월

신유일(辛酉日·8일)에 참찬문하부사(參贊門下府事) 안익(安翊), 동지중추원사(同知中樞院事) 김희선(金希善), 예문춘추관 학사(藝文春秋館學士) 권근(權近)이 황제의 칙위조서(勅慰詔書)와 선유성지(宣諭聖旨) 및 어제시(御製詩)와 예부(禮部)의 자문(咨文) 2통을 받들고 경사(京師)에서 돌아왔다.

4월

임인일(壬寅日-20일)에 헌사(憲司)에서 전 호조판서 양천식(楊天植)을 탄핵하고, 또 판삼사사(判三司事) 설장수(偰長壽)와 화산군(花山君) 권근(權近)을 탄핵했다.

애초에 황제가 우우(牛牛) 등을 보내 정도전(鄭道傳)을 부르니, 도전이 병을 칭탁하고 가지 않았다. 근(近)이 임금께 아뢰었다.

"표(表)를 짓는 일은 신도 참여했으니, 바라건대 사신을 따라 경사에 가서 변명하겠습니다."

상이 (명나라에서) 근을 부르는 명이 없었으므로 허락하지 않으니, 근이 두 번 청했다. 상이 말했다.

"경은 노모(老母)가 있고, 또 황제의 명이 없으니 차마 보낼 수 없다."

근이 말했다.

"부르는 명령을 기다리지 않고 신을 보낸다면 병으로 가지 않는 자도 의심을 면할 수 있고 신도 혹 용서를 받을 수 있겠지만, 부름을 당해 가면 신의 죄가 더욱 무거워질 것입니다."

상이 마침내 허락했다. 그때의 물론(物論)이 근의 가는 것을 아름답게 여기고 도전(道傳)을 그르게 여기는 자가 있었다. 도전이 듣고 마음에 꺼리어 상에게 말했다.

"근은 이색(李穡)이 아끼던 제자인데, 색이 일찍이 기사년(己巳年-1389년) 간에 주상을 황제에게 고자질하다가 뜻을 얻지 못했습니다. 지금 근이 청해 가는데, 반드시 이상한 것이 있으니 근을 보내

120

지 마소서."

상이 듣지 않고, 근이 떠난 뒤에 사람을 중로(中路)에 보내어 황금을 노자로 주었다. 근이 황제의 우례(優禮)를 받고 돌아오자 도전이 헌사(憲司)를 사주(使嗾)해, 정총(鄭摠) 등은 모두 억류를 당했는데 근이 혼자 방환을 얻는 까닭을 탄핵하게 하고, 드디어 상에게 말했다.

"총(摠) 등은 모두 돌아오지 못했는데 홀로 근은 금을 상 주어 보냈으니, 과연 신의 헤아림과 같습니다. 청컨대 국문하소서."

상이 말했다.

"어떻게 금을 상으로 준 것을 아는가?"

도전이 말했다.

"듣건대 근이 금을 가지고 쓴다는데, 황제가 준 것이 아니라면 저 빈한한 선비가 어떻게 금을 얻겠습니까?"

상이 웃으며 말했다.

"비록 빈한한 선비라도 어찌 금을 얻을 도리가 없으랴?"

대개 도전은 상이 금을 준 것을 알지 못했다. 도전이 힘써 국문하기를 청하니, 상이 말했다.

"천자가 진노(震怒)했을 때를 당해 자청하여 가서 능히 천위(天威)를 풀리게 해서 다시 경을 부르지 않았으니, 나라에도 공이 있고 경에게도 은혜가 있다. 나는 상을 주려 하는데, 도리어 죄주기를 청하는가?"

근에게 직사에 나오기를 명하니, 도전이 감히 더는 말하지 못했다. 천식(天植)·장수(長壽) 또한 도전이 꺼려 하는 사람이었기 때문에,

중국(中國)에 들어가서 말한 것이 있다고 무고했던 것이다.

5월

기사일(己巳日·18일)에 순군 천호(巡軍千戶) 한을기(韓乙氣)를 보내 박자안(朴子安)을 군중(軍中)에서 목 베게 했는데, 그때에 자안이 왜적을 쫓아 바야흐로 전라도 진포(鎭浦)에 이르렀다. 일이 저 적에 관계되므로 비밀히 하고 선포하지 않으니, 바깥사람들이 알 수 없었다. 그 아들 박실(朴實)이 듣고 정안군의 잠저(潛邸)에 이르렀다. 마침 의안군(義安君) 이화(李和) 등 여러 종친이 전하의 잠저에서 나오니, 전하(殿下)가 문에 나와 영접했다. 이때 실이 울며 아비의 목숨을 살려주기를 청하니 정안군이 말했다.

"국가의 큰일을 내가 어찌하겠는가?"

여러 종친이 들어갔다가 하직하고 가니 전하가 또 문에 나와 보냈다. 실이 땅에 엎드려 통곡하고 있자 전하가 마음으로 불쌍하게 여겨서 여러 종친과 함께 예궐해 청하자고 하니, 여러 종친이 말했다.

"이것은 국가의 비밀한 일인데, 상께서 만일 어디서 아셨느냐고 물으면 무슨 말로 대답하시렵니까?"

정안군이 말했다.

"그 책임은 내가 지겠소."

곧장 함께 예궐해 내관(內官) 조순(曹恂)을 시켜 계청(啓請)하게 하니, 순이 말했다.

"이것은 비밀스러운 일인데 여러 종친이 어떻게 아셨습니까?"

정안군이 말했다.

"사람을 형벌하고 사람을 죽이는 것은 나라의 큰일인데, 바깥사람이 어찌 알지 못할 리 있겠는가?"

순이 들어가 아뢰니, 상이 처음에는 듣고 노해 말했다.

"너희들은 자안(子安)이 죄가 없다고 생각하는가?"

조금 있다가 중추원(中樞院)에 명했다.

"내가 자안의 죄를 말감(末減-감형)하고자 하니, 급히 말 잘 타는 지인(知印)을 불러서 문서를 이송(移送)하라."

중추원에서 심구수(沈龜壽)라고 아뢰니, 곧 명했다.

"네가 힘을 다해서 빨리 달려 시간에 미치도록 해서 자안의 죽음을 구제하라."

구수가 명을 받고 빨리 달려 행하는 길이 이미 반이 지났는데, 말에서 떨어지자 역리를 시켜 대신 글을 보냈다. 글이 이르는 날, 관원이 자안을 사형하고자 얼굴에 칠을 하고, 옷을 갈아입히고 칼날까지 갖추었다. 홀연히 바라보니 넓은 들에서 한 사람이 달려오며 입자(笠子)를 휘둘렀다. 관원이 괴이하게 여겨 형(刑)을 멈추고 기다려서 자안이 죽지 않게 됐다. 실(實)은 본래 학술이 없고 또 무예가 있는 사람도 아닌데, 정안군이 그 아비 구한 것을 좋게 여겨 (뒤에) 금려(禁旅)를 맡게 해서 벼슬이 2품에 이르렀다.

6월

갑오일(甲午日-14일)에 (군사의 일로 정도전·남은 등이 조준과 척을 졌다.) 일찍이 판의흥삼군부사(判義興三軍府事) 정도전(鄭道傳)이 『오진도(五陣圖)』와 『수수도(蒐狩圖)』를 만들어 바치니 상이 좋게 여겨서 명해 훈도관(訓導官)을 두어 가르치게 하고, 각 절제사(節制使)·군관(軍官), 서반 각품(西班各品), 성중애마(成衆愛馬)로 하여금 『진도(陣圖)』를 강습하게 하고, 또 잘 아는 사람을 각도에 나눠 보내어 가서 가르치게 했다. 당시 도전(道傳)·남은(南誾)·심효생(沈孝生) 등이 군사를 일으켜서 국경에 나가기를 꾀해 상에게 의견을 드렸는데, 좌정승 조준(趙浚)의 집에 가서 유시(諭示)했다. 준(浚)이 병으로 앓고 있다가 즉시 가마를 타고 대궐에 나와 불가함을 극력 아뢰었다.

"본국은 옛날부터 사대(事大)의 예를 잃지 않았고 또 새로 개국한 나라로서, 경솔히 이름 없는 군사를 출동시키는 것은 심히 불가합니다. 이해관계로 말하더라도 천조(天朝)가 당당해 도모할 만한 틈이 없으니, 신은 거사해야 성공하지 못하고 뜻밖에 변이 생길까 염려되옵니다."

상은 이를 듣고 기뻐했다. 남은이 분연(憤然)히 아뢰었다.

"두 정승(政丞)[27]은 몇 말 몇 되를 출납하는 데는 괜찮지만, 큰일은 더불어 도모할 수 없습니다."

이로 말미암아 은(誾) 등이 준(浚)과 틈이 생겨, 뒤에 은(誾)이 준

---

27 문하좌정승(門下左政丞) 조준(趙浚)과 문하우정승(門下右政丞) 김사형(金士衡)을 가리킨다.

(浚)을 상에게 무함하니 상이 노해 질책(叱責)했다.

8월

기사일(己巳日-8일)에 훈련관(訓鍊觀)으로 하여금 제위(諸衛)의 상
장군·대장군을 모아서 각 영(領)의 장군과 모든 군관 등을 인솔하고
여러 병서를 강습하게 했다.

태조 7년(1398년) 무인년

3월

정묘일(丁卯日-20일)에 남은(南誾)이 진언(進言)했다.

"상감께서 잠저(潛邸)에 계실 때 일찍이 군사를 장악(掌握)하고 있지 않았던들 어떻게 오늘날이 있사오며, 신 같은 자도 또한 보전할 수 없었을 것입니다. 개국하는 처음을 당해 여러 공신(功臣)으로 하여금 군사를 맡게 한 것은 괜찮지만, 지금 즉위(卽位)하신 지가 이미 오래오니 마땅히 여러 절제사(節制使)를 혁파하고 합해 관군(官軍)을 만들면 거의 만전(萬全)할 것입니다."

상이 말했다.

"누가 남은(南誾)을 무실(無實)하다 하는가? 이 말이 진실로 시종(始終)의 경계라."

윤5월

갑진일(甲辰日-29일)에 또 『진도(陣圖)』를 연습했다.

애초에 황제가 표사(表辭)로써 기모(欺侮)했다고 하니 공사(供辭)가 정도전에게 관련돼 칙지(勅旨)로써 입조(入朝)하게 했는데, 도전이 병이 났다고 일컫고 가지 않았다가 장차 죄를 묻는 일이 있을까 두려워서 상에게 계책을 올렸다.

"군사들은 병법(兵法)을 알지 않아서는 안 될 것입니다."

마침내 『진도(陣圖)』를 찬술(撰述)해 올리고, 여러 도(道)의 절제사(節制使)와 군사들로 하여금 약속을 정해 갑자기 연습하게 하고 사졸(士卒)을 매질하니, 사람 중에서 이를 원망하는 이가 많았다.

6월

무진일(戊辰日·24일)에 상이 환자(宦者) 박영문(朴英文)을 전라도와 경상도에 보내 『진도(陣圖)』의 강습을 잘하는지 못하는지 자세히 시찰하게 했다.

7월

갑신일(甲申日·11일)에 감찰(監察) 김부(金扶)를 목 베고, 감찰 황보전(皇甫琠)은 장형(杖刑)을 집행하고, 주부(注簿) 이양수(李養修)는 태형(笞刑)을 집행했다.

애초에 김부가 황보전과 더불어 새 감찰 김중성(金仲誠)의 집에서 술을 마시고, 조준의 집을 지나면서 말했다.

"비록 큰 집을 지었지마는 어찌 능히 오래 거처할 수 있겠는가? 후일에 반드시 다른 사람의 소유물이 될 것이다."

황보전이 이 말을 듣고 양수에게 이야기했더니, 양수가 김분(金汾)에게 말했다. 김분은 조준의 문인(門人)이므로 준에게 알리니, 조준이 상에게 아뢰었다. 상이 노해서 말했다.

"조준은 개국원훈(開國元勳)으로서 나라와 더불어 기쁨과 걱정을 같이할 사람인데, 김부가 준이 오래가지 못한다고 했으니, 이것은 조선 사직(社稷)이 오래가지 못한다고 한 것이다."

이에 명해 김부를 빨리 극형(極刑)에 처하게 했다. 어느 사람이 조준에게 권고해서 상에게 김부의 죽음을 면하도록 청하라고 한 자가 있었으나, 조준이 머뭇거리면서 즉시 대궐에 나아가지 않다가 김부가 이미 죽었으므로 그만 그치니, 조준이 즉시 대궐에 나아가 김부의 죽음을 면하도록 청하지 않았다는 이유로 나라 사람들이 조준을 박정(薄情)하게 여겼다. 황보전과 이양수는 바른대로 조정에 알리지 않은 이유로 죄를 차등 있게 결정하고, 감찰로서 김부와 함께 술을 마신 사람 18명을 파면시켰다. 상이 도승지 이문화(李文和)에게 일렀다.

"지난번 전시(田時)가 난언(亂言)할 적에 반드시 의논을 주장한 사람이 있었을 것이나 내가 죄인을 신문하는 관원이 명백하게 하지 않는 것을 미워해서 모두 사유(赦宥)했는데, 지금 김부가 또 난언(亂言)이 있는 것을 김분(金汾)이 알렸으니 마땅히 관직으로 상을 줄 것이다."

처음에 남은이 정도전과 더불어 친근해서 몰래 요동(遼東)을 공격하자는 의논이 있었는데, 남은이 상에게 비밀리에 말했다.

"조준과 김사형이 매번 (우리에 대해) 이의(異議)가 있습니다."

때마침 전시(田時)가 능실(陵室)의 일로써 체포돼 있는데, 유원정(柳爰廷)·조화(趙和)·신효창(申孝昌)에게 말이 미치게 되었다. 원정은 조준과 서로 두텁게 지내는 사람이고, 조화는 그의 조카이며, 신효창은 김사형의 외생(外甥)인 까닭으로, 전시를 국문(鞫問)해서 그들에게 관련되게 하려고 했으나 전시가 언급(言及)함이 없었다. 상이 남은은 일찍이 친근하고 신임하는 사람이라 해서 그에게 죄를 주지 않았다.

임진일(壬辰日-19일)에 하륜(河崙)을 충청도 도관찰출척사(都觀察黜陟使)로 삼았다.

무술일(戊戌日-25일)에 환자(宦者) 박영문(朴英文)이 와서 아뢰었다.
"각 진(陣)이 모두 『진도(陣圖)』를 익히지 못하고 있는데, 다만 나주진(羅州鎭)만이 조금 익히고 있습니다."
이에 상이 노해 즉시 각 진(鎭)의 훈도관(訓導官)을 가두도록 명하고, 또 각 진의 첨절제사(僉節制使)가 능히 감독하지 못한 죄를 논결(論決)하도록 명했다.

경자일(庚子日-27일)에 순군 천호(巡軍千戶) 김천익(金天益)을 전라도와 경상도의 각 진(鎭)에 보내 첨절제사(僉節制使)로서 『진도(陣圖)』에 통하지 않은 사람을 매질하게 했다.

임인일(壬寅日-29일)에 상이 병환이 났다.

8월

갑진일(甲辰日-1일)에 사헌부에 명해 여러 왕자와 의성군(宜城君) 남은, 참찬문하부사(參贊門下府事) 이무(李茂), 상장군·대장군 등이 『진도(陣圖)』를 익히지 않는 까닭을 묻게 했다.

을사일(乙巳日-2일)에 상이 서쪽 양정(涼亭)에 앉아서 교서(敎書)와 부월(鈇鉞)을 충청도 도관찰사 하륜(河崙)과 경기좌도 관찰사 이정보(李廷俌)에게 친히 주었다.

정미일(丁未日-4일)에 사헌부에서 교지(敎旨)를 받들어 『진도(陣圖)』를 익히지 않은 이유를 들어서 삼군절제사(三軍節制使)와 상장군·대장군·군관(軍官) 등 292인을 탄핵했다.

임자일(壬子日-9일)에 대사헌 성석용(成石瑢) 등이 말씀을 올렸다.
"전하(殿下)께서 무신(武臣)들에게 『진도(陣圖)』를 강습하도록 명한 지가 몇 해가 됐는데도 절제사(節制使) 이하 대소 원장(大小員將)들이 스스로 강습하지 아니하고 그 직책을 게을리하오니, 그 양부(兩府)의 파직(罷職)된 전함(前銜)은 직첩(職牒)을 관품(官品)에 따라 수취(收取)하되 1등을 체강(遞降)시킬 것이며, 5품 이하의 관원은 태형(笞刑)을 집행해 뒷사람을 감계(鑑戒)하게 하소서."
상이 말했다.
"절제사(節制使) 남은·이지란(李之蘭)·장사길(張思吉) 등은 개국공신(開國功臣)이고, 이천우(李天祐)는 지금 내갑사 제조(內甲士提調)가 됐으며, 의안백(義安伯) 이화(李和), 회안군(懷安君) 이방간(李芳幹), 익안군(益安君) 이방의(李芳毅), 무안군(撫安君) 이방번(李芳蕃), 영안군(寧安君) 양우(良祐), 영안군(永安君) (이방과(李芳果))【상왕의 예전 이름】, 순녕군(順寧君) 지(枝), 흥안군(興安君) 이제(李濟), 정안군(靖安君) (이방원(李芳遠))【우리 전하의 이름】은 왕실(王室)의 지친(至親)이고, 유만수(柳曼殊)와 정신의(鄭臣義) 등은 원종공신(原從功臣)이므로 모두 죄를 논의할 수 없다. 그 해당 휘하(麾下) 사람은 모두 각기 태형(笞刑) 50대씩을 치고, 이무(李茂)는 관직을 파면시킬 것이며, 외방(外方) 여러 진(鎭)의 절제사(節制使)로서 『진도(陣圖)』를 익히지 않는 사람은 모두 곤장을 치게 하라."

애초에 정도전과 남은이 임금을 날마다 뵈옵고 요동(遼東)을 공격하기를 권고한 까닭으로 『진도(陣圖)』를 익히게 한 것이 이같이 급했다. 이에 앞서 좌정승 조준이 휴가를 청해 집에 돌아가 있으니, 정도전과 남은이 조준의 집에 나아가서 말했다.

"요동(遼東)을 공격하는 일은 지금 이미 결정됐으니, 공(公)은 더는 말하지 마십시오."

조준이 말했다.

"내가 개국원훈(開國元勳)의 반열(班列)에 있는데 어찌 전하(殿下)를 저버림이 있겠습니까? 전하께서 왕위에 오른 후로 국도(國都)를 옮겨 궁궐을 창건한 이유로써 백성이 토목(土木)의 역사에 시달려서 인애(仁愛)의 은혜를 받지 못해 원망이 극도에 이르고, 군량(軍糧)이 넉넉지 못하니, 어찌 그 원망하는 백성을 거느리고 가서 능히 일을 성취시킬 수 있겠습니까?"

또 정도전에게 일렀다.

"만일에 내가 각하(閣下)와 더불어 여러 도(道)의 백성을 거느리고 요동을 정벌하더라도, 그들이 우리를 흘겨본 지가 오래됐는데 어찌 즐거이 명령에 따르겠습니까? 나는 자신이 망하고 나라가 패망되는 일이 요동(遼東)에 도착하기 전에 이르게 될까 염려됩니다. 상의 병세가 한창 심해 일을 시작할 수 없습니다. 바라건대 여러분은 내 말로써 임금에게 복명(復命)하기를 바라며, 상의 병환이 나으면 내가 마땅히 친히 아뢰겠습니다."

그 후에 조준이 힘써 간(諫)하니, 상이 그것을 따랐다.

병인일(丙寅日-23일)에, 이때 상왕(上王-이방과)이 상을 위해 초례(醮禮)를 베풀어 목숨을 빌고자 소격전에서 재계했다.

기사일(己巳日-26일)에 봉화백(奉化伯) 정도전, 의성군(宜城君) 남은과 부성군(富城君) 심효생(沈孝生) 등이 여러 왕자(王子)를 해치려 꾀하다가 성공하지 못하고 형벌에 엎어져 참형(斬刑)을 당했다.

애초에 상이 정안군(靖安君)의 건국(建國)한 공로는 여러 왕자가 견줄 만한 이가 없었기에 특별히 대대로 전해온 동북면 가별치(加別赤) 500여 호(戶)를 내려주었는데, 그 후에 여러 왕자와 공신(功臣)으로 하여금 각 도(道)의 절제사(節制使)로 삼아서 시위(侍衛)하는 병마(兵馬)를 나눠 맡게 하니 정안군은 전라도를 맡게 되고 무안군(撫安君) 이방번(李芳蕃)은 동북면을 맡게 됐다. 이에 정안군이 가별치를 방번에게 사양하니, 방번이 이를 사양하지도 않고 받았고 상도 이를 알고서도 돌려줄 것을 요구하지 않았다.

도전과 남은 등은 권세를 마음대로 부리고자 어린 서자(庶子)를 반드시 세자(世子)로 세우려고 했다. 효생이 외롭고 한미(寒微)해서 제어하기 쉽다고 생각해 그 딸을 부덕(婦德)이 있다고 칭찬해서 세자 이방석(李芳碩)의 빈(嬪)으로 만들고, 세자의 동모형(同母兄) 방번(芳蕃)과 자부(姉夫)인 흥안군(興安君) 이제(李濟) 등과 같이 모의(謀議)해서 자기편 당(黨)을 많이 만들고는, 장차 여러 왕자를 제거하고자 몰래 환자(宦者) 김사행(金師幸)을 사주(使嗾)해서 중국의 여러 황자(皇子)를 왕으로 봉한 예(例)에 의거해 여러 왕자를 각 도(道)로 나눠 보낼 것을 비밀히 계청(啓請)했으나, 상이 대답하지 않았다. 그 후에 상이 정안군에게 넌지시 타일렀다.

"외간(外間)의 의논을 너희들이 알지 않아서는 안 되니, 마땅히 여러 형에게 타일러 이를 경계하고 조심해야 할 것이다."

도전 등이 또 산기상시(散騎常侍) 변중량(卞仲良)을 사주(使嗾)해서 소(疏)를 올려 여러 왕자의 병권(兵權)을 빼앗을 것을 청한 것이 두세 번에 이르렀으나, 상이 윤허하지 않았다. 점(占)치는 사람 안식(安植)이 말했다.

"세자의 이모형(異母兄) 중에서 천명(天命)을 받을 사람이 하나뿐이 아니다."

도전이 이 말을 듣고 말했다.

"곧 마땅히 제거될 것인데 무슨 근심이 있겠는가?"

의안군(義安君) 이화(李和)가 그 계획을 알고, 비밀리에 정안군에게 알렸다. 이때에 이르러 환자(宦者) 조순(曹恂)이 가르침을 전했다.

"내가 병이 심하니 사람을 접견하고 싶지 않다. 다만 세자 외에는 들어와서 보지 못하게 하라."

김사행과 조순은 모두 그들의 당여(黨與)다. 도전·남은·효생과 판중추(判中樞) 이근(李懃), 전 참찬(參贊) 이무(李茂), 흥성군(興城君) 장지화(張至和), 성산군(星山君) 이직(李稷) 등이 상의 병을 성문(省問-병문안)한다고 핑계하고는 밤낮으로 송현(松峴)에 있는 남은의 첩집에 모여서 서로 비밀리에 모의하기를, 이방석·이제와 친군위도진무(親軍衛都鎭撫) 박위(朴葳), 좌부승지(左副承旨) 노석주(盧石柱), 우부승지(右副承旨) 변중량(卞仲良)으로 하여금 대궐 안에 있으면서 상의 병이 위독(危篤)하다고 일컬어 여러 왕자를 급히 불러들이게 해서, 왕자들이 이르면 내노(內奴)와 갑사(甲士)로써 공격하고 도전과 남은 등이 밖에서 응하기로 하고서 기사일에 일을 일으키기로 약속했다. 이에 앞서 정안군은 비밀리에 지안산군사(知安山郡事-안산군지사) 이숙번(李叔蕃)에게 일러 말했다.

"간악한 무리가 평상시에는 실로 의심이 없다가도 상께서 병환이 나심을 기다려 반드시 변고를 낼 것이니, 내가 만약 그대를 부르거든 마땅히 빨리 와야만 될 것이다."

이때에 이르러 민무구(閔無咎)가 정안군의 명으로 숙번을 불러서 이르게 했다. 이때 상의 병이 매우 위급하니, 정안군과 익안군(益安君) 이방의(李芳毅), 회안군(懷安君) 이방간(李芳幹), 청원군(淸原君) 심종(沈淙), 상당군(上黨君) 이백경(李伯卿), 의안군(義安君) 이화(李和)와 이제(李濟) 등이 모두 근정문(勤政門) 밖의 서쪽 행랑(行廊)에 모여 숙직(宿直)했다. 이날 신시(申時)에 이르러 민무질(閔無疾)이 정안군의 사저(私邸)로 가서 정안군의 부인(夫人)과 마주 앉아 한참 이야기했는데, 부인이 급히 종 소근(小斤)을 불러 말했다.

"네가 빨리 대궐에 나아가서 공(公)을 오시라고 청하라."

소근이 대답했다.

"여러 군(君)이 모두 한 청(廳)에 모여 있는데, 제가 장차 무슨 말로써 아뢰어야겠습니까?"

부인이 말했다.

"내 가슴과 배가 갑자기 아파서 달려와 아뢴다고 하면 공(公)께서 마땅히 빨리 오실 것이다."

소근이 말을 이끌고 서쪽 행랑에 나아가서 자세히 그대로 알리니, 의안군(義安君)이 청심환(淸心丸)과 소합환(蘇合丸) 등의 약을 주면서 말했다.

"마땅히 빨리 가서 병을 치료하십시오."

정안군이 사저(私邸)로 즉시 돌아오니, 조금 후에 민무질이 다시 와서 정안군 및 부인과 함께 세 사람이 서서 비밀리에 한참을 이야기했다. 부인이 정안군의 옷을 잡고서 대궐에 나아가지 말기를 청하니, 정안군이 말했다.

"어찌 죽음을 두려워해 대궐에 나아가지 않겠소! 더구나 여러 형이 모두 대궐 안에 있으니 사실을 알리지 않을 수 없소. 만약 변고가 있으면 내가 마땅히 나와서 군사를 일으켜 나라 사람들의 마음을 살펴봐야 할 것이오."

이에 옷소매를 떨치며 나가니, 부인이 지게문 밖에까지 뒤따라오면서 말했다.

"조심하고 조심하세요."

날이 이미 어두워졌다. 이때 여러 왕자가 거느린 시위패(侍衛牌)를 폐하게 한 것이 이미 10여 일이 됐는데, 다만 방번(芳蕃)만은 군사를 거느림이 그전과 같았다. 정안군이 처음에 군사를 폐하고 영중(營中)의 군기(軍器)를 모두 불태워버렸는데, 이때에 와서 부인이 몰래 병장기(兵仗器)를 준비해서 변고에 대응(對應)할 계책을 세웠던 것이다. 이무(李茂)는 본디부터 중립(中立)하려는 계획이 있었기에 비밀리에 남은 등의 모의(謀議)를 일찍이 정안군에게 알리더니, 이때에 와서 민무질을 따라와 정안군을 뵈옵고 조금 후에 먼저 갔는데, 이무는 무질의 가까운 인척(姻戚)이었다. 죽성군(竹城君) 박포(朴苞)도 그 사이를 왕래하면서 저쪽의 동정(動靜)을 몰래 정탐했다. 이에 정안군은 민무구에게 명해 숙번으로 하여금 병갑(兵甲)을 준비해서 본저(本邸)의 문 앞에 있는 신극례(辛克禮)의 집에 유숙하면서 변고를 기다리게 하고는, 그제야 대궐로 나아가 서쪽 행랑(行廊)에 들어가서 직숙(直宿)했다.

여러 군(君)이 모두 말을 남겨두지 않았으나, 홀로 정안군만은 소근을 시켜 서쪽 행랑 뒤에서 말을 먹이게 했다. 방번이 안으로 들어가려 하는데 정안군이 그를 부르니, 방번이 머리를 긁으며 머뭇거리다가 대답하지 않고 들어갔다. 밤 초경(初更)에 이르러 어느 사람이 안으로부터 나와서 말했다.

"상께서 병이 위급해 병을 피하고자 하니, 여러 왕자는 빨리 안으로 들어오되 종자(從者)는 모두 들어오지 못하게 하시오."

화(和)·종(淙)·제(濟)가 먼저 나가서 뜰에 서고, 정안군은 익안군(益安君)·회안군(懷安君)·상당군(上黨君) 등 여러 군(君)과 더불어 지게문 밖에 잠시 서서 있다가 비밀리에 말했다.

"옛 제도에 궁중(宮中)의 여러 문에서는 밤에 반드시 등불을 밝혔는데, 지금 보니 궁문에 등불이 없다."

더욱 의심했다. 화(和)와 제(濟)·종(淙)은 먼저 안으로 들어갔으나 정안군은 배가 아프다고 말하면서 서쪽 행랑 문밖으로 나와 뒷간에 들어가 앉아서 한참 생각하고 있는데, 익안군과 회안군 등이 달려와서 정안군을 두 번이나 부르니 정안군이 (홀로) 말했다.

"여러 형님이 어찌 큰 소리로 부르는가?"

이에 또 서서 양 소매를 떨치면서 말했다.

"형세상 어쩔 수가 없게 됐다."

마침내 즉시 말을 달려 궁성(宮城)의 서문으로 나가니 익안군·회안군·상당군이 모두 따랐는데, 오직 상당군만이 능히 정안군의 말을 따라왔고 익안군과 회안군은 혹은 넘어지기도 했다. 정안군이 마천목(馬天牧)을 시켜 방번을 불러서 말했다.

"나와서 나를 따르기를 바란다. 그 종말에는 저들이 너도 보전해 주지 않을 것이다."

방번이 안의 행랑방에 누웠다가 마천목을 보고 일어나 앉더니, 이 말을 다 듣고는 도로 들어가서 누웠다. 방번의 겸종(傔從)들은 모두 불량(不良)한 무리로서 다만 활 쏘고 말 타는 데만 힘쓸 뿐이며, 또한 망령되이 세자(世子)의 자리를 (방번에게) 옮기려고 꾀한 지가 오래됐다. 어느 날 (누가) 방번에게 일러 말했다.

"우리들이 이미 중궁(中宮)에 연줄이 있는데, 공(公)으로 하여금 방석(芳碩)의 자리를 대신하게 하고자 교명(敎命)이 장차 이르게 될 것이니 청컨대 나가지 말고 기다리십시오."

방번이 이 말을 믿고 밖으로 나오지 않았으니, 사람들은 이를 비웃었다. 정안군은 그들이 서로 용납하지 못한 줄 알고 있었던 까닭으로 방번을 나오라고 불렀으나, 따르지 않았다. 정안군이 본저(本邸) 동구(洞口)의 군영(軍營) 앞길에 이르러 말을 멈추고 숙번을 부르니 숙번이 장사(壯士) 두 사람을 거느리고 갑옷 차림으로 나왔는데, 익안군과 상당군, 회안군 부자(父子) 또한 말을 타고 있었다. 또 이거이(李居易)·조영무(趙英茂)·신극례(辛克禮)·서익(徐益)·문빈(文彬)·심구령(沈龜齡) 등이 있었으니, 이들은 모두 정안군에게 진심으로 붙좇는 사람이었다. 이때에 이르러 민무구·민무질과 더불어 모두 모였으나, 기병(騎兵)은 겨우 10명뿐이고 보졸(步卒)은 겨우 9명뿐이었다. 이에 부인이 준비해둔 철창(鐵槍)을 내어 그 절반을 군사에게 나눠주었으며, 여러 군(君)의 종자(從者)와 각 사람의 노복(奴僕)이 10여 명이었는데 모두 막대기를 쥐었으되 홀로 소근만이 칼을 쥐었다. 정안군이 달려서 둑소(纛所-원수의 큰 깃발이 있는 곳)의 북쪽 길에 이르러 숙번을 불러 말했다.

"오늘의 일을 어찌하면 되겠는가?"

숙번이 대답했다.

"일이 이미 이 지경에 이르렀으니 두려워할 필요는 없습니다. 군호(軍號)【방언(方言)에 말마기[言的]라 한다.】를 내려줄 것을 청합니다."

정안군이 산성(山城)이란 두 글자로써 명하고 삼군부(三軍府) 문

138

앞에 이르러 천명(天命)을 기다렸다. 방석 등이 변고가 일어났다는 말을 듣고 군사를 거느리고 나와서 싸우고자 해서 군사 예빈소경(禮賓少卿) 봉원량(奉元良)을 시켜 궁의 남문에 올라가서 군사의 많고 적은 것을 엿보게 했다. 광화문(光化門)부터 남산(南山)까지 정예(精銳) 기병(騎兵)들이 꽉 찼으므로 방석 등이 두려워서 감히 나오지 못했으니, 그때 사람들이 신(神)의 도움이라고 했다. 정안군이 또 숙번을 불러 말했다.

"어찌하면 좋겠는가?"

숙번이 대답했다.

"간당(姦黨)이 모인 장소에 이르러 군사로 포위하고, 불을 질러 밖으로 나오는 사람은 곧장 죽이는 것이 좋겠습니다."

밤이 이경(二更)인데, 송현(松峴)을 지나다가 숙번이 말을 달려 고했다.

"이곳이 소동(小洞)이니, 곧 남은의 첩의 집입니다."

정안군이 말을 멈추고 먼저 보졸(步卒)과 소근(小斤) 등 10인으로 하여금 그 집을 포위하게 했다. 안장 갖춘 말 두서너 필이 그 문밖에 있고 노복(奴僕-머슴)은 모두 잠들었는데, 도전과 남은 등은 등불을 밝히고 모여앉아 웃으면서 이야기를 하고 있었다. 소근 등이 지게문을 엿보고 들어가지 않았는데, 갑자기 화살 3개가 잇달아 지붕 기와에 떨어져서 소리가 났다. 소근 등이 도로 동구(洞口)로 나와서 화살이 어디서 왔는가를 물으니, 숙번이 말했다.

"내가 쏜 화살이다."

소근 등으로 하여금 도로 들어가서 그 집을 포위하고 그 이웃집

세 곳에 불을 지르게 하니, 도전 등은 도망쳐 숨었으나 심효생·이근 (李勲)·장지화 등은 모두 살해당했다. 도전이 도망쳐서 그 이웃의 전 판사(判事) 민부(閔富)의 집으로 들어가니, 민부가 아뢰었다.

"배가 불룩한 사람이 내 집에 들어왔습니다."

정안군은 그 사람이 도전인 줄 알고 이에 소근 등 4인을 시켜서 잡게 했다. 도전이 침실(寢室) 안에 숨어 있는지라 소근 등이 그를 꾸짖어 밖으로 나오게 하니, 도전이 자그마한 칼을 가지고 걸음도 걷지 못한 채 엉금엉금 기어서 나왔다. 소근 등이 꾸짖어 칼을 버리게 하니, 도전이 칼을 던지고 문밖에 나와서 말했다.

"청컨대 죽이지 마시오. 한마디 말만 하고 죽겠습니다."

소근 등이 끌어내 정안군의 말 앞으로 가니, 도전이 말했다.

"예전에 공(公)이 이미 나를 살렸으니, 이번에도 한 번 살려주 소서."

예전이란 임신년(壬申年-1392년)을 가리킨 것이다. 정안군이 말 했다.

"네가 조선의 봉화백(奉化伯)이 됐는데도 도리어 부족(不足)하게 여 겼느냐? 어떻게 악한 짓을 한 것이 이 지경에 이를 수 있느냐?"

마침내 그를 목 베게 했다.

애초에 정안군 부인이 스스로 정안군이 서 있는 곳까지 이르러 그와 화패(禍敗)를 같이하고자 걸어서 나오니 정안군의 휘하사(麾下士) 최광대(崔廣大) 등이 극력으로 간(諫)해 이를 말렸는데, 종 김부개(金 夫介)가 도전의 갓과 칼을 가지고 온 것을 보고는 부인이 그제야 돌 아왔다. 도전에게는 아들 4인이 있었는데, (그중) 정유(鄭游)와 정영

(鄭泳)은 변고가 났다는 말을 듣고 급함을 구원하러 가다가 유병(遊兵)에게 살해되었고 정담(鄭湛)은 집에서 자기 목을 찔러서 죽었다. 애초에 담(湛)이 아버지에게 고했다.

"오늘날의 일은 정안군에게 알리지 않을 수 없습니다."

도전이 말했다.

"내가 이미 고려(高麗)를 배반했는데 지금 또 이편을 배반하고 저편에 붙는다면, 사람들이 비록 말하지 않더라도 홀로 마음에 부끄러움이 없겠는가?"

이무(李茂)가 문밖으로 나오다가 빗나가는 화살을 맞고서 말했다.

"나는 이무다."

보졸(步卒)이 이무를 죽이려고 하니, 정안군이 말했다.

"죽이지 말라."

마침내 말을 그에게 주었다. 남은은 반인(伴人) 하경(河景)·최운(崔澐) 등을 거느리고 도망해서 숨고, 이직(李稷)은 지붕에 올라가서 거짓으로 노복(奴僕)이 돼 불을 끄는 시늉을 함으로써 이내 도망해 빠져나갈 수 있었다. 대궐 안에 있던 사람이 송현(松峴)에 불꽃이 하늘에 가득한 것을 바라보고 달려가서 상에게 고하니, 궁중(宮中)의 호위하는 군사들이 북을 치고 피리를 불면서 고함을 쳤다. 이천우(李天祐)가 자기 집에서 반인(伴人) 2명을 거느리고 대궐로 가는데, 마천목(馬天牧)이 이를 보고 안국방(安國坊) 동구(洞口)에까지 뒤쫓아 가서 말했다.

"천우 영공(天祐令公)이 아니십니까?"

천우가 대답하지 않으므로, 천목(天牧)이 말했다.

"영공(令公)께서 대답하지 않고 가신다면 화살이 두렵습니다."

천우가 말했다.

"그대는 마 사직(馬司直)이 아닌가? 무슨 일로 나를 부르는가?"

천목이 대답했다.

"정안군께서 여러 왕자와 함께 이곳에 모여 있습니다."

천우가 달려서 정안군에게 나아가서는 또 말했다.

"이번에 이 일을 일으키면서 어찌 일찍이 나에게 알리지 않았습니까?"

정안군이 박포(朴苞)와 민무질을 보내 좌정승 조준을 불러오게 하니, 조준이 망설이면서 점(占)치는 사람으로 하여금 그 거취(去就)를 점치게 하고는 즉시 나오지 않았다. 다시 숙번으로 하여금 그를 재촉하게 해서 정안군이 중로(中路)에까지 나와서 맞이했다. 조준이 이미 우정승 김사형과 더불어 오는데, 갑옷을 입은 반인(伴人)들이 많이 따라왔다. 가회방(嘉會坊) 동구(洞口)의 다리에 이르니, 보졸(步卒)이 무기(武器)로써 파수(把守)해서 막으며 말했다.

"다만 두 정승만 들어가십시오."

조준과 김사형 등이 말에서 내려 빠른 걸음으로 다리를 지나가자 정안군이 말했다.

"경 등은 어찌 이씨(李氏)의 사직(社稷)을 걱정하지 않는가?"

조준과 김사형 등이 몹시 두려워하면서 말 앞에 꿇어앉았다. 이에 정안군이 말했다.

"정도전과 남은 등이 어린 서자(庶子)를 세자로 꼭 세우고자 나의 동모형제(同母兄弟)들을 제거하고자 하므로, 내가 이로써 약자(弱者)

가 선수(先手)를 쓴 것이다."

조준 등이 머리를 조아리면서 말했다.

"저들이 하는 짓을 우리들은 일찍이 알지 못했습니다."

정안군이 말했다.

"이 같은 큰일은 마땅히 국가에 알려야만 될 것이나 오늘날의 일
은 형세가 급박해 미처 알리지 못했으니, 공(公) 등은 마땅히 빨리
합좌(合坐-당상관들이 모여 대사를 토의함)해야 할 것이다."

노석주(盧石柱)와 변중량(卞仲良)이 대궐 안에 있으면서 사람을 시
켜 도승지 이문화(李文和)와 우승지 김륙(金陸)의 집에 가서 그들을
불러오게 하니, 문화(文和)가 달려와 나아가서 물었다.

"상의 옥체(玉體)는 어떠하신가?"

석주(石柱)가 말했다.

"상의 병환이 위독하므로 오늘 밤 자시(子時)에 병을 피해 서쪽 작
은 양정(涼亭)으로 거처를 옮기고자 한다."

이에 여러 승지가 모두 근정문(勤政門)으로 나아갔다. 도진무(都鎭
撫) 박위(朴葳)가 근정문에 서서 높은 목소리로 불렀다.

"군사가 왔는가? 안 왔는가?"

문화가 물었다.

"이때에 상이 거처를 피해 옮기는가? 어찌 피리를 부는가?"

박위가 말했다.

"어찌 상이 거처를 피해 옮긴다고 하는가? 봉화백(奉化伯)과 의성
군(宜城君)이 모인 곳에 많은 군마(軍馬)가 포위하고 불을 지른 까닭
으로 피리를 분 것뿐이다."

이에 앞서 정안군이 숙번에게 일러 말했다.

"세력으로는 대적할 수 없으니, 도전과 남은 등을 목 벤 후에 우리 형제 4, 5인이 삼군부(三軍府) 문 앞에 말을 멈추고 나라 사람들의 마음을 살펴봐서, 인심이 따르지 않는다면 그만이겠지만, 한결같이 쭉 따른다면 우리들은 살게 될 것이다."

이때에 이르러 정안군이 돌아와서 삼군부(三軍府) 문 앞에 이르러 말을 멈추니, 밤이 벌써 사경(四更)이나 됐는데도 평소에 주의(注意) 하던 사람들이 서로 잇달아 와서 모였다. 찬성(贊成) 유만수(柳曼殊) 가 아들 원지(原之)를 거느리고 말 앞에 와서 배알(拜謁)하니, 정안군 이 말했다.

"무슨 이유로 왔는가?"

만수(曼殊)가 말했다.

"듣건대 상께서 장차 신(臣)의 집으로 옮겨 거처하려 하신다더니 지금 옮겨 거처하지 않으셨으며, 또 변고가 있다는 말을 듣고 급히 와서 시위(侍衛)하고자 한 것입니다."

정안군이 말했다.

"갑옷을 입고 왔는가?"

만수가 말했다.

"입지 않았습니다."

즉시 그에게 갑옷을 주고 말 뒤에 서게 하니, 천우가 아뢰었다.

"만수는 곧 도전과 남은의 무리이니 죽이지 않을 수가 없습니다."

정안군이 말했다.

"그렇지 않다."

이에 회안군과 천우 등이 강요하며 말했다.

"이같이 창졸한 즈음에는 여러 사람의 의견을 저지(沮止)시킬 수 없습니다."

정안군이 숙번을 돌아보면서 일러 말했다.

"형세상 그만두기가 어렵겠다."

그 죄를 헤아리게 하니, 만수가 즉시 말에서 내려 정안군이 탄 말의 고삐를 잡고서 말했다.

"내가 마땅히 자백(自白)하겠습니다."

정안군이 종자(從者)를 시켜 말고삐를 놓게 했으나 만수는 오히려 단단히 잡고 놓지 않으므로, 소근(小斤)이 작은 칼로 턱밑을 찌르니 만수가 고개를 쳐들고 거꾸러지는지라, 이에 목을 베었다. 정안군이 원지(原之)에게 이르렀다.

"너는 죄가 없으니 집으로 돌아가라."

회안군이 뒤따라가서 예빈시(禮賓寺) 문 앞에서 (원지의) 목을 베었다. 조준과 김사형 등이 도평의사사(都評議使司)로 들어가 앉았는데 정안군이 생각하기를, 방석 등이 만약 시위(侍衛)하는 군사를 거느리고 궁문(宮門) 밖에 나와서 교전(交戰)한다면 우리 군사가 적으므로 형세상 장차 밀릴 것인데, 만약 조금이라도 밀리게 된다면 합좌(合坐)한 여러 정승(政丞)이 마땅히 저편 군사의 뒤에 있게 될 것이다 해서, 혹시 저편을 따를까 여겨 사람을 시켜 도당(都堂)에 말했다.

"우리 형제가 노상(路上)에 있는데 여러 정승이 도당(都堂)에 들어가 앉아 있는 것은 옳지 못하니, 마땅히 즉시 운종가(雲從街) 위로 옮겨야 할 것이다."

마침내 예조(禮曹)에 명해 백관(百官)을 재촉해서 모이게 했다. 친군위 도진무(親軍衛都鎭撫) 조온(趙溫) 또한 대궐 안에 숙직(宿直)하고 있었는데 정안군이 사람을 시켜 조온과 박위(朴葳)를 부르니, 조온은 명령을 듣고 즉시 휘하(麾下)의 갑사(甲士)·패두(牌頭) 등을 거느리고 나와 말 앞에서 배알(拜謁)했지만 박위는 한참 응하지 않다가 마지못해 칼을 차고 나왔다. 정안군이 온화한 말로써 대접했으나, 박위는 (정안군 쪽) 군대의 세력이 약한 것을 보고 이에 고했다.

　　"모든 처분(處分)은 날이 밝기를 기다리겠습니다."

　　그의 뜻은 날이 밝으면 군사의 약한 형세가 드러나서 여러 사람의 마음이 붙좇지 않을 것이라 여겼던 것이다. 정안군이 그를 도당(都堂)으로 가게 했는데, 회안군이 정안군에게 청해 사람을 시켜서 목 베게 했다. 정안군이 조온에게 명해 숙위(宿衛)하는 갑사(甲士)를 다 나오게 하니, 조온이 즉시 패두(牌頭) 등을 보내 대궐로 들어가서 숙위하는 갑사를 다 나오게 했다. 이에 근정전 이남의 갑사는 다 나와서 갑옷을 벗고 무기(武器)를 버리니, 명해서 각기 제집으로 돌아가게 했다.

　　애초에 이무(李茂)는 군대의 세력이 약한 것을 보고는, 거짓으로 정신이 흐리멍덩하다고 일컬으면서 사람을 시켜 부축하고서 정안군에게 아뢰었다.

　　"화살 맞은 곳이 매우 아프니, 도당(都堂)의 아방(兒房-장수들이 머물며 자는 공간)에 나아가서 휴식할 것을 청합니다."

　　정안군이 말했다.

　　"좋다."

조금 후에 이무는 박위가 참형(斬刑)당했다는 말을 듣고는 즉시 도로 나왔다. 이튿날 닭이 울 적에 상이 노석주를 불러 대궐로 들어오게 하고 이른 새벽에 또 이문화를 부르니, 문화가 서쪽 양정(涼亭)으로 나아갔다. 세자와 방번·제(濟)·화(和)·양우(良祐)·종(淙)과 추상(樞相-중추원 상신)인 장사길(張思吉)·장담(張湛)·정신의(鄭臣義) 등이 모두 벌써 대궐에 들어와 있었다. 여러 군(君)과 추상(樞相), 대소 내관(大小內官)들로부터 아래로 내노(內奴)까지 모두 갑옷을 입고 칼을 가졌는데, 다만 조순(曹恂)과 김륙(金陸)·노석주·변중량만은 갑옷을 입지 않았다. 석주가 문화에게 가르침을 전했다.

"교서(敎書)를 지으라."

문화가 사양할 것을 청하므로, 석주가 말했다.

"한산군(韓山君-목은 이색)이 지은 「주삼원수교서(誅三元帥敎書)」[28]의 뜻을 모방해서 지으면 된다."

문화가 말했다.

"그대가 이를 아는가?"

석주가 말했다.

"적을 부순 공로가 한때에 혹 있더라도 임금을 무시한 마음[無君之心]은 만세(萬世)에 용서할 수 없다는 것이 그 문사(文詞)다."
<small>무군지심</small>

문화가 말했다.

"지금 죄인의 괴수(魁首)는 누구인가?"

---

28 고려 공민왕 때 명장(名將) 안우(安祐)·이방실(李芳實)·김득배(金得培) 등 세 사람의 원수 (元帥)를 목 벤 교서(敎書)를 말한다.

석주가 말했다.

"죄인의 괴수는 다시 상께 품신(稟申)하겠으니, 먼저 글의 초안(草案)부터 잡으라."

독촉하기를 급하게 했다. 문화가 붓을 잡고 쓰면서 말했다.

"그대도 글을 지을 줄 아니, 친히 품신(稟申)하려는 뜻으로 지어주면 내가 마땅히 이를 쓰겠다."

이에 석주가 글을 지었다.

'아무아무[某某] 등이 몰래 반역(反逆)을 도모해 개국원훈(開國元勳)을 해치고자 했는데, 아무아무 등이 그 계획을 누설시켜서 잡혀 모두 죽임을 당했다. 그 협박에 따라 반역한 무리는 모두 용서하고 문죄(問罪)하지 않는다.'

초안을 작성하자 석주가 초안을 가지고 들어가서 아뢰니, 상이 말했다.

"일단은 두 정승이 오기를 기다려서 토의해 이를 반포(頒布)하라."

조금 후에 도당(都堂)에서 백관(百官)을 거느리고 상에게 아뢰었다.

"정도전·남은·심효생 등이 도당(徒黨)을 결합(結合)하고 비밀히 모의해서 우리의 종친(宗親)·원훈(元勳)을 해치고 우리 국가를 어지럽게 하고자 했으므로, 신 등은 일이 급박해 미처 아뢰지 못한 채 이미 주륙(誅戮)해서 제거했습니다. 바라건대 상께서는 놀라지 마옵소서."

이제(李濟)가 그때 상 곁에 있다가 상에게 아뢰었다.

"여러 왕자가 군사를 일으켜 함께 남은 등을 목 베었으니 화(禍)가 장차 신에게 미칠 것입니다. 청컨대, 시위하는 군사를 거느리고 나가서 공격하겠습니다."

상이 말했다.

"걱정하지 말라. 화(禍)가 어찌 너에게 미치겠는가?"

화(和) 또한 말리며 말했다.

"내부에서 일어난 일이니 서로 싸울 필요가 없다."

이에 이제가 칼을 빼고 노려보기를 두세 번 했으나, 화(和)는 편안히 앉아서 움직이지 않았다. 이때 영안군(永安君)이 상을 위해 병을 빌고자 소격전(昭格殿)에서 재계(齋戒)를 드리고 있었는데, 변고가 났다는 말을 듣고는 몰래 종 하나를 거느린 채 줄에 매달려 성을 나왔다. 걸어서 풍양(豊壤)에 이르러 김인귀(金仁貴)의 집에 숨어 있었는데, 정안군이 사람을 시켜서 그를 찾아 맞이해서 궁성(宮城) 남문 밖에 이르니 해가 장차 기울어질 때였다. 이때 사람들이 모두 상에게 청해 정안군을 세자로 삼고자 했으나 정안군이 굳게 사양하면서 영안군을 세자로 삼기를 청하니, 영안군이 말했다.

"당초부터 의리를 수립(樹立)해서 나라를 세우고 오늘날의 일까지 이르게 된 것은 모두 정안군의 공로이니, 내가 세자가 될 수 없다."

이에 정안군이 사양하기를 더욱 굳게 하면서 말했다.

"나라의 근본을 정하고자 한다면 마땅히 적장자(嫡長子)에게 있어야 할 것입니다."

영안군이 말했다.

"그렇다면 내가 마땅히 처리함이 있겠다."

이에 정안군이 도당(都堂)으로 하여금 백관(百官)을 거느리고 소(疏)를 올리게 했다.

'적자(嫡子)를 세자로 세우면서 장자(長子)로 하는 것은 만세(萬世)의 상도(常道)인데, 전하(殿下)께서 장자를 버리고 유자(幼子)를 세웠으며 도전 등이 세자(世子)를 감싸고서 여러 왕자를 해치고자 해서 화(禍)가 예측할 수 없는 처지에 있었습니다. 그러나 다행히 천지와 종사(宗社)의 신령에 힘입게 되어 난신(亂臣)이 형벌에 엎어지고 참형(斬刑)을 당했습니다. 바라건대 전하께서는 적장자(嫡長子) 영안군(永安君)을 세워 세자로 삼게 하소서.'

소가 올라가자 문화가 이를 읽기를 마치었는데, 세자 또한 상의 곁에 있었다.

상이 한참 만에 말했다.

"모두 내 아들이니 어찌 옳지 않음이 있겠는가?"

방석을 돌아보고 일러 말했다.

"너에게는 편하게 되었다."

즉시 윤허를 내렸다. 대궐 안에 있던 정승들이 무슨 일인가를 물으니 문화가 대답했다.

"세자를 바꾸는 일입니다."

석주(石柱)가 교초(教草)를 봉해 문화로 하여금 서명(署名)하게 하니 문화가 받지 않으므로, 다음에 화(和)에게 청했으나 역시 받지 않았다. 다음에 자리에 있던 여러 정승에게 청했으나 모두 받지 않았다. 이에 문화가 말했다.

"그대가 지은 글인데 어찌 자기가 서명(署名)하지 않는가?"

석주가 말했다.

"좋다."

이에 서명하고 그것을 소매 속에 넣었다. 조금 후에 석주가 대궐에 들어가 명을 받아 나오면서 말했다.

"교서(敎書)를 고쳐 써서 빨리 내려라."

문화가 말했다.

"어떻게 이를 고치겠는가?"

석주가 말했다.

"개국공신(開國功臣) 정도전과 남은 등이 몰래 반역(反逆)을 도모해서 왕자와 종실(宗室)을 해치려고 꾀하다가 지금 이미 그 계획이 누설되었으니, 공이 죄를 가릴 수 없으므로 이미 모두 살육(殺戮)됐으니, 그 협박에 따라 행동한 당여(黨與)는 죄를 다스리지 말 것입니다."

변중량(卞仲良)으로 하여금 이를 쓰게 해서 올리자 상이 시녀(侍女)로 하여금 부축하게 해서 일어나 압서(押署)하기를 마치고는 돌아와 누웠는데, 병이 심해 토하고자 했으나 토하지 못하며 말했다.

"어떤 물건이 목구멍 사이에 있는 듯하면서 내려가지 않는다."

정안군이 군기직장(軍器直長) 김겸(金謙)을 시켜 무기고(武器庫)를 열고 갑옷과 창을 내어 화통군(火㷁軍) 100여 명에게 주니, 군대의 형세가 조금 떨쳐졌다. 갑사(甲士) 신용봉(申龍鳳)이 대궐에 들어가서 정안군의 말을 전했다.

"흥안군(興安君)과 무안군(撫安君)은 각기 사제(私第)로 돌아갔는데, 의안군(義安君) 이하의 왕자는 어찌 나오지 않는가?"

여러 왕자가 서로 눈짓하면서 말하지 않으므로 다시 독촉하니, 화(和) 이하의 왕자들이 모두 나오다가 종(淙)은 궁성(宮城)의 수문(水

門)을 거쳐 도망해 나가고, 정신의(鄭臣義)만이 오래 머무르므로 재촉하니 그제야 나왔다. 도당(都堂)에서 방석을 내보내 줄 것을 청하니, 상이 말했다.

"이미 주안(奏案)을 윤가(允可)했으니 나가더라도 무엇이 해롭겠는가?"

방석이 울면서 하직하니 현빈(賢嬪)이 옷자락을 당기면서 통곡하므로, 방석이 옷을 떨치고서 나왔다. 애초에 방석을 먼 지방에 안치(安置)하기로 의결했는데, 방석이 궁성(宮城)의 서문을 나가자 이거이(李居易)·이백경(李伯卿)·조박(趙璞) 등이 도당(都堂)에서 토의해 사람을 시켜서 도중(道中)에 죽이게 했다. 도당(都堂)에서 또 방번을 내보내기를 청하니, 상이 방번에게 일렀다.

"세자는 끝났지만, 너는 먼 지방에 안치(安置)하는 데 불과할 뿐이다."

방번이 장차 궁성(宮城)의 남문을 나가려 하는데, 정안군이 말에서 내려 문안으로 들어와 손을 이끌면서 말했다.

"남은 등이 이미 우리 무리를 제거하게 된다면 너 또한 마침내 면할 수가 없는 까닭에 내가 너를 부른 것인데, 너는 어찌 따르지 않았는가? 지금 비록 외방에 나가더라도, 얼마 안 되어 반드시 돌아올 것이니 잘 가거라, 잘 가거라."

장차 통진(通津)에 안치(安置)하고자 양화도(楊花渡)를 건너 도승관(渡丞館)에서 유숙하고 있는데, 방간(芳幹)이 이백경(李伯卿) 등과 더불어 또 도당(都堂)에 의논해서 사람을 시켜 방번을 죽였다. 정안군이 방석과 방번이 죽었다는 말을 듣고 비밀리에 숙번에게 일렀다.

"유만수(柳曼殊)도 내가 오히려 그 생명을 보전하고자 했는데 하물며 형제이겠는가? 이거이(李居易) 부자(父子)가 나에게는 알리지도 않고 도당(都堂)에만 의논해서 나의 동기(同氣)를 살해했다. 지금 인심이 안정되지 않은 까닭으로 내가 속으로 견디어 참으면서 감히 성낸 기색을 보이지 못하니, 그대는 이 말을 입 밖에 내지 말라."

군사들이 변중량·노석주와 남지(南贄) 등을 잡아서 나오니, 중량이 정안군을 우러러보면서 말했다.

"내가 공(公)에게 뜻을 기울이고 있은 지가 지금 벌써 두서너 해 됐습니다."

정안군이 말했다.

"저 입도 또한 고깃덩이다."

또 남지는 남은의 아우로서 이때 우상절도사(右廂節度使)가 됐는데, 모두 순군옥(巡軍獄)에 가두었다가 뒤에 길에서 목을 베었다. 이제(李濟)가 나오니, 정안군이 이제에게 일렀다.

"본가(本家)로 돌아가라."

상이 마침내 영안군(永安君)을 책명(策命)해서 세자로 삼고 교지(敎旨)를 내렸다.

'적자(嫡子)를 세우되 장자(長子)로 하는 것은 만세(萬世)의 상도(常道)이며, 종자(宗子)는 성(城)과 같으니 과인(寡人)이 기대(期待)하노라. 다만 그대의 아버지인 내가 일찍이 나라를 세우고 난 후에 장자(長子)를 버리고 유자(幼子)를 세워 이에 방석(芳碩)으로써 세자를 삼았으니, 이 일은 다만 내가 사랑에 빠져 의리에 밝지 못한 허물일 뿐 아니라 도전·남은 등도 그 책임을 사피(辭避)할 수가 없을 것이다. 그

때에 만약 초(楚)나라에서 작은아들을 사랑했던 경계[29]로써 상도(常道)에 의거해 조정에서 간언했더라면 내 감히 따르지 않을 수 있었겠는가? 도전 같은 무리는 다만 간언하지 않았을 뿐 아니라 오히려 그 세자로 세우지 못할까를 두려워했다. 얼마 전에 정도전·남은·심효생·장지화 등이 몰래 반역을 도모해서 국가의 근본을 요란시켰는데, 다행히 천지와 종사(宗社)의 도움에 힘입어 죄인이 형벌에 엎어져 참형(斬刑)을 당하고 왕실(王室)이 다시 편안해졌다. 방석(芳碩)은 화(禍)의 근본인지라 국도(國都)에 남겨둘 수가 없으므로 동쪽 변방으로 내쫓게 했다. 내가 이미 전일의 과실을 뉘우치고 백관(百官)의 청으로 인해 이에 너를 세워 왕세자로 삼으니, 그 덕을 능히 밝혀서 너를 낳은 분에게 욕되게 함이 없도록 하고 그 마음을 다해 우리의 사직(社稷)을 진무(鎭撫)하라.'

마침내 문화와 김륙(金陸)에게 명해 나가서 세자를 알현(謁見)하게 하니, 세자가 문화를 불러 말했다.

"대궐 안에 시위(侍衛)할 만한 사람이 없으니, 그대는 빨리 대궐 안으로 도로 들어가라."

문화가 즉시 도로 들어가니, 조순(曹恂)이 세자의 명을 전달했다.

"시녀(侍女)와 내노(內奴)를 제외한 나머지 사람은 모두 밖으로 나가게 하라."

문화가 또 나오니, 세자가 말했다.

---

29 춘추시대(春秋時代) 초(楚)나라 평왕(平王)이 신하의 참소만으로 태자 건(建)을 폐하고 작은아들 진(珍)을 사랑해 나라가 어지러워지게 된 고사(故事)를 말한다.

"그대는 어찌 나오는가?"

문화가 그 사유를 상세히 아뢰므로 세자가 말했다.

"그대를 이르는 것이 아니니 마땅히 빨리 도로 들어가서 시위(侍衛)하라."

또 상장군 이부(李敷)로 하여금 대궐 안에 들어가서 시위(侍衛)하게 하니, 상이 조순에게 명해 세자에게 갓과 안장 갖춘 말을 내려주었다. 세자가 대궐 안으로 들어갔다. 이제(李濟)가 사제(私第)로 돌아가니, 옹주(翁主)가 이제에게 일러 말했다.

"내가 공(公)과 함께 정안군의 사저(私邸)에 간다면 반드시 살게 될 것입니다."

그러나 이제가 듣지 않았는데, 저녁때 군사들이 뒤따라와서 그를 죽였다. 정안군이 이 소식을 듣고 그제야 놀라서, 즉시 진무(鎭撫) 전흥(田興)을 불러서 말했다.

"흥안군(興安君)이 죽었으니 노비가 반드시 장차 도망쳐 흩어질 것이다. 그대가 군사 10여 명을 거느리고 흥안군 집에 이르러 시체를 거두게 하고, 노비들에게 신신당부하기를 '만약 도망하는 사람이 있으면 후일에 반드시 중한 죄를 줄 것이다'라고 하라."

전흥이 그 집에 이르러 시비(侍婢)를 시켜서 들어가 고하게 했다.

"놀라지 마시오! 나는 정안군의 진무(鎭撫)입니다."

이에 시체를 염습(斂襲)하는 모든 일을 한결같이 정안군의 명대로 하니, 옹주(翁主)가 감격해서 울었다. 남은은 도망쳐 성(城)의 수문(水門)을 나가서 성 밖의 포막(圃幕)에 숨으니, 최운(崔沄)·하경(河景) 등이 잠시도 그 곁을 떠나지 않았다. 남은이 순군옥(巡軍獄)에 나아가고자 했는데 최운 등이 말리자, 남은이 말했다.

"정도전은 남에게 미움을 받았던 까닭으로 참형(斬刑)을 당했지만, 나는 미워하는 사람이 없다."

이에 스스로 순군문(巡軍門) 밖에 이르렀다가 참형(斬刑)을 당했다. (훗날) 전하(-태종)께서 왕위에 오르자, 하경과 최운은 섬기는 주인에 충성했다는 이유로 모두 발탁 임용됐다. 정안군이 여러 왕자와 함께 감순청(監巡廳) 앞에 장막을 치고 3일 동안을 모여 숙직하고, 그 후에는 삼군부(三軍府)에 들어가 숙직하다가, 세자가 내선(內禪)을 받은 후에 각기 사제(私第)로 돌아갔다.

9월

정축일(丁丑日-5일)에 상(上-태조)이 근시내관(近侍內官)으로 하여금 부축해 일으키게 해서 세자를 부르니, 세자가 공복(公服)을 갖춰 입고 상 앞에 나아와 땅에 엎드렸다. 상이 친히 교서(敎書)를 주니 세자가 받아 품속에 넣었는데, 그 교서는 이러했다.

'왕은 말하노라. 내가 임금다움이 없는 사람으로서 조종(祖宗)의 음덕(蔭德)을 계승하고 천자(天子)의 존엄(尊嚴)을 받들어, 국가를 처음 세워 신민(臣民)을 통치한 지가 지금 7년이나 됐다. 군려(軍旅)에 오래 있음으로 인해 서리와 이슬을 범한 데다 지금에 와서는 나이 많고 병이 발생해서 아침저녁으로 정사에 부지런하기가 어렵겠으므로, 여러 사무의 많고 번잡한 것을 빠뜨린 것이 많을까 염려된다. 다만 너 왕세자 방과(芳果)는 스스로 적장(嫡長)의 지위에 있어 일찍부터 인덕(仁德)과 효도를 나타냈으며, 또한 개국(開國)의 초기를 당해 나를 보좌한 일이 많은 것을 온 나라 신민(臣民)이 모두 알고 있다. 그런 까닭으로 홍무(洪武) 31년 9월 초5일에 종묘(宗廟)에 고하고 왕위에 오르기를 명하니, 너는 전장(典章)을 따라 행해서 군자를 가까이하고 소인을 멀리하며, 보고 듣는 것을 자기 한 사람의 편사(偏私)가 없게 하고, 좋아하고 미워하는 것을 나라 사람들의 공론(公論)에 따라 감히 혹 폐기(廢棄)하지도 말며, 감히 혹 태만하지도 말아서, 그 지위를 영구히 편안하게 하고 후사(後嗣)를 번성(繁盛)하게 하라.

아아! 너의 아버지는 다움이 적은 사람이므로 비록 본받지 못할 것이지만, 선성(先聖)의 도(道)가 간책(簡冊)에 실려 있으니 새벽에 일어나고 밤늦게 자서 너는 항상 삼갈 것이다.'

다음에는 좌정승과 우정승을 부르니, 또한 공복(公服)을 갖춰 입고 들어왔다. 상이 말했다.

"내가 지금 세자에게 왕위를 전해주니, 경 등은 힘을 합쳐 정치를 도와서 큰 왕업(王業)을 퇴폐(頹廢)시키지 말게 하라."

이에 전국보(傳國寶)를 그들에게 주고, 다음에는 이문화에게 명해 세자를 모시고 나오게 했다. 좌정승과 우정승이 전국보를 받들고 앞에서 인도하고, 이문화가 세자를 모시고 근정전(勤政殿)에 이르렀다. 세자가 강사포(絳紗袍)와 원유관(遠遊冠)을 바꾸어 입고 왕위에 올라서 백관(百官)의 하례(賀禮)를 받고, 이름을 고쳐 경(曔)이라 했다. 면복(冕服) 차림으로 백관(百官)을 거느리고 부왕(父王)에게 존호(尊號)를 올려 상왕(上王)이라 하고는, 백관을 거느리고 절하면서 치하(致

賀)했다.

갑신일(甲申日-12일)에 정탁(鄭擢)을 청주(淸州)에 귀양 보내고, 박포(朴苞)를 죽주(竹州)에 유배 보냈다. 포(苞)가 사직(社稷)을 안정시킨 후에 스스로 공로가 여러 신하의 아래에 있지 않다고 생각해 불만을 품고 불평하면서, 이에 탁(擢)에게 이야기했다.

"이무(李茂)가 비록 정사공신(定社功臣)의 반열(班列)에 참여했지만, 공로가 다른 사람의 마음에 만족스럽지 못하고 또 이랬다저랬다 하므로 예측하기 어렵다."

판중추(判中樞) 김로(金輅)가 이 말을 듣고 조영무(趙英茂)에게 말해서 우리 전하(殿下-태종)에게 알려 상께 아뢰니, 상이 노해 두 사람 모두 폄직(貶職)시켰다.

애초에 무(茂)가 중립(中立)을 지키면서 변고를 관망(觀望)하며 거취(去就)를 생각하다가 마침내 공신(功臣)에 참여하게 되니, 식견 있는 사람들은 이를 비난했다.

기축일(己丑日-17일)에 상이 우리 전하와 더불어 정사공신(定社功臣)의 등급을 논한 뒤 도승지 이문화(李文和)에게 명해 뜻을 전해 말했다.

"국가에서 창업(創業)한 지가 오래되지 않으니 진실로 근본을 바루고 시초를 바로잡아서 천명(天命)을 안정시키고 국조(國祚)를 만세(萬世)에 전해야 할 것임에도, 불행히 간신(奸臣) 정도전과 남은 등이 상왕(上王)께서 병환이 나서 오랫동안 낫지 않는 시기를 당해 어린 서자(庶子)의 세력을 믿고 난을 일으켜서 우리 여러 형제를 해치고 우리의 이미 이뤄진 왕업(王業)을 전복(顚覆)하고자 했다. 화(禍)가 불측한 지경에 있었는데, 의안공(義安公) 이화(李和), 익안공(益安公) 이방의(李芳毅), 회안공(懷安公) 이방간(李芳幹), 전하(殿下) 이방원(李芳遠), 상당후(上黨侯) 이백경(李伯卿), 좌정승 조준(趙浚), 우정승 김사형(金士衡), 참찬문하부사(參贊門下府事) 이무(李茂)·조박(趙璞), 정당문학(政堂文學) 하윤(河崙), 참찬문하(參贊門下) 이거이(李居易), 참지문하(參知門下) 조영무(趙英茂)가 충성을 분발해서 계책을 결정하고 난리를 평정함으로써 질서 있는 세상으로 회복되게 하고 종사(宗社)를 편안하게 했으니, 공로가 중대해 영구한 세대에 이르러도 잊을 수가 없겠다.

영안후(寧安侯) 양우(良祐), 청원후(靑原侯) 심종(沈淙), 봉녕후(奉寧侯) 복근(福根), 문하시랑찬성사(門下侍郎贊成事) 이지란(李之蘭), 참찬문하(參贊門下) 장사길(張思吉), 상의문하(商議門下) 조온(趙溫), 판중추원사(判中樞院事) 김로(金輅), 전 상의중추 박포(朴苞), 전 중추원 학사 정탁(鄭擢), 동지중추원사 이천우(李天祐), 상의중추(商議中樞) 장사정(張思靖), 동지중추(同知中樞) 장담(張湛), 중추원부사(中樞院副使) 장철(張哲), 우부승지(右副承旨) 이숙번(李叔蕃), 상장군 신극례(辛克禮), 대장군 민무구(閔無咎), 호조의랑(戶曹議郎) 민무질(閔無疾) 등은 성심으로 보좌하고 난리를 평정해서 질서 있는 세상으로 회복시키고 종사(宗社)를 편안하게 했으니, 공로가 중대해 영구한 세대에 이르러도 잊을 수가 없겠다.

포상(褒賞)의 은전(恩典)을 맡은 관원은 이를 거행하라."

10월

무진일(戊辰日-26일)에 남재(南在)를 의령(宜寧)으로 내쫓았다.

애초에 우리 전하께서 남재를 보전하고자 해서 자기 제택(第宅-자택)에 두게 했는데, 그 어머니가 남은(南誾)의 난리에 죽었다고 생각해서 매우 슬피 우니 재가 그 수염을 뽑아 어머니에게 보냈다. 그 어머니가 말했다.

"재(在)가 죽지 않았구나."

난리가 평정된 뒤에 어머니를 과주(果州)의 전장(田莊)에서 뵈옵고 그대로 머물러 있었는데, 남은 당여(黨與)의 죄를 다스린다는 말을 듣고는 두려워 미복으로 도망쳤다. 그러나 대장군 마천목(馬天牧)이 그를 완산(完山-전주) 노상(路上)에서 만나 그 관아에 구치(拘置)한 뒤 조정에 와서 알리니, 그 때문에 이런 명이 있게 됐다.

11월

기묘일(己卯日-7일)에 유씨(柳氏)를 후궁(後宮)에 맞아들였다. 유씨는 상이 잠저(潛邸)에 있을 때의 첩으로서 대사헌 조박(趙璞)의 족매(族妹)다. 일찍이 다른 사람에게 시집가서 이름이 불노(佛奴)라고 하는 아들이 있으며 죽주(竹州)에 살고 있었는데, 이때에 와서 조박이 상에게 아뢰니 상이 유씨와 그 아들을 맞이해서 그 집에 두었다가 장비를 갖춰 궐내(闕內)에 들어오게 했다. 그를 책봉해서 가의옹주

(嘉懿翁主)로 삼고, 그 아들을 일컬어 원자(元子)라고 했다.

이숙번(李叔蕃)이 정안공(靖安公)의 사저(私邸)에 나아가니, 정안공이 그를 침실 안으로 불러들였다. 이에 숙번이 말했다.

"사직(社稷)을 안정한 지가 지금 몇 달이 되지 않았는데, 조박이 공(公)의 가까운 인척(姻戚)임에도 그 마음이 조금 변했으니 그 나머지 사람의 마음도 또한 알 수가 없습니다. 다만 공께서는 스스로 편안하게 할 계책을 깊이 생각하소서. 병비(兵備) 또한 해이(解弛)하게 할 수가 없습니다."

정안공이 노해 말했다.

"그대들은 부귀가 부족해서 이런 말을 하는가?"

숙번이 대답했다.

"부귀가 부족한 것이 아닙니다. 우리들 1~2명의 시복(厮僕-말을 기르고 땔감하는 종)이 목숨을 돌아보지 않고서 사직(社稷)을 창졸(倉卒)한 시기에 안정시킨 것은 공(公)을 추대(推戴)해서 임금으로 삼고자 한 때문입니다. 지금 원자(元子)라 일컫는 사람이 궁중(宮中)에 들어와 있으니, 우리들의 감히 알 바는 아니지만, 공(公)께서 만약 내 말을 듣지 않으신다면 반드시 후회가 있을 것입니다. 나는 진실로 필부(匹夫)이니 머리를 깎고 도망할 수도 있지만, 공은 매우 귀중한 몸으로서 장차 어떻게 처리하겠습니까?"

정안공이 대답하지 않았다.

제2부
『정종실록』에서 본 이방원

정종 1년(1399년) 기묘년

1월

　무인일(戊寅日-7일)에 경연(經筵)에 나아갔다. 지경연사(知經筵事) 조박(趙璞)이 『논어(論語)』를 진강하다가 '옛일 그대로 따르는 것이 어떻겠는가'라는 장(章)에 이르러 말했다.

　"이것은 인군(人君)에게 백성을 괴롭히는 토목(土木)의 역사를 파(罷)하게 하고자 한 것입니다."

　상이 말했다.

　"토목의 역사를 이미 파했다. 충청도 감사 이지(李至)가 궁성(宮城)에 띠 덮는 것을 없애자고 청했는데, 내가 생각건대 중외(中外)의 백성이 가난해 양식을 싸가지고 올 수도 없고 나라에는 저축한 것이 없어 공급할 수도 없으니 덮을 띠를 전수(轉輸)할 즈음에 그 폐해가 작지 않을 것이다. 이것은 우리 백성을 해치는 것이니, 이러한 때를 당해 일체의 영선(營繕)을 모두 그만둬야 할 터인데 하물며 궁성에 띠 덮는 일이겠는가? 이 때문에 그 청을 따랐다."

1　「선진(先進)」편에 나오는 말이다. "노나라 사람들이 장부(長府)라는 창고를 고쳐 지으려 하자 민자건(閔子騫)이 이렇게 말했다. '옛일을 그대로 따르는 것이 어떻겠는가? 어찌 반드시 고쳐 지어야 하는가?' 이를 듣고서 공자가 말했다. '저 사람이 평소에는 말이 많지 않지만, 일단 말을 하면 반드시 사리에 적중한다.'"

조박이 대답했다.

"전하의 이 말씀은 참으로 우리 백성의 복입니다."

경인일(庚寅日-16일)에 『논어(論語)』의 절요(節要)를 읽기를 마치니, 조박(趙璞, 1356~1408년)[2]이 아뢰었다.

"『논어』 한 책은 모두 성인의 말입니다. 바라건대 전하께서 날마다 숙독완미(熟讀玩味)해 성인을 본받으시면 천하를 다스리는 것도 어렵지 않사오니, 하물며 한 나라이겠습니까? 옛날에 송(宋)나라 정승 조보(趙普)가 평일에 읽던 글이 오직 한 질뿐이었는데 사람들이 볼 수가 없다가, 죽은 뒤에야 『논어』인 것을 알았습니다. 근일에 전하께서 항상 격구하는 것으로 낙을 삼으시는데, 인군은 하늘을 대신해 만물을 다스리므로 가진 것이 큽니다. 경각 사이도 게을리하고 소홀

---

2   이방원의 동서다. 1차 왕자의 난에 이방원을 도와 참찬문하부사(參贊門下府事)로서 정사공신(定社功臣) 1등에 올랐다. 11월에 지경연사로서 경연에서 『대학』을 강론했고, 12월에 겸대사헌으로서 좌정승 조준(趙浚), 정당문학 하륜, 중추원학사 이첨(李詹), 봉상시소경(奉常寺少卿) 정이오(鄭以吾), 좌간의대부 조용(趙庸)과 함께 『사서절요(四書節要)』를 찬술했다. 1399년(정종 1년) 정월에 지경연사로서 경연에 사관이 입시할 것을 주장했고, 3월에 대사헌으로서 조준과 함께 집현전제조관이 되었다. 그해 5월에, 1차 왕자의 난으로 주살된 이방석(李芳碩)의 기생첩을 상당후(上黨侯) 이저(李佇)가 취해 부자간에 천상(天常)을 어지럽혔다고 폭로한 일로 이천으로 귀양 갔다가, 곧 경상도 감사가 됐다. 1400년 8월 조준을 무고한 혐의로 이천에 다시 유배됐다가, 11월에 참찬문하부사가 됐다. 1401년(태종 1년) 태종을 옹립한 공로로 좌명공신(佐命功臣) 3등에 봉해지고 판한성부사가 됐으며 동지공거(同知貢擧)를 겸했다. 다음해 10월 판한성부사로서 하정사(賀正使)가 되어 명나라에 갔다가, 다음해 4월에 돌아와 참찬의정부사를 제수받았다. 1404년 3월 예문관대제학을, 10월 개성유후사 유후(開城留後司留後)를 지냈다. 1406년 정월 서북면도순문사가 돼 토관(土官-지방 관리)의 제도를 개혁하자고 건의했다. 1407년 6월 이강(釐降-공주를 신하에게 시집보냄)의 의논에 참여한 죄로 양주로 귀양 갔다가 다음 달에 소환됐고, 다음해 4월에 호조판서, 7월에 동북면도제찰사가 됐다가 53세의 나이로 죽었다.

히 할 수 없거늘 하물며 유희이겠습니까?"

2월

임인일(壬寅日-1일)에 정안공(靖安公)이 판상서사사(判尙瑞司事-인사담당)를 사직할 것을 청하니, 상이 그것을 따랐다.

병진일(丙辰日-15일)에 유후사(留後司)에 이르러, 수창궁(壽昌宮)에 나아가 북원(北苑)에 올라가서 좌우 근신을 돌아보며 말했다.
"고려 태조의 지혜로서 여기에 도읍을 세운 것이 어찌 우연한 일이었겠는가!"
드디어 송경(松京)으로 도읍을 옮길 뜻이 있었던 것이다.

정묘일(丁卯日-26일)에 종척(宗戚)과 공신을 모아서 도읍을 옮길 것을 토의했다.

서운관(書雲觀)에서 말씀을 올렸다.
"뭇 까마귀가 모여서 울고, 들까치가 와서 깃들고, 재이(災異)가 여러 번 보였사오니, 마땅히 수성(修省)해 변(變)을 없애야 하고 또 피방(避方)하셔야 합니다."
상이 이에 종친과 좌정승 조준(趙浚) 등 여러 재상을 모두 불러 서운관에서 올린 글을 보이고 또한 피방해야 할지의 가부를 물으니, 모두 피방해야 한다고 대답했다. 상이 어느 방위로 피방할지를 물으니 모두 대답했다.

"경기 안의 주현(州縣)에는 대소 신료(大小臣僚)와 숙위(宿衛)하는 군사가 의탁할 곳이 없는데, 송도(松都)는 궁궐과 여러 신하의 제택(第宅)이 모두 완전합니다."

드디어 송경(松京)으로 환도하기로 의견을 정했다. 애초부터 도성 사람들이 모두 구도(舊都)를 생각하고 있었으므로, 환도한다는 말을 듣고 서로 기뻐하며 손에 손을 잡고 이고 지고 해서 길에 서로 끝없이 이어지니, 성문(城門)을 지켜 이를 제지하라고 했다.

3월

무인일(戊寅日-7일)에 유후사(留後司)로 환도(還都)하니, 공후(公侯)는 모두 따르고 각사(各司)에서는 반씩만 따랐다. 태상왕이 거가(車駕)를 움직이자 회안군(懷安君) 이방간(李芳幹)과 각사의 관원 한 사람씩이 따랐는데, 길이 정릉(貞陵-신덕왕후 강씨의 능)을 지나니 두루 살펴보고 머뭇거리면서 또 말했다.

"처음에 한양(漢陽)으로 옮긴 것은 오로지 내 뜻만이 아니라 나라 사람과 의논한 것이었다."

눈물을 흘리다가 갔다.

갑신일(甲申日-13일)에 처음으로 문신(文臣)으로 하여금 집현전(集賢

殿)에 모이게 했다. 대사헌 조박(趙璞)이 말씀을 올렸다.

"집현전은 한갓 그 이름만 있고 실상은 없으니, 청컨대 옛 제도를 회복해서 서적을 많이 비치하고 예문 교서(藝文校書)로 하여금 주장하게 하소서. 문신 4품(品) 이상으로서 관각(館閣)의 직책을 띤 자들로 하여금 날을 번갈아 모여 경적(經籍)을 강론하게 해서 고문(顧問)에 대비케 하소서."

상이 깊이 허락하고, 좌정승(左政丞) 조준(趙浚), 예천백(醴泉伯) 권중화(權仲和), 대사헌(大司憲) 조박(趙璞), 중추(中樞) 권근(權近)·이첨(李詹)으로 제조관(提調官)을 삼고, 문신 5품(品) 이하로 교리(校理)에 충당하고 7품(品) 이하로 설서(說書)·정자(正字)에 충당했다.

4월

갑진일(甲辰日-4일)에 정안공(靖安公)과 상당후(上黨侯) 이저(李佇)를 온천(溫泉)에 보내서 태상왕에게 연회를 베풀었다.

8월

경자일(庚子日-3일)에 가르침을 내려 분경(奔競)³을 금지했다. 상이

---

3 벼슬을 얻기 위해 권세 있는 집을 분주하게 찾아다니는 일이다. 조선 시대에 들어 분경금

말했다.

"옛일을 상고하면, 옛날 순(舜)임금이 용(龍-순임금 신하)에게 (납언 (納言)을) 명할 때 '짐(朕)은 참소하는 말이 착한 사람의 일을 끊어서 짐(朕)의 백성을 놀라게 하는 것을 미워한다'라고 해서 태평의 정치에 이르게 했고, 기자(箕子)가 무왕(武王)에게 고하기를 '백성은 음란한 붕당이 없고, 벼슬아치는 서로 비부(比附)하는 것이 없어야 한다'라고 해서 충후(忠厚)한 풍속을 이루었으니, 수천 년이 내려와도 모두 상상할 수 있는 것이다. 고려의 말년에 이르러, 기강이 해이해져서 붕당(朋黨)을 서로 만들고, 참소하기를 서로 좋아해서 군신을 이간시키고 골육을 상잔(傷殘)해 멸망하는 데까지 이르렀다. 삼가 생각건대, 우리 태상왕(太上王)께서 천지(天地)·조종(祖宗)의 도움을 힘입어서 조선(朝鮮) 사직의 기업을 창조하시고, 과인에 이르러 어렵고 큰일을 이어 지키니, 어찌 모두 함께 새로워지는 교화를 도모하지 않겠는가! 그러나 남은 풍속이 끊어지지 않아서 사사로이 서로 비부(比附)해 분경(奔競)을 일삼으니, 모여서 남을 참소하고 난(亂)을 선동하는 자가 많도다. 만일 중한 법전을 써서 금령(禁令)을 내리지 않으면 침윤(浸潤)하는 참소와 부수(膚受)하는 호소⁴가 마음대로 행해져서, 장차 반드시 우리의 맹호(盟好)를 저해하고 우리의 종실을 의심하며

지법(奔競禁止法)을 법제화했다.

4 『논어(論語)』「안연(顏淵)」편에 나오는 말이다. "자장이 밝음[明]에 관해 묻자 공자가 말했다. '서서히 젖어 드는 참소(讒訴)와 피부를 파고드는 호소[愬]가 행해지지 않는다면 그 정사는 밝다고 이를 만하다. 그런 참소와 하소연이 행해지지 않는다면 멀다[遠]고 이를 만하다.'"

우리의 군신을 이간하는 데 이르고야 말 것이니 고려 때보다 무엇이 나을 것이 있겠는가! 지금으로부터 종실(宗室)과 공후대신(公侯大臣)과 개국정사공신(開國定社功臣)부터 백료서사(百僚庶士)까지 각기 자기 직책에 이바지해서 서로 사알(私謁-사사로운 청탁)하지 말고, 만일 원통하고 억울하여 고소할 것이 있거든 각기 그 아문(衙門)이나 공회처(公會處)에서 뵙고 진고(陳告)하고, 서로 은밀히 참소하고 헐뜯지 말라. 어기는 자는 헌사(憲司)에서 주객(主客)을 규찰해서, 모두 먼 지방에 귀양 보내 종신토록 벼슬길에 나오지 못하도록 할 것이다. 무릇 족친 가운데 삼사촌(三四寸)과 각 절제사(節制使)의 대소 군관(大小軍官)은 이에서 제외되지만, 그러나 말을 만들고 일을 일으키는 것이 있으면 죄가 같을 것이다. 만일 맡은 바가 형조의 결사원(決事員)이라면, 비록 삼사촌과 소속(所屬) 절제사의 처소에라도 문병과 조상(弔喪)을 제외하고는 또한 사알(私謁)하는 것을 허락하지 않는다. 어기는 자는 벌이 같을 것이다. 공신(功臣)의 경조(慶弔)와 영전(迎餞)은 이에서 제외된다. 아아! 백관을 통솔하고 호령을 반포하는 것은 너희 묘당(廟堂)의 직임이니 나의 지극한 생각을 몸 받아서 금령(禁令)을 엄하게 행해, 고려의 풍속을 일변해서 고치고 우(虞)나라·주(周)나라의 정치를 만회해 조선 억만년의 기업을 영구토록 하라."

이때에 여러 공후가 각각 군사를 가지고 있으면서 사알(私謁)하는 것이 풍속을 이뤄 서로 참소하고 헐뜯었기 때문에 이러한 교서(教書)를 내린 것이다.

병진일(丙辰日-19일)에 박원길(朴元吉)의 아내 변씨(卞氏)를 주살했다.

변씨가 죽은 남편 박충언(朴沖彦)의 종 포대(包大) 및 사안(沙顔)과 사통(私通)했는데, 이때에 이르러 박원길에게 재가(再嫁)했다가 원길이 그 실상을 알게 되자 변씨가 두려워 그 아우 변계량(卞季良)에게 말했다.

"내 남편이 성질이 사나워서 더불어 해로(偕老)하기가 어렵겠다."

계량이 대답하지 않자 변씨가 드디어 계량을 미워해 포대(包大)와 더불어 모의해서, 정안공(靖安公) 집의 사인(寺人) 김귀천(金貴千)과 결탁해 그를 양자(養子)로 삼아서[過房] 노비(奴婢) 4구(口)를 준 뒤,
<small>과방</small>
포대를 시켜 귀천을 인연으로 삼아 정안공에게 고했다.

"내가 박원길에게 시집가기 전의 일입니다. 금년 정월에 이양몽(李養蒙)이 그의 형 양중(養中)을 위해 내게 중매하며 말하기를 '내가 일찍이 재인(才人) 수백 명을 거느리고 있고, 우리 주장(主將) 의안공(義安公-이화)이 또한 휘하(麾下)에 군사 수천 명이 있으니, 하루에 난을 일으키면 어찌 대장군(大將軍)이 되지 않을지 아느냐?'라고 했습니다. 원길에게 시집가서 원길에게 얘기했더니 원길이 말하기를 '나도 역시 어느 날 의안공(義安公)을 뵈오니 공이 말하기를, "나의 기상(氣象)이 어떠하냐? 내가 대위(大位)를 얻더라도 또한 무엇이 어렵겠느냐?"라고 했다' 했습니다. 지금 원길과 계량이 양몽·양중 등과 더불어 몰래 난을 일으킬 것을 꾀합니다. 일이 장차 터질 것이니, 왜 일찍 도모하지 않습니까?"

정안공이 임금에게 계문(啓聞)하니, 이에 여러 공후(公侯)와 여러 절제사(節制使)가 함께 궐하(闕下)에 모여서 대장군(大將軍) 심구령(沈

172

龜齡)을 시켜 원길을 잡아 국문했다. 원길이 말했다.

"그런 일이 없었습니다."

변씨가 도망쳤으나, 청원후(靑原侯)가 잡아서 포대와 함께 가두고 원길·양몽과 같이 심문했다. 변씨가 말했다.

"양몽은 의안공(義安公) 휘하의 패두(牌頭)입니다. 내 남편과 함께 의안공을 세우기를 도모해서 장차 거사하려고 했습니다."

의안공 부자가 이를 듣고 두려워해 떨며 통곡했다. 원길과 사안(沙顔)은 모두 곤장을 맞아 병사(病死)했다. 양몽 등을 국문하니, 모두 혐의가 없었다. 포대가 말했다.

"우리 형제가 주인마님을 사통했는데, 원길이 그 일을 알게 됐으므로 거짓말을 꾸며 사지(死地)에 빠뜨리고자 한 것이요, 실상은 이런 일이 없습니다."

이에 양몽 등은 모두 석방하고, 변씨와 포대는 처참(處斬)했다.

병인일(丙寅日-29일)에 청천백(淸川伯) 이거인(李居仁)을 청주(淸州)에 유배 보냈다.

애초에 거인이 매부인 예조전서(禮曹典書) 민경생(閔慶生)에게 말했다.

"아우 이거이(李居易)와 그 아들 이저(李佇)는 군(君)의 사위 조박(趙璞)이 그들 부자가 한 여자와 관계한 일을 폭로하려 한 것을 원망해서, 가만히 밤을 타서 군사를 일으켜 조박을 죽이려 한다."

또 이거이에게 일러 말했다.

"조박이 재기(才氣)가 있고 또 회안공(懷安公)·정안공(靖安公)·이무(李茂)에게 모두 인아(姻婭)의 관계가 있으니, 조박이 만일 용서를 받고 돌아오면 화가 반드시 군의 부자에게 미칠 것이니 마땅히 빨리 도모하라."

이 말이 누설되니, 첨서중추원사(簽書中樞院事) 이첨(李詹)에게 명해 문하산기(門下散騎) 박석명(朴錫命), 사헌중승(司憲中丞) 이승상(李升商), 형조전서(刑曹典書) 정부(鄭符)와 더불어 순군부(巡軍府)에 교좌(交坐)해서 이거인·민경생을 잡아 대변(對辨)하게 했다. 거인이 거이의 종에게서 들었다고 고했다가 조금 뒤에 무고임을 자복했다. 그래서 귀양 보내고, 민경생은 석방해 그 직을 회복하게 했다.

11월

정묘일(丁卯日-1일)에 종친(宗親)과 훈신(勳臣)에게 명해 여러 도의 군사를 나눠 맡게 했다. 정안공(靖安公)은 강원도(江原道) 동북면(東北面)을, 익안공(益安公) 이방의(李芳毅)는 경기(京畿)와 충청도(忠淸道)를, 회안공(懷安公) 이방간(李芳幹)은 풍해도(豐海道)와 서북면(西北面)을, 상당후(上黨侯) 이저(李佇-이백경)는 경상도(慶尙道)와 전라도(全羅道)를 맡았다. 참찬문하부사(參贊門下府事) 이거이(李居易)·조영무(趙英茂), 참지문하부사(參知門下府事) 조온(趙溫), 동지중추원사(同知中樞院事) 이천우(李天祐)도 군사를 맡는 데 참여하고, 그 나머지 군사를 맡은 자는 모두 혁파했다.

애초에 사헌부(司憲府)에서 소를 올려 가병(家兵) 혁파를 청했다.

'군사라는 것은 성인(聖人)이 부득이해 만들어놓은 것입니다. 지식(止息)하지 않으면 자멸(自滅)하는 재앙이 있습니다. 지금 국가가 다행히 전하의 덕(德)에 힘입어서 안으로는 간사한 무리가 난을 일으킬 틈이 없고 밖으로는 변방의 도적이 침략할 근심이 없사온데, 군사를 맡은 자가 많아서 여항(閭巷)과 천맥(阡陌) 사이에 간과(干戈)가 서로 비끼어 항상 변이 있는 것 같으니, 어찌 성조(聖朝)의 문(文)을 지키는 정치에 누(累)가 되지 않겠습니까? 『주역(周易)』에 말하기를 "혹 군사를 여시(輿尸)하면 흉하다"라고 했는데, 정자(程子)가 주석(註釋)하기를 "여시(輿尸)라는 것은 (시체 옮기는 것을) 여러 사람이 주관하는[衆主] 것이다'라고 했습니다. 바라건대, 전하께서는 깊이 여시(輿尸)의 경계를 살피시어, 장수를 임명해 군사를 주는 것을 모두 예전 제도에 따라서 종친·공신 외에는 군사를 맡는 것을 허락하지 마소서."

상이 옳게 여겼는데, 이때에 이르러 대간에서 교장(交章)해 말씀을 올렸다.

'군사를 맡은 자가 많으면 형세가 서로 용납지 못하는 것은 이치상으로 당연한 것입니다. 성조(盛朝)에서 대소 종친으로부터 이성대신(異姓大臣)까지 안팎의 병권(兵權)을 분장(分掌)해서 각각 많은 군사를 가지고 있으므로, 문(門)에 창검(槍劍)을 늘어세운 채 혹은 갑옷을 입고 칼을 잡고 궁문(宮門)에 출입합니다. 중외(中外)에서 경계가 엄해 사람마다 스스로 위태롭게 여겨서 교병(交兵)하기를 적을 대할 때와 같이 하니, 병제(兵制)의 문란한 것이 금일과 같은 때가 없습니다. 지난번에 글장을 올려 절제사(節制使)의 액수를 줄이자고 청했는데, 전하께서 그 청을 윤허하셨으나 감한 것이 겨우 몇 사람뿐이어서 인심에 만족하지 못하고 물의(物議)가 비등(沸騰)합니다. 바라건대 전하께서는 지친(至親) 중에서 충의(忠義)가 있어 군사를 맡을 만한 사람을 가려 주장하게 하시고, 그 나머지는 군사를 맡게 하지 말아서 광무제(光武帝)가 공신을 보전한 도리를 다하소서.'

소(疏)가 올라가니, 이런 명이 있었다.

정종 2년(1400년) 경진년

1월

갑오일(甲午日·28일)에, 상이 즉위(卽位)한 뒤에 남재(南在)가 대궐 뜰에서 크게 말한 적이 있었다.

"지금 곧 마땅히 정안공(靖安公)을 세워 세자(世子)로 삼아야 한다. 이 일은 늦출 수가 없다."

정안공이 듣고 크게 노해서 꾸짖었다. 상에게 적사(嫡嗣)가 없으므로, 당시 사람들이 모두 마음속으로 정안공이 세자가 되리라 생각했다.[5]

○ 회안공(懷安公) 이방간(李芳幹)을 (황해도) 토산(兎山)으로 추방했다.

방의(芳毅)·방간(芳幹)과 정안공(靖安公)은 모두 상의 동복아우다. 상에게 적사(嫡嗣)가 없으니 동복아우가 마땅히 후사(後嗣)가 될 터인데, 익안공(益安公-방의)은 성품이 순후(醇厚)하고 근신해 다른 생각이 없었고, 방간은 자기가 차례로는 마땅히 후사가 돼야 한다고 생각했으나 배우지 못해 광망하고 어리석었으며, 정안공은 영예(英

---

5   이 기사는 날짜는 특정하지 못하지만, 이어지는 사건의 맥락과 민심의 향배를 보여주기 위함으로 보인다.

睿)하고 숙성(夙成)하며 경서(經書)와 이치에 통달해서 개국(開國)과 정사(定社)가 모두 그의 공이었으므로 나라 사람들이 모두 마음으로 귀부(歸附)했다. 방간이 깊이 꺼려서 처질(妻姪-처조카) 판교서감사(判校書監事-교서감 판사) 이래(李來, 1362~1416년)[6]에게 말했다.

"정안공이 나를 시기하고 있으니, 내가 어찌 필부(匹夫)처럼 남의 손에 개죽음당하겠는가[徒死]!"

래(來)가 깜짝 놀라 말했다.

"공(公)이 소인의 참소를 듣고 골육(骨肉)을 해치고자 하니, 어찌 차마 들을 수가 있겠습니까? 하물며 정안공은 왕실(王室)에 큰 훈로가 있습니다. 개국과 정사가 누구의 힘입니까? 공의 부귀(富貴) 또한 그 때문입니다. 공이 꼭 그렇게 하신다면 반드시 대악(大惡)이라는 이름을 얻을 것이고, 일 또한 이뤄지지 않을 것입니다."

방간(芳幹)이 불끈 성을 내 좋아하지 않으면서 말했다.

"나를 도울 사람이라면 말을 이같이 하지 않았을 것이다."

환자(宦者) 강인부(姜仁富)는 방간 처의 양부(養父)인데, 꿇어앉아

---

6 아버지는 우정언(右正言) 이존오(李存吾)이며, 우현보(禹玄寶)의 문인이다. 1371년(공민왕 20년) 아버지 이존오가 신돈(辛旽)의 처벌을 주장하다가 유배돼 울화병으로 죽었는데, 이어 신돈이 처형되자 10세의 어린 나이로 전객녹사(典客錄事)에 특임됐다. 1383년(우왕 9년) 문과에 급제했는데, 태종 이방원과 과거 동기생이다. 공양왕 때 우사의대부(右司議大夫)에 올랐다. 1392년(공양왕 4년) 정몽주(鄭夢周)가 살해되자 그 일당으로 몰려 계림(鷄林-경주)에 유배됐다가, 곧 풀려나서 공주에 은거했다. 1399년(정종 1년) 좌간의대부로 등용되고, 이듬해인 1400년에 이방간(李芳幹)의 난을 평정하는 데 공을 세워 추충좌명공신(推忠佐命功臣) 2등에 책록됐다. 곧 좌군동지총제가 됐고, 계림군(鷄林君)으로 봉작됐다. 1402년(태종 2년) 첨서승추부사(僉書承樞府事)가 됐다가 그해 대사간을 거쳐 공조판서에 승진됐다. 1404년 정조사(正朝使)가 돼 명나라에 다녀왔으며, 곧 대사헌이 됐다. 이듬해에 예문관대제학이 됐고, 1407년 경연관을 거쳐 세자의 스승인 좌빈객(左賓客)을 지냈으며, 1408년에 지의정부사 겸 판경승부사에 이르렀다. 태종 묘정에 배향됐다.

서 손을 비비며 말했다.

"공은 왜 이런 말을 하십니까? 다시는 하지 마십시오."

래(來)는 우현보(禹玄寶, 1333~1400년)[7]의 문생(門生)이다. 현보(玄寶)의 집에 가서 그 말을 자세히 하고, 방간이 이달 그믐날에 거사(擧事)하려 한다 하면서 또 말했다.

"정안공도 공의 문생이니, 빨리 비밀리에 일러주어야 합니다."

현보가 그 아들 우홍부(禹洪富)를 시켜 정안공에게 고했다. 이날 밤에 정안공이 하륜(河崙)·이무(李茂) 등과 더불어 응변(應變)할 계책을 비밀리에 토의했다. 이에 앞서 방간이 다른 음모를 꾸며서 정안공을 그의 집으로 청했는데, 정안공이 가려고 하다가 갑자기 병이 나서 가지 못했다.

다른 날 방간이 정안공과 더불어서 함께 대궐에 나아가 상을 뵈온

---

7 1355년(공민왕 4년) 문과에 급제하고 춘추관검열이 됐다. 이어 사헌부집의(司憲府執義)·좌사의대부(左司議大夫)를 역임했다. 우왕이 즉위하자 밀직사대언(密直司代言)이 되고, 곧 이어 제학으로 승진했다. 그 뒤 대사헌을 거쳐 정당문학(政堂文學)을 오래 역임하면서 정사를 주관하고 문하찬성사(門下贊成事)에 올랐으며, 순충익대좌리공신(純忠翊戴佐理功臣)에 봉해졌다. 1388년(우왕 14년) 이성계(李成桂)가 위화도에서 회군하자 우왕의 명령에 따라 좌시중에 임명돼 방어하려 했으나, 실패하고 파직됐다. 그 뒤 공양왕이 즉위하자, 인척인 관계로 단양부원군(丹陽府院君)에 봉해졌다. 1390년(공양왕 2년) 판삼사사(判三司事)가 됐으나, 이초(彝初-윤이와 이초)의 옥사에 연루돼 외방으로 유배됐다가 곧 석방됐다. 그러나 이듬해 대간의 탄핵을 받아 다시 철원으로 유배되고, 곧 풀려나 단산부원군(丹山府院君)으로 다시 봉해졌다. 1392년 이방원(李芳遠) 일파에 의해 정몽주(鄭夢周)가 살해되자 시체를 거둬 장례를 치렀다. 이로 인해 도평의사사(都評議使司)에 의해 다시 탄핵을 받고 경주에 유배됐다가 곧 석방됐다. 조선이 건국되자 광주(光州)에 다시 유배됐다가 이듬해 석방됐다. 1398년(태조 7년) 정도전(鄭道傳) 일파가 제거된 뒤 복관되었고, 1399년 단양백(丹陽伯)에 봉해졌다. 1400년(정종 2년)에 2차 왕자의 난 때 문인 이래(李來)로부터 반란의 소식을 듣고 이를 이방원에게 알려준 공으로 추충보조공신(推忠輔祚功臣)에 봉해졌으나, 곧 병사했다. 장손 우성범(禹成範)은 공양왕의 부마로서 왕의 재위 시에 탄핵을 받았으나 곧 풀려났다. 이색(李穡)·이숭인(李崇仁)·정몽주 등과 교분이 두터웠다.

뒤 말을 나란히 해서 돌아오는데, 방간이 한 번도 같이 말하지 않았다. 그때 삼군부(三軍府)에서 여러 공후(公侯)로 하여금 사냥을 시켜 둑제(纛祭)[8]에 쓰게 했다. 정안공이 다음날 사냥을 가기 위해 먼저 조영무(趙英茂)를 시켜서 모리꾼[驅軍]을 거느리고 새벽에 들로 나가게 했다. 방간의 아들 의녕군(義寧君) 맹종(孟宗)이 정안공의 저택(邸宅)에 와서 사냥하는 곳을 묻고는 그 참에 말했다.

"우리 아버지도 오늘 사냥을 나갑니다."

정안공이 사람을 방간의 집에 보내 그 사냥하는 곳을 정탐했는데, 방간의 군사가 모두 갑옷을 입고 분주히 모여 있는 것을 보고 이에 변이 있으리라는 것을 알았다. 이때에 의안공(義安公) 이화(李和), 완산군(完山君) 이천우(李天祐) 등 10인이 모두 정안공 집에 모였다. 정안공이 군사로 스스로를 호위하면서 나가지는 않겠다고 하자, 이화와 이천우가 곧 침실로 들어가서 군사를 내어 대응할 것을 극력 청했다.

정안공이 눈물을 흘리며 굳게 거절해 말했다.

"골육(骨肉)을 서로 해치는 것은 불의함이 심한 것이다. 내가 무슨 얼굴로 응전하겠는가?"

화와 천우 등이 울며 청해 마지않았으나 또한 따르지 않고, 곧바로 사람을 방간에게 보내서 대의(大義)로써 이르며 감정을 풀고 서로 만나기를 청했다.

방간이 화를 내며 말했다.

---

8 대가(大駕)나 군중(軍中) 앞에 세우는 둑기(纛旗)에 지내는 제사를 말한다.

"내 뜻이 이미 정해졌으니 어찌 다시 돌이킬 수 있겠는가?"

화가 정안공에게 사뢰어 말했다.

"방간의 흉험함이 이미 극에 이르러 일의 형세가 여기에 이르렀으니, 어찌 작은 절조만을 지키고 종사(宗社)의 대계(大計)는 돌보지 않을 수 있겠습니까?"

정안공이 오히려 굳게 거절하고 나오지 않으니, 화가 정안공을 힘껏 끌어서 외청(外廳)으로 나오게 했다. 정안공이 부득이 종 소근(小斤)을 불러서 갑옷을 내어 여러 장수에게 나눠주게 하고 안으로 들어가니, 부인이 곧 갑옷을 꺼내 입히고 단의(單衣)를 더하며 대의(大義)에 의거해서 권해 군사를 움직이게 했다. 정안공이 마침내 나오니, 화·천우 등이 껴안아서 말에 오르게 했다. 정안공이 예조전서(禮曹典書) 신극례(辛克禮, ?~1407년)⁹를 시켜 상에게 아뢰어 말했다.

"대궐 문을 단단히 지켜 비상(非常)에 대비하도록 명하심이 마땅합니다."

상이 믿지 않았다.

조금 뒤에는 방간이 그 휘하 상장군(上將軍) 오용권(吳用權)을 시켜서 아뢰어 말했다.

"정안공이 나를 해치고자 하므로 내가 어쩔 수 없이 군사를 일으

---

9   1398년(태조 7년) 1차 왕자의 난 때 상장군으로 있으면서 공을 세워 좌명공신 1등에 녹
    훈되고 취산군(鷲山君)에 봉해졌다. 정종·태종 연간에 예조전서·좌군동지총제(左軍同知
    摠制) 등의 벼슬을 역임했다. 1407년(태종 7년) 민무구(閔無咎)·민무질(閔無疾) 등과 함께
    종친 간을 이간질했다 하여 이화(李和) 등의 탄핵으로 강원도 원주에 유배됐으나, 태종
    의 지우를 받아 자원부처하게 됐다. 관직에서 물러난 뒤에도 의정부·사헌부·사간원 등
    의 계속되는 탄핵을 받아오다가 그해 11월 양주에서 죽었다.

켜 공격합니다. 청컨대 주상께서는 놀라지 마십시오."

상이 크게 노해 도승지(都承旨) 이문화(李文和)를 시켜 방간에게 가서 타일러 말했다.

"네가 난언(亂言)을 혹(惑)하여 듣고 동기(同氣)를 해치고자 꾀하니, 미치고 패악하기가 심하다. 네가 군사를 버리고 단기(單騎)로 대궐에 나오면 내가 장차 보전하겠다."

(그러나) 문화가 도착하기 전에 이미 방간은 인친(姻親) 민원공(閔原功), 기사(騎士) 이성기(李成奇) 등의 부추김을 받고, 맹종(孟宗)과 휘하 수백 인을 거느린 채 갑옷을 입고 무기를 잡고 태상전(太上殿)을 지나다가 사람을 시켜 아뢰었다.

"정안(靖安)이 장차 신을 해치려 하니 신이 속절없이 죽을 수는 없습니다. 그러므로 군사를 발해 응변(應變)합니다."

태상왕이 크게 노하여 말했다.

"네가 정안(靖安)과 아비가 다르냐, 어미가 다르냐? 저 소 같은 위인이 어쩌다 이 지경에 이르렀는가?"

방간이 군사를 움직여 내성(內城) 동대문(東大門)으로 향했는데, 문화가 선죽교(善竹橋) 옆에서 만나 말했다.

"교지(敎旨)가 있다."

방간이 말에서 내렸다. 문화가 교지를 전하니, 방간이 듣지 않고 드디어 말에 올라 군사들을 가조가(可祚街)에 포진시켰다. 정안공이 노한(盧閈)을 시켜서 익안공(益安公)에게 고해 말했다.

"형은 병들었으니, 청컨대 군사를 엄하게 해서 스스로 호위하고 움직이지 마십시오."

또 이응(李膺, 1365~1414년)[10]을 시켜 내성(內城) 동대문을 닫았다. 승지(承旨) 이숙번(李叔蕃)이 정안공을 따라 사냥을 나가고자 해서 가다가 백금반가(白金反街)에 이르렀는데, 민무구(閔無咎)가 사람을 보내 말했다.

"빨리 병갑(兵甲)을 갖추고 오라!"

이숙번이 이에 달려서 정안공 저택(邸宅)으로 갔다. 그러나 그가 이르기 전에 정안공은 이미 군사를 정돈해서 나왔는데, 시반교(屍反橋)를 지나 말을 멈추고 있었다. 여러 군사가 달려와서 말 앞에 모여 거리를 막고 나아가지 못하게 했다. 숙번이 군사들로 하여금 각각 본패(本牌)에 돌아가게 하고, 부오(部伍-대오)가 정해지자 정안공에게 고해 말했다.

"제가 먼저 적(敵)에게 나가겠습니다. 맹세코 패해 달아나지는 않을 것입니다. 공은 빨리 오십시오."

무사(武士) 두어 사람을 거느리고 먼저 달려갔다. 정안공이 말했다.

"우리 군사가 한곳에 모여 있다가는, 저쪽에서 만일 쏘면 한 화살도 헛되게 나가는 것이 없을 것이다. 일찍이 석전(石戰)을 보니, 갑자

10　1385년(우왕 11년) 문과에 급제했으며, 이때인 1400년(정종 2년) 이방간(李芳幹)의 난을 평정하는 데 기여한 공으로 1401년(태종 1년) 익대좌명공신(翊戴佐命功臣) 4등에 책록되고 영양군(永陽君)에 봉해졌다. 그 뒤 좌부대언(左副代言)·참지의정부사를 거쳐 1410년 예조·호조 판서에 이르렀으며, 1412년 지의정부사로 있다가 1414년 병조판서가 되어 마패법(馬牌法)을 제정했다. 그해 6월 군사훈련에 필요한 취각법(吹角法)을 제정하기도 했다. 일찍이 태종의 척불정책(斥佛政策)을 크게 도왔으며, 1403년에는 활자 주조에도 공헌했다.

기 한두 사람이 작은 옆 골목에서 소리를 지르며 뛰쳐나오니까 적들이 모두 놀라서 무너졌다. 지금은 작은 골목의 복병(伏兵)이 심히 두려운 것이다."

이지란(李之蘭)에게 명해 군사를 나눠서 활동(闊洞)으로 들어가 남산(南山)을 타고 행진해서 태묘(太廟) 동구(洞口)에 이르게 하고, 이화(李和)로 하여금 군사를 거느리고 남산에 오르게 하고, 또 파자반(把子反)·주을정(注乙井)·묘각(妙覺) 등 여러 골목에 모두 군사를 보내어 방비케 했다. 숙번이 선죽(善竹) 노상(路上)에 이르렀는데, 한규(韓珪)·김우(金宇) 등이 탄 말이 화살에 맞아 퇴각해 달아났다. 숙번이 한규에게 일러 말했다.

"네 말이 죽게 됐으니 곧 바꿔 타라."

김우에게 일러 말했다.

"네 말은 상하지 않았으니, 빨리 되돌아가서 싸우라."

숙번이 달려서 양군(兩軍) 사이로 들어가니, 서귀룡(徐貴龍)이 또한 먼저 들어가서 숙번을 부르며 말했다.

"한곳에 서서 쏩시다."

숙번이 대답해 말했다.

"이런 때는 이름을 부르는 게 아니다. 나는 내[川] 가운데 서서 쏘겠다."

정안공이 한규에게 말을 주어 도로 나가 싸우게 했다. 상이 다시 대장군(大將軍) 이지실(李之實)을 보내 방간에게 일러 중지하게 하려 했으나, 화살이 비 오듯이 쏟아져서 들어가지 못하고 돌아왔다. 방간이 선죽(善竹)으로부터 가조가에 이르러 군사를 멈추고 양군이 교전했는데, 방간의 보졸(步卒) 40여 인은 마정동(馬井洞) 안에 서고 기병 20여 인은 전목(典牧) 동구(洞口)에서 나왔다. 정안공의 휘하 목인해(睦仁海)가 얼굴에 화살을 맞았고, 김법생(金法生)이 화살에 맞아 즉사했다. 이에 방간의 군사가 다퉈 숙번을 쏘았고, 숙번도 10여 살을 쏘았으나 모두 맞지 않았다. 양군(兩軍)이 서로 대치했다. 상은 방간이 명을 거역했다는 말을 듣고 더욱 노하고, 또 해를 당할까 두려워하며 탄식해서 말했다.

"방간이 비록 광패(狂悖)하나 그 본심이 아니다. 반드시 간인(奸人)에게 매수된 것이다. 골육(骨肉)이 이렇게 될 줄은 생각지 못했다."

참찬문하부사(參贊門下府事) 하륜(河崙)이 아뢰어 말했다.

"교서(教書)를 내려 달래면 풀 수 있을 것입니다."

곧 하륜에게 명해 교서를 짓게 했다.

'내가 부덕한 몸으로 신민(臣民)의 위에 자리해서 종실(宗室)과 훈구(勳舊)와 대소 신하가 마음을 같이하고 힘을 다함에 힘입어서 태평에 이를까 했는데, 뜻밖에 동복아우 회안공(懷安公) 방간이 무뢰(無賴)한 무리의 참소하고 이간하는 말에 유혹되어 골육을 해치기를 꾀하니, 내가 심히 애통하게 여긴다. 다만 양쪽을 온전하게 해서 종사(宗社)를 편안케 하려 하니, 방간이 곧 군사를 놓아 해산하고 사제(私第)로 돌아가면 성명(性命)을 보전할 수 있을 것이다. 내가 식언(食言)하지 않기를 하늘의 해를 두고 맹세한다. 교지를 내린 뒤에 그 한 줄의 군사라도 곧 해산하지 않는 자들은 내가 용서치 않고 아울러 군법으로 처단하겠다.'

좌승지(左承旨) 정구(鄭矩)에게 명해 교서를 가지고 군전(軍前)에 가게 했는데, 이르기 전에 상당후(上黨侯) 이저(李佇)가 소속인 경상도(慶尙道) 시위군(侍衛軍)을 거느리고 검동원(黔洞源)을 거쳐 묘련점(妙蓮岾)을 통과했다. 정안공이 검동(黔洞) 앞길에 군사를 머무르고 자주 사람을 시켜 전구(前驅)를 경계시켰다.

"만일 우리 형을 보거든 화살을 쏘지 말라. 어기는 자는 베겠다."

이화 등이 남산(南山)에 오르니, 이저(李佇)가 묘련점(妙蓮岾) 응달에 이르러서 함께 각(角)을 불었다. 숙번이 기사(騎士) 한 사람을 쏘아 맞혔는데, 활시위 소리에 응해 꺼꾸러지니 곧 방간의 조아(爪牙-핵심 장수) 이성기(李成奇)였다. 이맹종(李孟宗)은 본래 활을 잘 쏘았는데, 이날은 활을 당겨도 잘 벌어지지 않아 능히 쏘지 못했다. 대군(大軍)이 각(角)을 부니, 방간의 군사가 모두 무너져 달아났다. 서익(徐益)·마천목(馬天牧)·이유(李柔) 등이 선봉(先鋒)이 되어 쫓았는데, 방간의 군사 세 사람이 창을 잡고 한데 서 있었다. 마천목이 두 사람을 쳐 죽이고 또 한 사람을 죽이려 하니, 정안공이 보고 말했다.

"저들은 죄가 없으니 죽이지 말라."

서익(徐益)이 창을 잡고 방간을 쫓자, 방간이 형세가 궁해 북쪽으로 달아났다. 정안공이 소근(小斤)을 불러 말했다.

"무지(無知)한 사람이 혹 형(兄)을 해칠까 두렵다. 네가 달려가 빨리 소리쳐서 해치지 말게 하라."

소근이 고신부(高臣傅)·이광득(李光得)·권희달(權希達) 등과 더불어 말을 달려 쫓으니, 방간이 혼자서 달려 묘련(妙蓮) 북동(北洞)으로 들어갔다. 소근 등이 미처 보지 못하고 곧장 달려 성균관(成均館)을 지났다. 탄현문(炭峴門)으로부터 오는 자를 만나서 물으니, 모두 말했다.

"보지 못했다."

소근이 도로 달려 보국(輔國) 서쪽 고개에 올라가서 바라보니, 방간이 묘련 북동에서 마전(麻前) 갈림길로 나와서 보국동(輔國洞)으로 들어가는데 안장을 띤 작은 유마(騮馬)가 뒤따르고 있었다. 소근 등이 뒤쫓자 방간이 보국(輔國) 북점(北岾)을 지나 성균관 서동(西洞)으로 들어서서 예전 적경원(積慶園) 터에 도착하더니, 말에서 내려 갑옷을 벗고 활과 화살을 버리고는 누웠다. 희달 등이 쫓아 이르는 것을 보고 말했다.

"너희들이 나를 죽이러 오는구나."

희달 등이 말했다.

"그게 무슨 말씀입니까? 공은 두려워하지 마시오."

이에 방간이 갑옷을 고신부에게 주고, 궁시(弓矢)를 권희달에게 주고, 환도(環刀)를 이광득에게 주고, 소근에게 말했다.

"내가 더 가진 물건이 없기 때문에 네게는 줄 것이 없구나. 내가 살아만 난다면 뒤에 반드시 후하게 갚겠다."

희달 등이 방간을 부축해서 작은 유마(騮馬)에 태우고 옹위해, 성균관 문 바깥 동봉(東峯)에 이르러 말에서 내렸다. 방간이 울며 희달 등에게 일러 말했다.

"내가 남의 말을 들어서 이 지경이 되었다."

정구(鄭矩)가 이르러 교서(教書)를 펴서 읽고 방간의 품속에 넣어 주니, 방간이 절하고 말했다.

"상의 지극한 은혜에 감사합니다. 신은 처음부터 불궤(不軌)한 마음이 없었고, 다만 정안(靖安)을 원망한 것뿐입니다. 지금 교서가 이와 같으니, 상께서 어찌 나를 속이겠습니까? 바라건대 여생(餘生)을 (보전하게 되기를) 빕니다."

이때 목인해(睦仁海)가 탔던 정안공의 말이 화살을 맞고 도망쳐 와서 스스로 제집 마구간으로 들어갔다. 부인은 반드시 싸움에 패한 것이라 생각하고, 스스로 싸움터에 가서 공과 함께 죽고자 걸어서 갔다. 시녀 김씨(金氏)【김씨(金氏)는 곧 경녕군(敬寧君)의 어머니다.】등 다섯 사람이 만류했으나 그만두게 할 수 없었는데, 종 한기(韓奇) 등이 길을 가로막아서 그만두게 했다.

애초에 난이 바야흐로 일어날 즈음에 이화(李和)와 이천우(李天祐)가 정안공(靖安公)을 붙들어서 말에 오르게 하니, 부인이 무녀(巫女) 추비방(鞦轡房)·유방(鍮房) 등을 불러 승부를 물었다. 모두 말했다.

"반드시 이길 것이니 근심할 것 없습니다."

이웃에 정사파(淨祀婆)라고 불리는 자가 살았는데 그 이름은 가야지(加也之)이니, 그 또한 왔기에 부인이 일러 말했다.

"어젯밤 새벽녘 꿈에, 내가 신교(新敎)의 옛집에 있다가 보니 태양(太陽)이 공중에 떠 있는데, 아기 막동(莫同)【금상(今上-세종)의 아이 때의 휘다.】이 해 바퀴 가운데에 앉아 있었다. 이것이 무슨 징조인가?"

정사파가 판단해 말했다.

"공(公)이 마땅히 왕이 돼서 항상 이 아기를 안아줄 징조입니다."

부인이 말했다.

"그게 무슨 말인가? 그러한 일을 어찌 바랄 수 있겠는가?"

정사파가 마침내 제집으로 돌아갔다. 이때에 이르러, 정사파가 이 겼다는 소문을 듣고 와서 고하니 부인이 그제야 돌아왔다. 정안공이 군사를 거둬 마전(麻前) 갈림길의 냇가 언덕 위에서 말을 멈추고 소리 놓아 크게 우니, 대소 군사가 모두 울었다. 정안공이 숙번을 불러 말했다.

"형의 성품이 본래 우직하므로, 내가 생각건대 반드시 남의 말에 혹해 이런 일을 저질렀으리라 여겼더니 과연 그렇다. 네가 가서 형을 보고 난(亂)의 이유를 물어보라."

숙번이 달려가서 방간에게 물으니, 방간이 대답하지 않았다. 숙번이 다시 물었다.

"공이 이미 희달에게 (그런) 말을 하고서 왜 말하지 않습니까? 공이 만일 말하지 않으면 국가에서 반드시 물을 것인데, 끝내 숨길 수 있겠습니까?"

방간이 어쩔 수 없이 대답했다.

"지난해 동지(冬至)에 박포(朴苞, ?~1400년)¹¹가 내 집에 와서 말

11 조선 건국에 대장군으로서 공을 세워 개국공신 2등에 책봉됐다. 1398년(태조 7년) 1차 왕자의 난 평정에 공을 세워 지중추원사가 되었다. 이무(李茂)가 정사공신(定社功臣) 1등에 책봉된 것을 비방했다가 도리어 죽주(竹州)에 유배됐으나, 얼마 뒤에 소환됐다. 그 뒤 2차 왕자의 난에 간여했다. 마침 회안군(懷安君) 방간(芳幹) 집에 가서 장기를 두던 중 우박이 내리며 하늘에 붉은빛이 나타나는 걸 목격했다. 그는 겨울에 비가 오고 하늘에 요사한 기운이 있음을 들어 근신할 것을 방간에게 청했다. 그리고 군사를 맡지 말며, 출입을 삼가고 의관을 정제해 행동을 신중히 하기를 고려조 자손인 여러 왕씨의 예와 같이 하라고 했다. 이에 방간은 못마땅하게 여기면서 다른 방책을 요구했다. 그러자 그는 "주(周)나라 태왕에게 아들 셋이 있었는데 그중 막내아들인 왕계(王季)에게 왕위를 전할 뜻이 있었으므로, 왕계의 두 형인 태백(泰伯)과 중옹(仲雍)이 형만(荊蠻)으로 도망갔다. 이와 같이 하는 것이 옳다"라는 말을 전했다. 그러나 방간이 또 다른 방책을 요구하자 "정안군(靖安君)은 군사가 강해 많은 무리가 붙어 있고 방간의 군사는 약하며 위태함이 마

하기를 '오늘의 큰비[大雨]에 대해 공은 그 응험을 아는가? 예전 사
람이 이르기를 "겨울비가 도(道)를 손상하면 군대가 저자에서 교전
한다"라고 했다'라고 하기에 내가 대답하기를 '이 같은 때에 어찌 군
사가 교전하는 일이 있겠는가?'라고 하니, 박포가 말하기를 '정안공
(靖安公)이 공을 보는 눈초리[眼]가 이상하니 반드시 장차 변이 날
것이다. 공은 마땅히 선수를 써야 할 것이다'라고 했다. 내가 그 말을
듣고 생각하기를 '공연히 타인의 손에 죽을 수는 없다'라고 해서, 마
침내 먼저 군사를 발동한 것이다."

숙번이 돌아와서 고하니, 정안공이 드디어 저사(邸舍)로 돌아갔다.
상이 우승지(右承旨) 이숙(李淑)을 보내서 방간에게 일러 말했다.

"네가 백주(白晝)에 서울에서 군사를 움직였으니 죄를 용서할 수
없다. 그러나 골육지정(骨肉至情)으로 차마 주살(誅殺)을 가하지 못하
니, 너의 소원에 따라서 외방에 안치(安置)하겠다."

방간이 토산(兎山) 촌장(村庄)으로 돌아갈 것을 청하니, 상이 대호
군(大護軍) 김중보(金重寶)와 순군 천호(巡軍千戶) 한규(韓珪)에게 명
해 방간 부자를 압송해서 토산에 안치하게 했다. 박포(朴苞)는 본래
정안공의 조전절제사(助戰節制使)로서 그날 병을 칭탁해 나오지 않
고 중립을 지키며 변을 관망하고 있었는데 명해 순군옥(巡軍獄)에 내
리게 하고, 또 방간의 도진무(都鎭撫) 최용소(崔龍蘇)와 조전절제사

치 아침이슬과 같으므로, 먼저 선수를 써서 쳐부수는 것이 낫다'라고 했다. 방간이 이 말
을 좇아 군사를 일으켰는데, 공신 중 박포와 장사길(張思吉)만이 따르고 그 나머지는 모
두 방원(芳遠-뒤의 태종)을 좇았다. 패하자 방간은 토산(兎山)으로 귀양을 갔고, 박포는 방
간을 꾀어 난을 일으킨 죄목으로 죽임을 당했다.

이옥(李沃)·장담(張湛)·박만(朴蔓) 등 10여 인을 가두었다. 그때에 익안공(益安公)은 오랜 병으로 인해 문을 닫고 나오지 않았는데, 변을 듣고 눈물을 흘리면서 통곡하며 말했다.

"위에는 밝은 임금이 있고 아래에는 훌륭한 아우가 있는데, 방간이 어찌하여 이런 짓을 했는가?"

절제(節制-절제사)의 인(印)과 군적(軍籍)을 삼군부(三軍府)에 도로 바쳤다. 이에 앞서 서운관(書雲觀)에서 아뢰었다.

"어제 어두울 때 붉은 요기(妖氣)가 서북쪽에 보였으니, 종실(宗室) 가운데서 마땅히 맹장(猛將)이 나올 것입니다."

사대부들이 모두 정안공을 지목했는데, 8일 만에 난이 일어났다.

2월

병신일(丙申日) 초하루에 참찬문하부사(參贊門下府事) 하륜(河崙) 등이 청했다.

"정몽주(鄭夢周)의 난에 만일 정안공(靖安公)이 없었다면 큰일이 거의 이뤄지지 못했을 것이고, 정도전(鄭道傳)의 난에 만일 정안공이 없었다면 또한 어찌 오늘이 있었겠습니까? 또 어제 일로 보더라도 천의(天意)와 인심(人心)을 또한 알 수 있는 것입니다. 청컨대 정안공을 세워 세자(世子)를 삼으소서."

상이 말했다.

"경(卿) 등의 말이 심히 옳다."

드디어 도승지 이문화(李文和)에게 명해 도당(都堂)에 뜻을 전해 말했다.

"대저 나라의 근본이 정해진 연후에 민중의 뜻이 정해지는 것이다. 이번의 변란은 정히 나라의 근본이 정해지지 못한 까닭이다. 나에게 얼자(孽子)라 하는 것이 있으나 그 태어난 날짜를 짚어보면 시기가 맞지 않아서 애매해 알기 어렵고, 또 혼미(昏迷)하고 유약해 외방에 둔 지가 오래다. 지난번에 우연히 궁내에 들어왔지만 지금 도로 밖으로 내보냈다. 또 옛날의 성왕(聖王)은 비록 적사(嫡嗣)가 있더라도 또한 뛰어난 이를 골라[擇賢] 전위했다. 동복아우 정안공(靖安公)【휘(諱)^{택현}】은 개국하는 초(初)에 큰 공로가 있었고, 또 정사(定社)하던 즈음에 우리 형제 4~5인이 성명(性命)을 보전한 것도 모두 그의 공이었다. 이제 명해 세자로 삼고, 또 내외(內外)의 여러 군사(軍事)를 도독(都督)하게 하겠다."

우정승 성석린(成石璘)이 명을 듣고, 서사(庶司)를 거느리고 하례했다. 상이 도승지에게 명해서 세자를 세우는 일을 태상왕께 아뢰니, 태상왕이 말했다.

"장구한 계책은 집정대신(執政大臣)과 모의하는 것이 좋을 것이다."

○ 삼성(三省)이 교장(交章)해서 방간을 복주(伏誅)할 것을 청했다.

상이 하륜(河崙)에게 명해 대간(臺諫)과 형조(刑曹)와 더불어 교좌(交坐-합동)해서 박포(朴苞)를 국문하게 하니, 박포가 말했다.

"지난해 동짓날 방간의 집에 가서 장기를 두었는데, 그날 마침 비가 왔으므로 고하기를, '시령(時令)이 온화하지 못하니 마땅히 조심해야 한다'고 했습니다. 금년 정월 23일 해 질 녘에 천기(天氣)가 서북쪽으로 붉었으므로, 이튿날 또 방간의 집에 가서 고하기를 '하늘에 요기(妖氣)가 있으니 삼가며 처신함이 마땅하다'라고 했더니 방간이 말하기를 '어떻게 처신할꼬?' 하기에, 포가 대답했습니다. '군사를 맡지 말고 출입을 삼가며, 의관(衣冠)을 정제하고 행동거지를 무겁게 하기를 고려 때의 제왕(諸王)의 예(例)와 같이 하는 것이 상책(上策)이다.' 방간이 그다음을 묻기에, 포가 대답하기를 '도망쳐 만형(蠻荊)¹²으로 들어가기를 태백(太伯)¹³·중옹(仲雍)¹⁴과 같이 하는 것¹⁵이 그다음이다'라고 했습니다. 또 그다음을 묻기에, 포가 대답하기를 '정안공은 군사가 강하고 많은 사람이 붙좇으며 또 상당후(上黨侯-이백경)의 아우(-이백강)를 사위로 삼았는데 공의 군사는 약해서 위태롭기가 아침 이슬과 같으니, 먼저 쳐서 제거하는 것만 같지 못하다'라고 했습니다."

마침내 포에게 장(杖)을 때리고 그 날조해 선동한 이유를 물으니,

---

12 옛날 한족(漢族)의 문명(文明)을 받지 못한 야만족(野蠻族)이 살던 양자강(楊子江) 이남의
    땅을 가리킨다.
13 주(周)나라 태왕(太王)의 장자(長子)로, 동생 계력(季歷)에게 뛰어난 아들(-문왕)이 있음을
    보고서 나라를 계력에게 사양하고 만형(蠻荊)으로 들어갔다.
14 주(周)나라 태왕(太王)의 차자(次子)로, 형 태백(太伯)과 같이 왕위를 동생 계력에게 사양
    하고 만형(蠻荊)으로 들어갔다.
15 이 문맥은 『논어(論語)』 「태백(泰伯)」편에 나오는 다음 내용 그대로다. "공자가 말했다. '태
    백은 지덕한 인물[至德]이라고 부를 만하다. 세 번 천하를 사양하고도 백성이 그 덕을
    칭송할 수 없게 했구나!'" 진심으로 나라까지 사양하는 것이 지극한 다움을 갖춘 사람
    이다. 훗날 세자에서 쫓겨난 양녕대군(讓寧大君)에게 양(讓)이라는 군호를 지어준 것도 이
    구절에서 나온 것이다. 그리고 양녕의 사당 이름이 바로 지덕사(至德祠)다.

포가 말했다.

"내가 비록 정안공을 따라 함께 정사(定社)의 공을 이루었음에도 얼마 안 돼 나를 외방으로 폄척(貶斥)했으니, 지금 비록 써주더라도 어찌 (앞날을) 보증할 수 있겠습니까? 혹시라도 방간에게 공을 세우면 더불어 길이 부귀를 누릴 수 있기 때문입니다."

삼성(三省)에서 소(疏)를 올렸다.

'임금의 지친(至親)에게는 장차가 없으니[無將], 장차가 있게 되면 반드시 베는 것이 『춘추(春秋)』의 큰 법입니다. (그런데) 지금 방간은 동복아우인 지친으로서 종실(宗室)의 번병(藩屛)이 되어 전하께서 심복(心腹)으로 여기고 군사의 권세를 주셨으니, 방간은 진실로 마땅히 충성을 다하고 힘을 다해 왕실을 보필해야 할 것입니다. 그런데 이를 돌아보지 않고 사사로이 군사를 움직여서 어모(禦侮-외부의 모욕을 막아냄)의 부탁을 상은(傷恩)하는 데 썼으니, 만일 급히 응변(應變)하지 않았더라면 불측한 변(變)이 있었을지 어찌 알겠습니까? 마땅히 방간을 법대로 처치해야 할 것이나 전하께서는 다만 사제(私第)에 안치(安置)하게 하시니, 이것이 비록 전하의 우애의 뜻이기는 하나, 그것이 종사(宗社)의 대계에 어찌 되겠습니까? 바라건대 전하는 대의(大義)로써 결단하시어 큰 법을 바로잡으소서. 옛날부터 난신적자(亂臣賊子)는 반드시 당여(黨與)가 있는 것이니, 오늘의 변(變)이 어찌 주모해 난을 선동한 자가 없겠습니까? 엎드려 바라건대 유사(攸司-해당 부서)에 명을 내려 연루된 자 가운데 주모자를 국문하게 함으로써 그 죄를 밝게 바로잡고 대중의 마음을 위로하소서.'

상이 소를 읽어보고서 통곡해 울었다. 중추원 부사(中樞院副使) 이

침(李忱)이 도망쳤다가 스스로 옥으로 나왔다. 삼성(三省)이 연복사(演福寺)에 모였는데, 삼성의 장무(掌務)를 불러서 뜻을 밝혔다.

"어제 삼성(三省)에서 올린 소(疏)가 비록 법에 합하나, 내가 어찌 차마 골육지친(骨肉之親)을 형륙(刑戮)에 처하겠는가? 지금 듣건대 삼성이 함께 모였다 하는데, 이 일을 다시 청하려는 것으로 생각된다. 미연(未然)에 금지하니 모두 그리 알라!"

장무(掌務)가 아뢰었다.

"방간이 사사로이 군사를 움직여 골육을 해치려고 했다가, 상께서 처음에 도승지(都承旨)를 보내 금했는데도 듣지 않고 또 이지실(李之實)을 보내 금했는데도 좇지 않고는 군사를 발(發)하기에 이르렀으니 죄가 더 막중합니다. 마땅히 큰 법에 따라 처치해야 합니다."

상이 또 일러 말했다.

"내가 차라리 해를 당할지언정 어찌 차마 동모제(同母弟)로 하여금 죽음에 이르게 하겠는가? 다시는 거론하지 말라."

포는 관직을 삭탈하고 장 100대에 청해(青海)로 유배 보내고, 박만(朴蔓)·이옥(李沃)은 변방 고을에 유배 보냈다. 삼성에서 방간의 당여(黨與)의 죄상의 경중(輕重)을 갖춰 아뢰니, 명을 내렸다.

"박포는 이제 벌써 삭직해서 장형(杖刑)에 처해 유배 보냈고 또 양차(兩次-두 차례) 공신이니, 다시 극형을 가할 수 없다. 다만 가사(家舍)를 적몰(籍沒)하고 자손을 금고(禁錮)하게 하라. 전 소윤(少尹) 민원공(閔原功)은 큰 말을 했으니 율에 의해 처참(處斬)하고, 검교 참찬문하부사(檢校參贊門下府事) 최용소(崔龍蘇)는 삭직해 장(杖) 60대에 처하고, 중추원사(中樞院使) 이침(李忱), 전 판사(判事) 환유(桓愉), 전

전서(典書) 설숭(薛崇)은 각각 태(苔) 50대에 처하고, 호군(護軍) 원윤(元胤)은 장 60대에 처하고, 박인길(朴寅吉)·곽범(郭凡)·김보해(金寶海)는 각각 장 70대에 처해 아울러 먼 지방에 부처(付處)하고, 내관(內官) 강인부(姜仁富), 원윤(元尹) 이백온(李伯溫), 전 전서(典書) 임천년(任天年), 우군장군(右軍將軍) 김간(金旰), 장군(將軍) 이난(李蘭)·이거현(李巨賢)·황재(黃載), 전 전중경(殿中卿) 강승평(姜昇平), 선략장군(宣略將軍) 이윤량(李允良)은 아울러 외방에 부처(付處)하라. 또 도망 중에 있는 오용권(吳用權)·곽승우(郭承祐)·민공생(閔公生)·민도생(閔道生)·정승길(鄭承吉)·정륜(鄭倫)·김월하(金月下)·김귀남(金貴南)·민교(閔校)·이군필(李君弼)·김국진(金國珍)은 나눠 원방에 유배(流配)하되 그 자현(自現-자수)하는 것을 들어주어 각각 배소(配所)에 이르게 하고, 동지중추원사(同知中樞院事) 장담(張湛)은 양차(兩次) 공신이므로 다만 파직만 시키고, 승지(承旨) 조경(趙卿)은 당여(黨與)에 간여하지 않았으니 특별히 죄를 방면하게 하라."

강유신(康有信)·장사미(張思美)·이군실(李君實)·정승길(鄭升吉)은 모두 방간에게 힘을 쏟은 자들인데, 정안공이 즉위한 뒤에 모두 임용했다.

○ 이날에 이맹종(李孟宗)이 도망 다니다가 대궐에 나아오니, 상이 불러서 보고 울면서 말했다.

"네 아비가 실심(失心)했을 테니 네가 돌아가서 모셔라."

드디어 보냈다.

정유일(丁酉日-2일)에 삼사좌복야(三司左僕射) 이서(李舒)를 보내어 종묘(宗廟)에 세자(世子)를 책봉하는 것을 고했다.

기해일(己亥日-4일)에 상의 아우 정안공(靖安公)【휘(諱)】을 책립(冊立)해서 왕세자(王世子)로 삼고 군국(軍國)의 중사(重事)를 맡게 했다. 상이 말했다.

"저이(儲貳-세자, 저부)를 세우는 것은 국본(國本)을 정하는 것이요, 위호(位號)를 높이는 것은 인심을 정하는 것이다. 이에 전장(典章)에 따라서 책례(冊禮)를 거행한다. 너 정안공【휘(諱)】은 자질이 문무(文武)를 겸하고 다움은 영명(英明)한 것을 갖추었다. 태상(太上)께서 개국(開國)하던 처음을 당해 능히 대의(大義)를 주장했고, 과형(寡兄-본인)이 정사(定社)하는 날에 미치어 특히 큰 공을 세웠다. 하물며 구가(謳歌)란 돌아가는 것이 있으니, 마땅히 감무(監撫-정치)를 맡겨야 하겠다. 이로써 너에게 명하여 왕세자로 삼는다.

아아! 사람 알아보기[知人]가 쉽지 않고, 자식 노릇 하기 또한 어렵다. 지친(至親) 중에서 택현(擇賢)으로 이미 대통(大統)을 잇는 자리에 처했으니, 오직 충성하고 오직 효도해서 이로써 정사하는 방도를 도우라. 그러므로 이에 교시(敎示)하는 바이니, 마땅히 다 알아야 할 것이라 생각한다."

그 참에 경내(境內-나라 안)에 사유(赦宥-사면)했는데, 상이 말했다.

"옛날부터 왕 노릇 하는 자가 저이(儲貳)를 세우는 것은 종사(宗祀)를 높이고 국본(國本)을 중하게 하기 위함이었다. 예문(禮文)을 상고하면 적자(嫡子)와 동모제(同母弟)를 세운다는 말이 있는데, 혹은 세대(世代)로 하든지 혹은 차제(次弟)로 하든지 오직 지당하게 할 뿐이었다.

　내가 다움이 적고 우매한 몸으로 큰 통서(統緒)를 이어받아, 공경하고 근신해 다스리기를 생각한 지가 이제 2년이 됐다. 돌아보건대 적사(嫡嗣)가 없고 다만 서얼(庶孽)이 있는데, 혼매하고 유약하며 지혜롭지 못하니 밤낮으로 조심하고 두려워해서 감히 편안할 겨를이 없었다. 오직 동기(同氣)의 지친을 생각해서 우우(友于-형제간의 우애)의 마땅함을 두터이 했더니, 생각지도 않게 방간이 간교하고 사곡한 말을 굳게 믿고 망령되게 의심하고 꺼리는 마음을 품어서 군사를 내어 난을 꾸미니 화가 불측한 데 있었다. 다행히 천지와 종사(宗社)의 도움에 힘입어 이내 곧 평정돼서 하루도 안 돼 청명해졌다. 오히려 상우(象憂)[16]의 정을 불쌍히 여겨서 관벽(管辟)[17]에 이르게는 차마 하지 못해 이미 방간을 사사로운 전장(田莊)에 안치하고, 당여(黨與) 사람들은 각각 죄의 경중에 따라 처결했다.

　대개 국본(國本)이 정해지지 못하고 인심이 흔들리기 쉬움으로 인해, 화란이 발생해 이처럼 지극함에 이르렀다. 말이 여기에 미치니, 깊이 슬프도다. 마땅히 뛰어난 모제(母弟)를 세워 굳건한 국본을 정해야만 하겠다. 정안공【휘(諱)】은 기운이 영명(英明)하게 빼어나고, 자질은 용맹과 지혜를 겸했다. 문무(文武)의 도략(圖略)을 생지(生知)로부터 가졌고, 효제(孝悌)의 정성은 지성(至性)에서 나왔다. 시서(詩

16　상(象-순임금의 아우)이 근심하면 순(舜)임금이 근심하고 상이 기뻐하면 순임금이 기뻐
　　했다는 고사(故事)에서 나온 말이다.
17　주공(周公)이 관숙(管叔)을 대벽(大辟-사형(死刑))에 처한 고사(故事)에서 나온 말이다.

書-유학)의 교훈을 마음에 새기고, 정교(政敎)의 방법에 통달했다. 태상왕을 보좌해 개국의 공을 세웠고 과인의 몸을 호위해 정사(定社)의 공을 이루었으니, 종사에서 길이 힘입은 것은 신민(臣民)이 함께 아는 바다. 공과 덕이 이미 높으니 구가(謳歌)하는 것이 모두 돌아간다. 그러므로 책명해 왕세자를 삼아서 여망(輿望)을 위로한다. 생각건대 저부(儲副)의 임무는 반드시 감무(監撫)의 권한을 겸하므로, 이에 군국(軍國)의 중사(重事)를 맡도록 명한다.

아아! 너희 종친(宗親)·기로(耆老)·재보(宰輔)·신료(臣僚)와 중외인민(中外人民)은 모두 내 뜻을 체인해서 각각 너희 직책에 이바지하고, 원량(元良-세자)의 덕에 공경하고 순종해서 내 덕을 도우라. 이에 책명을 행하니, 마땅히 너그러운 법전을 반포해야겠다. 건문(建文) 2년 2월 초4일 새벽 이전에, 모반(謀叛)하고 대역(大逆)한 자, 조부모·부모를 죽인 자, 처첩으로서 남편을 죽인 자, 노비로서 주인을 죽인 자, 고독(蠱毒)[18]하고 염매(魘魅)[19]한 자, 강도를 범한 자, 고의로 살인(殺人)을 꾀한 자와, 방간(芳幹) 당여(黨與)의 사람들을 제외하고는, 이미 발각되었거나 발각되지 않았거나 이미 결정되었거나 결정되지 않았거나 간에 죄의 경중이 없이 모두 용서해 면제하라. 감히 유지(宥旨) 전의 일을 가지고 서로 고해 말하는 자는 그 죄로써 죄주

---

18 뱀·지네·두꺼비 등 독기(毒気)가 든 음식을 남에게 몰래 먹여 복통·가슴앓이·토혈(吐血)·하혈(下血) 등의 증세를 일으켜 죽게 하는 것을 말한다.
19 주문(呪文)이나 저술(詛術)로 남을 저주(詛呪)해 죽게 만드는 것이다. 염(魘)은 사람의 형상을 만들어놓고 쇠꼬챙이로 심장을 찌르고 눈을 후벼 파고 손발을 묶는 것이고, 매(魅)는 나무나 돌로 귀신을 만들어놓고 저주를 비는 것이다. 압승술(圧勝術)이라고도 한다.

겠다.

아아! 아비와 자식이 되었으니 더욱 자효(慈孝)의 마음을 두텁게 하고, 가까운 데서부터 먼 데에 미치기까지 함께 태평의 낙을 누리리라."

이때에 대신으로서 헌의(獻議)하는 자가 말했다.

"옛날부터 제왕이 동모제(同母弟)를 세우면 모두 황태제(皇太弟)로 봉했지, 세자로 삼은 일은 없었습니다. 청컨대 왕태제(王太弟)로 삼으소서."

상이 말했다.

"지금 나는 직접 이 아우를 아들로 삼겠다."

이저(李佇)를 판삼군부사(判三軍府事-삼군부 판사) 좌군도절제사(左軍都節制使), 이거이(李居易)를 중군절제사(中軍節制使), 조영무(趙英茂)를 우군절제사(右軍節制使), 조온(趙溫)을 지중군절제사(知中軍節制使), 이천우(李天祐)를 지우군절제사(知右軍節制使)로 삼고, 이숙번(李叔蕃)을 중추원부사(中樞院副使) 동지좌군절제사(同知左軍節制使), 이원(李原)을 우부승지(右副承旨)로 삼았다. 이때부터 1품(品) 이하를 모두 대성(臺省)에서 다시 서경(署經)했다.

○ 세자(世子)가 태상전(太上殿)에 나아가 사은(謝恩)하니 태상왕이 사연(賜宴-연회를 열어줌)하고, 그 참에 임금 노릇 하는 도리를 논하기를 이르지 않은 데가 없었다. 또 말했다.

"네 몸이 관계된 바가 지극히 중하니 마땅히 스스로 삼가도록 하라. 지금 방간이 어리석고 우둔해 아는 것이 없어서 함부로 군사를 일으켜 이 지경이 됐다. 삼한(三韓)에 귀가대족(貴家大族)이 많으니,

반드시 모두 비웃을 것이다. 나도 부끄럽게 여긴다. 그러나 네가 이미 세자가 됐으니, 마땅히 지극히 공정한 도리[至公]를 펴서 나라를 다스리고 백성을 보전하는 것이 좋을 것이다. 늙은 아비가 말하는 것은 여기에서 그친다."

세자가 헌수(獻壽)하고 지극히 즐기다가 곧 나왔다. 태상왕이 이저(李佇)에게 일러 말했다.

"박포(朴苞)는 죽고도 남는 죄가 있다. 돌아가 네 임금에게 말해서 반드시 법을 들어 후래(後來)를 징계하도록 하라."

○ 사헌부(司憲府)에서 판문하부사(判門下府事) 조준(趙浚)을 탄핵했다.

조준은 상상(上相-삼정승)으로서 나라에 급하고 어려운 일이 있는데도 아우 삼사우복야(三司右僕射) 조견(趙狷) 및 사위 전 중추원부사(中樞院副使) 정진(鄭鎭)과 더불어 모두 두문불출(杜門不出)했다. 삼성(三省)에서 함께 토의하고서 탄핵하고자 했는데, 우산기(右散騎) 윤사수(尹思修, 1365~1411년)[20]가 조준이 천거해서 발탁한 자이므로 그

---

20 1383년(우왕 9년) 식년 문과에 동진사(同進士)로 급제해 여러 요직을 지냈다. 조선 개국 이후 조준(趙浚)이 영의정으로 있을 때 재지(才智)를 인정받아 예조정랑 겸 도평의사사(都評議使司)의 경력사도사(經歷司都事)로 천거된 뒤, 교서소감 겸 경력사간의대부(校書少監兼經歷司諫議大夫)·산기상시(散騎常侍)의 직을 함께 맡았다. 그러나 1399년(정종 1년) 문하부(門下府)에서 상소해 산기상시직과 경력사간의대부의 직을 함께 겸하지 못하게 함으로써 간의대부 직은 없앴다. 같은 해 11월 조례상정도감(條例詳定都監)이 삼방(三房)으로 분리되자 거기에 소속하게 됐다. 이때인 1400년 조준이 실각하자 파직됐다가, 태종 즉위 후 좌사간대부(左司諫大夫)가 됐다. 그때 궁궐을 쌓는 역사를 중지하자고 상소했다가 파직당하고 하옥됐다. 1402년(태종 2년)에 다시 복직되어 형조·호조의 전서를 지냈으며, 안주·이성(泥城)·강계 지방의 찰방으로 나갔다. 1404년 경기관찰사로 있을 때, 위징십점소(魏徵十漸疏)를 판에 새겨 병풍을 만들어 왕에게 바쳤다. 이어 대언(代言)·예문관제학·강원도관찰사·관마제조(官馬提調) 등을 역임했다. 1410년 참지의정부사(參知議政府

의논을 누설했다. 삼성에서 윤사수를 탄핵해 파직하고, 드디어 교장 (交章)해 조준의 죄를 논했다.

'신 등이 가만히 생각건대, 나라의 대신으로서 종사의 안위(安危) 를 돌아보지 않은 채 은총을 탐하고 녹을 마구 받아서 한 몸의 계 책만 위하는 자는 마땅히 그 죄를 다스려서 신하들을 경계해야 합 니다. 지금 판문하부사 조준(趙浚)이 밖으로는 정직한 것처럼 보이 나 안으로는 간사하고 음험한 생각을 품어서, 오랫동안 나라의 권세 를 잡고 널리 당여(黨與)를 심어 조아(爪牙)와 심복(心腹)들이 안팎에 널려 있으니, 위복생살(威福生殺)이 그 손아귀에 있습니다. 지금 판 문하(判門下)를 제수하니, 지위는 비록 지극하나 실권이 없어 앙앙울 울(怏怏鬱鬱)해서 밤낮으로 다시 정승이 될 것을 생각하고 있습니다. 신 등은 우선 나타난 다섯 가지 일을 가지고 다음과 같이 길게 진달 합니다.

국초에 적자(嫡子)를 폐하고 서얼(庶孽)을 세우던 즈음을 당해 조 준이 바야흐로 상상(上相)으로 있었는데, 힘써 대의(大義)를 진달해 서 천의(天意)를 돌이키고 천륜(天倫)을 바로잡았다면 무인(戊寅)의 변란이 어디에서 생겼겠습니까? 생각을 이러한 데 두지는 않고 임금 의 뜻에 아첨하고 곡종(曲從)해서 정도전(鄭道傳)·남은(南誾)과 더불 어 서얼을 세우니 형세가 장차 나라를 뒤집을 뻔했습니다. 또 정사 (定社)하던 날을 당해 지금의 세자께서 대장군(大將軍) 민무질(閔無

事)로서 명나라 태조의 북정(北征)을 치하하러 명나라에 다녀왔다. 성격이 강직하고 과감 했기 때문에 관력을 통해 파직당한 경우가 가끔 있었다.

疾)로 하여금 집에 가서 불러오게 했으나, 이럴까 저럴까 망설이고 배회하면서 길흉(吉凶)을 점치며 변란을 방관했습니다. 무질 등이 그가 나오지 않을 것을 알고 돌아와 세자에게 고하니, 세자께서 친히 가려고 했습니다. 조준이 부득이 나오다가 세자를 길에서 만나 비로소 난에 나아갔습니다. 다행히 전하의 관후(寬厚)한 은혜를 입고 정사공신(定社功臣) 반열에 참여해서 홀로 머리를 보전해 오늘에 이르렀으니, 중외의 신민이 부심(腐心)하지 않는 이가 없습니다. 이것이 그 한 가지입니다.

태상왕께서 살리기를 좋아하시는 다움[好生之德=仁]으로 개국하던 초(初)를 당해서 죄가 있는 자는 혹은 장형(杖刑)에 처하고 혹은 폄척(貶斥)해 모두 죽음에는 이르지 않았는데, 조준이 가만히 당여(黨與)를 보내 임의로 몇 사람을 죽여 임금을 속이고 법을 어지럽히면서 사사로이 원망을 갚았으니 이것이 그 두 가지입니다.[21]

조준이 지위가 극진해 신하로서는 부귀가 견줄 데 없으니 진실로 마땅히 자기 분수를 지키고 충성을 다해 왕실을 받들어야 할 것인데도 망령되게 분수 아닌 마음을 내어 그 길흉을 점쳤으니, 기생첩 국화(菊花)가 그 말을 누설하자 국가에서 형리(刑吏)에게 내려 문초했습니다. 조준의 계책으로는 마땅히 스스로 놀라고 두려워해서 위로 전하(殿下)께 진달하고 아래로 조정에 고해 힘써 시비(是非)를 분변함으로써 나라 사람으로 하여금 소연(昭然)히 그 진위(眞僞)를 알게 하는 것이 가한데, 도리어 남몰래 모의해 죽여서 그 입을 없애버렸으니

---

21 이숭인 장살사건을 말한다.

이것이 그 세 가지입니다.[22]

국가에서 천도(遷都)할 때 조준이 사사로운 집을 짓기를 극히 장려(壯麗)하게 했으므로 감찰(監察) 김부(金扶)가 문을 지나다가 탄식했는데, 조준이 듣고 크게 노해 교묘한 말로써 허물을 꾸며 임금의 총명을 가리고 김부를 극형에 처하게 했으니, 조야가 마음 아파하지 않는 이가 없습니다. 그 공을 믿고 전횡방자(專橫放恣)해 임금을 속이고 사람을 해친 것은 죄가 주살(誅殺)해도 용서할 수 없으니, 이것이 그 네 가지입니다.

이번에 방간이 군대를 내어 난을 일으켜서 사직을 위태롭게 하기를 꾀하므로 전하께서 장수에게 명해 죄인을 토벌하시니, 재보(宰輔)와 신료가 분주하게 난에 나아가서 왕실을 호위하지 않는 이가 없었습니다. (그러나) 조준은 묘당(廟堂-문하부)의 우두머리가 되어서는 애초에 대궐에 나와 난에 나아갈 마음이 없었습니다. 묘당(廟堂)에서 서리(胥吏)를 시켜 가서 고했는데도 오히려 못 들은 체하면서 그 아우 조견(趙狷)과 더불어 문을 닫고 변을 방관하고는, 사위 정진(鄭鎭)을 보내 기병(騎兵) 두어 명을 거느리고 가서 난을 돕고자 하다가 관군(官軍)에게 저지당해 되돌아갔습니다. 난이 이미 평정되자, 이튿날 공공연하게 백료(百僚) 위에 서서 마치 난에 참여하지 않은 것처럼

---

22 태조 7년(1398년) 10월 28일에 순군부(巡軍府)에서 기생 국화(菊花)를 한강(漢江)에 침장(沈葬)했다. 처음에 국화가 조준의 첩이 되었는데, 버림을 당하자 원망을 품어 다른 사람에게 말하기를 "조준이 반역할 뜻이 있습니다"라고 했다. 이에 조준이 그를 국문(鞫問)하기를 청하니, 명해 순군부에 국화를 가둬 공초(供招)를 받고 마침내 한강에 침장하게 했다.

했습니다. 그 간사함과 반복해서 임금을 업신여긴 마음이 더욱 분명하게 나타났으니 이것이 그 다섯 가지입니다.

그 밖에 음란하고 사치하고 무도(無道)해 전택(田宅)을 널리 점령하고 남의 노비[臧獲]를 빼앗은 것은 붓으로 다 기록할 수가 없습니다. 이것이 이른바 '크게 간악한 자는 충성스러운 듯하고, 크게 속이는 자는 믿음직스러운 듯하고, 크게 탐하는 자는 청렴한 듯하다'라는 것입니다. 만일 그 죄를 논(論)한다면, 왕법(王法)으로는 반드시 주살(誅殺)해 용서하지 못할 자입니다. 전하께서 만일 개국으로 공을 삼는다면, 정도전(鄭道傳)과 남은(南誾)이 모두 일등공신이면서도 주륙(誅戮)된 것은 그 공이 죄를 가리지 못하기 때문입니다. 또 개국의 공은 한때에 혹 있을 수 있는 것이요, 임금을 업신여기는 마음은 만세에 용납할 수 없는 것입니다. 만일 전하께서 이것을 용서하고 주살하지 않는다면 난신적자(亂臣賊子)가 연달아 일어날까 두렵습니다.

엎드려 바라건대, 대의로써 결단해 유사(攸司)로 하여금 직첩을 거두게 하고 그 죄를 국문해서 율에 따라 처결함으로써 난적의 싹을 막으소서. 아울러 조견(趙狷)과 정진(鄭鎭)을 삭직(削職)하고 논죄해서 먼 외방에 귀양 보냄으로써 후래를 경계하소서.'

서리(胥吏)를 보내 세 집을 둘러싸고 지키게 해서[圍守] 나오지 못하게 했다. 상이 소(疏)를 읽어보고 말했다.

"논한 죄목이 모두 과인이 아는 것과 다르니 더는 말하지 말라."

○ 조준(趙浚)·조견(趙狷)·정진(鄭鎭) 등을 용서했다.

삼성(三省)에서 굳게 간쟁(諫諍)하니, 조준이 전(箋-짧은 글)을 올려 사직했으나 윤허하지 않았다. 상이 말했다.

"이것은 조준의 죄가 아니다. 어찌 이것으로써 충량(忠良)한 사람을 잘못 해치려 하는가? 경 등이 만일 굳이 간쟁한다면, 마땅히 충량(忠良)을 잘못 해치는 죄로 연좌(連坐)시키겠다."

상이 준을 용서한 것은 이거이(李居易)·이무(李茂)가 논구(論救)한 때문이다.

무신일(戊申日-13일)에 방간(芳幹)을 안산군(安山郡)에 옮겨 안치했다. 청원군(靑原君) 심종(沈淙), 예조전서(禮曹典書) 성석인(成石因)을 토산(兎山)에 보내 방간에게 전지(傳旨)했다.

"토산(兎山)은 동북면(東北面)에 왕래하는 땅이고 또 네가 전에 영솔했던 군사들이 사는 곳이니, 네가 만일 오래 머물면 뒤에 반드시 말이 있을 것이다. 안산으로 가는 것이 좋겠다. 네가 받은 땅을 그 고을로 옮겨주고 또 식읍(食邑) 50호(戶)를 주겠으니, 네가 편의한 대로 땅을 맡고 사람을 부려서 천년(天年)을 마치도록 하라. 만일 정월 초하루를 당하거든 단기(單騎)로 서울에 들어와서 서로 생각하는 정을 펴도록 하라."

방간이 갓을 벗고 머리를 두드리면서 통곡했다.

경신일(庚申日-25일)에 대간(臺諫)이 교장(交章)해 박포(朴苞)를 주살(誅殺)하기를 청하자 그것을 따랐다.

삼성(三省)의 장무(掌務)가 일찍이 박포의 죄를 청하니, 상이 말했다.

"박포가 비록 죄가 있으나 공신이니 내가 차마 죽일 수가 없다."

또 소를 올렸다.

'형제의 지친은 빼어난 이가 중하게 여긴 바요, 난적(亂賊)의 당은 왕법에 반드시 복주하는 것입니다. 이것은 인륜을 두텁게 하고 큰 법을 밝혀서 종사(宗社) 만세(萬世)의 계책으로 하는 것입니다. 지금 박포가 간사한 뜻을 품고 거짓말에 넘어가도록 말을 만들고 틈을 얽어서 종친을 이간하고 사직을 위태롭게 하고자 꾀했으니, 왕법에서는 반드시 주살할 죄입니다. 지난번에 신 등이 두 번이나 천총(天聰)을 더럽혔으나 유윤(兪允)을 받지 못했으므로, 중외에서 실망하지 않는 이가 없습니다. 또 공신이 된 자는 마땅히 왕실의 안위(安危)를 생각해 충성을 다하고 절개를 닦기를 시종(始終) 변하지 않아야 하는데, 먼저 스스로 맹세를 배반하고 갑자기 다른 생각을 내어 왕실을 어지럽히기를 꾀했으니, 이것은 스스로 그 공을 허물어뜨린 것입니다. 전하께서 종사(宗祀)의 대계(大計)와 형제의 지친(至親)을 생각지 않고 공(功)을 의논해서 가볍게 용서하셨으니, 형제는 지친이라는 뜻과 왕법에 반드시 주살한다는 의리에 있어 어떠하겠습니까? 엎드려 바라건대 대의로 결단하시어 밝게 극형에 처해서 큰 법을 바로잡으소서.'

박포가 함주(咸州)에 있었는데, 헌부(憲府)·형조(刑曹)의 아전을 보고 탄식해 말했다.

"상께서 어질고 다움이 두터우시어[仁厚] 내가 생명을 연장한 지가 이미 달포가 넘었다. 죽어도 실로 무슨 한이 있겠는가!"

드디어 복주(伏誅)됐다. 이에 앞서 태상왕이 세자에게 일러 말했다.

"왜 박포를 주살하지 않는가?"

세자가 대답했다.

"공신이기 때문에 말감(末減-감형)에 따른 것입니다."

태상왕이 말했다.

"박포가 비록 공신이라도 스스로 중한 죄를 범했으니 주살하지 않을 수 있겠느냐?"

세자가 말했다.

"근일에 대간(臺諫)에서 주살하기를 청했기 때문에, 신이 왕에게 사뢰어 주살하려고 했습니다."

태상왕이 말했다.

"대간의 청이 참으로 옳다. 나라에 대간이 있는 것이 실로 중하지 않겠느냐!"

3월

기사일(己巳日-4일)에 민씨(閔氏)를 봉해 세자 정빈(貞嬪)으로 삼았다.

책문(冊文)은 이러했다.

'배필(配匹)을 중하게 하는 것은 인륜(人倫)을 두텁게 하는 것이요, 위호(位號)를 높이는 것은 명분(名分)을 바르게 하는 것이다. 이에 성대한 예전(禮典)에 따라서 아름다운 칭호를 세우노라.

아! 그대 민씨는 세가(世家-오랜 명문가)에 나서 군자(君子)의 배필이 되어 일찍부터 부드럽고 아름다운 의측(儀則-행실)을 나타냈고, 항상 고요하고 한결같은 마음을 가졌다. 그른 것도 없고 마땅치 않은 것도 없이 중궤(中饋)²³를 주장해 바르고 길(吉)했으며, 반드시 경계하고 반드시 조심해 내조(內助)를 다해서 삼가고 화합했도다. 이미 풍화(風化)의 근원을 두텁게 했으니 마땅히 종묘(宗廟)의 제사를 받들어야 하겠으므로, 그대를 책봉해 왕세자(王世子) 정빈(貞嬪)으로 삼노라.

아아! 늘 계명(鷄鳴)²⁴의 경계를 바쳐 덕음(德音)을 어기지 말고, 길이 인지(麟趾)²⁵의 상서로움에 응해 복록을 받을지어다. 나도 이로써 그대의 아름다움을 기뻐하노라.'

○ 왕세자와 더불어 제릉(齊陵)에 배알(拜謁)하고, 드디어 호곶(壺串)에서 사냥했다.

○ 다야점(多也岾)에서 사냥했다. 사사(使司)에서 막차(幕次)에 나아가 연향(宴享)을 베푸니, 지극히 즐기다가 밤에야 마쳤다. 상이 여러 재상(宰相)과 더불어 연구(聯句)를 짓게 해서, 성석린(成石璘)에게 좋은 말 1필을 내려주고 통천신록과서대(通天神鹿科犀帶) 1요(腰)를 풀어 문하찬성사(門下贊成事) 이거이(李居易)에게 내려주었다. 여러 재상이 모두 나가고, 상이 세자와 이거이(李居易)·이저(李佇)·이무(李茂)와 더불어 밤이 될 때까지 지극히 즐겼다. 세자가 일어나 춤을 추

---

23 『주역(周易)』 가인괘(家人卦)에 나오는 말이다. "밖에서 일을 행하는 바는 없고, 집 안에서 음식 장만하는 일을 주관하도다[無攸遂 在中饋]."
　　　　　　　　　　　　　무 유수　재 중궤
24 『시경(詩經)』 「제풍(齊風)」의 편명이다. 애공(哀公)이 황음(荒淫)하고 게을러서, 현비(賢妃)가 닭이 울어 조신(朝臣)들이 모이겠으니 어서 일어나라고 애공을 경계했다는 고사(故事)다.
25 『시경(詩經)』 「주남(周南)」의 편명이다. 문왕(文王)의 후비(后妃)가 인후(仁厚)해서 그 자손이 번성하기를 빈 것이다.

니, 상도 일어나 춤을 추었다. 이튿날 상이 술에 취해 일어나지 못했으므로 해가 기운 뒤에야 환궁했다. 내관(內官) 박영문(朴英文)이 말했다.

"전일에 전하께서 일어나 춤춘 것은 예(禮)가 아닙니다. 만일 태상왕 앞이었다면 괜찮습니다만, 어디에 임금이 세자 및 여러 신하와 더불어 대무(對舞)하는 예가 있습니까?"

상이 말했다.

"내가 취해서 내가 한 일을 알지 못하겠다."

경진일(庚辰日-15일)에 조준(趙浚)을 다시 판문하사(判門下事), 성석린(成石璘)을 좌정승, 민제(閔霽)를 우정승, 권근(權近)을 정당문학(正堂文學) 겸 대사헌(兼大司憲)으로 삼았다.

갑신일(甲申日-19일)에 세자가 신도(新都)에서 돌아오니, 상과 세자가 양청(涼廳)에 나아가서 사후(射侯-활쏘기) 하는 것을 구경하고 그 참에 잔치를 베풀어 지극히 즐겼다. 상이 일어나서 춤을 추니, 세자가 취한 것이 심해 상의 허리를 붙잡았다.

상이 말했다.

"이것이 너의 진정(眞情)이로구나!"

밤이 되어서야 마쳤다.

4월

병신일(丙申日) 초하루에 세자가 대궐에 나아와 연향(宴享)을 베푸니, 의안공(義安公) 이화(李和)와 이숙번(李叔蕃) 등이 시연(侍宴)했다. 공후(公侯)와 재상(宰相)이 차례로 일어나 춤추고, 상도 또한 일어나 춤추었다. 세자가 취해 쓰러지니, 상이 친히 사람을 시켜 부축해 일으켜서 돌아가게 했다.

신축일(辛丑日-6일)에 사병(私兵)을 혁파했다. 사헌부 겸 대사헌(兼大司憲) 권근(權近)과 문하부(門下府) 좌산기(左散騎) 김약채(金若采, ?~?)[26] 등이 교장(交章)해 소를 올렸다.

'병권(兵權)은 국가의 큰 권세이니, 마땅히 통속(統屬)함이 있어야 하고 흩어서 주장할 수 없는 것입니다. 흩어서 주장하고 통속함이 없으면, 이것은 태아(太阿)[27]를 거꾸로 쥐고 남에게 자루를 주는 것과 같이 제어하기 어려운 것입니다. 그러므로 군사를 맡은 자가 많으면 각각 도당을 심어서 그 마음이 반드시 달라지고, 그 형세가 반드

---

26 고려 공민왕 때 문과에 급제했으며, 성품이 강직해 권세가를 두려워하지 않았다. 우왕 때 좌사의(左司議)로 조반(趙胖)의 옥사를 다스리는 데 참여했는데, 염흥방(廉興邦)이 기필코 조반을 무복(誣服-강제에 의해 없는 죄를 있다고 자복하고 형벌을 받음)시키려고 참혹하게 다스리자, 홀로 불가하다고 주장해 마침내 조반을 석방하게 했다. 염흥방은 그 뒤 죽임을 당해 조야가 모두 통쾌하게 여겼다. 1388년(우왕 14년) 이성계의 위화도회군 때 지신사(知申事)로서 이에 항거했다 하여 외방에 유배됐다. 1400년(정종 2년) 문하부좌산기(門下府左散騎)로 있을 때는 훈친(勳親)에 사병을 허여하는 제도를 없애고 병권을 모두 중앙에 집중시키자고 역설해 단행하게 했다. 그 뒤 대사헌을 지냈고, 1404년 충청도 도관찰사가 됐다.

27 옛날 중국의 보검(宝劍)의 하나다.

시 나뉘어 서로서로 시기하고 의심해서 화란(禍亂)을 이루게 됩니다. 동기(同氣)간에 서로 해치고 공신(功臣)이 보전하지 못하는 것이 항상 여기에서 비롯되니, 이것이 고금의 공통된 근심입니다. 그러므로 공자(孔子)가 말하기를 "예전에는 집에 병기(兵器)를 감춰두지 않았다"[28]라고 했으니 사병(私兵)이 없었음을 말한 것이요, 『예기(禮記)』에서 말하기를 "병혁(兵革-군사와 무기)을 사가(私家)에 감춰두는 것은 예(禮)가 아니다. 이것을 일러서 인군을 협박하는 것이라 한다"라고 했으니 인신(人臣)에게 사병(私兵)이 있으면 반드시 강포(强暴)하고 참람(僭濫)해져서 임금을 위협하는 데 이르게 됨을 말한 것입니다. 성인(聖人)이 법을 세우고 교훈을 남기어 후환(後患)을 막은 것이 지극하다 하겠습니다. 옛날 송(宋)나라 태조(太祖)가 즉위하던 처음에, 조용히 담소(談笑)하면서도 능히 공신의 병권을 해제해서 그들로 하여금 보전(保全)할 수 있게 했으니, 후세의 규범이 될 수 있다 하겠습니다. 노(魯)나라의 삼가(三家)[29]와, 진(晉)나라의 육경(六卿)[30]과, 한(漢)나라 말년에 군웅(群雄)이 함께 일어난 것과, 당(唐)나라 말년에 번진(藩鎭)이 발호(跋扈)한 것이 모두 사병을 길러서 난을 꾸민 때문이니, 또한 후세의 경계가 될 만합니다.

우리 태상왕(太上王)께서 개국하던 처음에, 특별히 의흥삼군부(義

28 공자가 정공(定公)에게 한 말로, 『공자가어(孔子家語)』에 나온다.

29 춘추시대 노(魯)나라의 권신(權臣) 맹손씨(孟孫氏)·숙손씨(叔孫氏)·계손씨(季孫氏)를 가리킨다.

30 춘추시대 진(晉)나라의 권세를 잡았던 6족(族) 출신의 6경(卿)을 말하는데, 6족은 범씨(范氏)·중행씨(中行氏)·지씨(知氏)·조씨(趙氏)·위씨(魏氏)·한씨(韓氏)를 가리킨다.

興三軍府)³¹를 설치해서 오로지 병권을 맡게 하니 규모가 굉원(宏遠) 했습니다. 그때 의견을 내는 자들이 말하기를 "혁명(革命)하는 초기에 인심이 정해지지 않았으니, 마땅히 불우(不虞)의 변(變)을 방비해야 합니다. 훈신(勳臣)·종친(宗親)으로 하여금 각각 사병(私兵)을 맡게 해서 창졸(倉卒)의 일에 대응해야 합니다"라고 했습니다. 이 때문에 사병을 다 없애지 못했는데, 군사를 맡은 자가 도리어 난(亂)을 선동하기를 꾀해 화가 불측한 지경에 있었으나, 다행히 하늘이 전하를 인도하고 도와줘 난을 평정하고 사직을 안정시켰습니다. 오늘날에 이르러서도 사병을 두는 것을 오히려 전과 같이 인순(因循)해서 해제하지 않으므로, 대간(臺諫)이 이미 일찍이 글장을 올려 파하기를 청했으나 전하께서 종친과 훈신은 다른 마음이 없음을 보증할 수 있다 해서 다시 군사를 맡기게 했는데, 얼마 지나지 않아서 소장(蕭牆)³²의 화가 지친(至親)에서 발생했습니다.

이것으로 본다면 사병을 두는 것은 한갓 난(亂)만 일으키고 그 이익은 보지 못하는 것이니, 대간(臺諫)의 말이 이제 이미 들어맞았습니다. 그럼에도 사문(私門)의 군사를 지금도 역시 파하지 않으니, 장래의 화를 참으로 생각하지 않을 수 없습니다. 더구나 외방 각 도의 군마(軍馬)를 여러 절제사(節制使)에게 나눠 소속시켜서 혹은 시위

---

31 조선조 태조(太祖) 원년에 의흥친군(義興親軍)을 통할하기 위해 설치한 관서다. 태종(太宗) 3년에 삼군도총제부(三軍都摠制府)로, 세조(世祖) 12년에 오위도총부(五衛都摠府)로 개편했다.

32 『논어(論語)』「계씨(季氏)」편에 나오는 말이다. 소장이란 임금과 신하가 조회하는 곳에 세우는 병풍이다. '계손(季孫)의 근심거리는 소장(蕭牆) 안에 있다'라는 공자의 말에서 유래해 내부의 변란을 말한다.

(侍衛)라 칭하고 혹은 별패(別牌)나 사사 반당(伴儻)이라 칭하는데, 번거롭게 번상(番上)하고 소란하게 징발(徵發)해서 그 폐단이 심히 많으며 배종(陪從)이 많고 전렵(田獵)이 잦아서 그 수고로움이 또한 지극합니다. 사람이 굶주리고 말이 지쳤어도 비와 눈을 마구 맞아가며 사문(私門)에 숙직하므로, 군중의 마음이 원망하고 탄식하니 심히 민망한 일입니다. 지금의 큰 폐단 중에서도 이보다 더 심한 것이 없습니다.

바라건대 이제부터 서울에 머물러 있는 각 도의 여러 절제사(節制使)를 모조리 혁파하고 서울과 외방의 군마를 모두 삼군부(三軍府)에 붙여 공가(公家)의 군사로 삼음으로써, 체통(體統)을 세우고 국권을 무겁게 하며 인심을 편안케 하소서. 양전(兩殿)의 숙위(宿衛)를 제외하고는 사문(私門)의 숙직을 일절 모두 금단(禁斷)하고, 조회하는 길에도 사사 반당(伴儻)으로 하여금 병기를 가지고 근수(根隨-심부름)하는 일이 없게 해서, 예전의 '집에 병기를 감춰두지 않는다'는 뜻에 응하고 후일에 서로 의심해서 난을 꾸미는 폐단을 막는다면 국가에 심히 다행하겠습니다.'

소(疏)가 올라가니 상이 세자와 더불어 의논한 뒤 곧바로 시행하게 했다. 이날 여러 절제사가 거느리던 군마를 해산하고 모두 그 집으로 돌아가게 했는데, 이저(李佇-이거이의 아들이자 태조 사위)가 평주(平州)에서 사냥하다가 아직 돌아오지 않았으므로 삼군부(三軍府)에서 사람을 보내 빨리 돌아오게 했다. 이거이(李居易) 부자와 병권을 잃은 자들이 모두 씩씩거리며 밤낮으로 같이 모여서 격분하고 원망함이 많았다.

○ 문하시랑찬성사(門下侍郎贊成事) 하륜(河崙)에게 명해 관제(官制)를 다시 정하게 했다. 도평의사사(都評議使司)를 고쳐 의정부(議政府)로 하고 중추원(中樞院)을 고쳐 삼군부(三軍府)로 해서, 직임이 삼군(三軍)을 맡은 자(者)는 삼군에만 전적으로 나가고 의정부에는 참여하지 못하게 했다. 좌복야(左僕射)·우복야(右僕射)를 고쳐 좌사(左使)·우사(右使)로 하고, 다시 예문관(藝文館)의 태학사(太學士) 1원(員), 학사(學士) 2원(員)을 두고, 중추원 승지(中樞院承旨)를 고쳐 승정원 승지(承政院承旨)로 하고, 도평의사사 녹사(都評議使司錄事)를 고쳐 의정부 녹사(議政府錄事)로 하고, 중추원 당후(中樞院堂後)를 승정원 당후(承政院堂後)로 했다. 조준(趙浚)을 평양백(平壤伯), 이화(李和)를 영삼사사(領三司事) 판의정부사(判議政府事), 이거이(李居易)를 판문하의정부사(判門下議政府事), 성석린(成石璘)을 판의정부사(判議政府事), 민제(閔霽)를 판의정부사로 삼았다. 성석린의 공신 호를 고쳐 동덕찬화(同德贊化)라 하고, 민제를 동덕좌명(同德佐命)이라 해서 아울러 녹군국중사(錄軍國重事)를 가(加)하고, 정탁(鄭擢)을 예문춘추관(藝文春秋館) 태학사(太學士)로 삼았다. 도총제(都摠制) 이하는 의정부사(議政府事)를 겸하지 못하게 했고, 정구(鄭矩)를 승정원(承政院) 도승지(都承旨)로 삼았다.

이에 앞서 대성(臺省)에서 다시 교장(交章)을 올려 말했다.

'병권은 흩어서 통속이 없게 할 수도 없고, 또한 치우쳐서 혼자 전장(專掌)하게 할 수도 없습니다. 흩어져서 통속이 없으면 그 위엄이 나눠지고 치우쳐서 혼자 전장하면 그 권세가 옮겨지니, 위엄이 사람들에게 나눠지거나 권세가 아래로 옮겨가는 것은, 난(亂)을 일으키는 것은 마찬가지입니다. 신 등이 전일에 글장을 올려 사병(私兵)을 혁파해서 삼군부(三軍府)에 붙임으로써 위엄이 나눠지는 폐단을 막기를 청했는데, 곧 유윤(兪允)을 받았으므로 여러 사람이 마음으로 기뻐합니다. 그러나 중요한 군사를 한 부(府)에 돌린다면 치우쳐서 맡게 되니, 권세가 옮겨가게 되는 근심을 미리 막지 않을 수 없습니다.

신 등이 삼가 상고하건대, 옛날 병법의 설치에는 명령을 발하고 군사를 발하고 군사를 맡는 차등이 있었습니다. 명령을 발하는 자는 재상이요, 군사를 발하는 자는 중간에 있는 총제(摠制)요, 군사를 맡은 자는 명령을 받아서 행하는 자였습니다. 재상은 임금의 명령을 품(稟)한 것이 아니면 명령을 발하지 못하고, 총제는 재상의 명령이 있을 때가 아니면 군사를 발하지 못하고, 군사를 맡은 자는 총제의 명령이 있을 때가 아니면 행(行)할 수 없었습니다. 상하(上下)가 서로 유지(維持)해 체통이 문란하지 않았으므로, 비록 변을 꾸미고자 하더라도 능히 스스로 움직일 수 없었습니다. 이것이 정해진 법이었습니다.

고려의 옛 제도는 당(唐)나라·송(宋)나라를 본받았는데, 성재(省宰)는 나라의 정치와 군국(軍國)의 일을 맡아서 통속하지 않은 바가 없었으므로 곧 명령을 발하는 자요, 중추(中樞)는 군기(軍機)를 맡았으므로 곧 총제(摠制)해 군사를 발하는 자입니다. 여러 위(衛)의 상장군(上將軍)·대장군(大將軍) 이하는 부병(府兵)을 전장(專掌)해 숙위(宿衛)를 맡아서, 변이 있을 때 작으면 낭중(郞中)·낭장(郞將)을 보내고 크면 장군(將軍) 이상을 보내서 적(敵)에 대응케 함으로써 일찍이 패배한 적이 없었으니, 이것이 군사를 맡은 자입니다. (고려는) 원(元)나라를 섬긴 이후로 국가에 일이 많아서 성재(省宰)와 중추(中樞)가 모여 일을 의논했는데 이것을 양부합좌(兩府合坐)라 했고, 인하여 도평의사사(都評議使司-양부합좌의 후신)를 두었습니다. 충렬왕(忠烈王) 이후에 부병(府兵)이 점점 무너지자 비로소 재상을 보내 군사를 거느리고 적에 대응했으니 옛 제도가 아닙니다.

우리 태조(太祖)께서 개국한 처음에, 양부합좌하는 것을 인습해서 고치지 않고 의흥삼군부(義興三軍府)를 두어 군무(軍務)를 전장(專掌)하게 했습니다. 이로 말미암아 재상은 군정(軍政)을 듣지 못하고 중추(中樞)는 군기(軍機)를 맡지 못하니, 옛 법에 어그러지는 것입니다. 중추(中樞)의 벼슬이 실상 허직(虛職)이 되어, 인원은 많고 위계(位階)는 높지만, 한갓 녹봉만 받을 뿐입니다.

바라건대 이제부터 중추(中樞)를 혁파하고 삼군부(三軍府)를 녹관(祿官)으로 삼아서, 성재(省宰) 이상으로서 겸직할 수 있는 자는 곧 절제(節制)를 겸직하고, 녹관은 중추(中樞)의 예에 의해 지삼군(知三軍)·동지삼군(同知三軍)·첨서(簽書)·학사(學士) 각각 1원(員)으로 하되 모두 문관이나 무관 중에서 잘 모획(謀畫)하고 능하게 판단하는 자로 하소서. 사사(使司)의 직함은 합좌(合坐)해서 군국(軍國)의 정사를 더불어 토의하게 해서, 무릇 군(軍)에 관한 일이 있으면 사사(使司)에서 임금의 명령을 품(稟)해 받아서 삼군부(三軍府)에 옮김으로써 재상이 명령을 발하는 법에 응하게 하소서. 여러 절제사(節制使)는, 성재(省宰)가 겸직하는 것을 제외하고는, 삼군(三軍)에 각각 1인을 녹관(祿官)으로 하여, 비록 중추(中樞)를 지내어 위차(位次)가 지

(知)·동지(同知)의 위에 있더라도 다만 1군(軍)만 절제(節制)하게 하소서. (여러 절제사는) 삼군(三軍)을 통솔할 만한 정도는 아니오니 사사(使司)의 직함을 띠는 것을 허락하지 말고, 직접 본부(本府)에 앉아 서울과 외방의 군무(軍務)를 다스리게 함으로써 총제(摠制)의 직책을 존중하게 하소서. 여러 위(衛)의 상장군(上將軍)·대장군(大將軍)은 합해 삼군부(三軍府)에 붙여 그 일에 이바지하게 하소서. 여러 절제사와 상장군·대장군 이하는 번(番)을 나눠 숙위(宿衛)해 불우(不虞)의 변에 대비하고 군사를 맡는 직임에 이바지하게 하되, 변이 있으면 절제(節制) 이하가 명령을 받아서 나가게 하소서. 이렇게 하면 이미 통속이 있어서 위엄이 나눠지지 않고 또한 혼자 전장(專掌)하기 어려워져서 권세가 옮겨가지 않으므로, 이름과 실상이 서로 부합하고 체통(體統)이 존엄해져서 실로 자손만대의 아름다운 법이 될 것입니다.'

가납(嘉納)했다.

○ 노한(盧閈)을 공조의랑(工曹議郞)으로 삼고, 전리(田理)를 사헌시사(司憲侍史)로 삼았다. 애초에 노한이 시사로, 전리가 의랑으로 됐는데, 세자(世子)가 상에게 말했다.

"민제(閔霽)가 정승이 됐는데 그 사위 노한을 헌관(憲官-사헌부 관리)으로 삼으니, 사리에 맞지 않습니다."

그것을 따라 그 직(職)을 바꾸었다.

계축일(癸丑日-18일)에 판문하부사(判門下府事) 이거이(李居易)로 하여금 판상서사사(判尙瑞司事)를 겸하게 하고, 예문춘추관(藝文春秋

218

館) 태학사(太學士)·학사(學士)와 삼군총제(三軍摠制)는 모두 의정부를 겸하게 했다. 이거이가 문하시랑(門下侍郎)에서 판문하로 뛰어 승진했는데, 오히려 정승이 되지 못한 것을 불만스럽게 여겨 다른 사람에게 말했다.

"내가 나이 아직 늙지 않았다. 비록 판문하(判門下)에 승진했으나, 솥을 머리에 이고 깊은 연못에 들어가는 것 같다."

그 형 이거인(李居仁, ?~1402년)[33]이 듣고서 탄식하며 사람들에게 두루 말했다.

"이거이가 자기 재주와 다움은 헤아리지 않고 다만 공신인 것과 그 아들이 임금에게 사랑 받는 것으로써 정승에 마음이 있었으니, 이 때문에 그 말이 이와 같다."

○ 참판삼군부사(參判三軍府事-삼군부 참판사) 조영무(趙英茂)를 황주(黃州)에 유배 보냈다. 애초에 대간(臺諫)에서 조영무와 참찬문하부사(參贊門下府事) 조온(趙溫), 지삼군부사(知三軍府事) 이천우(李天祐) 등을 탄핵해서, 서리를 보내 그 집을 지키게 하고 교장(交章)해서 상언(上言)했다.

'병권은 흩어서 주장할 수 없고, 마땅히 체통이 있어야 합니다. 그

---

33 우왕 초에 밀직부사를 지내고, 1382년(우왕 8년) 경상도 도순문사로 왜구를 소탕했다. 1388년에 지문하(知門下)로 상만호가 돼 임견미(林堅味) 사건을 맡았고, 1389년(공양왕 1년) 문하평리(門下評理)로 재직 시에는 김저(金佇)의 옥사에 연루, 유배됐다가 1391년 경상도관찰사로 다시 등용됐다. 이듬해 조선이 건국되자 삼사좌사(三司左使)로 진위사(陳慰使)가 돼 명나라에 다녀와서 뒤에 청천백(淸川伯)에 봉해졌다. 1394년(태조 3년) 판개성부사로 있을 때 전날 사신으로 밀무역을 한 일과 타인의 가기(家基)를 탈취한 일로 사간원의 탄핵을 받아 이듬해 파직됐다. 1399년(정종 1년) 조박(趙璞) 살해 음모에 연루, 청주에 유배됐고, 이듬해 판삼사사(判三司事)로 치사했다.

러므로 지난번에 신 등이 사병(私兵)을 혁파할 것을 청했는데, 전하가 그대로 윤허하시고 시행해서 서울과 외방의 군마를 모두 삼군부(三軍府)에 붙였으니, 신민(臣民) 중에 기뻐하지 않는 이가 없습니다. 이것은 환란을 염려하고 위태한 것을 막는 것이므로 종사(宗社) 만세의 큰 계책이 되는 것입니다.

(그런데) 지금 조영무는 삼군부(三軍府)에서 병기(兵器)를 거둬들일 때를 맞아 즉시 수납(輸納)하지 않고, 삼군부 사령(使令)을 구타해 상하게 하고 그 군관(軍官)의 패기(牌記)[34]를 여러 날 동안 보내지 않았으며 많은 사사로운 반당(伴儻)을 숨겼습니다. 또 세자(世子)에게 군사를 혁파하는 까닭을 갖고서 경솔하게 불손한 말을 하면서 옥신각신 힐난했고, 서로 모여 음모해서 화란(禍亂)을 선동하려 했습니다. 이천우·조온 등도 또한 모두 패기(牌記)를 곧장 수납하지 않고 여러 날을 끌면서 임의로 군목(軍目)을 줄였고, 모여서 부도한 일을 꾀했습니다. 위의 조영무 등은 모두 공신이니 마땅히 국가의 대체(大體)를 생각해서 교지(敎旨)를 내리던 날에 가지고 있던 군목(軍目)·군기(軍器)를 즉시 공가(公家)로 돌려야 할 터인데, 생각이 여기에 미치지 않고 도리어 불평불만을 품어 왕지(王旨)를 좇지 않고 사사로이 군병(軍兵)을 감추고 있으니, 도모하는 바가 불측합니다. 만일 일찍 도모하지 않는다면 꼬리가 커져서 흔들지 못하는 근심이 있을지 어찌 알겠습니까? 이에 임금을 무시하고 음흉 간사한 죄를 다스리지 않을

---

34 사병(私兵)에 소속한 군인들의 군적(軍籍)을 기록한 장부다. 여말선초에 사병을 거느린 자는 각기 따로 패기(牌記)를 가지고 있었다.

수 없습니다.

엎드려 바라건대, 전하께서 깊이 생각하고 멀리 염려해서 곧 유윤(兪允)을 내리시어, 조영무·이천우·조온은 그 고신(告身)을 거두고 그 죄를 국문해 율에 따라 시행함으로써 난의 근원을 막으소서.'

따르지 않았다. 이날에 대간(臺諫)에서 다시 소를 올렸다.

'신 등이 조영무·이천우·조온 등이 사병(私兵)을 혁파한 뒤에 사사로이 군병을 숨기고 모여서 음모한 사실을 소(疏)로 갖춰 아뢰었사온데, 전하께서 즉시 유윤(兪允-그대로 윤허함)하지 않으시니 신 등은 간절한 마음을 이기지 못하겠습니다. 가만히 생각건대, 임금이 명령하면 신하가 행하는 것이 예(禮)의 큰 것입니다. 만일 예가 없다면 어떻게 군신(君臣)이 될 수 있고 어떻게 국가가 될 수 있겠습니까? 전하가 국가의 대계(大計)로써 사병(私兵)을 혁파해 모두 삼군부(三軍府)에 붙였는데, 지금 조영무 등이 전하의 원대한 계책을 생각지 않고 병권을 잃는 것을 한스럽게 여겨 분하고 원망하는 마음을 품어서, 왕지(王旨)에 따르지 않고 군목(軍目)과 병기(兵器)를 곧 수납(輸納)하지 않았으며 마음대로 삼군부(三軍府)의 공문[牒]을 가지고 간 사령(使令)을 때리고 서로 모여서 음모했으니, 그 조짐을 측량하기 어렵습니다. 더욱이 불손한 말로 세자(世子)에게 반항했으니, 그 예(禮)를 범하고 능멸한 참람한 죄상이 또한 이미 밝게 나타났습니다. 신하로서 이 지경에 이르렀는데도 너그럽게 용서함을 얻는다면, 신 등은 장차 견빙(堅氷)[35]의 근심이 이르고 발호(跋扈)하는 마음을 징계할 바가 없

---

35 『주역(周易)』 곤괘(坤卦)에 나오는 말로, 신하의 간사함은 처음에는 미미하게 시작하지만,

게 될까 봐 두렵습니다. 엎드려 바라건대, 전하께서는 한결같이 전의 소에서 아뢴바 죄상의 조건에 의해 대의(大義)로 결단하소서.'

상이 공신이라 하여 또 따르지 않았다. 이날에 대간이 또 소를 올렸다.

'신 등이 조영무 등이 범한 일이 대체(大體)에 관계되므로 그 죄를 다스리기를 청했는데 전하께서 그들이 공신이라 하여 유윤하지 않으시니, 신 등이 황공하고 간절함을 스스로 그치지 못해 다시 천총(天聰)을 더럽힙니다. 상벌이 밝지 않으면 착한 일을 하는 자를 권면할 바가 없고 악한 짓을 하는 자를 징계할 바가 없습니다. 그러므로 나라를 잘 다스리는 이는 반드시 상벌을 중(重)하게 여겼습니다. 전하께서 조영무 등이 왕실에 공이 있다 해서 두터운 상으로 보답해 부귀하게 하시니 상은 큽니다만, 지금 공을 믿어서 능멸하고 참람하여 신하로서 하지 못할 죄를 범했는데도 벌을 가하지 않으셨습니다. 전하가 비록 공신(功臣)은 다른 마음이 없는 것을 보증할 수 있다 해서 지성으로 돕고 허여(許與)하시나, 불우(不虞)의 변은 매번 공신의 손에서 나옵니다. 만일 공(功)을 논해 가볍게 용서하신다면 사람사람마다 더욱 전횡방자(專橫放恣)한 마음을 내어 두려워하는 바가 없을 것이니, 제 몸을 보전하지 못할 뿐 아니라 국가에도 장차 반드시 화란이 있을 것입니다. 엎드려 바라건대 전하께서는 전의 소에서 아뢴바에 의해 삭직(削職)하고 국문해서, 율에 따라 논죄해 난의 근원을 막으소서.'

끝에 가서는 견고해진다는 뜻이다.

상이 말했다.

"조영무는 범한 것이 중하니 외방에 귀양 보낼 만하고, 이천우와 조온은 다시 의논하지 말라."

○ 지삼군부사(知三軍府事) 이천우(李天祐)와 참찬문하부사(參贊門下府事) 조온(趙溫)을 파면했다.

대간(臺諫)이 또 소를 올려 조영무·이천우·조온 등의 죄를 청하기를 두 번에 이르렀으나, 상이 모두 윤허하지 않았다. 이에 대간이 함께 대궐 뜰에 나아가 굳게 청했으나 상이 또 좇지 않으니, 대간이 모두 언관의 책임을 다할 수 없다 하여 사직서를 올렸다. 상이 보고 놀라서 말했다.

"대성(臺省)이 어찌 이렇게까지 하는가!"

곧 세자를 불러 물었다.

"대성이 내가 그 말을 들어주지 않는다고 해서 모두 사직하고 물러갔으니, 어떻게 처리할까?"

세자가 말했다.

"간관의 말을 좇지 않을 수 없습니다."

상의 뜻이 이에 결정되어, 드디어 대성(臺省)을 부르고 도승지(都承旨) 정구(鄭矩)를 시켜 뜻을 전해 말했다.

"지난번에 경들이 아뢴 바가 옳지 않은 것은 아니나, 다만 두 사람이 훈신(勳臣)·친척(親戚)인 때문에 차마 갑자기 결단하지 못했다. 내가 마땅히 따르겠으니, 경들도 마땅히 직사에 나와야 한다."

드디어 그 사직서를 돌려주고, 이어서 이천우와 조온의 관직을 파면했다. 세자가 간의(諫議) 서유(徐愈)에게 일러 말했다.

"근일에 조영무·조온·이천우의 일은 처결하기가 어렵지 않은가? 언관(言官)들이 소를 올려 말하기를 '조영무·이천우 등이 음모하고 모였다'라고 하니 과연 그 말과 같다면 국문(鞫問)해 후일을 경계하는 것이 사리에 마땅하나, 다만 그 음모한 여부를 정확히 알 수 없다. 상께서 이러한 까닭으로 어쩔 수 없이 가벼운 법전(法典)에 따라서 파직(罷職)만 하여 공신(功臣)을 보전한 것이다."

서유가 대답했다.

"신 등은 직책이 간쟁(諫諍)에 있으므로 감히 입을 다물고 있지 못한 것입니다. (하지만) 근일 전하의 처결은 곧 빼어난 이의 권도(權道-임시방편)입니다."

○ 조영무(趙英茂)를 서북면 도순문사(西北面都巡問使) 겸 평양윤(兼平壤尹)으로 삼았다. 조영무가 적소(謫所-유배지)에 이르기 전에 이 명을 받았다.

○ 기년(朞年)·대공(大功)의 친족을 모두 군(君)에 봉했다.

대사헌 권근(權近)과 좌산기(左散騎) 김약채(金若采) 등이 교장(交章)을 올려 말했다.

'왕자(王者-임금다운 임금)의 덕은 친족에 화목하는 것보다 앞서는 것이 없으니, 친족에 화목하는 도리는 부귀하고 안전하게 하는 데 있습니다. 옛 제왕(帝王)이 동성(同姓)을 봉건제후(封建諸侯)로 삼아 열작(列爵)으로 높인 것은 귀하게 하는 것이요, 토지로 먹고살게 하는 것은 부(富)하게 하는 것이요, 왕조(王朝)의 벼슬을 맡기지 않는 것은 안전하게 하는 것입니다.

대개 벼슬을 맡기면 반드시 일을 책임 지우게 됩니다. 허물이 있는데, 묻지 않으면 왕법(王法)을 폐하는 것이요 다스리면 사은(私恩)을 폐하는 것이니 두 가지가 모두 도리에 합하지 않기 때문에, 그 친애하는 마음을 온전히 하고자 해서 반드시 직사(職事)를 맡기지 않는 것입니다. 고려 때에 종실(宗室)을 대접한 것이 매우 그 도리를 얻었으니, 군(君)을 봉해 귀하게 하고 녹(祿)을 후하게 해서 부(富)하게 하며 지위를 백료(百僚) 군신의 위에 두었으나 일찍이 직사(職事)를 맡기지 않았습니다. 출입할 때는 반드시 의위(儀衛)를 갖추었고 의위가 갖춰지지 않으면 감히 가볍게 나가지 않았으니, 그 지위가 존엄하고 그 형세가 안전하여 함께 안부(安富)와 존영(尊榮)의 복(福)을 누리어 100년을 내려왔습니다. 어찌 아름답지 않습니까?

우리 국가가 창업하던 처음에 법제가 갖춰지지 못해 종친과 부마(駙馬)를 공(功)이나 재주로써 혹은 조관(朝官)을 제수하고 혹은 병권(兵權)을 맡겼는데, 이를 인습해서 고치지 못한 채 오늘에 이르러 크게는 군사를 끼고 화란을 꾸미고 작게는 법을 범해 탄핵을 당하게 되니, 온전하고 편안하게 하는 도리가 옛날에 비해 어그러집니다. 또 주(周)나라의 종맹(宗盟)[36]에 이성(異姓)을 뒤로한 것은 동성(同姓)을 높인 것인데 지금은 귀한 동성을 조반(朝班)에 잡처(雜處)해서 여러 신하 가운데 서게 하니, 금지(金枝)를 중하게 하는 바가 아닙니다.

---

36 천자(天子)와 제후(諸侯)의 맹약(盟約)이다. 종(宗)은 천자(天子)를 뜻한다고 하는데, 일설(一說)에는 동종(同宗)을 뜻한다고도 한다.

바라건대, 이제부터 종친을 보전하는 도리를 한결같이 고려의 옛 것에 의하소서. 종친과 부마는 모두 공(公)과 후(侯)로서 사제(私第)에 있게 해서, 군국(軍國)의 직사를 맡지 못하게 하소서. 그 지서(支庶)의 족속(族屬)은 혹은 군(君)을 봉하고 혹은 원윤(元尹)·정윤(正尹)을 제수해서, 모두 녹(祿)을 후하게 해 부귀에 이르게 하고 한가롭게 놀면서 길이 존영(尊榮)을 누리게 하소서. 또 고려의 옛 법식을 상고해 의위(儀衛)를 정해서 출입할 때는 반드시 의위를 갖춰 행(行)하게 하고, 의위를 갖추지 않고 감히 가볍게 나가는 자가 있거든 헌사(憲司)에서 규리(糾理)하게 하소서. (이로써) 공족(公族)을 높이고 이성(異姓)을 구별함으로써 범죄의 근원을 막고 친족을 화목하게 하는 도리를 온전히 하게 하소서.'

상이 말했다.

"기년(朞年-형제)·대공(大功-사촌)의 친족들은 직사를 맡기지 말고 모두 군(君)을 봉(封)하도록 하고, 나머지는 모두 의논하지 말라. 그 의위(儀衛)에 대한 것은 예조(禮曹)에서 의논하라. 단, 과인(寡人)은 부마(駙馬)가 없으니, 부마의 의위(儀衛)와 일을 맡기는 여부는 의논하지 말라."

5월

을축일(乙丑日-1일)에 종친과 부마로 하여금 직사(職事)를 맡지 못하도록 영을 내렸다.

대사헌 권근(權近)과 좌산기(左散騎) 김약채(金若采) 등이 다시 교장(交章)해 말씀을 올렸다.

'전일에 신 등이 교장해서 고려의 옛 제도에 따라 종친(宗親)·부마(駙馬)의 부귀하고 안전한 도리와 출입할 때의 의위(儀衛)의 제도를 청했는데, 과인은 부마가 없다고 하신 왕지(王旨)를 삼가 받들었습니다. 신 등이 가만히 고전(古典)을 상고해보니, 부마(駙馬)라는 것은 여러 신하의 아들이 종실의 딸에게 장가든 자의 통칭(通稱)이지, 당대(當代) 제왕(帝王)의 친딸이 하가(下嫁)한 사람만을 이르는 데 그친 것은 아닙니다. 하물며 신 등이 전일에 아뢴 것은, 대개 종친(宗親)·종녀(宗女)도 고루 다 조종(祖宗)의 자손이니 마땅히 왕자(王者)와 더불어 부귀를 누려 안전하게 해야 한다는 것을 말한 것입니다. 만일 영광스럽게 하고자 해서 일과 권세를 맡겼다가 혹 법을 범해 견책(譴責)을 면하기 어렵게 된다면 그 총애하는 바가 도리어 화를 주는 것입니다. 그러므로 그 부귀를 극진하게 하되 일과 권세를 맡기지 아니하여 안전한 복(福)을 누리게 하기를 청한 것입니다. 이것은 일시의 권의(權宜-임시로 마땅한바)를 위한 것이 아니라 실상은 만세(萬歲)의 종친을 보전하는 아름다운 법전을 만들고자 하는 것입니다.

바라건대, 이제부터 여러 신하 중에 임금의 친딸이나 친자매에게 장가든 자는 작(爵)을 봉(封)하기를 차서(次序)대로 하고, 아울러 종친과 똑같이 후(侯)를 봉해서 귀하게 하고 녹(祿)을 후하게 해서 부(富)하게 하되 군국(軍國)의 일을 책임 지우지 말아서 안전(安全)한 복(福)을 보전하게 하소서. (그리하면) 전하는 친척을 화목하게 하는 덕이 있고 종친은 존영(尊榮)을 누리게 되어, 나라와 더불어 즐거움을 같이해서 영구히 근심이 없을 것이니 어찌 아름답지 않겠습니까? 출입하는 의위(儀衛)도 여러 신하와 분별이 없을 수 없으니, 마땅히 제택(第宅)과 의위가 있어 그 귀함을 나타내야 합니다. 바라건대 예관으로 하여금 고금(古今)을 참작해 그 의위를 상정(詳定)하게 하소서.'

소(疏)를 무릇 세 번이나 올렸는데, 이때에 이저(李佇)가 태상왕(太上王)의 부마로서 판삼군부사(判三軍府事)가 되자 군정(軍政)을 총할(總轄)해서 횡포가 심했기 때문에 대간(臺諫)이 극론(極論)한 것이다. 상이 말했다.

"부마는 동성종친(同姓宗親)의 예와 같이 논할 수 없고 또 그 의위도 뒤에 마땅히 거행하겠으니, 지금은 일단 정지하라."

이날 대간이 다시 교장(交章)해서 말했다.

'신 등이 여러 차례 교장(交章)해서 종친과 부마가 길이 존영(尊榮)을 누리고 보전되어 근심이 없는 도리를 청했습니다. 역대 이래로 스스로 이뤄진 법규가 있는데, 태상왕이 개국하시던 처음에 법제가 갖춰지지 못해서 종친 부마를 대접하는 도리가 다 적의(適宜-마땅함)함을 얻지 못했습니다. 그러므로 무인년 이래로 능히 보전하지 못한 사단(事端)을 이미 두 번이나 경험했습니다. 신 등이 이를 생각하면 매번 마음 아픈 것이 간절합니다. 이제야 옛날 뛰어난 왕(王)들이 법을 세우고 제도를 정해 종친·부마로 하여금 부귀를 누리게 하되 일을 맡기지 않아서 길이 존영을 보전하게 한 것이, 그 생각이 원대한 것을 알겠습니다. 엎드려 바라건대, 멀리 예전 어진 왕들의 뜻을 본받고 가까이 무인년 이래의 일을 경계해, 되도록 종친·부마로 하여금 편안히 부귀를 누리게 하고 일 때문에 번거롭지 말게 하소서. (그리하면) 한가롭게 놀고 즐겨 길이 근심이 없어서, 존영의 극진함을 보전하고 보전의 도를 두텁게 하게 될 것입니다. 출입하는 의위(儀衛)도 지난번에 교장(交章)에서 아뢴 바에 의해 제도를 세워서 성헌(成憲)을 만드소서.'

상이 그 소(疏)를 옳게 여겼으나, 의위의 제도에 대해서는 다시 논하지 말게 했다.

임신일(壬申日·8일)에 대간(臺諫)에서 소를 올려 이거이(李居易)와 이저(李佇), 이천우(李天祐)를 외방에 안치할 것을 청하니, 윤허하지 않았다. 소는 이러했다.

'지난번에 신 등이 교장(交章)해서 사병(私兵)을 혁파하기를 청한 것은 종친과 훈신을 위해 부귀를 보전하고 길이 존영(尊榮)을 누리게 하려 함이었는데, 곧 유윤(兪允)을 받았으니 중외(中外)가 기뻐합니다. 그러나 판문하부사 이거이(李居易), 상당후 이저(李佇) 등은 전하의 보전하려는 뜻을 생각지 못하고 병권을 놓기 아까워 속으로 분노와 원망을 품어서, 그 사병(私兵)의 패기(牌記)를 가지고 시일을 끌면서 곧 삼군부(三軍府)에 바치지 않았고, 조영무(趙英茂) 등은 서로 모여서 원망하고 비방했습니다. 그때 신 등은 그들이 종실의 연인(連姻)임으로 곧 논집(論執)하지 않고, 다만 조영무 등의 죄만 청했습니다. 마땅히 부끄러워하고 뉘우쳐서 스스로 새로워져[自新] 편안하고 영화스러운 것을 보전하기를 생각해야 할 터인데, 오히려 개전(改悛)하지 않고 분한(憤恨)을 품고서 서로 더불어 말하기를 "한두 놈이

한 덩어리 고기와 같다"라고 하며 그 분한을 풀려고 했습니다. 도대체 신하로서 곧 군사를 내놓지 않고, 또 사감(私憾)으로 사람을 고기에 비유해 감히 난을 꾸미려 했습니다. 또 더군다나, 이거이는 지난날에 평원군(平原君) 조박(趙璞)을 모해한 정상이 이미 드러났으며 심지어 그의 형을 순군옥(巡軍獄)에 가두고 그 일을 힐문했으니, 공술한 것이 모두 사실이었습니다.

처음에는 그 조카사위를 해치려 했고, 뒤에는 그 친형을 유배 보냈으니, 인륜에 있어서 어떠합니까? 인친(姻親)인 까닭으로 내버려두고 묻지 않았으나, 이 사람의 마음이 보증하기 어려운 것은 전하께서 밝게 아시는 것입니다. 이는 갑자기 귀하게 돼 그 세력을 믿고 교만 방자한 기운이 커져 여기에 이른 것입니다. 그 세력을 믿는 마음으로 하여금 군사를 내놓은 감정을 오랫동안 품게 했으니, 만일 하루아침에 교만하고 사나운 성질을 이기지 못해 그 욕심을 부리게 되면 화란(禍亂)의 발생(發生)이 그 극(極)을 헤아릴 수 없을 것입니다. 법에 의거해 죄를 논하면 마땅히 국문해야 하겠으나 훈친(勳親)으로서 팔의(八議)[37]에 있으니, 바라건대 이거이·이저와, 또 같은 마음으로 결당한 이천우(李天祐) 등을 외방에 안치해서 교만하고 사나운 마음이 없어지게 하소서. 뉘우치고 깨닫는 마음이 생긴 연후에 조정에 돌아오게 해서 그 봉읍(封邑)을 회복하게 하면 화란의 흔단(釁端-틈이나 실마리)이 생기지 않고 길이 부귀를 보전하게 되므로, 전하께서는 보

---

37 형벌을 감(減)해주는 여덟 가지 조건을 말한다. 『당률소의(唐律疏議)』에 의하면, 의친(議親)·의고(議故)·의현(議賢)·의능(議能)·의공(議功)·의귀(議貴)·의근(議勤)·의빈(議賓)이라고 한다.

전하는 다움이 있고 저들도 안영(安榮)의 복을 누릴 것입니다.'

상이 종친과 공신이라 해서 모두 문죄하지 말게 했다. 이날 대간
(臺諫)에서 다시 교장(交章)을 올렸다.

'신 등이 이거이(李居易)·이저(李佇)·이천우(李天祐) 등을 외방에
안치하자는 일로 소(疏)를 갖춰 논계(論啓)한 것은, 종친과 공신인 까
닭으로 감히 법으로 논집(論執)하지 못하고 우선 외방에 처하게 함
으로써 교만한 기운을 막아 없애 마음을 고치고 생각을 바꿔 선(善)
으로 돌아오게 한 연후에 소환하고 복작(復爵)해서 부귀를 누리게
하자는 것이었습니다. 이는 실로 그들을 위해 교만 방자하고 불법한
싹을 막고 길이 존영(尊榮)을 편안히 누릴 수 있는 계책이 되는 것입
니다. 전하가 차마 물리쳐 보내지 못하고 다시는 의논하지 말게 하셨
으나 이는 다만 한때의 은혜요, 신 등이 아뢰는 것은 실로 종친과 공
신을 위해 구원(久遠)한 계책을 도모하는 것이니, 엎드려 바라건대
전하께서는 그대로 윤허해 시행하소서.'

윤허하지 않고 말했다.

"풍문공사(風聞公事)[38]를 금하는 것은 이미 정한 법이 있는데, 대간
(臺諫)에서 어찌 이렇게까지 하는가?"

이날 또 소를 올렸다.

'신 등이 생각건대 풍문공사라는 것은 규문(閨門)의 애매한 일과

---

38 사헌부를 비롯한 언론삼사는 실제 여부와 관계없이 특정 관리에 대한 비위 소문이 돌기
만 해도 그 소문에 근거해서 탄핵했던바, 이를 풍문공사라 했다. 이 풍문공사는 헛소문
이나 악성 유언비어에 이용되는 단점이 있지만, 관료들이 자신의 업무와 관련해 나쁜 소
문이 돌지 않도록 조심하게 하는 기능도 있었다. 풍문탄핵이라고도 했다.

풍속을 더럽히는 따위의 일을 가리켜 말하는 것인데, 전 소장(疏章)에 아뢴 것은 실로 국가의 화란(禍亂)의 기틀에 관한 것입니다. 이목(耳目-귀와 눈의 역할을 함)의 관원이 이 일을 듣고도 풍문이라 해서 감히 논집하지 못하고 반드시 그 일이 발단되는 것을 기다린 연후에 의논한다면, 신 등은 실로 난(亂)을 막는 데 미칠 수 없을까 두려워합니다. 하물며 지금 신 등은 감히 이것으로 죄를 삼아서 다스리자는 것이 아닙니다. 교만하고 흉포하기가 이와 같으니 만일 막아서 제지하지 않는다면 후환을 헤아리기 어렵다는 것입니다. 만약에 외방에 처하게 해서 교만 흉포한 마음을 없애고 안전한 곳에 나가게 한다면, 오늘 물리쳐 보내는 일이 실로 후일의 안전한 근본이 될 것입니다. 엎드려 바라건대 전하께서는 대의로 결단하시어 그대로 윤허해 시행하소서.'

대간에서 다시 교장(交章)해 말했다.

'신 등이 가만히 듣건대, 임금이 훈친(勳親)을 대접하는 도리는 마땅히 은혜와 의리를 겸해 온전히 해야지 총애를 편벽하게 해서는 안 됩니다. 은(恩)과 의(義)가 겸하면 길이 그 복을 받고 총애가 치우치면 마침내는 그 화를 받으니, 이것은 고금의 반드시 그러한 이치입니다. 옛날에 정(鄭)나라 장공(莊公)의 아우 숙단(叔段)이 불의(不義)해 교만 방종했으나, 장공이 일찍 제어하지 않고 놓아둬 도리를 잃게 하고서 난에 이른 연후에 쳤으니, 『춘추(春秋)』에서는 장공이 그 죄악을 길러주었다고 비판했습니다. 제(齊)나라 희공(僖公)이 그 아우 중년(仲年)을 사랑해 공자(公子)의 도리로 대접하지 않고 은혜를 그 아들에게까지 미쳐 오히려 적사(嫡嗣)와 대등하게 하니, 총애를 믿고

232

국권을 잡아서 마침내 화란을 이루었습니다. 그러므로 『춘추』에서는 또한 사사로운 총애가 있는 것이 의(義)로운 우애가 아닌 것을 기롱(譏弄)했습니다. 대저 아우도 편벽되게 총애할 수가 없는데, 하물며 종친과 공신이겠습니까?

이것으로 본다면, 공신은 마땅히 그 도리로 대접함으로써 교만 방종해 그 악함을 쌓지 않게 한 연후에 잘한 것이 됩니다. 만일 총애에 빠져 놓아두고 도리를 잃게 해서 그 화를 양성한다면 그 사랑한 것이 도리어 해치는 것이 됩니다. 지금 미리 방지하지 않고 후환을 남기게 한다면, 이것이 어찌 종사(宗社)의 복이며 국가의 아름다운 것이겠습니까? 신 등은 실로 만세(萬歲)의 뒤에 사랑에 빠져서 결단하지 못해 그 죄악을 양성했다는 기롱(譏弄)이 장차 성명(聖明)의 세상에 누(累)가 될까 두렵습니다. 전하를 위해 애석하게 생각합니다. 또 이거이의 무리가 세력을 믿고 교만 방자해 더욱 거리낌이 없으니, 성만(盛滿-가득 차 교만해짐)의 화(禍)가 장차 뒤에 생겨도 경계할 줄 알지 못할까 두렵습니다. 신 등은 또한 실로 저들을 위해 애석하게 여깁니다.

신 등의 오늘의 간언(諫言)으로 인해 외방에 물러가 있게 해서 징계하는 바가 있으면, 마음을 닦고 행실을 고쳐 조정에 돌아오게 돼 반드시 훈친(勳親)의 연고로써 능히 보전의 복을 누려 종신토록 부귀하고 한가로이 놀아 근심이 없을 것입니다. 신 등이 오늘 말하는 것은, 실상은 이거이 등의 병을 고치는 약이 되고 몸을 편안히 하는 방도가 되는 것입니다. 이거이 등이 진실로 능히 몸을 돌이키고 생각한다면, 실로 반드시 신 등의 말을 도움 되는 잠규(箴規)로 여길 것이지 분하고 한스러워할 것이 아닙니다. 엎드려 바라건대 전하께서는 특별히 명단(明斷)을 내려, 힘써 대의(大義)를 따르고 사사로운 총애(寵愛)에 빠지지 말아서 영원한 계책을 도모하소서.'

상이 어쩔 수 없이 이거이를 청주(淸州)에, 이저를 한양(漢陽) 사제(私第)에 내치도록 명하고, 이천우는 이미 파직했으므로 더는 묻지 말라고 했다. 조금 뒤에 후회해 대간(臺諫) 관원을 불러 뜻을 전해 말했다.

"비록 이미 경 등의 소(疏)를 가(可)하다고 했으나, 반복해서 생각하니 실로 차마 실행하기가 어렵다. 일단은 그냥 두고 논하지 말라."

대사헌 권근(權近) 이하가 입을 모아 대답했다.

"신 등의 말은 다만 종사(宗社)를 위한 것이요, 사사(私私)를 위한 것이 아닙니다. 감히 하교(下敎)를 받들지 못하겠습니다."

상이 마침내 이거이와 이저를 불러 친히 물었다.

"지난번에 경(卿) 부자(父子)가 말한 것이 과연 대간이 탄핵한 것과 같은가?"

두 사람이 눈물을 흘리면서 하늘을 가리키며 각각 무죄임을 말했다. 저가 또 말했다.

"대개 대간이 올린 소장(疏章)과 핵문(劾問)하는 말이 일치된 연후에야 누구나 그 죄를 시인하는 것입니다. 지금 대간이 신의 부자에게 군관 패기(軍官牌記)와 군기(軍器)를 즉시 수납(輸納)하지 않았다고 핵문(劾問)하고, 심지어 올린 소장에는 불충(不忠)한 말이 있었다고 하니, 어찌 이런 도리가 있겠습니까? 불충한 말은 신 등이 하지 않았습니다. 신이 만일 능히 변명(辨明)하지 못한다면 비록 죽더라도

234

사양하지 않겠습니다. 신이 척속(戚屬)을 욕되게 하고 있으나, 털끝만큼도 저버린 것이 없습니다. 대간과 더불어 변명하기를 청합니다."

상이 불쌍히 여겨 또 대간에게 뜻을 전해 말했다.

"두 사람의 죄를 정확히 알기가 어렵고 또 훈친(勳親)이니, 내버려 두고 논핵하지 마는 것이 어떠한가?"

권근 등이 대답해 말했다.

"신 등이 공신(功臣)·부마(駙馬)의 죄를 청하는데 어찌 감히 의심나는 일로 하겠습니까? 깊이 알고 숙의(熟議)해서 어쩔 수 없이 발설한 것입니다. 신 등은 감히 교지(敎旨)를 받들지 못하겠습니다."

그 참에 정(鄭)나라 장공(莊公)이 (동생) 숙단(叔段)의 죄악을 길러준 말을 끌어다가 이거이 부자의 불충한 죄를 극진하게 말했다. 상이 노해서 대간에게 각기 사제(私第)로 돌아가게 해서 일을 보지 못하도록 명하고, 또 이거이 부자도 사제(私第)로 돌아가게 하고 그 출입을 금지했다. 조금 뒤에 대사헌 권근(權近) 등을 불러 직사에 나오게 하고, 상이 전일에 화낸 것을 후회해서 권근 등을 불러 말했다.

"이저는 지친(至親)이고 또 훈로(勳勞)가 있으므로 가볍게 폄척(貶斥)하지 못했는데, 마땅히 경 등의 말을 따르겠다."

대간이 교장(交章)해서 말씀을 올렸다.

'신 등이 이달 10일에 대궐에 나와 명을 들을 때에 이저가 비밀리에 사반(私伴) 세 사람을 보내 봉서국(奉書局)에 숨어들어 일의 변동을 엿보게 했는데, 어두워지자 창(窓)을 넘어 도망쳐 나가다가 궐문(闕門)을 지키는 자에게 붙잡혔습니다. 그가 사람을 보내 엿본 마음씨가 음흉하고 간사해 헤아릴 수가 없습니다.

이저 등이 군사를 혁파한 뒤부터 스스로 불평을 품고 분원(憤怨)해 하여 감히 난(亂)을 꾸미고자 했습니다. 법에 의거해 말하면 마땅히 논집(論執)해야만 하겠으나, 다만 종친(宗親) 공신(功臣)인 까닭으로 신 등이 다만 외방에 안치하기를 청해 유윤(兪允)을 얻었던 것입니다. 일이 시행되기도 전에 전하께서 신 등을 불러 이저 등 난언(亂言)의 소자출(所自出-출처)을 물었습니다. 그 죄상이 이미 드러나서 과연 신 등의 아뢴 것과 같았으니 마땅히 외방에 폄척해 그 악(惡)을 징계해야 할 것이나, 전하께서 차마 물리쳐 보내지 못하고 그대로 두고 논하지 않으니, 이저 등으로서는 진실로 부끄러워하고 뉘우쳐서 스스로 새로워져야 할 것입니다. 그러나 이는 생각지도 않고 도리어 음흉하고 간사한 마음을 품어 가만히 사반(私伴)으로 하여금 어둠을 틈타 대궐로 들어와서 일이 변하는 상황을 엿보게 했습니다. 그 교만하고 사납고 스스로 방자(放恣)해서 나라의 법을 두려워하지 않는 것이 이와 같으니, 장래의 환(患)이 심히 두렵습니다.

엎드려 바라건대, 전하께서는 환(患)을 막는 도리를 깊이 생각하시어 이거이·이저·이천우 등을 외방에 안치함으로써 분해하고 원망하는 기운을 없애고 화란(禍亂)의 싹을 막으소서. 그리고 그들이 보낸 사반(私伴)은 특별히 그 이유를 국문(鞫問)하게 해서 밝게 그 죄를 바로잡으소서.'

윤허하지 않았다.

○ 정당문학 겸 대사헌(政堂文學 兼大司憲) 권근(權近)이 전(箋)을 올려 사직하니, 윤허하지 않았다.

○ 이천우(李天祐)를 봉해 완산후(完山侯)를 삼고, 이지란(李之蘭)을

문하시랑찬성사(門下侍郎贊成事), 우인렬(禹仁烈)을 판삼사사(判三司事), 하륜(河崙)을 판삼군부사(判三軍府事)로 삼고, 다시 조온(趙溫)을 참찬문하부사(參贊門下府事)로 삼았다. 이거이(李居易)를 영계림부윤(領雞林府尹)으로, 이저(李佇)를 영완산부윤(領完山府尹)으로 폄척(貶斥-좌천)시키고, 이무(李茂)를 동북면(東北面) 도순문찰리사(都巡問察理使) 겸 영흥부윤(永興府尹)으로 삼았다.

애초에 이무의 아들 승조(承祚)가 그 아비에게 말했다.

"가만히 들으니 상당후(上黨侯)가 아버지를 죽이려고 한답니다."

이무가 크게 두려워하면서 병이라 칭탁하고 그 아들 간(衎) 등 4~5인을 거느리고 사흘 밤을 피신해서 잤다. 이저의 휘하 김윤인(金允仁)이 그 말을 듣고 이저에게 고했다. 이저가 곧바로 이무의 집에 가서 말했다.

"지금 이러한 말이 있는 줄은 생각지도 못했습니다. 나의 재주와 다움이 그대에게 미치지 못하는 것이 많습니다. 또 조선(朝鮮)의 사직(社稷)이 어찌 당신을 저버리겠습니까?"

드디어 맹세를 맺고 물러갔다. 세자(世子)가 듣고서 이저와 이무를 불러 화해시키고 위로하며 타일렀다. 이때에 이르러 이무가 사직하고 외임(外任)이 되기를 청했는데, 대개 이저 등이 외방으로 나갔는데 이무가 서울에 있으면 이저가 더욱 의심할까 두려워해서 지금 외방으로 나가서 혐의를 피한 것이다.

○ 이무(李茂)가 조사(朝辭-하직 인사)하고 동북면(東北面)으로 가니, 내구마(內廏馬) 1필을 내려주었다.

○ 이거이(李居易)와 이저(李佇)가 조사(朝辭)하고 폄소(貶所)로 가

니 상이 각각 여름옷과 안마(鞍馬)를 내려주고, 그 참에 정사공신(定社功臣)과 승지(承旨) 정구(鄭矩)·이원(李原)에게 말을 각각 1필씩 내려주었다. 이거이가 몰래 다른 사람에게 말했다.

"이까짓 말이 무엇 하는 물건이냐? 처음에는 등급을 뛰어 판문하(判門下)를 시키고 지금은 또 외방으로 내쫓으니, 1만 필을 준들 무얼 기뻐할 것이 있겠는가!"

이저가 태상왕(太上王)에게 하직을 고하니, 태상왕이 말했다.

"이런 일이 있었다면 왜 내게 일찍 고하지 않았느냐?"

이저가 대답했다.

"신도 그 연고를 알지 못했습니다. 하루아침에 내보내니, 나아와서 고할 수가 없었습니다."

태상왕이 말했다.

"반드시 너희들이 자취(自取-자초)한 것이리라."

신사일(辛巳日-17일)에 세자가 빈객(賓客)과 더불어 『주역(周易)』과 사학(史學)을 강(講)했다. 좌빈객(左賓客) 이서(李舒, 1332~1410년)[39]가

---

39 1357년(공민왕 6년) 문과에 급제해 여러 벼슬을 거쳐 군부좌랑(軍簿佐郎)에 올랐으나, 세상이 어지럽고 정치가 문란해지자 관직을 버리고 고향으로 돌아가 은둔했다. 1376년 (우왕 2년) 우헌납에 임명됐으나 노부모의 봉양을 이유로 거절했고, 친상(親喪)을 당하자 6년간 여묘(廬墓)살이를 했다. 1388년 내부소윤(內府少尹)에 임명됐으나 상이 끝나지 않았다는 이유로 거절됐다. 국가에서는 이서의 효행을 높이 기리기 위해 정문을 세워주었다. 이해 겨울 이성계(李成桂)가 실권을 장악하자 유일(遺逸)로서 선발돼 내서사인(內書舍人)에 제수됐다. 1392년(태조 1년) 이성계 추대에 참여해 개국공신 3등에 책록돼 안평군(安平君)에 봉해지고 형조전서(刑曹典書)에 임명됐다. 1394년 사헌부대사헌이 되고, 1396년 신덕왕후(神德王后)가 죽자 3년간 정릉(貞陵)을 수묘(守墓)했다. 1398년 참찬문하부사에 오르고, 1400년 태종이 즉위하자 문하시랑찬성사에 이어 우정승으로 부원군(府

세자에게 말했다.

"예전 사람들이 붕망(朋亡)이라고 말했으니, 대저 붕망(朋亡)이라는 것은 인정(人情)을 끊는 것입니다. 남의 윗사람이 된 자가 법을 세우고 제도를 정했으니, 법을 범하면 비록 종친이라도 용서하지 말아야 합니다."

세자가 말했다.

"인정은 끊기가 대단히 어렵다."

이서가 또 말했다.

"2년 이래로 왜구가 조금 잠잠하고 변경이 아직 편안하나, 불우(不虞)의 변을 알 수가 없습니다. 난을 방비하는 방도는 산성(山城)이 제일이니, 마땅히 농사짓는 여가에 수축(修築)해 불우(不虞)의 변에 대비해야 합니다."

세자가 말했다.

"그전에는 백성이 토목(土木)의 역사에 곤고(困苦)했지만, 지금까지 2~3년 동안 휴식했다. 오래 쉬었으니 백성을 쓴들 무엇이 해롭겠는가? 또 사람들이 말하기를 '일본국(日本國)이 쟁란(爭亂)한다'라고 하니, 그 징조가 심히 두렵다."

소감(少監) 김과(金科)가 말했다.

院君)에 봉해졌다. 이해 고명사(誥命使)로 명나라에 다녀오고, 이어 영의정부사(領議政府事)가 됐다. 1402년(태종 2년) 사임하고, 앞서 1398년 왕자의 난 때 상심해 함흥에 가 있던 태조를 중 설오(雪悟)와 함께 안주(安州)에 나가서 맞아 귀경하게 했으며, 1404년 다시 우정승이 됐다. 이듬해 75세의 고령으로 치사(致仕-나이가 많아 벼슬을 사양하고 물러나는 것. 일종의 정년 퇴임)했다가 다시 영의정에 올랐고, 기로소에 들어간 뒤 만년을 향리에서 보내다가 죽었다.

"산성(山城)과 병갑(兵甲)이 비록 불우(不虞)의 변을 방비하지마는, 농사가 급한 것입니다. 맹자(孟子)가 말하기를 '천시(天時)가 지리(地利)만 같지 못하고, 지리가 인화(人和)만 같지 못하다'라고 했습니다."

세자가 빈객(賓客) 정탁(鄭擢)과 더불어 한(漢)나라·당(唐)나라 임금들이 학문을 한 효과와 일을 행한 자취를 논(論)하다가, 당나라 태종(太宗)이 수(隋)나라를 대신한 일에 이르러 오랫동안 차탄(嗟嘆)하면서 말했다.

"참으로 영걸한 임금[英主]이로다!"
_{영주}

계사일(癸巳日-29일)에 세자가 태상전(太上殿)에 조회했다. 세자가 궁(宮)을 짓고 부(府)를 세울 뜻을 고하니, 태상왕이 말했다.

"과인이 무인년(戊寅年-1398년)에 태상왕으로 봉해진 뒤부터 부(府)를 세우지 않은 지가 이제 이미 3년이나 됐지만 조금도 빠뜨리거나 궐하는 것이 없었다. 어찌 반드시 다시 부(府)를 세우겠느냐?"

6월

갑오일(甲午日-1일)에 태상궁(太上宮)의 호(號)를 세워 '덕수궁(德壽宮)'이라 하고, 부(府)를 '승녕부(承寧府-강녕함을 받든다는 뜻)'라 했다.

세자가 태상전(太上殿)에 나아가 다시 부(府)를 세우기를 청하니, 태상왕이 말했다.

"고려 공민왕(恭愍王)의 어머니 홍씨(洪氏)는 비록 부인(夫人-후궁)이더라도 부(府)를 세워 숭경부(崇敬府)라 하고 여러 일을 다 갖추었으니, 예전 법을 폐지할 수는 없다. 그러나 지금 3년이 되도록 부(府)를 세우지 않았어도 복식(服飾)과 선수(膳羞)가 또한 궐하고 떨어지는 것이 없었다. 지금 다시 부를 세우더라도 내게 무슨 보탬이 있겠는가?"

이날 태상궁을 덕수궁(德壽宮)이라 이름하고, 부를 세워 승녕부(承寧府)라 했다. 반차(班次)를 삼사(三司)의 아래에 두고, 우인렬(禹仁烈, 1337~1403년)[40]을 판사(判事)로 삼고, 손흥종(孫興宗)·정용수(鄭龍壽)를 윤(尹)으로 삼고, 소윤(少尹)·판관(判官)·승(丞)·주부(注簿) 각각

---

40 1375년(우왕 1년)에 응양군상호군(鷹揚軍上護軍)으로서 명사피살사건(明使被殺事件)으로 간관의 탄핵을 받은 이인임(李仁任)에게 아부해 한리(韓理)와 함께 변호했다. 이듬해 경상도도순문사를 거쳐 1377년 경상도원수로서 영광·장사(長沙) 등지에 침입한 왜구를 격파했고, 다음해 경상양광전라 삼도도체찰사(慶尙楊廣全羅三道都體察使)가 돼 왜구를 방어했다. 1379년 지문하사(知門下事)로서 경상도상원수가 돼 청도(淸道)에서 왜구를 격파했고, 이어 합포(合浦)와 사주(泗州)에서 또 왜구를 대파해 합포도순문사가 됐다. 1383년 찬성사상의(贊成事商議)로서 청평에 들어온 왜구를 토벌했고, 1385년 서북면도순문사가 됐다. 1387년에는 문하평리상의(門下評理商議)로서 홍징(洪徵)과 함께 한양산성(漢陽山城)의 수축과 전함의 수리를 감독했으며, 1388년(창왕 즉위년)에 문하찬성사(門下贊成事)로서 정당문학(政堂文學) 설장수(偰長壽)와 함께 명나라에 들어가 창왕의 습위(襲位)를 알렸다. 1390년(공양왕 2년) 계림윤(鷄林尹)이 되었으나, 전해에 일어난 김저(金佇)의 옥사(獄事)에 변안열(邊安烈)·이림(李琳)·우현보(禹玄寶) 등과 함께 연루됐다는 대간의 탄핵을 받아 청풍군(淸風郡)으로 유배됐다. 이후 곧 풀려났으나, 다시 윤이(尹彝)·이초(李初)의 무고 때문에 청주옥에 갇혔다가 이듬해 풀려났다. 1392년 조선 개국 후 문하시랑찬성사(門下侍郎贊成事)로서 사은사가 돼 명나라에 갔다가 이듬해 귀국해 판개성부사가 되었으며, 개국원종공신(開國原從功臣)에 올랐다. 1395년(태조 4년)에는 개성유후사유후(開城留後司留後)가 되고, 이때인 1400년(정종 2년) 판승녕부사(判承寧府事)에 이어 판삼사사(判三司事)로서 정조사(正朝使)가 돼 명나라에 갔다. 1401년(태종 1년) 귀국해, 이해에 단행된 정종의 사위(辭位)와 태종의 습위를 허락한 데 대한 사은사로 명나라에 다녀왔다. 1403년 검교좌정승(檢校左政丞)에 올라 병사했다.

2원(員)을 갖춰 두었다. 우인렬 등이 태상전(太上殿)에 나아가 사은(謝恩)하니 태상왕의 노여움이 조금 풀렸다.

을미일(乙未日-2일)에 세자가 빈객(賓客) 정탁(鄭擢)과 더불어 충효의 도리를 강(講)했다.

세자가 정탁과 더불어 음양(陰陽)의 이치와 성학(性學-성리학)의 대요(大要), 황왕(皇王)이 선위(禪位)한 일과 한(漢)나라·당(唐)나라 인주(人主-임금)들이 행사(行事)한 사적을 논하다가 손바닥을 비비면서 차탄(嗟嘆)했다. '충성하여 두 마음을 갖지 않는다'는 말을 강하다가 말했다.

"신하로서 임금을 위해 그 마음을 둘로 갖지 않는 자는 포장해야 한다. 지난번 회안군(懷安君)의 난(亂)에 그 휘하(麾下) 3~4인이 사생(死生)을 돌아보지 않고 힘을 다해 (회안군을) 막아 호위했는데, 내가 심히 아름답게 여겼다. 나의 휘하가 말하기를 '이 사람들은 죄를 주는 것이 마땅하다'라고 했으나, 내가 말하기를 '이들은 죄인이 아니고 충신이다. 내가 만일 변을 만났는데 휘하 사람이 힘을 다해 구원하지 않는다면 충이라고 할 수 있겠는가?'라고 하니 모두 말이 없었다."

정탁이 대답해 말했다.

"저하(邸下)의 이 말씀은 귀감(龜鑑)이 될 만합니다. 걸(桀)임금의 개가 요(堯)임금에게 짖은 것은 자기 주인이 아니었기 때문입니다."

세자가 말했다.

"음양이 조화되지 못하는 것은, 옛사람이 말하기를 '임금과 신하의 행사(行事)가 잘못된 소치다'라고 했다."

정탁이 대답했다.

"(『서경(書經)』)「홍범(洪範)」에서 말하기를 '왕의 잘잘못은 해[歲]로 가고, 경사(卿士)는 달[月]로 가고, 서민(庶民)은 날[星]로 간다'라고 했으니, 그 응험이 비록 다르기는 하나 반드시 온다는 이치입니다."

세자가 말했다.

"사람이 죽고 사는 것은 명(命)에 있고, 사람이 할 수 있는 바가 아니다. 정축년(丁丑年-1397년)에 박자안(朴子安)이 왜적을 막지 못했으므로 태상왕께서 크게 노하시어, 사람을 보내 목을 베라고 명하셨다. 그 아들 박실(朴實)은 나의 휘하였는데, 그 아비를 구원하고자 울며불며 와서 고했다. 내가 구원하고자 했으나 길이 없었다. 드디어 남은(南誾) 집에 가서 상의하니 남은이 말하기를, '사자(使者)가 이미 떠났으니 어찌하겠는가?'라고 했다. 박실이 남은 앞에서 대성통곡하므로 내가 더욱 슬프게 여겨, 돌아와서 전하(殿下-정종)와 의안공(義安公-이화)을 모시고 태상왕께 아뢰어 요행히 살아났다. 남의 자식[人子]이 되어 박실과 같으면 효자라 할 수 있다."

기유일(己酉日-16일)에 세자(世子)가 빈객 정탁(鄭擢)과 더불어 사냥하는 일을 논했다. 세자가 말했다.

"우리나라는 땅이 좁아 사냥하는 곳이 모두 농장이다. 철원(鐵原) 이북부터 한양(漢陽) 이동까지는 대개 경작하지 않는 빈 땅이 없어서, 사냥을 하면 반드시 화곡(禾穀)을 손상하게 된다. 오직 평주(平

州-황해도 평산 지역) 남쪽에 놀고 있는 빈 땅이 100여 리나 있으니 그것으로 사냥하는 동산을 만들어, 사람들이 나무하고 벌채하는 것을 금해서 매년 가을 겨울에 그곳에서 사냥하고 무예(武藝)를 훈련하며, 다른 곳에서 사냥하는 것은 일절 금지하는 것이 좋지 않겠는가?"

계축일(癸丑日-20일)에 성균악정(成均樂正) 정이오(鄭以吾, 1347~1434년)[41]가 글을 올렸다. 대략 이러했다.

'관직을 침노한 죄는 도망할 수 없으나, 나무꾼(처럼 천한 사람)의 말도 취할 것이 있습니다. 엎드려 바라건대 전하께서는 (저의 글이) 오활(迂闊)하고 절실하지 않다고 여기지 마옵소서.

대저 초창(草創)과 수성(守成)은 그 법이 같지 않습니다. 우리 태상왕께서 고려의 쇠란(衰亂)한 말엽을 당해 백성을 도탄에서 구제하고 나라를 반석 위에 두었으니, 천명(天命)과 인심(人心)이 그만둘래야

---

41 1374년(공민왕 23년) 문과에 급제해 1376년(우왕 2년) 예문관검열이 된 뒤, 삼사도사, 공조·예조의 정랑, 전교부령(典校副令) 등을 역임했다. 1394년(태조 3년) 지선주사(知善州事-선주 지사)가 됐고, 1398년 9월 이첨(李詹)·조용(趙庸) 등과 함께 군왕의 정치에 도움이 될 만한 경사(經史)를 간추려 올리고 곧 봉상시소경(奉常寺少卿)이 됐다. 1398년 조준(趙浚)·하륜(河崙) 등과 함께 『사서절요(四書節要)』를 찬진(撰進)했다. 이때인 1400년(정종 2년) 성균관악정(成均館樂正)이 됐으며, 병조의랑(兵曹議郎), 예문관의 직제학·사성을 역임했다. 1403년(태종 3년) 대사성으로 승진했고, 1405년 3월에 김과(金科)와 함께 생원시를 관장했다. 1409년 병서습독제조(兵書習讀提調)를 거쳐 동지춘추관사를 겸임, 『태조실록』의 편찬에 참여했다. 1413년 『태조실록』 편찬에 대한 노고로 예문관대제학이 되면서 지공거(知貢擧)를 겸했다. 1418년 72세로 치사(致仕)했다. 세종이 즉위하자 태실증고사(胎室証考使)가 돼 진주 각처를 다녔고, 속현인 곤명(昆明)을 태실로 정했다. 노성(老成)한 덕이 있다 하여 숭정대부(崇政大夫)에 올랐다. 젊어서는 이색(李穡)·정몽주(鄭夢周)의 문인들과 교유했고, 늙어서는 성석린(成石璘)·이행(李行) 등과 교유했다.

그만둘 수 없게 됐습니다. 그러나 초창(草創)한 지가 오래지 않았기 때문에 특별히 의흥삼군부(義興三軍府)를 두고 궁중에 갑사(甲士)를 많이 양성하며, 훈척(勳戚)으로 하여금 각 도의 군사를 나눠 맡게까지 했습니다. (그 때문에) 이제(李濟)·정도전(鄭道傳)·남은(南誾) 같은 자가 몰래 간사한 소인과 결탁해서 거의 사직을 전복시킬 뻔했고, (1차 왕자의 난 때) 전하께서 의(義)를 토평(討平)하시던 날에는 궁중의 갑사(甲士)가 창을 거꾸로 해 호응했습니다. 이것으로 본다면 사직(社稷)의 안위(安危)가 병력으로 능히 유지되는 바가 아닙니다. 이는 전하께서 친히 보신 바입니다.

또 임신년의 개국(開國)과 무인년의 정사(定社)에 그 공렬(功烈)의 큰 것으로는 누가 전하와 동궁(東宮)보다 더한 이가 있겠습니까? 방간(芳幹)이 이를 생각지 않고 몰래 불궤(不軌)한 짓을 도모해 화(禍)가 불측한 지경에 있었습니다. 전하가 명하시어 방간(芳幹)을 외방에 안치하시니, 이것은 대순(大舜-순임금)이 상(象)을 조처한 마음씨입니다. 또 명하시어 동궁(東宮-세자)을 세워 저부(儲副)를 삼고 감무(監撫)의 책임을 맡기시니, 이것은 국가를 편안히 하는 원대한 생각이십니다. 그러나 방간의 당여(黨與)가 아직도 중외(中外)에 자리 잡고 있고 갑사(甲士)에 속해 있는 자까지 있으니, 참으로 염려됩니다. 더군다나 궁갑(宮甲)에 예속된 자는 시정(市井)의 무뢰배(無賴輩)가 아니면 반드시 어리석고 사나운 불령인(不逞人)입니다. 지금 방간이 서울에서 매우 가깝게 있으니, 혹 전날의 난을 선동한 것과 같은 일이 있으면 저 갑사로 있는 자들이 대의를 알지 못하니 족히 믿을 수 있겠습니까?

노자(老子)가 말하기를 "날카로운 병기(兵器)는 상서롭지 못한 기구이니, 그 일이 되돌아오기를 좋아한다"라고 했고 『좌전(左傳)』에서도 말하기를 "군사는 불과 같아서, 그치지 않으면 장차 스스로 불탈 것이다"라고 했으니, 이것이 모두 본받을 만한 말입니다. 전하께서 이미 동궁(東宮)에게 무군(撫軍-군권)의 일을 맡기시고는 이에 따로 궁중에 삼군부(三軍府) 진무(鎭撫)를 두고 많은 궁갑(宮甲)을 양성하니, 동궁이 감무(監撫)하는 뜻이 어디에 있습니까? 바라건대 전하께서는 궁갑의 양성을 혁파해서 주려(周廬)[42]의 폐순(陛楯)[43]을 사순(司楯)·성중애마(成衆愛馬)로 배치하시고, 날마다 뛰어난[賢] 사대부(士大夫)
를 접하며 조석으로 함께 있으면서 정치에 힘쓰시어 나라의 운수를 영구하게 하시면 심히 다행하겠습니다.'

이때 갑사 중에는 방간(芳幹) 휘하에 있던 사람들이 많아서, 세자가 출입할 적에 항상 전율(戰慄)을 느끼었기 때문에 정이오가 이러한 글을 올린 것이다. 상이 읽어보고 조온(趙溫)에게 일러 말했다.

"정이오의 말은 어떠한가?"

조온이 대답해 말했다.

"어찌 선비 한 사람의 말로 가볍게 궁갑(宮甲)을 혁파할 수 있겠습니까?"

상이 말했다.

"이오의 말이 심히 내 뜻에 부합한다."

---

42 한(漢)나라 때 대궐 주위(周圍)에 세웠던 숙위군(宿衛君)의 여사(廬舍)를 말한다.
43 진(秦)나라 때 섬돌에 방패를 잡고 섰던 관원(官員)을 말한다.

곧바로 진무소(鎭撫所) 갑사(甲士) 300인을 혁파하고 군기(軍器) 개장(鎧仗)을 모두 삼군부로 보냈다. 다만 잠저(潛邸-태종의 잠저기) 때의 휘하 100인만 머무르게 했다.

○ 세자가 (송나라 진덕수(眞德秀)가 편찬한 제왕학 책인) 『대학연의(大學衍義)』를 읽다가, 좌보덕(左輔德) 서유(徐愈, 1356~1411년)[44]와 더불어 병권을 잡는 폐단을 논했다[論].

(세자가) 당나라 현종(玄宗)·숙종(肅宗)의 일에 이르러 탄식하며 말했다.

"숙종이 이보국(李輔國, 705~763년)[45]을 두려워한 것은 다만 보국이 병권을 잡았기 때문이다. 병권이 흩어져 있게 할 수 없는 것의 감계(鑑戒-거울 같은 경계)가 이와 같다. 또 우리 집 일로 말하더라도, 태

---

44 1399년(정종 1년) 중승(中丞)으로 재임 중 대사헌 조박(趙璞) 등과 함께 상당후(上黨侯) 이저(李佇)를 탄핵하려다가 직책을 박탈당했다. 1400년(정종 2년) 간의(諫議)로 있을 때 사병 혁파에 불만을 표한 지삼군부사(知三軍府事) 이천우(李天祐)와 참찬문하부사(參贊門下府事) 조온(趙溫)을 파면할 것을 상소했다. 그해 2차 왕자의 난이 일어나자 정안군(靖安君) 방원(芳遠)을 도와 회안대군(懷安大君) 방간(芳幹)을 물리치는 데 공을 세웠다. 방원이 정종의 양위를 받아 왕위에 오른 후 1401년(태종 1년) 익대좌명공신(翊戴佐命功臣) 4등에 책록됐다. 이후 관직이 예조판서에 이르렀다. 1410년 이성군(利城君)에 봉해졌다.

45 마구간을 관리하던 집안 출신의 엄노(閹奴-환관 겸 노비)로, 용모도 누추했다. 처음에 고역사(高力士)를 섬기다가 나중에 동궁(東宮)에서 시중을 들었다. 양국충(楊國忠)을 주살하는 데 참여하고, 현종의 태자 이형(李亨-숙종(肅宗))을 보필했다. 태자에게 중군(中軍)을 나눠 삭방(朔方)으로 나가서, 하롱(河隴)의 병사를 거둬들여 부흥을 도모할 것을 권했다. 숙종이 즉위하자 원수부행군사마(元帥府行軍司馬)에 발탁되고 호국(護国)이라는 이름을 하사받았는데, 나중에 지금 이름으로 고쳤다. 지덕(至德) 연간에 성국공(郕国公)에 봉해지고, 상원(上元) 연간에는 병부상서에 임명됐다. 밖으로는 부지런하고 정밀한 모습을 보였고, 안으로는 신중하게 일을 처리하면서 권력을 독점했다. 대종(代宗)이 즉위하자 상보(尙父)로 받들어지고 사공(司空)과 중서령(中書令)이 더해지면서 박릉군왕(博陵郡王)에 봉해졌다. 더욱 횡포가 심해지자 대종이 자객을 보내 밤에 살해했다.

상왕께서 병권을 잡았기 때문에 고려(高麗)의 말년을 당해 능히 화가위국(化家爲國) 할 수 있었다. 무인년 남은(南誾)·정도전(鄭道傳)의 난에 이르러서도, 우리 형제가 만일 군사를 가지지 않았더라면 어떻게 사기(事機)에 응해 변을 제어할 수 있었겠는가? 박포(朴苞)가 회안군(懷安君)을 꾄 것도 병권이 있었기 때문이다. 근일에 공신 3~4인이 병권을 내놓게 된 것을 불평불만 해 마지않았으므로, 대간(臺諫)이 죄주기를 청해 외방에 유배 보냈다. 지난날에 병권은 흩어져 있을 수 없다는 일 때문에 내가 면대해 간절하게 일렀건만 모두 능히 깨닫는 이가 없었다. 지금에 와서 오직 조영무(趙英茂)가 평양(平壤)에 있으면서 말하기를 '세자의 가르침을 깨닫지 못한 것이 한이다'라고 했다."

서유가 대답했다.

"옛날에 송(宋)나라 태조(太祖)가 천하를 평정하고 궁내에서 장상(將相)에게 잔치를 열어주었는데, 장상(將相)들이 말하기를 '천하가 평정되었으니 즐기심이 마땅합니다'라고 하자 태조가 말하기를 '나는 즐겁지 않다'라고 했습니다. 장상들이 말하기를 '천하가 이미 정(定)해졌는데, 폐하께서는 어찌 즐겁지 않으십니까?'라고 하니, 태조가 말하기를 '처음에 경들이 병권을 쥐었기 때문에 능히 나를 추대해 천자로 삼았으니, 내가 두려워하는 것은 경들의 휘하 장사(將士)들이 경들을 추대해 천자를 삼기를 또한 경들이 짐(朕)을 추대한 것과 같이 하는 것이다'라고 했습니다. 이에 공신·장상이 머리를 조아리고 절하며 사례하고, 바로 그날에 인수(印綬)를 올리고 병권을 내놓았습니다. 지금 세자의 말씀이 송나라 태조와 같습니다. 다만 공신

(功臣)과 장상(將相)이 송나라 태조 때 미치지 못합니다."

7월

을축일(乙丑日·2일)에 세자가 덕수궁(德壽宮)에 조알(朝謁)했다. 존호
(尊號)를 올리는 것을 고하기 위함이었다.

○ 참찬문하부사(參贊門下府事) 조온(趙溫, 1347~1417년)[46]을 완산부
(完山府)에 유배 보냈다.

이에 앞서 세자가 덕수궁에 조알(朝謁)하니, 태상왕이 세자에게 일
러 말했다.

---

46 아버지는 용원부원군(竜原府院君) 조인벽(趙仁璧)이고, 어머니는 환조(桓祖-이성계의 아버
지 이자춘)의 딸이다. 시조 조지수(趙之寿)가 중국에서 귀화해 함경도 용진(竜津)에서 살
았는데, 그 아들 조휘(趙暉)는 몽고가 침입할 때 반란을 일으켜 몽고에 투항한 뒤 쌍성총
관(双城摠管)이 됐다. 이후 조휘의 손자이며 조온의 할아버지인 조돈에 이르러 고려에 완
전히 귀화해 공민왕의 쌍성총관부 수복작전을 도운 공으로 벼슬이 판서에 이르게 됐다.
어려서부터 외삼촌인 이성계를 유달리 섬겨왔고, 1388년(우왕 14년) 위화도회군 때 이조
판서로 회군에 참여, 회군공신에 책록됐다. 이후 밀직부사를 거쳐 1392년(공양왕 4년) 이
성계 추대에 공을 세워 개국공신 2등으로 평양윤(平壤尹)에 임명되고 한천군(漢川君)에
봉해졌다. 1393년(태조 2년) 서북면도순문사로 수주(隋州)에 쳐들어온 왜구를 격파했고,
연의주도(錬義州道)의 장정들을 군적(軍籍)에 등록시켜 군사력 강화를 꾀했다. 1398년
1차 왕자의 난에 친군위도진무(親軍衛都鎮撫)로서 이방원(李芳遠)의 집권을 도와 정사공
신(定社功臣) 2등이 됐다. 1400년(정종 2년) 2차 왕자의 난 때는 참찬문하부사(參贊門下府
事)로서 이방간의 난을 평정하는 데 공을 세웠다. 이해 상왕(-태조)의 명으로 1차 왕자
의 난 때 정도전 등을 죽인 죄로 완산부에 유배됐다가, 곧 풀려나와 삼사좌사(三司左使)
에 올랐다. 1401년 태종이 즉위하자 참찬의정부사(參贊議政府事)로서 좌명공신(佐命功臣)
4등에 책록되어 부원군(府院君)에 진봉되고, 이해 성절사(聖節使)로 명나라에 다녀왔다.
1402년 의정부찬성사·동북면찰리사(東北面察理使)를 지냈다. 효성이 지극했고 청렴 검소
했다.

"너희들이 나를 아비라고 해서 존호를 가(加)하고자 하니 참으로 가상하다. 그러나 내가 할 말이 있으니, 너희는 들어라! 조온(趙溫)은 본래 내 휘하 사람이다. 내가 일찍이 발탁해서 지위가 재보(宰輔)에 이르렀다. 그런데 내가 손위(遜位)한 이래로 한 번도 와서 보지 않으니, 사람이 은혜를 배반하는 것이 이보다 더 심할 수 있겠는가! 무인년 가을에 갑사(甲士)를 거느리고 안에서 숙위(宿衛)하다가, 밖에 변이 있다는 말을 듣고는 드디어 군사를 거느리고 나가 응했다. 반복(反復)하고 충성치 못함이 비길 데 없으니, 너희들은 다만 너희를 따르고 아첨하는 것만 덕스럽게 여기고 대의(大義)는 생각하지 않느냐? 신하로서 두 마음이 있는 자는 예전부터 죄가 용서할 수 없는 것이다."

세자가 돌아와서 상에게 고해 유배 보냈다.

○ 상이 세자와 백관을 거느리고 덕수궁(德壽宮)에 조알하고, 옥책(玉冊)과 금보(金寶)를 받들어 존호(尊號)를 올리기를 '계운신무태상왕(啓運神武太上王)'이라 했다.

○ 고려(高麗) 주서(注書) 길재(吉再, 1353~1419년)[47]가 서울에 이르

---

47 1363년(공민왕 12년) 냉산(冷山) 도리사(桃李寺)에서 처음 글을 배웠고, 1370년 상산사록(商山司錄) 박분(朴賁)에게서 『논어』와 『맹자』 등을 배우며 비로소 성리학을 접했다. 아버지를 뵈려고 개경에 이르러 이색(李穡)·정몽주(鄭夢周)·권근(權近) 등 여러 선생의 문하에서 지내며 비로소 학문의 지극한 이론을 듣게 되었다. 1374년 국자감에 들어가 생원시에 합격하고, 1383년(우왕 9년) 사마감시(司馬監試)에 합격했다. 1386년 진사시에 제6위로 급제해 그해 가을 청주목 사록(淸州牧司錄)에 임명됐으나 부임하지 않았다. 이때 이방원(李芳遠)과 한마을에 살면서 서로 오가며 함께 학문을 강론하고 연마했다. 1387년 성균학정(成均学正)이 되고, 이듬해 순유박사(諄諭博士)를 거쳐 성균박사(成均博士)로 승진했다. 당시 공직에 있을 때는 태학(太学)의 생도들이, 집에서는 양반 자제들이 모두 그에게 모여들어 배우기를 청했다. 1389년(창왕 1년) 문하주서(門下注書)가 됐으나, 나라가 장

렀다. 세자가 일찍이 길재가 경의(經義)에 밝고 행실을 닦았다고 해서, 삼군부(三軍府)에 영을 내려 이첩(移牒)해서 부른 때문이다.

○동북면 도순문사(東北面都巡問使) 영흥윤(永興尹) 이무(李茂)를 강릉부(江陵府)에, 서북면 도순문사(西北面都巡問使) 평양윤(平壤尹) 조영무(趙英茂)를 곡산부(谷山府)에 유배 보냈다.

이날 세자가 덕수궁에 조알하니, 태상왕이 다시 세자에게 일러 말했다.

"조온(趙溫)은 자부(姉夫)의 아들이고 조영무(趙英茂)는 번상(番上)하는 군사인데, 내가 그 미천한 것을 불쌍히 여겨 혹은 의관(衣冠)도 주고 혹은 관작도 제수했다. 입상출장(入相出將)할 때 따라다니지 않은 적이 없어 드디어 개국공신이 되고 지위가 경상(卿相)에 이르렀으니, 모두 나의 덕이다. (그런데) 조온과 조영무가 모두 금병(禁兵)을 맡아 내전(內殿)에 숙직하다가, 무인년에 과인(寡人)이 병으로 편치 못 한 때를 당해서 옛날의 애호(愛護)한 은혜는 돌아보지 않고 군사를 거느리고 내응했으니, 배은망덕함이 비할 데가 없다. 이무(李茂)는 비록 조온이나 영무와 비할 바는 아니나, 또한 과인에 의지해서 원종공신(原從功臣)에 참여했다. 이무는 본래 남은(南誾)·정도전(鄭

차 망할 것을 알고서 이듬해 봄 늙은 어머니를 모셔야 한다는 핑계로 벼슬을 버리고 고향인 선산으로 돌아왔다. 1391년(공양왕 3년) 계림부(鷄林府)와 안변(安邊) 등의 교수(教授)로 임명됐으나 모두 부임하지 않았으며, 우왕의 부고를 듣고 채과(菜果)와 혜장(醯醬) 따위를 먹지 않고 3년상을 행했다. 이때인 1400년(정종 2년) 가을, 세자 방원이 그를 불러 봉상박사(奉常博士)에 임명했으나 글을 올려 두 왕을 섬기지 않는다는 뜻을 펴니, 그 절의를 가륵하게 여겨 예를 다해 대접해 보내주고 세금과 부역을 면제해주었다.

道傳) 등과 좋아하며 항상 서로 모의해 너희들을 무너뜨리고자 했는데, 무인년의 변(變)에는 왕래하면서 반간(反間) 노릇을 하며 중립을 지켰다. 변을 관망하며 이기는 자를 따르려 하다가 마침 너희들이 이겼기 때문에 와서 붙은 것이니, 이는 변(變)을 관망하는 불충한 사람이 아니냐? 그러나 모두 정사공신(定社功臣)의 열(列)에 두었으니, 만일 급하고 어려운 일이 생기면 무인년에 과인을 배반하던 일을 본받지 않겠는가! 너희들이 만일 나를 아비라고 한다면 이 세 사람을 죄주어 사직(社稷)의 장구한 계책을 도모하고 후세의 불충한 무리를 경계하도록 하라."

세자가 돌아와 상에게 고하니, 상이 어쩔 수 없이 유배 보냈다.

○ 좌정승 성석린(成石璘), 우정승 민제(閔霽)가 문무백관을 거느리고 태상전(太上殿)에 나아갔다.

애초에 성석린·민제 등이 대궐에 나아와 아뢰었다.

"태상왕께서 죄가 아닌 것으로써 공신 이무(李茂)·조영무(趙英茂)·조온(趙溫) 등을 견책해 내쫓으시니, 문무백관이 놀라고 의심해 실망하지 않는 이가 없습니다. 바라건대 조정에 소환해 여러 사람의 마음을 평안하게 하소서."

상이 허락하지 않았다. 석린 등이 문무백관과 더불어 소(疏)를 올려 말했다.

'다스리는 도리는 그 상과 벌을 밝게 하는 데 있으니, 공이 있어도 상을 주지 않고 죄가 없이도 벌을 당한다면 비록 다스리고자 하더라도 다스릴 수 없을 것입니다. 가만히 이무·조영무·조온 등의 일을 보건대, 무인년에 태상왕께서 편찮으실 때를 당해 권간(權姦)들이 정치를 잡고 어린 얼자(孽子)를 세우기를 탐해서 정적(正嫡)을 모해(謀害)하니, 장차 사직이 기울어지고 화란(禍亂)의 변(變)이 털끝만큼도 용납할 사이가 없었습니다. 그러나 이무 등이 종실 대신 및 충의(忠義)의 사람들과 더불어 분연히 자기 한 몸을 돌보지 아니하고 대의(大義)에 따라 계책을 정해서 간웅(姦雄)을 섬멸하고 적장(嫡長)을 부축해 세움으로써 종사를 평안히 하고 만세의 한없는 대업을 기초했으니, 그 공이 심히 큽니다. 그러므로 일찍이 대려(帶礪)[48]로써 맹세해 사유(赦宥-사면령)가 후손에 미치게 했습니다.

지난번에 전하가 태상왕의 명이라 하여 조온을 추방하시니 온 나라 신민이 놀라고 의심하지 않는 사람이 없었는데, 지금 또 들으니 태상 전하께서 이무·조영무 등에게 죄를 가하고자 하시자 전하께서 감히 명을 어기지 못해 이무 등을 추방하셨다 하옵니다. 그러므로 대성·형조에서 교장해 청하기를 "조정에 소환해 공이 있는 것을 나타냄으로써 죄가 없는 것을 밝히고 또 후세의 충의의 인사를 권면해서 종사 만세의 계책으로 삼자"고 했습니다. 그 의견이 심히 실로 마땅하므로 곧 그대로 윤허해야 할 것인데, 전하께서는 태상왕의 명을 어기기 어려워 궁중에 머물러두고 내리지 않으셨습니다. 이무 등이 세운 공이 종사 만세에 관계되는데, 대체 지금 죄를 받은 일이 무슨 일인지 알지 못하겠습니다. 이것은 공이 있어도 상을 받지 못하고 죄

---

48 나라에서 공신의 집안을 자손 대대로 변하지 않고 대접하는 일을 말한다. 한(漢)나라 고조(高祖) 유방(劉邦)이 중국을 재통일한 뒤 공신들을 봉작(封爵)하면서, "황하가 띠[帶]와 같이 가늘어지고 태산이 숫돌[礪]과 같이 작아질 때까지 나라에서 영구히 보존하리라"라고 한 데서 유래한 말이다.

가 없어도 도리어 벌을 받는 것이니, 그 다스리는 도리에 있어 어떠하며 그 종사의 계책에 있어 어떠합니까? 문무백관이 실망하지 않는 이가 없습니다.

신 등이 생각건대, 효도를 하는 도리는 마땅히 지성으로 감동시켜서 그 과실을 바로잡아 고치게 하는 것이요, 구차스럽게 그 뜻만 순순히 따르는 것이 아닙니다. 그러므로 옛사람은 명을 좇는 것만을 효도로 여기지 않았습니다. 바라건대, 전하께서는 위로 지성으로 광구(匡救)하는 효도를 본받으시고 아래로 정치하는 데 상벌의 공정함을 생각하시어, 곧 대성과 형조에서 교장(交章)해 아뢴 것을 의윤(依允)해 시행하소서.'

상이 결단하지 못하니, 대간과 형조가 다시 대궐에 나아와 간절하게 간언했다. 상이 도승지 정구(鄭矩)를 시켜 삼성(三省)에서 올리는 글을 가지고 태상왕 앞에 나아가서 사뢰었다.

"삼성(三省)에서 이무·영무의 무죄함을 논하고 기로(耆老)와 문무백관도 소환하기를 청하니, 신이 처결할 바를 알지 못해 침식(寢食)이 편치 못하고 황공하기 그지없습니다. 오직 명대로 좇겠으니, 엎드려 바라건대 재하(裁下)하소서."

태상왕이 삼성(三省)의 소(疏)를 보고 더욱 노해 말했다.

"나라 사람들이 모두 과인(寡人)을 그르다고 하니, 내가 어떻게 여기에 있을 수 있겠는가? 나는 장차 가고 싶은 데로 가겠다."

이에 성석린·민제 등이 태상전에 나아가니, 태상왕이 성석린 등에게 일러 말했다.

"경 등은 어찌하여 왔는가?"

석린 등이 대답해 말했다.

"전하께서 근일에 불초한 한두 신하의 일로써 성려(聖慮)를 쓰시기에, 신 등이 이 때문에 왔습니다."

태상왕이 말했다.

"나도 역시 그래서 온 줄 안다. 내가 경들을 보고 나의 심사(心事)를 말하고 싶은 지 오래였다. 두 정승은 나와 동렬(同列)의 재상이고 그 나머지 재상은 모두 나의 휘하 사람들이니, (그대들은) 내 집안일을 알지 못하는 것이 없다. 과인이 다행히 조종(祖宗)의 덕과 천명(天命)의 모임에 힘입어 조선(朝鮮)을 창시하고, 즉위한 지 7년 만에 장자에게 전했으니, 평생의 일에 더는 유감이 없다. 무인년에 피살된 어린 자식을 내가 어찌 생각하겠는가? 모두 천명(天命)이다. 내가 만일 사랑하는 자식을 잃고 그 보위(寶位)를 잃은 까닭으로 사직의 안위(安危)를 돌보지 않았다면, 푸른 하늘이 증명할 것이다. 이천우(李天祐)는 본계(本系)가 심히 미천하다. 내가 선부(先父)의 은애(恩愛)하시던 뜻을 이어받아 부자 두 사람을 뽑아서 재상의 열에 두었는데, 도리어 내 두터운 은혜를 배반했으니 인도(人道)에 있어 어떠한가?"

대사헌 권근(權近)에게 일러 말했다.

"유경(柳璥)[49] 시중(侍中)의 첩의 손자가 본주(本主)를 모해하다가 도리어 천역(賤役)이 된 것을 재신(宰臣)들은 알 것이다."

또 말했다.

---

49 고려 중엽의 공신(功臣)이다. 고종(高宗) 때 최의(崔竩)를 죽이고 정권을 왕실에 반환, 추성위사공신(推誠衛社功臣)이 됐다. 문장에 뛰어나 신종·희종·강종·고종의 4대 실록을 편찬했고, 그 문하에서 안향(安向)·이존비(李尊庇) 등의 인재를 배출했다.

"조온이란 자는 부모에게서 받은 것이라곤 몸뚱이 하나뿐이다. 그 입고 먹고, 조정[朝端]에 서서 벼슬이 재상에 이르러 개국공신의 열에 참여한 것은 모두 내가 시켜준 것이다. 조영무란 자를 동북면(東北面) 시위군(侍衛軍)에서 발탁해 패두(牌頭)로 삼아서, 벼슬이 재상에 이르고 개국공신의 반열에 참여하게 했다. 이 세 사람은 비록 분골쇄신(粉骨碎身)하더라도 어떻게 내 은혜를 갚을 수 있겠는가! 그러나 모두 소인인지라, 무인년에 내가 몹시 편찮을 때 나를 배반하기를 헌신짝 버리듯 했다. 조온과 이천우는 내 갑사(甲士)를 거느리고 정사(定社)의 반열에 참여했고, 이무란 자는 반간(反間) 노릇을 하다가 역시 정사(定社)의 반열에 참여했다. 군신(君臣)의 대의(大義)를 돌보지 않고 오직 이익만 구하는 사람을 믿고 맡긴다면 대위(大位)를 누가 엿보지 않겠는가? 조선의 사직이 오래갈 수 있겠는가?"

석린과 권근을 가리키며 말했다.

"경들은 지금 세상의 명유(名儒)이니, 어찌 한(漢)나라 고조(高祖)가 정공(丁公)[50]을 목 베어 군중(軍中)에 돌림으로써 나라의 운조(運祚)를 400년이나 전한 것을 알지 못하겠는가? 나라 사람들이 모두 나더러 '대위(大位)를 잃고 사랑하는 자식이 죽은 것을 한(恨)하기 때문에 정사공신(定社功臣)을 미워한다' 하지마는, 지금 내가 적장자(嫡長子)에게 전위했고 또 막내아들을 세워 세자를 삼았으니 무슨 한이 있겠는가? 내가 전위하지 않았으면 장차 나를 죽이고 빼앗았

---

50 진말한초(秦末漢初) 사람으로 이름은 고(固)다. 항우(項羽)의 무장(武將)으로서 한고조(漢高祖)를 싸움터에서 살려주었으나, 뒤에 한고조가 천하를 평정하자 그의 불신(不臣)의 죄를 미워해 죽였다.

을 것인가? 다만 한나라 고조(高祖)의 마음으로 사직 만세의 계책을 염려하는 것뿐이다. 이무 등을 죄주거나 석방하는 일 같은 것은 너희 임금에게 달렸다."

드디어 술을 가져다가 석린 등에게 마시게 하니, 석린 등이 더는 한마디도 못 하고 물러 나왔다.

대성(臺省)과 형조가 다시 대궐에 나아와 그들이 올린 글을 윤하(允下)해줄 것을 청했으나, 상이 또 따르지 않았다. 낭사(郎舍) 등이 언책(言責-언관의 책임)을 다할 수 없다고 해서 모두 글장을 올려 사직하고 형조 또한 사직하니, 상이 모두 불러서 직사에 나아오게 했다.

○ 장군방(將軍房)[51]을 혁파했다.

고려의 옛 제도에 장군방을 세워 방주(房主)·장무(掌務)의 관원이 있고 회좌회좌례(會坐回坐禮)[52]가 있어서, 새로 장군(將軍)에 제수된 자가 있으면 그 방주와 장무가 반드시 그 족속(族屬)을 상고해서 그 마음씨와 행실을 살핀 뒤 회좌회좌례를 행한 연후에야 새로 제수된 자가 그 임무를 행할 수 있었는데, 국초(國初)에도 그 제도를 인습했다. 이때에 이르러 사알(司謁) 이덕시(李德時)의 아들 등(登)이 장군이 됐는데, 방주(房主) 박동미(朴東美)와 장무(掌務) 김성미(金成美)가 등의 계보(係譜)가 내료(內僚)에서 나왔다고 해서 회좌례(會坐禮)

---

51 여말선초(麗末鮮初)에 장군(将軍) 이상이 모여 군사에 관한 일을 의논하던 곳이다. 고려 중방(重房)의 후신으로, 정종 2년에 폐지했다가 태종(太宗) 6년에 호군방(護軍房)으로 다시 부활시켰다.

52 관원이 새로 임명되어 올 때, 그 관부의 방주(房主)와 장무(掌務)가 모여 적임자인지의 여부를 의논하고 또 찬성 여부를 서명하는 일을 말한다.

를 행하지 않았다. 등의 아내는 태상왕의 총희(寵姬) 딸이다. 태상왕이 듣고 노하니, 상이 헌사(憲司)로 하여금 동미 등을 탄핵하게 하고 드디어 그 방(房)을 없앴다.

○ 길재(吉再)가 사직하고 돌아갔다.

길재가 신씨(辛氏-우왕) 조정에 벼슬해서 문하주서(門下注書)가 됐는데, 기사년에 벼슬을 버리고 선주(善州-경상도 선산)로 돌아가 홀어머니를 봉양하니 향당(鄕黨-지역 사회)에서 그 효도를 칭송했다. 세자(世子)가 잠저(潛邸)에 있을 때 길재가 일찍이 성균관(成均館)에서 같이 배웠다. 하루는 세자가 서연관(書筵官)과 더불어 유일(遺逸) 선비를 논하다가 말했다.

"길재는 강직한 사람[剛直人]이다. 내가 일찍이 함께 배웠는데 보지 못한 지 오래됐다."

정자(正字) 전가식(田可植)이 길재와 같은 고향 사람인데, 길재가 집에 있으면서 효행하는 아름다움을 갖춰 말했다. 세자가 기뻐하며 삼군부(三軍府)에 영을 내리니 이첩(移牒)해서 그를 불렀다. 길재가 역마를 타고 서울에 이르자 세자가 상에게 아뢰어 봉상박사(奉常博士)를 제수했다. 길재가 대궐에 나와 사은(辭恩)하지 않고, 동궁(東宮)에게 글을 올렸다.

'길재가 옛날에 저하(邸下)와 더불어 반궁(泮宮-성균관)에서 『시경(詩經)』을 읽었으니, 지금 신을 부른 것은 옛정을 잊지 않은 것입니다. 그러나 길재는 신씨(辛氏) 조정에 등과해서 벼슬하다가 왕씨(王氏-공양왕)가 복위하자 곧 고향으로 돌아가 장차 몸을 마치려 했으니, 지금 옛일을 기억하고 부르시니 길재가 올라와서 뵙고 곧 돌아가려는 것입니다. 벼슬에 종사하는 것은 길재의 뜻이 아닙니다.'

세자가 말했다.

"그대가 말하는 것은 바로 강상(綱常)의 바꿀 수 없는 도리이니, 의리상 뜻을 빼앗기는 어렵다. 그러나 부른 것은 나요 벼슬을 시킨 것은 주상(主上)이니, 주상에게 사면을 고하는 것이 옳을 것이다."

길재가 드디어 글을 올렸는데, 대략 이러했다.

'신은 본래 한미(寒微)한 사람으로 신씨(辛氏) 조정에 벼슬해서, 과거에 뽑혀 문하주서(門下注書)에 이르렀습니다. 신이 듣건대 "여자는 두 남편이 없고 신하는 두 임금이 없다"라고 했습니다. 빌건대 놓아보내 전리(田里)로 돌아가게 해서, 신이 두 성(姓)을 섬기지 않는 뜻을 이루게 하고 효도로써 늙은 어미를 봉양하며 여생을 마치게 하소서.'

상이 읽어보고 괴이하게 여겨 말했다.

"이는 어떤 사람인가?"

좌우가 말했다.

"한미한 유자(儒子)입니다."

이튿날 경연(經筵)에 나아가 권근(權近)에게 물었다.

"길재(吉再)가 절개를 지키고 벼슬하지 않으니, 예전에 이런 사람이 있었는지 알지 못하겠다. 어떻게 처치할까?"

권근이 대답했다.

"이런 사람은 마땅히 머물기를 청해 작록(爵祿)을 더해주어서 뒷사람을 권려해야 합니다만, 청해도 억지로 간다면 스스로 그 마음을 다하게 하는 것이 낫습니다. (후한을 세운) 광무제(光武帝)는 한(漢)나라의 뛰어난 임금이지만, 엄광(嚴光)[53]은 벼슬하지 않았습니다. 선비가 진실로 뜻이 있으면 빼앗을 수가 없는 것입니다."

상이 이에 본군(本郡)으로 돌아가는 것을 허락하고, 그 집을 복호(復戶-세금 면제)하게 했다.

사신 홍여강(洪汝剛)이 논한다. "어떤 사람이 말하기를 '신씨(辛氏)는 이미 정통(正統)이 아니요 주서(注書) 또한 현달한 관직이 아니니, 길재(吉再)는 마땅히 성조(盛朝)에 벼슬할 것이지 작은 절개에 구애될 것이 아니었다'라고 한다. 내가 생각건대, 충신은 두 임금을 섬기지 아니하고 열녀(烈女)는 두 남편을 섬기지 아니한다 하니, 신씨(辛氏)가 비록 위조(僞朝)이나 이미 폐백을 바쳐 신하가 됐고 주서(注書)가 비록 미관(微官)이나 또한 종사(從仕)해서 녹을 먹었으므로, 어떻게 위조(僞朝)와 미관(微官)이라 하여 나의 신자(臣子-신하)된 분수를 이지러뜨릴 수 있겠는가! 또 절의(節義)는 천지(天地)의 상경(常經-일정한 원칙)이어서 태어나는 처음부터 받지 않은 바가 없으나, 다만 공리(功利)에 이끌리고 작록(爵祿)에 어두워져서 모두 온전히 지키지 못할 뿐이다. 신씨가 망한 지 이미 오래고 자손 가운데 의탁할 만한 자도 없는데, 길재는 능히 옛 임금을 위해 절의를 지켜서 공명을 뜬구름같이 여기고 작록을 헌신짝같이 보며 초야(草野)에서 몸을 마치려 했으니, 실로 충렬한 선비[忠烈之士]라 하겠다."

---

53 광무제와 어려서 같이 공부했는데, 광무제가 즉위하고서 불렀으나 사양하고 부춘산(富春山)에 숨어 살았다.

8월

　계사일(癸巳日-1일)에 평양백(平壤伯) 조준(趙浚)을 순군옥(巡軍獄)에 가두었다가 얼마 뒤에 풀어주었다.

　애초에 경상도 감사(慶尙道監司) 조박(趙璞)이 지합주사(知陜州事-합주 지사) 권진(權軫)에게 말했다.

　"계림부윤(雞林府尹) 이거이(李居易)가 내게 얘기하기를, '내가 조준의 말을 믿은 것을 후회한다'라고 했다. '무슨 까닭이냐'고 물으니, 거이가 말하기를 '조준이 사병(私兵)을 혁파할 때를 당해 나와 말하기를, "왕실을 호위하는 데는 군사가 강한 것만 한 바가 없다"라고 했다. 내가 그 말을 믿고서 패기(牌記)를 곧 삼군부(三軍府)에 바치지 않았다가 죄를 얻어 오늘에 이르렀다'라고 했다."

　권진이 간의대부(諫議大夫)로 있으면서 조박의 말에다가 사사로이 자기가 더 보태 좌중(坐中)에 고했다. 이에 헌신(憲臣) 권근(權近)과 간신(諫臣) 박은(朴訔) 등이 교장(交章)해 상언(上言)해서 조준·이거이 등의 죄를 말하니, 상이 말했다.

　"조준이 어찌 이런 말을 했겠는가?"

　그 소장을 머물러두었다. 권근 등이 다시 글을 올려 대궐에 나와 굳이 청하니, 이에 조준을 옥에 가두고 참찬문하부사(參贊門下府事) 이서(李舒), 순군만호(巡軍萬戶) 이직(李稷)·윤저(尹抵)·김승주(金承霔) 등에게 명해 추국(推鞫)하게 했다. 조준은 강개(慷慨)한 성품이므로 화가 나서 말했다.

　"신은 그런 말을 하지 않았습니다."

눈물을 흘리며 울기만 할 뿐이었다. 지합주사(知陝州事) 전시(田時)는 조준과 이거이가 믿는 사람이었는데, 조준 등의 죄를 입증하기 위해 서리(書吏)를 보내 잡아 왔다. 상이 조준·이거이·조박을 한곳에서 빙문(憑問)하게 하려고 하자, 권근 등이 각 곳에 두고 국문(鞫問)하기를 청했다. 임금이 의심해 화를 내며 말했다.

"어찌 죄상이 나타나지 않았는데도 갑자기 형(刑)을 가할 수 있겠는가?"

대간(臺諫)에게 더는 말을 하지 못하도록 하고, 곧 순군 관리에게 명해 이거이·조박을 잡아 왔다. 세자가 윤저(尹抵)를 불러 말했다.

"경은 상께서 경을 순군만호(巡軍萬戶)로 삼은 뜻을 알고 있는가?"

윤저가 대답했다.

"신은 본래 혼매하고 어리석어 이사(吏事-관리 업무)를 익히지 못했는데도 지금 신에게 형관의 임무를 명하시니, 조처해야 할 바를 알지 못해 밤낮으로 황공하고 송구합니다."

세자가 말했다.

"경은 본래 세족(世族)으로서 작은 절조에 구애하지 않고 세태(世態)에 아첨하지 않으며 오직 너그럽고 공평한 것을 힘쓰기 때문에 형관의 임무를 명한 것이다."

대간(臺諫)의 소장을 보이면서 말했다.

"태상왕께서 개국하신 것과 상께서 대위(大位)를 이으신 것과 불초한 내가 세자가 되어 지금의 아름다움에 이른 것이 모두 조준의 공이다. 지금 전날의 공을 잊고 허실을 가리지 않은 채 다만 유사(攸司)의 소장만 믿고 국문한다면 황천상제(皇天上帝)가 심히 두려울 것이다. 조준이 만일 이 말을 했다면 크게 죄가 있는 것이다. 경은 가서 조심하라."

윤저가 재배하고 나오는데, 우정승 민제(閔霽)가 비밀리에 윤저에게 말했다.

"조준 등이 나와 하륜(河崙)을 해치고 인연을 연결해서 세자에게까지 미치려고 한다. 지금 잡혀 갇혔으니, 끝까지 추궁하지 않을 수 없다."

대성(臺省)이 모두 대궐 뜰에 나와서, 다시 위관(委官-조사 책임자)을 이거이와 조박이 있는 곳에 보내 조준이 말한 것을 질문하도록 청하니 상이 말했다.

"무릇 질문하는 일은 마땅히 한곳에 두고 빙문(憑問)해야 할 것이지, 어찌 사람을 보내 물을 수 있는가?"

대간이 극력 간쟁(諫諍)하니, 상이 일을 보지 못하도록 명해 각각 사제(私第)로 돌려보냈다. 조박을 순군옥에 가두고 물으니, 조박의 말이 대성(臺省)의 소장의 뜻과 같지 않았다. 또 권진을 가두고 물으니, 권진의 말도 또한 소장의 뜻과는 달랐다. 상이 권근 등을 크게 미워하며, 이거이를 순군옥에 가두고 조박과 빙문(憑問)하니 이거이가 말했다.

"나는 조준이 그런 말을 하는 것을 듣지 못했다."

조박이 맞대고 질문했다.

"그대가 계림(雞林) 동헌(東軒)에서 말하지 않았는가?"

이거이가 말했다.

"말한 일이 없다. 그대가 나에게 술 두세 잔을 먹였지만, 내 마음은 달랐고 취하지 않았다. 그대가 기묘년에 이천(利川)으로 폄출(貶出)되었다가 경상도 감사로 나간 것은 우리 부자 때문이다. 내가 조준과 정사(定社)의 맹세를 바꾸지 않았으니, 조준이 비록 그런 말을 했더라도 내가 어찌 그대와 얘기하겠는가!"

조박이 말했다.

"내 자식 조신언(趙愼言)이 회안공(懷安公)의 딸에게 장가들 때 조준이 안마(鞍馬)를 주었고, 내가 감사(監司)로 나갈 때 금대(金帶)를 주었다. 그러나 그 마음은 나를 향해 불평이 있었다."

이거이가 큰 소리로 말했다.

"조박의 말은 모두 사사로운 감정이다. 바라건대 제공(諸公)들은 들어보시오."

조박이 크게 부끄러워하는 빛이 있으니, 조준과 이거이를 석방해 각각 그 집으로 돌려보냈다. 조박을 이천(利川)에 폄출(貶出)하고, 권진도 축산도(丑山島)로 유배 보냈다.

9월

정축일(丁丑日-16일)에 이방간(李芳幹) 부자를 (경기도 안성에서 전라도) 익주(益州-익산)에 옮겨 안치하고, 그 참에 쌀·콩 각각 150석을 내려주었다.

문하부(門下府)에서 소를 올렸다.

'방간이 간사한 소인의 말을 믿고 실로 참란(僭亂)한 죄를 범했으니 마땅히 극형에 처해야 할 것인데, 다만 전하의 우애하시는 정으로 머리를 보전했습니다. 그러나 가까이 경기(京畿) 안에 있으니, 만일 혹시 난을 선동하는 일이 있으면 미칠 수 없을 것입니다. 엎드려 바라건대, 대의로 결단해서 먼 땅에 옮겨둬 (서울에) 출입하지 못하게 한다면 전하께서는 보전하는 다움이 있고 저들도 또한 안영(安榮)의 복을 누릴 것이니, 어찌 아름답지 않겠습니까?'

상이 장군(將軍) 박순(朴淳)에게 명해 옮겨 안치하도록 했다.

10월

임진일(壬辰日-1일)에 세자가 갑사(甲士) 수백 명을 거느리고 호곶(壺串)에서 매를 놓았다.

임인일(壬寅日-11일)에 경내의 이죄(二罪) 이하와 남은(南誾)·정도전(鄭道傳)의 당여(黨與)를 용서했으니, 태상왕의 탄일(誕日)인 때문이다.

○ 좌정승 민제(閔霽)가 병을 칭탁하고 사진(仕進-출근)하지 않았다. 이에 앞서 우정승 하륜(河崙)이 말했다.

"우리나라 전부(田賦)의 법은 고르지 못합니다. 무릇 민호(民戶)로 된 자가, 혹 전지를 경작하는 것은 많은데 복역(服役)하는 것이 적고, 혹 전지를 경작하는 것은 적은데 복역하는 것이 많습니다. 이제부터 경작하는 것의 많고 적은 것으로써 그 부역(賦役)의 수를 정하는 것이 편하겠습니다."

민제가 다퉈 말했다.

"법이 이처럼 까다로우면 민심이 떠납니다. 어떻게 오늘날에 행할 수 있겠습니까?"

이때에 이르러 병을 칭탁하고 사진하지 않다. 하륜이 경력(經歷) 이관(李灌)을 시켜 이 법을 행할 것을 청해 아뢰었으나 일이 아직 시행되지 않았는데, 민제가 이관에게 허물을 돌려 말했다.

"반드시 이 사람이 죄를 받은 뒤에야 출사(出仕)하겠다."

병오일(丙午日-15일)에 태상왕이 신도(新都)에 행차하니 상이 교외에서 지송(祗送-전송)하기 위해 쫓아가 옛 동대문(東大門)에 이르렀으나, 미치지 못하고 돌아왔다. 태상왕이 밤 사경(四更)에 거가(車駕)를 움직였는데, 세자가 뒤쫓아서 벽제역(碧蹄驛)에 이르렀다가 장차 돌아가려 하니 대장군(大將軍) 박순(朴淳)이 말했다.

"태상왕께서 비록 저하(邸下)로 하여금 따라오지 못하게 했으나, 여기에까지 이르렀다가 갑자기 돌아가는 것은 신자(臣子-신하 된 자)의 마음이 아닙니다. 박순이 듣건대 태상왕께서 신도(新都)에서 장차 대산(臺山-오대산)에 행차하신다는데, 만일 저하가 따라가신다면 태상께서는 반드시 가시지 못하고 중지할 것입니다. 그렇지 않으면 산천을 발섭(跋涉)해서 멀리 대산에 가실 것이니, 뒤에 반드시 후회함이 있을 것입니다."

세자가 듣지 않았다. 태상왕 행차에 역마(驛馬) 130필을 독촉해서 차출하니, 역리(驛吏)가 그 수효를 채우지 못해서 도망쳐 숨는 자가 더러 있었다.

11월

신유일(辛酉日-1일)에 전지 70결(結)을 단양백(丹陽伯) 우현보(禹玄寶)에게 하사했다.

애초에 이방간(李芳幹)이 난을 일으키려고 꾀할 때 이래(李來)가 알고서 우현보에게 말해서 세자에게 전하여 고하니, 세자가 상에게 전문(傳聞)해 환(患)을 방비했다. 그러므로 이러한 명이 있었다.

신미일(辛未日-11일)에 상이 왕세자(王世子)에게 선위(禪位)했다.

판삼군부사(判三軍府事) 이무(李茂)가 교서(敎書)를 받들고 도승지(都承旨) 박석명(朴錫命)이 국보(國寶)를 받들어 인수부(仁壽府)에 나아가서 올리니, 세자가 울면서 받지 않았다. 상이 세자에게 전지(傳旨)했다.

"내가 어려서부터 말 달리고 활 잡기를 좋아해서 일찍이 학문하지 않았는데[未嘗學問], 즉위한 이래로 혜택이 백성에게 미치지 못하고
미상 학문
재앙과 변괴가 거듭 이르렀다. 내가 비록 조심하고 두려워하나 어찌할 수가 없다. 세자는 어려서부터 배우기를 좋아해서 이치에 통달하고[好學達理] 크게 공로와 다움이 있으니[大有功德], 마땅히 나를 대
호학 달리   대유 공덕
신하도록 하라."

세자가 어쩔 수 없이 수선(受禪)했다. 그 교서(敎書)는 이러했다.

'공손히 생각건대, 조종(祖宗)께서 어질고 두터우시므로 다음을 쌓아 큰 명(命)을 성취해서 우리 신무태상왕(神武太上王)이 처음 일어날 때에 미쳐, 왕세자(王世子)가 기선(幾先)에 밝아서 천명(天命)을 명확히 알고 먼저 대의(大義)를 주창(主唱)해서 큰 기업(基業)을 세웠으니, 우리 조선(朝鮮)의 개국에는 세자의 공이 많았다. 그러므로 당초에 세자를 세우는 의논에서 물망이 모두 돌아갔는데, 뜻하지 않게도 권간(權姦)이 공을 탐해 어린 얼자(孽子)를 세워 종사를 기울어뜨리려 했다. 하늘이 그 충심(衷心)을 달래고자 계책을 세워 감정(戡定)해서 종사를 편안히 했으니, 우리 조선을 재조(再造)한 것 또한 세자의 공에 힘입은 것이다. 나라는 이때에 이미 세자의 차지가 되었으나, 겸허(謙虛)를 고집해 태상왕께 아뢰어 유능하지 못한 내가 적장자(嫡長子)라 해서 즉위(卽位)하도록 명하게 했다.

내가 사양해도 되지 않아서 면강(勉强)하며 정사에 나간 지 지금 3년이 됐으나, 하늘 뜻이 허락하지 않고 인심이 믿지 않아서 황충과 가뭄이 재앙으로 되고 요얼(妖孽)이 거듭 이르니, 진실로 과인[寡昧]
과매
의 부덕한 소치로 말미암은 것이므로 무서워하고 두려워해 하늘과 사람에게 부끄러움이 있다. 더욱이 내가 본래 풍질(風疾)이 있어 만기(萬機)에 현란(眩亂)하니, 정신을 수고롭게 해서 정무에 응하면 미류(彌留)에 이를까 두려웠다. 무거운 짐을 내려놓아 다움이 있는 사람에게 부탁해볼까 생각했으니, 거의 위로는 하늘의 마음에 보답하고 아래로는 여망(輿望)을 위로할 수 있을 것이다.

왕세자는 굳세고 눈 밝은 다움[剛明之德]을 품수(稟受)하고 용맹과
강명 지 덕

지략의 자질이 빼어났다. 인의(仁義)는 타고날 때부터 가졌고, 효제(孝悌)는 지성(至誠)에서 비롯됐다. 학문은 의리에 정밀하고, 영명한 계책은 변통(變通)에 부합했다. 진실로 예철(睿哲)하기가 무리 중에서 뛰어난데, 겸공(謙恭)하기를 더욱 부지런히 했다. 일찍이 제세안민(濟世安民)의 도량으로 능히 발란(撥亂-어지러움을 안정시킴)하고 반정(反正)하는 공을 이루었으니, 구가(謳歌)가 돌아가는 바요 종사(宗社)가 의뢰하는 바다. 어질고 다움이 있는 사람이 마땅히 대통(大統)을 이어야겠으니, 이제 세자에게 명해 왕위(王位)를 전해 즉위하게 한다. 나는 장차 물러나 사사 집에 돌아가서 한가롭게 놀고 편안히 봉양 받으면서 백세(百歲)를 보전하겠다. 아아! 하늘과 사람의 정(情)은 반드시 다움이 있는 사람에게 부탁하고, 종사의 대통(大統)은 마땅히 지친(至親)에게 전해야 한다. 그러므로 부자 형제가 서로 잇는 것은 실로 고금의 두루 통하는 의리다.

아아! 너희 종친(宗親)·기로(耆老)·대소신료(大小臣僚)는 모두 내 뜻을 받아서 길이 유신(維新)의 정치를 보전하도록 하라.'

참찬문하(參贊門下) 권근(權近)이 지은 것이다. 좌승지 이원(李原)을 보내 태상왕에게 선위(禪位)할 뜻을 고하니, 태상왕이 말했다.

"하라고도 할 수 없고, 하지 말라고도 할 수 없다. 이제 이미 선위했으니 다시 무슨 말을 하겠는가!"

○ 백관이 세자전(世子殿)에 나아가서 하례를 행하니, 받지 않았다.

계유일(癸酉日-13일)에 세자가 대궐에 나아와 조복을 갖추고 명(命)을 받고, 연(輦)을 타고 수창궁(壽昌宮)에 이르러 즉위(卽位)했다. 백관의 조하(朝賀)를 받고 유지(有旨)를 반포했다. 왕은 이렇게 말했다.

"우리 계운신무태상왕(啓運神武太上王)께서는 조종(祖宗)의 쌓은 덕을 이어받고 천인(天人)의 협찬(協贊)을 얻어서 크나큰 명(命)을 받고서 문득 동방(東方)을 차지하니, 성대한 다움과 신령스러운 공로와 큰 규모와 원대한 도략으로 우리 조선 억만년의 무궁한 운조(運祚)를 이룩하셨다. 우리 상왕(上王)께서는 적장자(嫡長子)로서 공경히 엄한 명(命)을 받고서 보위(寶位)에 나아가시니, 정신을 가다듬어 다스림을 이룬 지 이제 3년이다.

지난번에 적사(嫡嗣)가 없었으므로 미리 저부(儲副)를 세워야 한다고 하자, 이에 소자(小子)가 동모제(同母弟)의 지친(至親)이고 또 개국(開國)하고 정사(定社)할 때 조그마한 공효가 있다고 해서 나를 책봉해 세자로 삼고 감무(監撫)의 책임을 맡겼는데, 감내하지 못할까 두려워 매사 조심하고 송구한 마음을 품었다. 어찌 생각했으랴! 이달 11일에 홀연히 교지(敎旨)를 내려 이에 즉위하도록 명하셨다. 두세 번을 사양했으나 이뤄진 명을 돌이킬 수가 없어, 이미 13일 계유(癸酉)에 수창궁에서 즉위했다.

돌아보건대, 이 작은 몸이 대임(大任)을 응해 받으니 무섭고 두려워서 깊은 물을 건너는 것과 같다. 종친(宗親)·재보(宰輔)·대소신료(大小臣僚)에 의뢰하니, 각각 마음을 경건히 하여 힘써 내 다움을 도와서 미치지 못하는 것을 바로잡도록 하라.

명에 응하는 처음을 당해 마땅히 너그러운 은전(恩典)을 펴서 경내에 사유(赦宥)해야겠다. 건문(建文) 2년 11월 13일 새벽 이전의, 상사(常赦)에서 용서하지 못하는 것을 제외하고는 이미 발각되었거나 발각되지 않았거나 이미 결정되었거나 결정되지 않았거나 간에 모두 용서해 면제한다. 감히 유지(宥旨) 전의 일을 가지고 서로 고해 말하는 자는 그 죄로써 죄주겠다.

아아! 천지(天地)의 다움 중에 만물을 생산하는 것보다 더 큰 것이 없고, 왕자(王者-임금다운 임금)의 다움 중에 백성에게 은혜롭게 하는 것보다 더 큰 것이 없다. 하늘과 사람의 두 사이에 위치해서 위아래로 부끄러움이 없고자 하면, 공경하고 어질게 해서 하늘을 두려워하고 백성에게 부지런해야 할 것이다. 힘써 이 도리를 따라서 부하(負荷)된 임무를 수행하겠다. 너희 신민은 나의 지극한 회포를 체화하도록 하라."

○ 여러 신하에게 전교해서, 매 아일(衙日)에 정사(政事)의 득실(得失)과 민생(民生)의 이해(利害)를 모두 직접 계달하게 했다.

○ 경연(經筵)에 나아갔다. 지사(知事) 권근(權近)이 『대학연의(大學衍義)』를 진강(進講)했다. 상이 강문(講問)하기를 심히 자세히 해도 권근이 능히 정미한 뜻을 변석(辨析)했다. 상이 기뻐해 강론이 끝난 다음에 음식을 공궤(供饋-대접)했다.

○ 의정부(議政府)에서 이래(李來)를 좌명공신(佐命功臣)으로 삼을 것을 청했다.

12월

신묘일(辛卯日-1일)에 좌정승 이거이(李居易), 우정승 하륜(河崙) 등이 모두 판상서사사(判尙瑞司事-당시의 인사부서)로 정방(政房)[54]에 있었는데, 하륜이 현량(賢良)을 천거하자 이거이가 하륜이 홀로 결단하는 것을 미워해서 물러 나와 아들 이저(李佇)에게 말했다.

"사람을 천거하는 것은 큰일인데, 하륜이 나와 의논하지 않으니 어찌할까?"

이저가 말했다.

"상께 아뢰어야 합니다."

거이가 말했다.

"다툴 것까지야 있겠느냐!"

○ 경연(經筵)에 나아가서 『대학연의(大學衍義)』를 읽다가, 조고(趙高-진나라 때 환관)가 권세를 천단(擅斷-제 마음대로 결정함)한 데에 이르러 말했다.

"환관을 설치한 것은 본래 앞에서 심부름시키기 위한 것이니, 행동거지가 익숙할 뿐이다. 어찌 나라의 권세를 주겠는가?"

승지(承旨) 박신(朴信)이 말했다.

"고금의 인주(人主)가 어찌 권병(權柄)을 줄 수 없는 것을 알지 못했겠습니까? 다만 환관이 조석(朝夕)으로 옆에서 모시면서 오로지 아첨해[阿諛] 구차히 용납받기[苟容]를 일삼으니, 인군(人君)이 만일 밝게 살피지 않으면 반드시 모르는 사이에 그 술책에 빠지게 됩니다. 이러한 까닭으로 인군은 마땅히 기미를 막고 조짐을 막는 것

---

54 여말선초(麗末鮮初)에 정무(政務-인사)를 행하던 곳이다. 고려 고종(高宗) 12년에 최이(崔怡)가 사저(私邸)에 처음 설치했다. 정승 등이 모여 전주(銓注-인사고과) 등의 일을 보았다.

[防微杜漸]을 급무로 삼아야 합니다.”
방미두점

내사(內史) 이담(李擔)을 불러 뜻을 전해 말했다.

“매번 경연(經筵)할 때면 간관(諫官) 1인을 입시(入侍)케 하여, 만일 과실이 있거든 직언(直言)하길 꺼리지 말고 내 다움을 도우라[輔德].”
보덕

무신일(戊申日-18일)에 경연(經筵)에 나아가니, 좌산기(左散騎) 이복(李復)이 처음으로 입시(入侍)했다. 지경연사(知經筵事) 성석린(成石璘)이 『대학연의(大學衍義)』를 진강했다.

상이 말했다.

“임금은 천재지괴(天災地怪)가 이르면 곧 기양(祈禳-푸닥거리)을 베푸는데, 의리상으로는 어떠한가?”

경연관이 말했다.

“기양(祈禳)은 없앨 수 없습니다.”

상이 말했다.

“내가 듣건대 ‘사람의 일이 아래에서 바르면 하늘 기운이 위에서 순해진다’라고 했으니, 사람의 일이 순하지 못한 것이 있으면 하늘 기운 또한 따라서 불순할 것이다.”

상이 또 물었다.

“소격전(昭格殿)[55]에서 별에 제사하는 일은, 영이(靈異)한 것이 여러

---

55 조선조 때 도교(道教)의 일월성신(日月星辰)에게 제사 지내던 전당(殿堂)으로, 삼청전(三清殿)이라고도 했다.

번 나타났으니 소홀히 할 수 없다. 그 나머지 음사(淫祀)[56]는 없애는 것이 어떠한가?"

경연관들이 대답했다.

"천자(天子)·제후(諸侯)·사(士)·서인(庶人)이 각각 제사하는 신(神)이 있습니다. 천자인 연후에 천지(天地)에 제사하고 제후인 연후에 산천(山川)에 제사하는 것인데, 지금 우리나라 풍속은 비록 서인(庶人)이라도 모두 산천에 제사하니 예(禮)로써는 마땅히 금해야 합니다."

상이 말했다.

"지금 풍속이 귀신을 숭상해 모두 생각하기를 '신(神)의 음조(陰助)가 아니면 편안히 살 수 없다'라고 여기는데, 만일 금령(禁令)을 내린다면 백성이 기쁘게 복종하지 않고 도리어 원망을 할 것이다."

응교(應敎) 김첨(金瞻)이 대답했다.

"예전 제도에 따라 이사(里社)[57]의 법을 세워서 백성으로 하여금 모두 제사하게 하면, 백성이 모두 기쁘게 따르고 음사(淫祀)가 또한 장차 근절될 것입니다."

기유일(己酉日·19일)에 중궁(中宮)의 투기(妬忌) 때문에 경연청(經筵廳)에 나와 10여 일 동안 거처했다.

---

56 내력이 바르지 못한 사신(邪神)을 섬기고 제사 지내는 일을 가리킨다.
57 옛날 각 동리(洞里)마다 세워졌던, 토지신(土地神)을 모시던 사당(祠堂)이다. 주(周)나라 때는 100가(家) 이상, 진(秦)·한(漢) 이래로는 25가(家) 이상이면 사(社)를 세워 제사 지냈다.

임자일(壬子日-22일)에 수창궁(壽昌宮)[58]이 화재를 당했다. 사약(司鑰-자물쇠 담당 관리)이 실화(失火)해 침실(寢室)에서 시작해 대전(大殿)에까지 불길이 미쳤는데, 여흥백(驪興伯) 민제(閔霽), 판문하(判門下) 김사형(金士衡), 좌정승 이거이(李居易), 우정승 하륜(河崙)이 모두 모여 불을 구제했다. 상이 놀라고 두려워해 말했다.

"궁궐은 이미 불타서 구제할 수가 없으니, 사람이나 상하지 말게 하라."

이때에 사고(史庫)가 수창궁 안에 있었는데, 입직하던 사관(史官) 노이(盧異)가 사고(史庫)를 열고 손수 사책(史冊)을 꺼냈다.

○ 술수(術數)에 관한 그림이나 서적을 금하도록 명했다.

한양에 환도하기를 토의하는데[議], 평양백(平壤伯) 조준(趙浚), 창녕백(昌寧伯) 성석린(成石璘) 이하 문신(文臣) 10여 인에게 일러 말했다.

"불행히 화재가 있었으니, 경 등은 서운관(書雲觀)의 비밀도적(祕密圖籍)을 상고해서 천도(遷都)의 이해를 토의해 아뢰도록 하라."

이때에 의논이 분운(紛紜)해 정해지지 못했는데, 우정승 하륜(河崙)이 건의했다.

"마땅히 무악(毋岳)에 도읍해야 합니다."

---

58 여말선초(麗末鮮初)에 정전(正殿)으로 사용하던 궁궐이다. 공민왕 때 홍건적(紅巾賊)의 침입으로 연경궁(延慶宮)이 불타자 처음 정전으로 사용돼, 그 후 우왕·창왕·공양왕은 물론 조선조 태조 이성계(李成桂)도 여기에서 즉위했다. 태종 4년에 실화(失火)로 완전히 불탔고, 이후 한양으로 환도(還都)했다.

상이 여러 대신에게 일러 말했다.

"지금 참위(讖緯)·술수(術數)의 말이 이러쿵저러쿵[縱橫] 그치지
않아 인심을 현혹(眩惑)하게 하니, 어떻게 처리할까?"

여러 재상이 모두 말했다.

"따를 수 없습니다."

대사헌(大司憲) 김약채(金若采)가 홀로 그대로 따라야 한다고 했다.
상이 말했다.

"신도(新都)는 부왕께서 창건하신 것이니, 어찌 반드시 따로 도읍
을 세워서 백성을 수고롭게 하겠는가?"

드디어 서운관에 명해 술수(術數)·지리(地利)에 관한 서적을 감추
도록 했다.

제3부
『세종실록』 속의 상왕 태종

세종 즉위년(1418년) 무술년

8월

기축일(己丑日-12일)에 봉숭도감(封崇都監)을 설치해서, 박은(朴訔)과 이원(李原)을 도제조(都提調-위원장)로 삼고 박신·허지·허조·이명덕을 제조(提調)로 삼았다. 장차 상왕 및 대비에게 책보(冊寶)를 올리려 하므로, 도감을 설치해서 그 일을 맡아보게 한 것이다.

경인일(庚寅日-13일)에 상이 상왕전에 나아가서 영의정 한상경(韓尙敬)과 우의정 이원(李原)을 불러 전위(傳位)한 일을 명나라에 아뢸 것을 토의하니 모두 말했다.

"세자(世子) 책봉을 청했을 때 인준을 받지 못했는데 또 갑자기 전위했으니, 중국 조정에서 어떻게 생각할까요?"

이때 박은은 병으로 집에 있었으므로 하연(河演)을 보내 이에 관해 물었으나, 은도 역시 확실한 의견을 내지 못했다.

상왕이 말했다.

"마땅히 다시 토의하도록 하라."

중국에 가서 전권으로 대답할 만한 사람을 가려서 사은사(謝恩使)와 주문사(奏聞使)로 삼도록 명했다. 그리하여 판한성(判漢城) 김여지(金汝知, 1370~1425년)[1]를 사은사로 삼고, 공조참판 이적(李迹)을 부사(副使)로 삼고, 형조판서 조말생(趙末生)을 주문사(奏聞使)로 삼았다.

신묘일(辛卯日-14일)에 상이 영돈녕(領敦寧) 유정현(柳廷顯)과 영의정 한상경(韓尚敬) 및 대간(臺諫) 각 한 사람씩을 불러 전위한 일을 중국에 보고하는 문제를 토의했으나, 의논이 아직 정해지지 못했다. 여러 사람이 말했다.

"(상왕께서) 풍병(風病)을 앓으시어 때때로 발작하니 부득이 세자

---

1 1389년(창왕 1년) 문과에 장원급제하고 사헌규정(司憲糾正)에 제수됐으나, 곧 언사(言事)로 전라도에 유배됐다. 1390년(공양왕 2년)에 풀려나 우정언(右正言)이 됐으나 정도전(鄭道傳)을 탄핵하다가 파면됐으며, 뒤에 예조좌랑이 됐다. 1392년(태조 1년) 계림부판관(鷄林府判官)으로 재직할 때, 함창군으로 유배 온 좌주(座主) 이종학(李種學)을 정도전의 사주를 받은 손흥종(孫興宗)이 해치려는 것을 구했다. 곧 소환돼 간관(諫官)으로 근무하던 중 정도전이 "공양왕 2년에 나를 탄핵한 성랑(省郎)은 모두 파직되었는데 오직 김여지만이 관직에 있다"라고 한 말을 듣고 사직했다. 정도전이 실각한 뒤에 복직, 1402년(태종 2년) 우헌납(右獻納)으로 재직 중 언사로 원평(原平)에 안치됐다. 다시 소환되어 병조·이조의 정랑(正郎)을 역임했다. 1403년 장령(掌令)으로 승진했으나, 언사로 순금사(巡禁司)에 수금됐다가 풀려나면서 지봉주사(知鳳州事)로 쫓겨났다. 이듬해 예문관직제학(禮文館直提學), 집의(執義)로 옮겼다가 병으로 사직했다. 1408년 판내섬시사(判內贍寺事), 우대언(右代言)·좌대언을 거쳐 1410년 지신사(知申事)가 됐다. 1413년 지신사로 있을 때 고려 종실의 후손인 왕거을오미(王巨乙吾未)의 동정을 알고도 보고하지 않은 죄로 파면됐다. 이듬해 예문관제학으로 복직돼 남재(南在) 등과 문과 회시(文科會試)를 주관하고, 충청도관찰사로 파견됐다. 1416년 대사헌이 됐고, 양녕대군(讓寧大君)이 세자에서 폐위되기까지 세자좌빈객을 겸임했다. 1417년 어머니의 간병을 위해 사직했으나 허락을 받지 못하고 예문관제학이 됐다. 이어 공조판서·예조판서·판한성부사 등을 역임했다. 이때인 1418년(세종 즉위년) 형조판서로서 하정사(賀正使)의 임무를 띠고 명나라에 다녀왔다. 그 뒤 병으로 일시 사직했다가, 1422년 예조판서로 복직됐다. 이듬해 의정부참찬으로 발탁되었으나 병으로 다시 사직했다. 성품이 충직하고 도량이 넓었으며, 태종·세종 성세의 일익이 되었다.

이도(李裪)를 대리로 해서 국사를 보게 했으며, 인장(印章)과 면복(冕服)은 감히 마음대로 전해주지 못하고 오직 칙명이 내리기를 기다린다고 하는 것이 마땅합니다."

오직 이원만이 이렇게 말했다.

"금년 정월에 중국의 사신이 왔을 때 상왕께서 무양(無恙-무탈)하심을 뵈었고 또한 이제 이미 세자 책봉을 청했으니 중국 황제가 반드시 사신을 보내올 것인데, 상왕께서 만일 조정에 나와 보시지 않는다면 반드시 의심할 것이요 만일 나와 보신다면 반드시 상왕의 병환이 사실이 아님을 알 것입니다. 세자를 폐립(廢立)한 지가 아직 오래지 않아 갑자기 전위(傳位)한다면 일의 이치가 전도되니, 우선 병을 칭탁해 전위를 주청(奏請)하는 것만 못합니다. 황제가 가령 그것을 윤허하지 않는다 하더라도 다시 청하면 반드시 윤허할 것입니다."

상이 하연(河演)을 시켜 상왕에게 이 사연을 고하니, 상왕이 하연을 박은의 집에 보내 물었다. 박은의 의견도 이원의 의견과 같았으며, 그가 또 말했다.

"개국 이후로 상왕께서 비로소 중국의 고명(誥命)을 받으시고 중국을 지성으로 섬겨왔는데, 이제 왕위를 주고받는 큰일을 당해서 우리 마음대로 할 수는 없습니다."

하연이 돌아와서 박은의 이 말을 상왕께 아뢰니, 상왕이 탄식하며 말했다.

"내가 등의 큰 종기를 못 견뎌 빨리 떠나가려고 한 것이니, 이것이 바로 사리에 있어 얼른 작정하기 어려운 것이다. 좌·우의정의 말도 옳다. 그러나 황제가 만일 윤허하지 않는다면 어떻게 수습할 것인가? 우리나라는 중국 영토 안에 들어 있는 나라가 아니다. 예로부터 반드시 주청한 연후에야 전위하지는 않았으니, 이제 비록 이미 왕위를 계승해서 위(位)에 나아갔다 하더라도 황제가 반드시 노하지는 않을 것이다. 마땅히 여러 사람의 의논을 따르도록 하라."

○ 상이 명해 말했다.

"예를 갖춰 행차할 때는 보갑사(步甲士)가 갑옷을 입고 행수는 거둥 행렬의 맨 앞에서 보행할 것이요, 보통 행차 때는 갑사가 평상복의 차림으로 칼을 차고 행수는 말을 타고 따르게 하라."

지신사(知申事) 하연 등이 말했다.

"전례(前例)는 폐지할 수 없습니다."

상이 말했다.

"내가 하루 이틀 간격으로 상왕전에 문안을 드리는데, 만일 늘 예를 갖춘다면 어찌 폐단이 없겠느냐. 대저 일에 폐단이 있으면 그것을 폐지하는 것이 옳다."

임진일(壬辰日-15일)에, 이때 상이 장천군(長川君) 이종무, 우대언(右代言) 김효손(金孝孫)과 환관 김용기(金龍奇)를 보내 시위케 하고 주찬을 바치니, 상왕이 행제(行祭)를 마치고 돌아오는 길에 들에서 어가를 멈추고 김효손에게 명해 술자리를 차리게 했다. 상왕이 매우 즐거워하며 말했다.

"봄 이후로 이제 비로소 근심을 풀게 됐다. 오늘 내가 눈물을 세 번 흘렸으니, 그것은 나의 자식들이 적지 않건만 다 내 눈앞에 함께 있지 못하니 첫 번째 한(恨)이요, 전일에는 효령(孝寧)과 충녕(忠寧)이

조석으로 드나들며 혼정신성(昏定晨省)했는데 지금 충녕이 국왕이 돼서 자주 볼 수 없으니 두 번째 한이요, 나의 재위 19년 동안 홍수나 가뭄의 재앙이 없는 해가 없었으니 세 번째 한이다.”

그리고 이종무·김효손·김용기에게 각각 말 1필을 내려주었다.

○ 예조에서 청하기를, 상왕의 전지(傳旨)를 선지(宣旨)로 해서 선지를 좇지 않는 자는 제서(制書)를 어긴 죄목(罪目)으로 논죄하자고 하니 그것을 따랐다.

○ 순승부(順承府)를 인수부(仁壽府)라 고쳐 상왕전(上王殿)에 속하게 하고 부윤(府尹) 두 사람, 소윤(少尹)·판관(判官)·승(丞)·부승(副丞) 각 한 사람씩을 두게 했으니, 차례로는 공안부(恭安府) 아래에 있게 했다. 새로 경창부(慶昌府)를 설치해서 중궁(中宮)에 속하게 하고 부윤·소윤·승 각 한 사람씩을 두게 했으니, 차례로는 인녕부(仁寧府) 아래에 있게 했다. 모두 이조(吏曹)에 예속(隸屬)되게 했고, 인녕부는 예전대로 대비전(大妃殿)에 소속시키되 부윤을 한 사람 줄였다.

애초에 상이 지신사(知申事) 하연을 보내 새로 그 2부(府)를 설치하려는 뜻을 상왕께 아뢰었더니 상왕이 관직을 새로 설치하는 것은 폐단이 있다 하여 윤허하지 않다가, 하연이 굳게 청하자 그것을 좇았다.

계사일(癸巳日-16일)에 상이 상왕전에 갔다가 돌아와 노상왕전(老上王殿-정종)에 갔다. 이때 상왕과 공정왕(恭靖王)이 다 상왕인 까닭으로, 공정왕을 노상왕이라 일컬어 구별했다.

을미일(乙未日-18일)에 상이 상왕전에 나아가 상왕께 헌수(獻壽)하고, 효령대군 이보(李)와 영돈녕(領敦寧) 유정현, 영의정 한상경, 우의정 이원과 종친·부마·6대언이 잔치에 모셨다. 상이 꿇어앉아 상왕 앞에 나아가 수(壽)를 올리니, 상왕이 말했다.

"내가 왕위에서 물러난 것은 복(福)을 남겨두기 위함이었더니, 이제 도리어 더욱 높아지는구나."

유정현이 연구(聯句)를 지어 바쳤다.

"하늘이 아름다운 자리를 베풀어, 만세를 기약하게 하고."

상왕이 화답했다.

"백성은 주린 빛 없어 임금의 은혜 고마워하네."

하연(河演)이 이었다.

"은혜의 물결이 온화한 말씀 속에 호탕하니."

이원이 이어 말했다.

"나라 운수는 길이 즐거운 가운데 승평(昇平)하도다."

한상경이 이어 말했다.

"온 나라가 근심 모르는, 이 오늘이여."

상왕이 말했다.

"군신(君臣)이 도리에 맞춰 조정을 섬기네."

하연이 말했다.

"조정 신하가 산악을 불러 장수를 비나이다."

상왕이 말했다.

"사자(嗣子-후사)는 몸을 닦아 조종(祖宗)을 받드니."

상이 이었다.

"종사의 안위는 신이 책임을 지겠나이다."

상왕이 여러 신하에게 명해 춤을 추라 하고, 상왕도 또한 춤을 추며 말했다.

"지위를 전한다 해도 만일에 그 적합한 사람을 얻지 못했다면, 비록 시름을 잊고자 하나 어찌 될 수 있으랴. 주상은 참으로 문화와 태평을 지킬 만한 임금이로다."

한상경 등이 아뢰어 말했다.

"성상(聖上)이 아드님을 아시고 신하를 아시는 데 밝으심으로 말미암은 바이오니, 온 나라의 신민이 만세(萬歲) 수(壽)를 누리시어 길이 태평함을 보기를 비옵나이다."

연회가 극히 즐거운 가운데 밤이 이슥해서 마쳤다. 상왕이 하연과 노희봉(盧希鳳)에게 내사복(內司僕-內廐)의 말을 각각 1필씩 하사하니, 노희봉은 임금의 명을 전달하는 환자(宦者)였다.

병신일(丙申日-19일)에 상이 명해 전곡(錢穀)의 회계(會計) 및 마적(馬籍)·군적(軍籍)도 역시 상왕전에 올리게 했다.

정유일(丁酉日-20일)에 예조에서 아뢰어 말했다.

"상왕과 대비 봉숭(封崇)의 모든 절차는 경진년 봉숭의 예에 따르고, 중궁 봉숭의 모든 절차는 신사년 봉숭의 예에 따르도록 하시옵소서."

그것을 따르고, 이어서 명했다.

"상왕과 대비 봉숭의 모든 절차를 극히 정교하고 치밀하게 하라

[精緻]."
정치

무술일(戊戌日-21일)에 상이 선지(宣旨)를 품(稟) 받고 형조에 명해서, 민무구(閔無咎)·민무질(閔無疾)·민무휼(閔無恤)·민무회(閔無悔)의 처자에게 외방으로 가서 편할 대로 살게 하고, 이거이(李居易) 자손에게는 경외(京外)에서 자유로이 살게 함을 허락하며, 김한로(金漢老)는 청주(淸州)로 양이(量移-감형해서 유배지를 옮김)하라고 하니, 형조 판서 조말생 등이 아뢰어 말했다.

"이 무리는 모두 불충한 죄를 범한 자들이오니, 전하께서 즉위하신 첫 정사에 가볍게 용서할 수 없습니다. 그리고 김한로를 서울 가까이 둘 수는 없습니다."

상이 말했다.

"상왕께서 명하신 것이니, 감히 따르지 않을 수 없다."

말생 등이 굳게 청했으나 윤허하지 않았다.

경자일(庚子日-23일)에 상이 상왕전(上王殿)에 나아가니, 상왕은 편전에서 영의정·우의정·육조판서와 장천군 이종무를 불러 전위(傳位)한 까닭을 명나라 사신과 더불어 말할 것에 대해 토의했는데, 여러 사람의 의견이 같지 않았다. 다시 부원군 성석린(成石璘)·남재(南在)·정탁(鄭擢)·유창(劉敞)·안경공(安景恭) 등을 불러서 널리 상의했다. 남재·정탁·유창 등이 아뢰어 말했다.

"부왕(父王)께서 병환이 있어 세자께서 임시로 국사를 맡아보게 됐다 하시고, 세자께서 출영(出迎)하시고 부왕께서는 나가지 않으심

286

이 좋을까 합니다."

석린과 경공 등이 아뢰어 말했다.

"세자 책봉을 인준하는 칙령은 부왕의 몸에 관련되는 것이니, 부왕께서 황제의 칙명을 받지 않으시면 이는 예(禮)가 아닙니다. 부왕께서는 왕위를 물려주신 일을 숨기고 국왕으로서 칙사를 맞이하시고, 주상께서는 익선관(翼善冠)을 쓰지 말고 세자로서 칙명을 맞이하셨다가, 사신이 돌아간 후에 전위(傳位)를 주청(奏請)하시는 것이 옳을 줄로 아옵니다."

상왕이 말했다.

"새 국왕이 즉위하고 이미 교서를 사방에 반포했으니, 사신이 의주에 도착하기만 하면 어찌 그 소문을 들어 알지 않겠느냐. 사실을 숨김은 옳지 않으므로, 마땅히 '부왕의 병환이 때 없이 발작하기 때문에 이제 세자로 하여금 임시 권도로 집무를 대행시키기는 했으나, 세자 책봉의 주청도 아직 인준을 받지 못했으므로 전위를 주청하지 못했사온데, 지금은 부왕의 병환이 조금 차도가 있으셔서 병을 무릅쓰고 칙령을 맞이하려 합니다'라고 말하는 것이 좋겠다."

이종무가 명을 받들고 갔다.

○ 상왕이 말했다.

"사은사는 반드시 친척을 보내야 하는데, 한장수가 비록 친척이기는 하지만 심온(沈溫)만 못하고 또한 황엄(黃儼)이 평소에 온과 알고 지내는 사이다. 온이 간다면 엄은 반드시 정성을 다할 것이다."

마침내 장수 대신에 온을 보내기로 했다.

임인일(壬寅日-25일)에 상왕이 병조참판 강상인(姜尙仁, ?~1418년)[2]과 좌랑(佐郞) 채지지(蔡知止)를 잡아 의금부(義禁府)에 가두라고 명했다.

이때 상은 장의동(藏義洞) 본궁(本宮)에 있었는데, 병조에서 매번 군사에 관한 일을 상왕에게 아뢰지 않고 먼저 상에게 아뢰므로 상이 그럴 때마다 물리치면서 말했다.

"어찌하여 부왕께 주상하지 않느냐."

상왕이 이러한 사실을 알고서 그의 소위(所爲)를 시험해보고자 상인(尙仁)에게 물었다.

"상아패(象牙牌)와 오매패(烏梅牌)는 장차 어디에 쓰려고 한 것인가?"

상인이 대답했다.

"이것으로써 대신(大臣)을 부르는 데 씁니다."

상왕이 이 말을 듣고 곧장 상아패와 오매패를 꺼내 상인에게 주면서 말했다.

---

2 정안군(靖安君-태종)의 가신이었고, 태종의 즉위와 함께 사재(私財)의 출납을 감독했다. 1402년(태종 2년) 강계 지방에 파견돼 임팔랄실리(林八剌失里) 등의 여진을 위무했고, 이후 태종대를 통해 시위에 공헌했다. 1418년 병조참판이 됐는데, 태종이 선위(禪位)하기는 하나 세종이 아직 나이가 어리다 해서 국가의 중대사와 병권만은 양여하지 않고 친히 관장하기로 한 방침에 따라 병조판서 박습(朴習)과 함께 상왕(上王-태종)의 병권 행사를 위한 핵심 인물로 위촉됐다. 그러나 세종이 즉위하자 상왕의 의도와는 달리 군사 업무를 세종에게만 보고하고 상왕에게는 보고하지 않았기 때문에 하옥된 뒤, 원종공신(原從功臣)의 녹권과 직첩을 몰수당하고 옹진진(甕津鎭)에 충군(充軍)됐다가 원종공신임이 참작돼 용서받았다. 그 뒤 다시 전일에 박습·심정(沈泟) 등과 함께 병권이 양분됨은 옳지 않다고 한 말로 인해 하옥됐고, 태종 부자간의 정을 끊으려 했다는 대간(臺諫)의 탄핵으로 단주(端州) 관노로 충속됐다가, 의금부의 장계에 따라 모반대역죄로 참수됐다.

288

"여기서는 소용이 없으니, 모두 왕궁으로 가져가라."

상인은 곧 이를 받들고 주상전으로 가지고 갔다. 상이 물었다.

"이것은 무엇에 쓰는 것이냐."

상인이 말했다.

"이는 밖에 나가 있는 장수를 부르는 데 쓰는 것입니다."

상이 말했다.

"그러면 여기에 둬서는 안 된다."

곧바로 상인으로 하여금 다시 가지고 가서 도로 바치게 했다. 상왕은 상인이 거짓을 꾸며서 면대해 속이는구나 하고 여기고서는, 곧장 우부대언(右副代言) 원숙(元肅)과 도진무(都鎭撫) 최윤덕(崔閏德)을 불러 상에게 선지(宣旨)를 전해 말했다.

"내 일찍이 교서를 내려 군국(軍國)의 중요한 일은 내가 친히 청단하겠노라고 말했는데, 이제 상인 등이 모든 군국에 관한 일을 다만 임금에게만 아뢰고 나에게는 아뢰지 않았다. 또 전일(前日)에 상인에게 명해 '벼슬시킬 만한 사람을 적으라' 했더니 상인이 자기의 아우 상례(尚禮)를 더해 적고는 주상에게 아뢰어 사직(司直)의 벼슬을 내리게 한 뒤 와서 사례하기를 '주상께서 신의 아우 상례를 사직(司直)으로 삼으셨나이다'라고 했으니, 이는 임금을 속이는 것이다[欺君=_{기군}欺君罔上_{기군망상}]."

또 최한(崔閑)을 의금부에 보내 일러 말했다.

"애초에 내가 유후사(留後司-개경)에서 주상에게 이르기를 '너는 장차 나의 근심을 물려받게 되리니, 내 비록 다움은 없으나 오래 왕위에 있어서 아는 사람이 많으니 군국(軍國)의 중요한 일은 내가 친히 청단하겠노라' 했는데, 이제 병조는 궁정에 가까이 있으면서 다만 순찰[巡綽]에 관한 일만 아뢰고 그 밖의 일은 모두 아뢰지 않았다. 내가 군사를 듣기로서니 무엇이 사직(社稷)에 관계되겠느냐. 이런 의견을 먼저 낸 자가 누구인지 물어볼 것이요, 만일에 숨기고 말하지 아니하거든 마땅히 고문(拷問)해야 할 것이다."

이리하여 병조는 대죄하고 있었고, 환관 노희봉에게 명해 군사(軍事)를 점검(點檢)하게 하고 지병조사(知兵曹事-병조 지사) 원숙은 병조에 입직(入直)하게 했다.

계묘일(癸卯日-26일)에 병조판서 박습(朴習, 1367~1418년)[3], 참의(參議) 이각(李慤), 정랑(正郎) 김자온(金自溫)·이안유(李安柔)·양여공(梁汝恭), 좌랑(佐郎) 송을개(宋乙開)·이숙복(李叔福)을 의금부에 내려가뒀다. 그리고 의금부 제조(提調) 유정현 등에게 명해 말했다.

"상왕께서 모든 정무에 대해서는 보살피기 가쁘시나 오직 군사에 관한 일만은 들으시겠다고 했는데 병조에서는 모든 군사에 관한 일

---

3 1383년(우왕 9년) 태종과 함께 문과에 급제했다. 1400년(정종 2년) 좌간의(左諫議)를 거쳐 1409년(태종 9년) 우간의(右諫議)를 지냈다. 1411년 강원도관찰사를 역임하고, 그 이듬해 인녕부윤(仁寧府尹) 재직 당시에 정조사(正朝使)로 명나라에 다녀왔다. 1413년 강원감사 재직 시의 뇌물사건에 연루되어 붕당을 만들고 패를 지었다는 이유로 탄핵을 받아 장(杖) 70대에 처해졌다. 1415년 전라도관찰사로 부임했는데, 이때 김제의 벽골제(碧骨堤)를 수축해 송덕비가 세워졌다. 1416년 의금부제조로 임명돼 민무질(閔無疾) 사건과 관련된 이지성(李之誠)을 심문해, 이에 연루된 하륜(河崙)을 국문할 것을 청하기도 했다. 같은 해 호조참판을 거쳐 1417년 경상도관찰사를 역임했고, 대사헌에 임명돼 이방간(李芳幹) 등을 치죄할 것을 청했으나 허락받지 못했다. 그 이듬해 형조판서를 거쳐 병조판서에 임명됐다. 세종 즉위 후 병사(兵事)를 상왕(上王-태종)에게 품의하지 않고 처리한 것이 문제가돼 사천에 유배됐다가 참수(斬首)됐다.

을 한 가지도 여쭙지 않았으니, 경(卿)들은 그 까닭을 국문하라."

또 삼성(三省-형조·사헌부·사간원)의 형조판서 조말생, 대사헌 허지(許遲), 우사간 정상(鄭尙)과 위관(委官) 호조참판 이지강(李之綱)들에게 잡치(雜治)하도록 했다. 상왕은 최윤덕(崔閏德)에게도 명해 의금부에 가서 안문(按問)하도록 했다.

갑진일(甲辰日-27일)에 의금부에서 아뢰어 말했다.

"강상인(姜尙仁)과 낭청(郞廳) 여섯 사람을 모두 고문했으나, 사리를 잘 살피지 못했던 탓이라고 변명합니다. 박습과 이각도 함께 고문하도록 주청하소서."

상왕이 말했다.

"박습은 재임(在任)한 날짜가 얼마 안 되니 그대로 두라. 상인은 젊어서부터 나를 따라 오늘에 이르렀다. 항상 상의원(尙衣院) 제조(提調)를 맡았고 또 병조에서도 다 중요한 직임을 맡았거늘, 나의 은혜를 생각하지 않고 거짓으로 속일 마음만 품었다. 전일(前日)에는 또 거짓을 꾸며 그의 아우 상례에게 벼슬을 주고서 나에게는 '임금이 이 벼슬을 내리셨다'라고 말했으니, 임금의 교지를 거짓 핑계하고 나를 속인 그 죄 역시 중하다. 마땅히 단단히 고문을 하되, 죽지 않을 정도까지만 하라."

병오일(丙午日-29일)에 상왕이 박습과 강상인을 원종공신(原從功臣)이라 해서 용서해 면죄하고, 강상인을 그의 고향으로 내쫓아 돌려보냈다. 이각·양여공(梁汝恭)·이안유(李安柔)·김자온(金自溫)·송을개

(宋乙開)·이숙복(李叔福)·채지지(蔡知止) 등은 속장(贖杖)에 처했다.

상인은 상왕이 잠저(潛邸)에 있을 때 처음으로 가신(家臣)이 됐으니, 상왕이 즉위하자 발탁해 등용했으나 여전히 본궁(本宮)의 사재(私財)를 맡아서 그 출납(出納)을 감독하게 했다. 이때에 이르러 상왕이 사람을 보내 이르기를 "너는 30년간이나 나를 따라 지냈다. 오늘에 와서 이렇게 됐으나, 나는 오히려 옛날을 생각해 죄를 주지 않는 것이니 너는 스스로 반성함이 마땅하다"라고 했다.

○ 병조에서 상왕에게 아뢰어 말했다.

"앞으로는 중외(中外)의 군무(軍務)를 병조에서 상왕께 아뢰어 선지(宣旨)를 받자와 행이(行移)한 후에, 사실을 갖춰 임금께 아뢰기로 하는 것이 좋을까 합니다."

그대로 하라고 했다. 병조에서 또 아뢰어 말했다.

"모든 수점(受點-인사 결정) 절차는 이미 수점을 마친 후에 임금께 아뢰고, 구전(口傳)은 이미 상왕께 아뢰고 나서 다시 선택에 들 사람의 명록을 꾸며 임금께 아뢴 연후에 구전토록 할 것입니다."

무릇 사람을 쓸 적에는, 사람을 쓰려는 당해조(當該曹)에서 사람을 쓸 자리 하나마다 쓸 만한 사람 셋씩 골라서 그 이름을 적어 올리면 상이 그 가운데서 마땅한 사람의 이름 위에 친필로 점을 찍어서 내려보내는데, 이를 수점(受點)이라고 한다. 이는 2품 이상을 임명할 때 쓰는 방법이다. 그리고 제거(提擧)·별좌(別坐)·경차관(敬差官) 같은 상이 친히 선택함을 거치지 않고 쓰는 것을 구전이라고 하니, 이는 3품 이하를 임명할 때 쓰는 방법이다.

정미일(丁未日-30일)에 사헌부에서 글을 올려 박습과 강상인에게 죄줄 것을 청하므로 상이 상왕께 여쭈었으나, 상왕은 이를 허락하지 않았다.

9월

무신일(戊申日-1일)에 상왕이 찬성사(贊成事) 박신(朴信)으로 하여금 김여지를 대신해서 청승습주문사(請承襲奏聞使)를 맡게 했다. 상왕이 상과 더불어 양정(涼亭)에 나아가서 사은사(謝恩使) 심온(沈溫)과 부사(副使) 이적(李迹) 및 박신을 전송하니, 상왕이 심온에게 내구마(內廐馬)를 내려주었다.

경술일(庚戌日-3일)에 심온(沈溫)을 영의정부사(領議政府事), 한상경(韓尙敬)을 서원부원군(西原府院君)으로 삼았다.

○ (상왕이) 선지(宣旨)했다.

"금후로 (상왕이) 문외(門外)에서 경숙(經宿)하게 되면 모든 군무(軍務)는 유도(留都)하는 병조 당상(兵曹堂上)이 주상전(主上殿)에 아뢰어 품해서 시행하되, 일이 반드시 나에게 알려야 할 것이라면 (상왕의) 행재소(行在所-임시 거처)에 와서 아뢰고, 주상이 거둥할 때에는 병조 당상 중 한 사람이 어가를 따라가도록 하라. 이렇게 함을 항식(恒式)으로 삼으라."

임자일(壬子日-5일)에 박습이 삼성(三省)의 논주(論奏)로 인해 글을 올려서 스스로 죄가 없음을 호소했다.

계축일(癸丑日-6일)에 삼성(三省)에서 다시 박습 등에게 죄를 줄 것을 청했으나, 상은 박습이 상왕의 원종공신이라고 해서 다만 강상인의 예(例)와 같이 자원에 따라 지방에 안치(安置)하게 하고, 나머지는 모두 외방(外方)으로 나눠 정배(定配)하라고 했다.

○ 병조에서 아뢰었다.

"호부(虎符)·순패(巡牌)는 군무(軍務)에 관계되는 것이라서 상서사(尙瑞司)에 둘 것이 아니니, 이제부터 본조에서 오로지 맡아서 출납을 해야겠습니다."

상왕이 그것을 따랐다.

을묘일(乙卯日-8일)에 상왕이 환관 황도(黃稻)를 보내서 문밖까지 심온(沈溫)을 전송하게 했고, 상은 환관 최용(崔龍)을, 중궁(中宮)은 환관 한호련(韓瑚璉)을 각각 보내어 연서역(延曙驛)에서 심온을 전송하게 했다. 온은 임금의 장인으로 나이 50이 못 되어 수상(首相-영의정)의 지위에 올랐으니, 영광과 세도가 혁혁해서 이날 전송 나온 사람으로 인해 장안이 거의 비게 됐다.

병진일(丙辰日-9일)에 박습과 강상인의 공신녹권(功臣錄券) 및 직첩(職牒)과 이각·김자온·이안유·양여공·송을개·채지지·이숙복 등의 직첩을 모두 거두었다.

무오일(戊午日-11일)에 예조에서 아뢰어 말했다.

"전조(前朝-고려) 말엽에 정치가 산란하고 민심이 이탈해서 천명 (天命)과 인심(人心)이 우리 태조에게로 돌아왔으나, 그때 간악한 음 모가 그 사이에 서로 얼크러져서 화(禍)의 기미를 헤아릴 수 없는 판 국이었는데, 우리 상왕 전하께서 시기를 맞춰 결단을 내리시니 의 (義)로운 거사로써 (태조를) 추대하시어 집을 바꿔 새 왕조를 이룩하 셨습니다[化家爲國]. 무인년에 이르러 또 권신들이 어린 왕자를 끼 고 반란을 꾸미려 했으나, 우리 상왕 전하께서 권신들의 모반 기미를 밝히시어 주제(誅除)하고 적장(嫡長)을 추존(推尊)하심으로써 종묘사 직을 편안케 하셨습니다. 어버이에게 효도하고 형을 공경하시니 덕 (德)으로는 그보다 더 높을 수 없고, 나라를 세우시고 사직을 안정하 게 하시니 공(功)으로는 그보다 더 클 수 없습니다. 하늘을 두려워하 는 공경과 사대(事大)의 예(禮)와 제사 받드는 정성과 백성을 사랑하 는 어지심[仁]에 이르러서는 모두 그 도리를 극진히 다하시어, 해구 (海寇)는 신하의 예로 복종해오고 나라의 창고는 넉넉히 가득 찼으 며 제도문물이 환연(煥然)히 새로워서 나라가 승평(昇平)하기를 20년 이 흘렀으니, 공덕(功德)의 융성함이 예로부터 내려오더라도 비교할 바가 없습니다. 전하께 왕위를 전하시어 오늘이 있은 것이니 마땅히 상왕께 존호를 성덕신공(聖德神功)이라 올리어 길이 후세대에 보이시 고, 대비께는 후덕왕대비(厚德王大妃)라 존호를 올리시옵소서."

그것을 따랐다.

기미일(己未日-12일)에 선지(宣旨)를 내렸다.

"군국(軍國)의 중사(重事)를 내가 친히 청단한다고 중외에 반포하고 병조로 하여금 전문(殿門)을 떠나지 말게 했는데, 강상인(姜尙仁)은 원종공신(原從功臣)으로서 병조의 직무를 맡고 있으면서도 대소의 군무를 하나도 계품(啓稟)하지 않았다. 이는 임금을 배반하는 마음이므로 죽어도 죄가 남을 것이지만, 그러나 일단은 불문에 붙이고 마땅히 그를 옹진 진군(甕津鎭軍)에 속하게 하라."

경신일(庚申日-13일)에 상왕이 명나라 황제에게 아뢰었다.

"신은 셋째 아들 이도(李祹)가 뒷일을 부탁할 만하옵기로 배신(陪臣) 원민생(元閔生)을 보내어 아뢰었던바, 그 뒤 신이 본래 풍병[風疾]이 있더니 영락 16년 7월 21일에 본병이 다시 발작해서 점점 깊어지옵기로 이도에게 군국 사무를 맡겨 살펴보도록 했습니다. 그런데 본년 9월 초4일에, 보내오신 내관(內官) 육선재(陸善財)가 우리나라에 와서 은혜로써 주신 칙서(勅書)를 받자왔사온데, 이제 왕이 국가장구(國家長久)의 계책을 위하고 성쇠존망(盛衰存亡)의 기틀을 봐서 뛰어난 이를 세워 후사(後嗣)를 삼고자 하므로 왕의 선택함을 들어주노라 하셨으니, 칙명을 공경해 따를 것을 삼가 아뢰나이다. 이외에 신【태종(太宗)의 휘(諱)】의 본병이 때 없이 발작해서 나랏일을 보기가 어려워 이제 세자(世子) 이도(李祹)가 임시로 섭행하오나, 모든 인장(印章)을 감히 마음대로 전해주지 못했기에 이를 삼가 갖춰 아뢰나이다."

○ 상이 창덕궁으로 이어(移御)했고, 중궁(中宮)도 이에 따랐다.

이에 앞서 상왕이 창덕궁 정전(正殿)은 낮고 작으며 마당과 월랑

(月廊)이 좁다 해서, 영을 내려 다시 크고 웅장하게 지으라고 했다. 공사가 아직 다 완공되지 않았으나, 본궁(本宮)이 매우 비습하고 좁아서 위사(衛士)들이 더위에 온몸을 드러내게 되므로 마침내 창덕궁으로 이어했다. 이로부터 상이 매일 궁중의 길로 말미암아 상왕전에 나아가 문안하게 되니, 기거(起居)가 조용해 종일토록 있다가 돌아왔으며 일체 사무를 모두 상왕에게 품신했다.

신유일(辛酉日·14일)에 형조판서 김여지(金汝知), 대사헌(大司憲) 허지(許遲), 좌사간(左司諫) 최관(崔關) 등이 연명으로 소를 올려 아뢰었다.

'정치의 근본은 상벌(賞罰)을 분명히 함에 있을 따름입니다. 상벌이 분명하지 못하면 무엇으로 선(善)을 권하고 악(惡)을 경계하겠습니까. 신 등이 강상인·박습·김자온(金自溫)·이안유(李安柔)·양여공(梁汝恭)·송을개(宋乙開)·채지지(蔡知止)·이숙복(李叔福)의 불경죄(不敬罪)에 대해 서로서로 글월을 갈마들여 올려서 치죄하기를 청했사오나, 전하께서는 강상인·박습을 원종공신(原從功臣)이라 해서 다만 그 녹권(錄券)과 직첩(職牒)을 거두고 스스로 원하는 바에 따라 안치(安置)하도록 명령을 내리셨습니다.

신 등이 생각건대, 위로 임금을 기망한 죄를 범한 것이라면 비록 그들이 사직(社稷)에 공이 있다 하더라도 법으로는 용서할 수 없는 바입니다. 만일에 조그마한 공로로써 천벌[天討]을 면할 수 있다면 공의(公義)에 있어 어떻다 하겠습니까. 더구나 박습은 상께서 너그러이 용서하시는 은혜를 생각지 않고 말을 꾸며 등문고(登聞鼓)를 쳐서 망령되이 스스로 하소연해, 조금도 회개하는 마음이 없이 더욱 불경한 마음을 품고 있습니다. 청컨대 법에 따라 처치해서 공도(公道)를 보이소서. 그 밖에 이각(李慤)·김자온(金自溫) 이하에게도 또한 전날 품신한 바대로 율법에 따라 죄를 벌주어 뒤에 오는 사람을 경계하도록 하신다면 공도를 위해 매우 다행할 것입니다.'

상이 상왕께 이 뜻을 말해, 강상인을 (함경도) 단천(端川)의 관노(官奴)에 붙이고, 박습을 (경상도) 사천(泗川)으로, 이각을 (전라도) 무장(茂長)으로, 김자온을 (경상도) 양산(梁山)으로, 양여공을 (경상도) 함안(咸安)으로, 이안유를 (경상도) 경산(慶山)으로, 채지지를 (전라도) 고부(古阜)로, 송을개를 (경상도) 칠원(漆原)으로, 이숙복을 (평안도) 강동(江東)으로 유배 보냈다.

갑자일(甲子日-17일)에 대사헌 허지(許遲)가 지신사 하연(河演)에게 말했다.

"의정부는 도리를 논란하고 국사를 경륜해 그 직임이 가볍지 않거늘, 이제 박자청(朴子靑)을 참찬에 임명했으니 성조(聖朝)에서 인재를 선임하는 뜻에 있어 어떠할까요."

하연이 상에게 이 말을 아뢰니, 상이 말했다.

"자청은 사람됨이 질직(質直)하고 부지런해서 상왕이 그를 신임한 것이다."

자청(子靑)은 성품이 가혹하고 각박해서[苛刻] 어질게 용서함
가각
[仁恕]이 없었으며, 미천한 데서 일어나 다른 기능이 없이 다만 토목
인서
(土木) 공사를 감독하는 수고로써 지위가 재부(宰府)에까지 이르렀으

298

므로 여러 사람의 뜻을 심복시킬 수 없었다. 그리하여 허지가 그와 같이 말한 것이나, 허지는 풍헌(風憲-사헌부)의 장(長)으로서 자청이 상왕의 총애를 받는 자여서 꺼리어 약간 풍자(諷刺)만 할 뿐 힘써 말하지는 아니했다. 허지도 역시 언관(言官)의 체통을 잃었다고 할 것이다.

기사일(己巳日-22일)에 상왕이 하연을 불러 말했다.

"전일에 주상과 더불어 토의해서, 종묘에 친히 친제(親祭)한 뒤에 대개 풍악을 잡히고 어가를 맞이하던 일을 흉년으로 말미암아 모두 정지하게 했다. (그런데) 다시 생각건대, 태조께서 개국하신 뒤 손자로서 왕위를 계승함이 주상으로부터 시작됐으며 또한 즉위하고서 종묘에 알현함은 인군(人君)의 성사(盛事-성대한 일)이니, 비록 흉년을 당해 폐단이 있다고 할지라도 이러한 부득이한 일은 작은 폐단을 이유로 그만둘 수 없는 것이다. 나는 오히려 풍악을 베풀어 한 집안의 경사로 삼음을 보고자 한다. 다만 날짜가 이미 임박했기에 아마 그날에 미치지 못할까 한다."

하연이 말했다.

"국가의 제반 일들이 다 갖춰져 있고 백관이 다 잘 봉직하고 있으며 또 그 날짜가 앞으로 열흘이나 있으니, 미치지 못할 것이 무엇이 있겠습니까?"

상왕이 말했다.

"경이 주상에게 아뢰어, 예조로 하여금 옛날 전례(前例)에 따라 행하게 하도록 하라."

그러고는 눈물을 흘리며 말했다.

"경은 원참의(元參議)의 말을 들은 일이 있는가?"

하연이 말했다.

"원숙(元肅)이 주상과 일을 아뢰는 신료들에게 선교(宣敎)를 전해 말하기를, '내가 듣건대 간사하고 교활한 자가 있으니, 주상이 30세에 이르기 전에는 내가 군사를 살펴 보좌할 뿐이다'라고 하셨음을 듣고, 신료들이 감축하지 않는 자가 없었습니다."

상왕이 탄식하여 말했다.

"내가 근심을 잊고자 하면서도 아직 잊지를 못하고 있음은 간사한 사람이 있는 까닭이다."

(상왕이) 또 일찍이 이렇게 말했다.

"주상이 비록 뛰어나고 눈 밝지만[賢明] 춘추가 아직도 어려서 군사에 익숙하지 못하므로, 내가 어쩔 수 없이 오늘날 이처럼 하는 것이다. 모르는 이들은 혹 생각하기를 '주상이 나이 30이 되기를 기다렸다가, 한두 근시자를 데리고 한가로이 노닐면서 늙은 여생을 보내려는 것'이라고 생각할 것이다."

계유일(癸酉日·26일)에 병조판서 조말생이 아뢰어 말했다.

"오늘 상왕께서 신(臣)을 불러 하교하시기를 '이제 내가 질병이 있고 여러 번 천변(天變)이 있기로 주상에게 왕위를 전하고서 하늘의 뜻을 살펴보려 했더니, 근자에 또 재변이 있었다. 내가 일찍이 잠을 자지 못하고 생각하다가, 교외에 나아가 노닐며 혹 3~4일쯤 머물든지 혹 오래 머물든지 편안히 뜻 가는 대로 할까 하노라. 옛적에 태조께서 회암(檜巖)·소요(逍遙) 등지에 머물러 계셔서 온 나라가 바라지 못하기도 했으나, 내가 어찌 백성에게 수고와 폐단을 끼침이 있게야 하겠느냐. 내가 군사(軍事)를 친히 처단(處斷)하는 것은 주상이 나이 30을 넘기를 기다리는 것일 뿐이니, 너는 이 뜻을 가지고 주상과 여러 재상에게 고하라'라고 하셨습니다."

갑술일(甲戌日-27일)에 선지(宣旨)를 내려, 이제부터는 벼슬을 제수할 때마다 선지(宣旨)라 일컫던 것을 고쳐 특지(特旨)라 일컫도록 했다.

10월

신사일(辛巳日-5일)에 사헌부 대사헌 허지(許遲) 등이 소를 올려 박자청을 논핵하니, 상왕에 대해 불공(不恭)한 죄라고 해서 상이 지(遲)에게 사제(私第)로 돌아가라고 명했다.

애초에 상왕이 지에게 일러 말했다.

"자청은 토목의 역사를 감독하고 있는데, 만약 탄핵을 받는다면 일이 더디어질 것이니 마땅히 덮어두고 논하지 말라."

지가 "명령대로 하겠습니다"라고 대답하고는 이제 와서 탄핵하는 소를 올리니, 지가 눈앞에서만 복종한다고 해서 굳이 사제로 돌아가게 한 것이다. 집의(執義) 박관(朴冠) 등이 역시 집에 돌아가 대죄하기를 청하니, 상이 허락하지 않고 말했다.

"나는 자청의 죄를 논한 것을 그르다고 하는 것이 아니라 지가 면전에서는 순종하고 물러나서는 뒷말이 있음을 말하는 것일 뿐이다."

을유일(乙酉日-9일)에 상이 상왕을 따라 계산(鷄山)에서 사냥하는데, 경기도 도관찰사(都觀察使) 서선(徐選)이 와서 알현하자 상왕이 말했다.

"앞으로 관찰사는 와서 알현하지 말라."

상왕이 일찍이 하연으로 하여금 정부와 육조에 일깨워 말했다.

"주상은 사냥을 좋아하지 않으시나 몸이 비중(肥重)하시니, 마땅히 때때로 나와 노니셔서 몸을 준절(撙節)하셔야겠다. 또 문과 무 어느 하나를 편벽되이 폐할 수는 없은즉, 나는 장차 주상과 더불어 무사(武事)를 강습하려 한다."

계묘일(癸卯日-27일)에 상왕이 조말생에게 일러 말했다.

"하륜(河崙)의 공훈은 경들이 아는 바인데, 그의 아들 하영(河永)은 언제 상기(喪期)가 끝나며 둘째 하장(河長)은 나이가 몇 살인가?"

또 말했다.

"륜은 재상으로 있으면서 아는 것은 말하지 않음이 없었으며 마음을 다해 나라를 도왔나니, 충성스럽고 정직한[忠直] 신하로는 이 사람 같은 사람이 없었다. 영이 상기를 다 마치면 그를 불러 내 등용하려 하노라."

갑진일(甲辰日-28일)에 상왕이 주연을 차리고 임금을 맞아 위로할

302

때 효령대군 이보(李)와 영돈녕(領敦寧) 유정현, 좌의정 박은, 우의정 이원, 참찬 변계량, 이조판서 정역, 호조판서 최이, 예조판서 허조, 공조판서 맹사성, 병조참판 이명덕, 대사헌 허지, 사간 정수홍 및 여섯 대언(代言)이 참석했다. 상왕이 여러 신하에게 말했다.

"든건대 경들이 청하기를 '이방간(李芳幹) 부자 및 박만(朴蔓)·임순례(任純禮)·신효창(申孝昌)·정용수(鄭龍壽)·이숙번(李叔蕃)·황희(黃喜)·염치용(廉致庸)·방문중(房文仲)·권약(權約)의 죄는 군부(君父)의 원수이니, 복수하지 않을 수 없다'라고 청했다 한다. 이른바 복수란 것이 아비(-태종 자신)로서는 하지 못할 것이라고 함이냐. 내 재위 19년에 어찌 나로서는 능히 할 수가 없어서 후대를 기다려 하라고 남겨둘 수 있었겠느냐."

이에 탄식하며 말했다.

"나의 백세(-세상을 떠남) 후에는 알 수 없지만, 내가 살아 있는 동안에는 다시 말하지 말라."

또 말했다.

"박만은 성품이 물러서[柔] 태상(太上)의 명을 어길 수 없었을 것이며, 또 박만 등의 일을 어찌 일일이 법대로만 할 수 있겠느냐. 효창과 용수가 안우세(安遇世)로 하여금 그 실정을 다 갖춰 진술하게 했으나, 우세가 스스로 자신의 공로로 삼기 위해 효창들의 말을 고하기를 즐겨 하지 않았던 것이다. 지난날 심문할 때 그 실정을 알았노라. 그리고 치용·문중·권약의 일은 내가 말하기 부끄러운 바다. 황희는 내가 처음에 그를 자못 곧지 못하다[不直]고 여겨서 그의 생질 오치선(吳致善)으로 하여금 물어보게 했더니, 그가 말하기를 '세자는 참으로 부덕하나, 나라의 후사(後嗣)에 대해 어찌 감히 간언(間言-이 간질하는 말)을 올리겠는가'라고 했다. 내가 생각하건대, 그 말에 무슨 죄가 있으리요. 숙번은 나에게 공이 있어 본디 보전하려 했는데, 다만 일찍이 세자에게 자주 뵙겠다는 말이 있었다. 내가 비록 그 자취를 보지는 못했으나 깊이 그 계책을 헤아려보건대, 전자에 무구(無咎) 등이 모든 왕자를 없애버리려고 꾀한 것은 세자를 위해 그리했던 것인데, 숙번은 나의 뜻을 받들어 무구 등을 공격하는 데 매우 힘을 썼기 때문에 필시 아마도 세자가 저를 의심하고 꺼릴 것 같아서 되돌려 붙어보려던 것으로, 반드시 왕자들을 없애버리려 한 무구 등의 꾀가 다시 있을 것이므로 멀리 귀양 보냈다. 다시는 이 일에 대해 죄를 청하지 말라."

술이 들어와서 노래 부르며 화답하곤 했다. 상왕이 말했다.

"좌중의 아름다운 손님들은 다 옛날 친구들이다."

정현 등이 뜰에 내려가 사례했다. 주연이 중간쯤 되었을 때 박은이 나아가 아뢰었다.

"양녕을 가까운 곳에 살게 함은 마땅치 않습니다."

상왕이 상 앞의 정현과 허지를 보고, 눈물을 흘리며 말했다.

"부자는 천성이라, 내가 때때로 그를 보고 싶어 하거늘 어찌 먼 곳에 거처하게 할 수 있겠느냐."

지가 아뢰었다.

"국가 대계를 생각하시어 은혜를 끊으시기를 바랍니다."

상왕은 낯빛이 변해 말했다.

"부자 사이를 경은 어떻게 하려는 것인가?"

상도 눈물을 흘리니, 정현 등이 함께 물러나 자리로 돌아갔다. 대언 성엄(成揜)이 술을 올리니 상왕이 말했다.

"너를 보니 성녕(誠寧)이 생각나는구나."

여러 신하에게 말했다.

"성씨 일문은 원종공신(原從功臣)에 견줄 만하다."

엄(揜)은 성녕대군(誠寧大君) 부인 성씨의 백부다. 두 상이 다 일어나 춤을 추니 모든 신하도 번갈아 춤을 추었고, 밤이 사경에 이르러서야 마쳤다.

11월

무신일(戊申日-2일)에 상왕이 말했다.

"육조(六曹)와 대간(臺諫)이 회안(懷安) 등의 죄를 청했다. 회안은 간사한 사람에게 그릇 인도돼 군사를 일으키게 된 것이다. 강상인(姜尙仁)은 생원(生員)이 된 때로부터 나의 서제(書題-서리)가 되었으니, 그 수고로움을 생각해 대우가 극히 두터웠다. 마땅히 충성을 다해 나를 섬길 것이거늘 병조(兵曹-병조참판)가 항상 전문(殿門)에 있음을 기화로 군무(軍務)를 아뢰지도 않았으며, 안문(案問)할 때는 '능히 깨달아 살피지 못했습니다'라고 했으니, 반드시 압슬형(壓膝刑)을 써서 신문(訊問)해야만 그제야 그 진상(眞狀)을 알 수 있을 것이다. 박습(朴習)은 상인(尙仁)의 말을 믿고 이 지경에 이르렀으니, 나는 죄가 차등(差等)이 있어야 할 것이라고 생각한다. 길재(吉再)는 불러도 오지 않으며 두 임금을 섬기지 않겠다는 뜻을 굳게 지키니, 신하의 절개는 진실로 이러해야만 될 것이다."

조말생이 아뢰었다.

"전에 많은 신하가 여러 번 상인 등의 죄를 청한 것도 또한 그 때문이지만, 박습의 사람 된 품이 어찌 강상인의 지휘(指揮)를 따를 사람이겠습니까. 신은 (그들의) 죄가 가볍고 무거운 것이 없다고 생각합니다."

상왕이 말했다.

"지신사(知申事)를 불러오라. 내가 주상에게 청해 이를 말할 것이다."

상이 곧장 상왕전(上王殿)으로 나아갔다.

기유일(己酉日-3일)에 정사를 보았다. 좌사간(左司諫) 정수홍(鄭守弘)이 아뢰어 말했다.

"전하께서 비로소 왕위에 올랐으니, 군부(君父)의 원수를 갚지 않을 수 없습니다. 정부와 대간이 번갈아 글을 올려 논청(論請)했는데도 이방간(李芳幹) 부자를 아직 형(刑)에 처하지 않았으니, 신들은 실망했습니다."

상이 말했다.

"상왕이 일찍이 나에게 말씀하기를 '옛날에 회남왕(淮南王)⁴이 반

―――――――

4　이름은 유장(劉長)이다. 유장은 시기(柴奇) 등과 함께 반란을 획책하다가 발각돼 문초를 받았다. 문초를 담당한 승상 장창 등은 유장의 죄가 사형에 해당한다고 상주했으나, 문제가 다시 문초하게 했다. 다시 문초해도 결과는 똑같았으나 문제는 유장의 목숨을 살려주

306

역을 도모했는데도 한(漢)나라에서는 오히려 죽이지 않았으며, 사책 (史策)에서는 이를 칭찬했다. 내가 한나라의 문제(文帝)를 본받아 이 방간(李芳幹)을 보전시키고자 한다'라고 하셨으니, 내가 이 때문에 청하지 못한 것이다."

수홍이 아뢰어 말했다.

"바라건대 전하께서는 형벌을 밝고 바르게 하시어 사람의 평판에 부합하게 하소서. 그 죄인의 노비가 관(官)에 몰수되지 않은 것은 마 땅히 다 몰수해야 할 것입니다."

상이 하연(河演)에게 명했다.

"마감(磨勘-정밀 검토)해서 아뢰라."

○ 상왕이 편전(便殿)에 나아가 조말생·원숙·장윤화(張允和)·하연 에게 일러 말했다.

"전일에 강상인의 일을 말하다가 마치지 못했으니, 다시 경들과 이 를 말하려 한다. 상인이 생원(生員)으로부터 참판(參判)에 이르렀으니 특별한 은혜로써 대우한 것이거늘, 일찍부터 감사(感謝)해야 할 줄 은 알지 못하고 도리어 딴마음을 품었다. 군무(軍務)를 아뢰지도 않 고 다만 각 시간[更]마다 사고가 없다고만 아뢰었다. 또 주상이 왕위 에 오른 지 3일 만에 와서 보고 말하기를 '각 도에서 매[鷹]를 바쳐 마땅히 부왕께 올려야 될 것입니다'라고 하므로 나도 또한 옳다고 여 겨 즉시 상인으로 하여금 선지(宣旨)를 받들어 공문(公文)을 보내도 록 했더니, 상인이 4~5일 동안이나 늦춰두고 실행하지 않았다. 다시

───────

고, 대신 봉국을 빼앗고 촉군으로 유배시켰다.

공문을 보내게 했더니 그제야 아뢰기를 '왕지(王旨)를 받들어 공문을 보내는 것이 옳겠습니다' 하므로, 내가 그 말을 따랐다. 또 홍주(洪州)에 안치(安置)한 김국진(金國珍)을 부르게 했으나 상인이 또한 받들어 실행하지 않았다. 만약 우리 부자(父子)를 차별 없이 사랑했더라면 어찌 이런 일을 할 수 있었겠는가? 이런 일을 하는 것은 장차 뒷날을 준비하려는 것이다. 그 마음을 살펴본다면 그가 용렬하고 악한 것이 심했으니, 다시 국문(鞫問)하라. 만약에 반역할 마음이 없는데 이를 죄주면 실로 원통하고 억울함이 될 것이니 마땅히 용서해야 하겠지만, 만약에 진실로 반역할 마음이 있었다면 신하가 유독 상인뿐만이 아니고 임금도 다만 지금 이때에만 그치는 것이 아니니 어찌 왕법(王法)으로써 다스리지 않겠는가? 그때의 행수(行首)인 해당 관원도 또한 마땅히 심문해야 할 것이다."

원숙이 아뢰어 말했다.

"박습이 비록 상인의 말만 따랐다고는 하지만, 그러나 일에 경험이 많으니 어찌 알지 못하고 이 일을 했겠습니까?"

이에 장윤화에게 명해 좌·우의정 집에 가서 묻게 했더니, 박은(朴訔)이 아뢰어 말했다.

"상인이 범한 죄는 이보다 큰 것이 없습니다. 상께서 인자(仁慈)하시어 가벼운 형벌에 처하시므로 온 나라 사람이 논청(論請)했으나 윤허를 얻지 못했는데, 지금 다시 신문하게 하니 신은 실로 기쁩니다."

이원(李原)이 나아가 아뢴 말 또한 박은의 의견과 같았다. 이에 의금부 진무(義禁府鎭撫) 안희덕(安希德)을 단천(端川)으로 보내고, (진무) 홍연안(洪延安)을 고부(古阜)로 보내고, 도사(都事) 노진(盧珍)을 사천(泗川)으로 보내고, (도사) 진중성(陳仲誠)을 무장(茂長)으로 보내, 상인·박습·채지지(蔡知止)·이각(李慤)을 잡아 오게 했다.

○ 상왕전(上王殿) 신궁(新宮)이 이뤄지니, 그 궁의 이름을 수강궁(壽康宮)이라 했다.

○ 상왕이 오매패(烏梅牌)[5]를 효령대군(孝寧大君) 이보(李)와 유정현·심온·박은·이원(李原)·연사종(延嗣宗)·최윤덕(崔閏德)·이춘생(李春生)·하경복(河敬復)·조말생·이명덕(李明德)에게 각기 하나씩 내려주었다.

기미일(己未日-13일)에 상왕이 대사헌 허지(許遲), 사간 정초(鄭招), 형조정랑 김지형(金知逈), 병조참판 이명덕에게 명해 의금부와 함께 박습 등을 국문(鞫問)하게 하고서 말했다.

"전위(傳位)하는 교서(敎書)에 '군국(軍國)의 중대한 일은 내가 친히 청단(聽斷)한다. 또 병조로 하여금 항상 전문(殿門) 안에 있게 하라' 했는데도 너희들은 군무(軍務)와 관련된 의견을 아뢰지 않았으니, 반드시 다른 계획이 있었을 것이다."

박습이 아뢰어 말했다.

"어찌 감히 다른 계획이 있겠습니까. 다만 새로 판서(判書)에 임명돼 사무를 알지 못할 뿐이었으며, 또 강상인(姜尙仁)이 말하기를 '갑사(甲士)에게 휴가를 주는 등의 모든 군무는 마땅히 예에 의해 주상

---

5 오매(烏梅)로 만든 패(牌)로서, 임금이 대신과 장수를 징소(徵召)할 때 사용했다. 평상시 임금이 오른쪽 편을 가지고 있고 왼쪽 편을 신하에게 나눠주었다가, 신하를 부를 때 오른쪽 편을 주어 보내서 선소(宣召)의 표식으로 삼았다.

전께 아뢰라'라고 했습니다. 제 생각은, 상인은 원래 잠저(潛邸)의 옛날 신하이며 오랫동안 병조에 있었으므로, 다만 상인의 말만 따랐을 뿐 감히 이의(異議)를 하지 못했습니다. 김국진(金國珍)의 일은 제가 일찍이 알지 못한 것이고, 매에 관한 일은 상인이 말하기를 '마땅히 왕의 명으로 공문(公文)을 보내야 할 것이다'라고 하기에 제가 감히 어기지 못했습니다. (또) 채지지(蔡知止)가 말하기를, '이각(李慤)이 내가 귀양 간 곳을 지나면서 나와 상인에게 "군사(軍事)는 마땅히 상왕전(上王殿)에 아뢰어야 할 것이다"라고 하자 상인이 빙긋이 웃으면서 대답하지 않았다'라고 했습니다."

의금부에서 상세히 아뢰니 상왕이 말했다.

"박습이 다시 이의를 하지 않았으니 죄가 없을 수 없지만, 강상인과는 죄과(罪科)가 다르니 차마 고문할 수 없다."

허지가 아뢰어 말했다.

"박습이 10살짜리 아이도 아닌데, 자신이 장관(長官)이 되고서 어찌 대체(大體)를 알지 못하는 사람이라서 다만 상인의 말만 따랐겠습니까. 마땅히 국문을 더 해야 할 것입니다. 죄가 반드시 이의를 하지 않는 것에만 그치지 않을 것입니다."

○ 상왕이 임금과 더불어 연침(燕寢)에 나아가서 조말생·원숙·장윤화를 불러 말했다.

"내가 세 아들을 잇달아 잃고 성녕(誠寧)이 또 죽었으니, 슬픔이 어찌 그치겠는가!"

그러고는 눈물을 흘리면서 말했다.

"공녕(恭寧)의 아우는 나이 12세이며 궁중에서 길렀는데, 지금 그 어미가 병을 얻어 매우 고통스러워하며 유모도 병들어 누웠으니, 내가 이를 심히 불쌍히 여겼다. 그 어미에게 '아이를 기르고자 하는 사람이 있느냐?'고 물으니, 그 어미가 말하기를 '영평군(鈴平君)의 족인(族人)이 이를 기르고자 하오나, 첩이 어찌 감히 마음대로 허락하겠습니까. 신효창(申孝昌)이 지난번에 탄핵을 당해 유후사(留後司)에 이르니, 그 죄를 면하고자 공녕(恭寧)을 시양자(侍養子)로 삼기를 원하며 노비 50구(口)를 주었습니다. 유모가 그 문권(文券)을 받아왔기에 첩이 꾸짖기를 "전하께서 궁인(宮人)은 사알(私謁)을 받지 못하게 했는데, 내가 어찌 감히 아뢸 수 있겠느냐"하면서 즉시 돌려보냈습니다'라고 하니, 내가 이 말을 듣고서야 비로소 이 일을 알게 됐다. 전일에 대간(臺諫)이 여러 번 효창의 죄를 청했으나 내가 생각하기를, '이미 (내가) 태조(太祖)를 호종(扈從)하게 했으니 이로써 죄줄 수는 없다' 하여 이미 원숙과 장윤화에게 말했는데, 이제 이러한 비루(鄙陋)한 일이 있었다. 내가 안으로 비록 (스스로) 부끄럼이 없다 하더라도 밖으로 남들의 말에 부끄럼이 없을 수 있으랴. 이에 그 죄를 밝게 다스려 여러 사람으로 하여금 이를 알게 하고자 한다. 그러나 그 죄는 율(律)에 있어 불응위(不應爲)의 죄에 지나지 않고 더욱이 그 범한 것이 사면하기 전에 있었으므로, 다만 외방(外方)에 내쫓아 그 몸을 마치게 하고자 한다."

조말생이 아뢰어 말했다.

"형률에 궁인(宮人)과 결탁해 임금을 속여 아뢴 자는 참형(斬刑)인즉, 어찌 죄주지 않을 수 없는 데만 그치겠습니까?"

이에 박은과 이원을 불러 물으니 이렇게 대답했다.

"효창의 일은 비록 사목(赦目-사면의 예외 조항)에는 있지 않더라도, 임금의 다움을 손상시키고자 하는 마음은 어찌 사직(社稷)을 위태롭게 하는 것과 다름이 있겠습니까. 임오년에 신하의 절개를 지키지 않은 것도 죄가 진실로 무거운데 또 이런 일이 있었으니, 마땅히 법으로써 국문해야 할 것입니다."

상왕이 말했다.

"경들의 말은 모두 내 뜻에 부합하지 않으니, 장차 참작해서 적절하게 시행하겠다."

애초에 효창이 도총제(都摠制)에 임명되니, 박은이 아뢰어 말했다.

"효창은 박만(朴蔓)과 같은 사람이니, 비록 죄를 주지는 않을지라도 어찌 작록(爵祿)으로써 영화롭게 하겠습니까?"

마침내 그를 파면했는데, 대간이 죄주기를 청하는 글을 잇달아 올리자 효창이 두려워서 공녕(恭寧)의 어머니 신녕옹주(信寧翁主)가 임금에게 사랑받는 이유로 노비를 뇌물로 주었던 것이다. 효창의 사람 된 품이 괴팍하니[奇僻] 사림(士林)에서 그를 비루하게 여겼다.
기벽

경신일(庚申日-14일)에 상왕이 하연 등에게 명해 병조와 더불어 신효창을 신문(訊問)하게 했더니, 효창이 아뢰어 말했다.

"신이 유후사(留後司)에 이르러 대간에게 탄핵을 당해 어찌할 도리가 없으므로, 사위 공녕군(恭寧君)의 처형(妻兄) 최승녕(崔承寧)을 통해 노비 50구(口)를 공녕(恭寧)에게 주고 신의 사정을 위에 아뢰기를 바랐던 것입니다. 감히 이것으로써 임금에게 귀여움을 받고자 했겠습니까?"

상왕이 말했다.

"임오년의 일은 박만(朴蔓)과 임순례(任純禮)가 우두머리가 되고 조사의(趙思義)가 그다음이 됐는데 국가에서 모두 그 죄를 논단(論斷)했으며, 그 나머지는 혹은 스스로 옥에 나아가 형벌에 엎어져 죽임을 당하기도 했고 혹은 스스로 목숨을 끊기도 했다. 내가 이미 경(卿)은 죄가 없다고 인정했으니, 지금 경이 노비로 뇌물을 준 것은 탐비(貪鄙-비루함)한 마음으로 나의 심중(心中)을 엿본 것이다. 일찍이 듣건대 전조(前朝-고려)의 말기에 이 기풍(氣風)이 많이 유행(流行)했다고 하더니, 어찌 지금 다시 이런 일을 볼 줄을 생각했으랴. 내가 비록 가난할지라도 어찌 공녕이 친히 땔나무를 지고 물을 긷게까지야 하겠는가. 다만 일이 사면하기 전에 있었으므로 죄를 줄 수는 없으니, 먼 고을에 안치(安置)하게 할 것이다."

드디어 의금부에 가두었다. 조말생이 아뢰어 말했다.

"효창이 죄가 큰데, 다만 외방(外方)으로 내쫓게만 하니 너무 가볍습니다. 청컨대 그 고신(告身)을 빼앗고, 그 준 노비를 관가(官家)에 소속시키소서."

상왕이 윤허하지 않았다.

○ 대사헌 허지와 의금부 제조(義禁府提調) 변계량과 전흥(田興) 등이 청했다.

"신효창이 사심(私心)으로써 일월(日月)같이 밝은 총명을 모독했으니 그 죄가 매우 중합니다. 그 사실을 국문하소서."

상왕이 그것을 따랐다.

을축일(乙丑日-19일)에 (상왕이) 선지(宣旨)했다.

"강상인(姜尙仁)이 이각(李慤)에게 빙긋이 웃은 것은 반드시 다른 뜻이 있었을 터이니 상세히 신문해야 할 것이다. 그러나 세 번 형벌로써 신문하고 나면 형장이 90대에 이를 것이니, 다시 압슬형(壓膝刑)을 더하기가 편치 않을 듯하다. 만약 의단(疑端)이 있어 복죄(伏罪)하지 않는다면 어찌 세 번까지 기다린 뒤에야 압슬형을 쓰겠느냐."

병인일(丙寅日-20일)에 상왕이 이순몽(李順蒙, 1386~1449년)[6]을 불러 돌아오게 했다.

정묘일(丁卯日-21일)에 의금부에서 강상인을 신문해 압슬형(壓膝刑)[7]을 네 번이나 쓰니, 상인이 말했다.

"선위(禪位)하는 교지(敎旨)의 뜻과 전문(殿門)을 떠나지 말라는 명을 모두 다 알고 있었으나, 일찍이 이와 같이 하지 않고 전례(前例)가

---

6 1405년(태종 5년) 음직(蔭職)으로 벼슬에 올랐고, 1417년 무과에 급제했다. 1418년 의용위절제사(義勇衛節制使)·동지총제가 됐고 1419년(세종 1년) 우군절제사에 임명됐다. 그 뒤 경상좌도병마절제사·중군도총제·좌군도총제·충청도병마도절제사·삼군도진무(三軍都鎭撫)·영중추원사(領中樞院事) 등을 역임했다. 1419년 우군절제사로 이종무(李從茂)·우박(禹博)·박초(朴礎) 등과 함께 대마도 정벌에 나섰다. 여러 장수는 모두 패했으나 이순몽이 김효성(金孝誠)과 함께 대전과를 거둬, 대마도주 도도웅이(都都熊耳)가 항복하고 수호를 요청했다. 1425년 진하사(陳賀使)로 중국에 들어가 선종(宣宗)이 즉위함을 축하했다. 1433년 중군절제사가 되어 파저강(婆猪江)의 야인인 이만주(李滿住)를 토벌해 큰 공을 세웠고, 돌아오자 세종이 노비와 의화(衣靴)를 내려주는 등 총애가 극진했다. 1434년 경상도도절제사, 1447년 영중추원사를 지냈다.

7 조선 시대에 죄인을 자백시키기 위해 행하던 고문이다. 죄인을 기둥에 묶어 사금파리를 깔아놓은 자리에 무릎을 꿇게 하고, 그 위에 압슬기나 무거운 돌을 얹어서 자백을 강요했다.

없는 일로써 전례라고 핑계해 말하면서 승정원에 보낸 것은, 내 마음에 국가의 명은 마땅히 한곳에서 나와야 한다고 생각했으므로 상왕에게 아뢰지 않은 것이다. 그러나 이 아뢰지 않은 뜻은 실상 계달(啓達)하기가 어려운 까닭에 실로 감히 아뢰지 못한 것이다."

또 말했다.

"내가 박습(朴習)과 의논하면서 '군사(軍事)는 한곳에서 나오는 것이 어떠냐'고 하니, 박습 또한 옳다고 하므로 아뢰지 않았다."

이른바 한곳이라는 것은 주상전(主上殿)을 가리킨 것이다. 또 말했다.

"매를 바치는 일에 대해서는, 선지(宣旨)를 받들어 즉시 공문을 보내지 않은 것은, 승전색(承傳色) 최한(崔閑)이 다시 물은 뒤에 박습과 함께 의논하기를 '왕지(王旨)를 받들어 공문을 보내는 것이 어떠냐'고 하자 박습 또한 옳다고 했기 때문에 왕지로써 공문을 보낸 것이며, 김국진(金國珍)을 소환하는 일은 이미 선지를 받았으므로 또한 공문을 보내지 않은 것이다."

그 원정(元情-실상)을 신문하니 복죄(服罪)하지 않으므로 압슬형을 한 차례 더하자, (상인이) 분연(憤然)히 말했다.

"그렇다면 내가 상왕을 배반한 것이다."

또 신문하니, 더욱 분연히 말했다.

"그렇다면 내가 새 임금의 덕을 입기를 바란 것이다."

그 당여(黨與)를 신문하니 복죄하지 않았다.

○ 병술년(丙戌年-1406년)에 상왕이 내선(內禪)하려고 하자 강상인이 울부짖고 절박해함이 매우 심했는데, 그때 상왕이 이를 즉시 알

앗다. 무술년(戊戌年-1418년)에 내선할 적에는 많은 신하가 모두 가슴을 치고 목 놓아 슬피 울었으나 상인은 말과 얼굴빛이 도리어 뭇 신하에게도 미치지 못했으니, 상왕이 또한 이를 즉시 알았다.

무진일(戊辰日-22일)에 의금부에서 강상인을 신문하니, 상인이 말했다.

"주상께서 본궁(本宮)에 계실 때 내가 일로 인해 나아갔다가 동지총제(同知摠制) 심정(沈泟)을 궁문(宮門) 밖 장막에서 만났는데, 심정이 나에게 말하기를 '내금(內禁) 안에 시위(侍衛)하는 사람의 결원이 많아서 시위가 허술한데, 어째서 시기에 맞게 보충하지 않느냐'라고 했다. 내가 대답하기를 '군사가 만약 한곳에 모인다면 허술하지는 않을 것이다'라고 했더니, 심정이 말하기를 '만약 한곳에 모인다면 어찌 많고 적은 것을 의논할 것이 있으랴'라고 했다."

또 말했다.

"내가 일찍이 이조참판 이관(李灌)의 집에 들르니 이관이 말하기를 '요사이 어찌 드물게 오느냐'고 하므로, 내가 말하기를 '양전(兩殿-상왕과 주상)에 진퇴(進退)하느라 여가가 없기 때문이다'라고 했다. 이관이 말하기를 '두 곳에 사진(仕進)하니 어떠한가. 대개 모든 처사는 한곳에서 나와야만 마땅한 것이다'라고 하므로, 내가 대답해 말하기를 '나의 뜻 또한 이와 같지마는, 그러나 이미 성법(成法)이 된 것을 어찌하겠는가?'라고 했다. 또 전 총제(摠制) 조흡(曹洽)을 보았는데 조흡이 말하기를 '군사(軍事)는 마땅히 우리 상위(上位)에서 나와야 할 것이다'라고 했다."

상위는 상왕을 가리킨 것이다. 의금부에서 세 사람을 체포하기를 청하니, 선지해 말했다.

"비록 2품 이상의 관원이라도, 공신(功臣)이 아니면 계문(啓聞)함이 없이 바로 잡아서 가두라."

상왕이 원숙에게 물었다.

"이관이 한곳이라고 한 것은, 내 생각에는 나를 가리킨 것이다."

대답했다.

"이관은 사리(事理)를 알고, 또 오랫동안 근신(近臣)으로 있었으며, 분명히 '내가 친히 정사를 청단(聽斷)하겠다'라는 분부가 있으셨으므로, 진실로 위의 하교와 같습니다. 그러나 그 말은 (그냥) '모든 처사는 한곳에서 나와야 한다'라고 했지 병사(兵事)라고 말하지는 않았으니, 신은 그 뜻을 알 수 없습니다."

상왕이 말했다.

"그렇다."

의금부에서 이관과 심정과 조흡을 잡아서 대질하니, 심정이 말했다.

"나는 내금위(內禁衛)의 절제사가 된 까닭으로 상인(尚仁)과 더불어 시위(侍衛)의 허술한 것을 의논했을 뿐이다. '군사가 두 곳으로 갈라져 있다'라는 한 마디는 내가 말한 것이 아니다."

힘써 이를 변명했다가, 형벌을 받고 나서야 복죄(服罪)했다. 이관을 신문했는데, 이관이 술에 몹시 취해 정신이 산란해 말에 차서가 없었다. 처음에는 상인이 일찍이 나에게 들른 일이 없다고 했으나, 고문을 당하고는 그제야 복죄했다. 조흡을 신문하니 말했다.

"상인이 일찍이 나에게 들렀는데, 내가 방금 군사를 나눠 시위한다는 말을 들었으므로 상인에게 말하기를 '군사는 반드시 상왕이 주관하셔야 한다'라고 말했다."

상인을 신문하니 말이 같았으므로, 이에 조흡을 풀어주었다. 상인이 또 압슬형을 당하고 말했다.

"날짜는 기억하지 못하지만, 영의정 심온을 상왕전의 문밖에서 보고 의논하기를 '군사를 나눠 소속시키는데, 갑사(甲士)는 수효가 적으니 마땅히 3,000명으로 해야 하겠다'라고 하자 심온이 또한 옳다고 했으며, 그 후에 또 의논할 일이 있어 날이 저물 때 심온의 집에 가서 '군사(軍事)는 마땅히 한곳으로 돌아가야 한다'라고 했더니 심온 또한 옳다고 했다. 또 장천군(長川君) 이종무(李從茂)를 보고서 '군사(軍事)는 마땅히 한곳으로 돌아가야 한다'라고 했더니, 종무가 빙긋이 웃으면서 수긍했다. 또 우의정 이원(李原)을 대궐 문밖 길에서 만나서 '군사를 나눠 소속시키는 것이 어떠하냐'라고 했더니, 대답하기를 '이를 어찌 말할 수 있느냐'라고 했다."

기사일(己巳日·23일)에 의금부에서 강상인이 말한 바를 상세히 아뢰니 상왕이 말했다.

"과연 내가 전일에 말한 바와 같구나. 그 진상(眞狀)이 오늘에야 나타났으니, 마땅히 대간(大姦)을 제거해야 할 것이다. 이를 잘 살펴 문초하라."

조말생 등이 아뢰어 말했다.

"두 임금이 부자 사이에 정이 자애하시고 효경하심이 천성으로 지극하심을 사람들이 누가 모르겠습니까? 전하께서 군무를 청단하심은 오로지 사직(社稷)을 위한 것인데, 이 무리가 군무를 옮기고자 하니 그 마음을 헤아리기 어렵습니다. 비록 종실과 훈척일지라도 어찌 감히 용서하겠습니까?"

상왕이 말했다.

"참판(參判)과 지사(知事)가 같이 의금부에 가서 이를 국문(鞫問)하라."

이명덕이 아뢰었다.

"오늘은 금형일(禁刑日)이니 어찌하오리까?"

상왕이 말했다.

"병이 급하면 날을 가리지 않고 뜸질을 하는 법이다. 이는 큰 옥사이므로 늦출 수 없으니, 마땅히 이종무도 함께 잡아서 국문하라."

의금부에서 또 아뢰어 말했다.

"이원이 상인의 간사한 꾀를 듣고도 즉시 잡지도 고하지도 않았으니 대신(大臣)의 의무를 잃었습니다. 아울러 잡아서 신문하기를 청합니다."

상왕이 말했다.

"그렇다면 말을 타고 옥에 나아가게 하라."

말생과 원숙이 아뢰었다.

"죄인이 말을 타고 옥에 나아가는 것은 실로 합당하지 못합니다."

상왕이 말했다.

"병조에서 사람을 보내 이원을 타일러서, 그로 하여금 스스로 옥에 나아가게 하라."

말생 등이 아뢰어 말했다.

"이것은 신 등이 말할 바는 아니오나, 갓을 쓰고 걸어서 옥에 나아가도록 영을 내리심이 좋을 것 같습니다."

상왕이 말했다.

"그렇게 하라."

이원과 이종무가 옥에 나아가 상인과 대변(對辨-대질)하는데, 이원이 상인을 불러 말했다.

"강 참판(-강상인)은 사람을 죄에 빠뜨리지 말라."

종무 또한 대변하니, 상인이 말했다.

"고초를 견디지 못 한 때문이다. 실상은 모두 무함(誣陷)이다."

심온은 사은사(謝恩使)로 연경(燕京)에 가서 아직 돌아오지 않았으므로 대변(對辨)할 수가 없었다. 이에 먼저 상인이 여러 번 고초를 당했으나 말과 기색이 꺾이지 않았는데, 이날에 이르러서는 말이 입밖으로 잘 나오지 않았다.

상이 수강궁에 문안 가려고 하는데, 승전색(承傳色) 내관(內官) 김용기(金龍奇)가 의금부에서 신문한 일을 아뢰고 그 참에 아뢰었다.

"심 본방(沈本房-심온)이 군사가 한곳에 모여야 한다는 말을 들었다고 하옵니다."

상이 대답했다.

"비록 그렇지만, 상왕의 교지(敎旨)가 이미 이와 같으시니 장차 어찌하겠는가?"

나라 풍속에 임금의 장인(丈人) 집을 본방(本房)이라고 부른다. 상이 수강궁에 나아가 용기(龍奇)의 말을 상세히 상왕에게 아뢰니, 상왕이 말했다.

"내가 들은 바는 이와 다르다. 과연 이와 같다면 무슨 죄가 있겠는가?"

즉시 좌의정 박은을 부르니 박은이 병을 핑계하고 오지 아니하므로, 상왕이 박은의 뜻을 헤아려 알고는 원숙(元肅)에게 명해 박은의 집에 나아가 가르침을 전해 말했다.

"애초에 상인(尚仁)의 죄는 대간(臺諫)과 나라 사람이 두 번이나 청했는데, 내가 그 정상(情狀)을 모르는 것은 아니나 일단은 윤허하지 않고 다만 외방(外方)으로 내쫓기로만 했다. 그 후에 생각해보니, 나의 여생은 많지 않고 본 바는 많으니 이 같은 대간(大姦)은 제거하는 것이 마땅했다. 그래서 다시 그 일을 신문(訊問)해 이 같은 사태에 이른 것이다. 심온이 군사가 한곳에 모여야 한다는 말을 듣고 대답하기를 '군사는 반드시 한곳에 모이는 것이 옳다'고 했다 하니, 경은 이를 알아야 할 것이다."

박은이 고개를 숙이고 엎드려 명을 듣고, 즉시 일어나 앉으며 말했다.

"신은 일이 이 지경에 이른 줄을 몰랐습니다. 심온이 말한바 한곳이 어찌 우리 상왕전(上王殿)을 가리킨 것이겠습니까? 반드시 주상전(主上殿)을 가리킨 것이오니, 그 뜻은 묻지 않아도 알 수 있습니다. 신 또한 아뢰올 일이 있으니, 마땅히 두 임금 앞에 가서 친히 아뢰겠나이다."

즉시 수강궁에 나아갔다. 상왕이 불러서 보는데, 주상(主上) 또한 자리에 있었다. 박은이 아뢰어 말했다.

"지화(池和)가 어느 날 신의 집에 왔으므로 신이 말하기를 '내가 장차 좌의정을 사직(辭職)하려는 바, 심 본방(沈本房)으로써 나를 대신하도록 청하고자 한다'라고 했더니, 며칠 뒤에 지화가 다시 와서 말하기를 '내가 정승(政丞)의 말을 갖고서 심 본방에게 말한즉 본방이 네가 좌의정에게 노력하기를 청하라고 했다'라고 했습니다. 신이 지화의 말을 듣고 생각하기를 외척으로서는 마땅히 겸양하는 마음을 가져야 할 터인데 지금 이 말은 권력만을 위해 말하는 것이오니, 무슨 뜻이겠습니까? 그러므로 신이 전일 중량포(中良浦)의 낮참[晝停]^{주정}에서 감히 공공연히 말하지는 못하고 은밀히 언급했던 것입니다."

애초에 심온이 영의정에 임명되자 어떤 사람이 그가 나라의 정권을 잡을 수는 없다고 말하자, 심온은 "(이미) 좌의정에 임명된 예가 있다"라고 대답했다. 어떤 사람이란 대개 민제(閔霽)를 가리킨다. 지화가 그 말을 박은에게 누설한 까닭으로, 박은이 짐짓 자기는 벼슬을 사직하고 심온으로써 대신하고자 한다고 떠벌린 것이다. 지화는 점을 치는 소경이다. 상이 일찍이 상왕을 따라 중량포에 행차해 낮참에서 한담(閑談)할 때, 외척이 국사에 참견하는 일을 말할 즈음에 박은이 아뢰어 말했다.

"후비(后妃)의 아버지를 상이 자주 접견하는 것은 마땅치 않습니다."

그 까닭으로 이제 박은이 은밀히 언급했다고 말한 것이다. 또 아뢰어 말했다.

"심온의 사위 유자해(柳子諧)가 경복궁에서 시립(侍立)할 때에 신을 보고 비웃으며 말하기를 '이 사람은 마땅히 물러가 집에 엎드려 있어야 할 것인데, 지금 의기양양하기를 이와 같이 하는가?'라고 했는데, 신의 족인(族人) 이계주(李季疇)가 그 곁에 섰다가 이 말을 듣고 상세히 말했습니다."

또 아뢰어 말했다.

"전에 신이 신의 관직으로써 심온에게 주기를 청했으나 윤허(允許)를 얻지 못했는데, 변계량이 이 말을 듣고 은근히 신에게 이르기를 '신하가 사직하는 것은 의리(義理)인데, 다른 사람에게 주기를 청하는 것을 상의 마음에 어떻다고 여기시겠느냐' 했습니다. 또 신으로 하여금 다시 아뢰도록 하라면서 '여차저차[云云]하게 말하라. 전일에 자기의 관직으로써 다른 사람에게 주겠다고 한 것을 상의 마음에 비록 그르다고 여기셨겠지만, 지금 이 아룀을 들으시면 반드시 의심이 시원스럽게 풀릴 것이다'라고 했습니다."

박은이 나간 후, 상왕이 임금에게 일러 말했다.

"좌의정이 한 말은 그 의미를 알지 못하겠다. 대개 유자해(柳子諧)가 한 말은 오로지 박은의 한 몸에 관한 것이고 공사(公事)에는 관계되지 않는 것인데, 하필 오늘의 옥사(獄事)를 위해 이를 말했을까?"

방문중(房文仲)이 죄를 얻었을 적에 여러 신하가 이를 죽이자고 청하니, 상왕이 말했다.

"나의 과실을 말하는 사람을 내가 죽일 수 있겠느냐?"

이에 많은 신하가 다시 함께 청하기를 토의할 때 조말생 등이 말했다.

"위에서는 겸양을 굳게 지켜 반드시 죽이시지 않겠지마는, 그러나 신하들은 반드시 죽여야 할 것이라고 생각한다."

다시 낭관(郞官)을 시켜 박은에게 의견을 물어보니, 박은이 말했다.

"이미 바른말을 하라고 구하고서는 그 말로써 죽이는 것이 옳겠는가? 나는 이미 좌의정이 됐으니 다시 무슨 바라는 바가 있으랴. 내가 마땅히 바른말을 하겠다."

의견을 내는 사람이 모두 그렇게 하지 말라고 말리니, 변계량이 은근히 박은에게 일러 말했다.

"그대의 말이 너무 지나칩니다. 많은 신하가 비록 죽이기를 청하더라도 위에서는 반드시 죽이지 않을 것이니, 그대는 마땅히 많은 신하와 더불어 죽이기를 함께 청해야 할 것입니다."

박은이 그렇게 여겨서 이에 많은 신하를 거느리고 방문중을 죽이기를 청하니, 상왕이 과연 윤허하지 않았다. 변계량이 전후에 박은을 지시한 말은 모두 임금의 뜻을 미리 탐지해보자는 것이었으니, 그 붕당(朋黨)을 지어 임금을 업신여긴 죄는 용서할 수 없는 것이다. 이 어찌 유자(儒者)의 마음가짐이라 하겠는가?

애초에 상이 왕위에 올라 장의동(藏義洞) 본궁(本宮)에 거처했는데, 박은이 들어와 상 앞에서 관직을 임명했다. 이날 중궁(中宮)의 백부(伯父)·숙부(叔父)와 강석덕(姜碩德)이 모두 관직이 승진되니, 박은이 유자해까지 아울러 승진시킬 것을 청했다. 그러자 상이 이를 말리며 말했다.

"갑자기 은총(恩寵)이 지나치니, 일단은 후일을 기다리라."

박은이 다시 청했다.

"이 사람의 관직이 너무 낮습니다."

상이 그 말을 들어주지 않았다. 이때에 이르러 박은이 또 들어와 관직을 임명하는데, 상이 유자해의 관직을 승진시키고자 해 박은에게 물었다. 박은은 머리를 숙이고 대답하지 않았으니, 대개 이계주의 말을 듣고 유자해를 불쾌하게 여긴 때문이다. 상왕이 말했다.

"우의정(-이원)은 속히 석방해 내보내고, 이종무는 다른 증거를 기다릴 것이니 아직 형벌하여 문초하지는 말고, 이관(李灌)과 심정(沈泟)은 마땅히 압슬형을 가해 국문해야 할 것이다."

강상인을 신문해 압슬형을 두 차례나 쓰자, 대답이 전과 같더니 말이 약간 계속되면서 총제(摠制) 성달생을 끌어들여 말했다.

"달생이 별순(別巡)이 돼서 수본(手本)을 병조에 올리고 말하기를 '감순(監巡)할 곳이 없으니, 마땅히 주상전의 가까운 곳에 지을 것이다'라고 하고, 또 말하기를 '어찌 대체(大體)를 돌보지 않으시고 전대로 예전 그곳에 계시는가'라고 했다."

달생에게 물으니 대답해 말했다.

"내가 이른바 대체라는 것은, 시방 좌정하신 본궁의 난간과 담이 썩고 무너진 데다 군막(軍幕)이 연하여 있지 않음을 가리킨 것이지 다른 일을 가리킨 것이 아니다."

고문(拷問)했으나 복죄하지 않았다. 상왕이 말했다.

"이것은 우연히 한 말이니 무슨 죄 될 것이 있느냐?"

이관을 신문해 압슬형을 한 차례 가하니 말했다.

"내가 심온의 집에 가서 심온이 영의정에 임명된 것을 하례(賀禮)하고는 인하여 말하기를, '병사(兵事)를 나눠 소속시킴이 불편하니, 마땅히 다 주상전에 돌려보냄이 어떠하냐?'라고 했다. 심온이 말하기를 '그대의 말이 옳다. 그러나 법이 이미 정해져 있는 까닭으로 이와 같이 할 뿐이다'라고 하므로, 관이 이 말을 듣고 또 스스로 생각하기를 '주상이 어리고 잔약하지 않은데, 이미 왕위를 전했으면서 어찌 병사(兵事)를 나눌 수 있을까? 상왕께는 마땅히 갑사(甲士)를 나눠 보내 시위(侍衛)하면 그뿐일 터인데'라고 하고는 상인을 보고 이 말을 꺼낸 것이다."

또 말했다.

"내가 아패(牙牌)에 관한 일로써 상왕전에 나아가 박습에게 말하기를 '군사는 마땅히 한곳에서 (명이) 나와야 한다'라고 했다."

심정을 신문해 압슬형을 한 차례 하니 복죄하지 않다가, 두 차례 만에야 말했다.

"형 온(溫)을 그 집에서 보았는데, 형이 '군사는 마땅히 한곳에서 (명이) 나와야 한다'고 하므로 내가 '형의 말이 옳다'고 대답했다."

상왕이 이명덕에게 일러 말했다.

"정상(情狀)이 이미 나타났으니, 더는 신문할 필요가 없다."

명덕이 그 원정(原情-깊은 실상)을 국문하기를 청하니 상왕이 말했다.

"수모자(首謀者)는 심온이니, 비록 나오지 않았더라도 그의 당(黨) 상인과 이관 등은 마땅히 극형에 처해 5도(道)에 두루 보여야 할 것이다. 속히 단죄(斷罪)해 아뢰라."

경오일(庚午日-24일)에 의금부에서 박습을 신문해 압슬형을 한 차례 하니 복죄하지 않다가, 두 차례 만에야 말했다.

"강상인·이관·심온이 모두 '병사는 나눠 두 곳에 소속시킬 수 없으니, 마땅히 한곳에 합쳐야 할 것이다'라고 하므로, 이 두서너 사람의 말을 듣고 모든 군사를 상왕전에 아뢰지 않았습니다."

상왕이 말했다.

"박습이 비록 그 실정(實情)을 다른 사람에게는 누설하지 않았다 하더라도, 상인의 말을 반드시 족인(族人)과 붕반(朋伴)에게는 전했을 것이다."

이에 또 박습을 신문하니 박습이 전 대언(代言) 김효손(金孝孫)을 끌어댔으나, 효손의 변석(辨析)함이 명백하니 박습이 무고(誣告)했음을 자백했다. 효손은 박습의 처형(妻兄)이요, 박습의 아들 박의보(朴義甫)는 이관의 사위다. 상인이 또 말했다.

"내가 전일에 이종무가 수긍했다고 한 것은 무고(誣告)다. 그 실상은, 종무가 나를 보고 말하기를 '군사가 허술하다'라고 하므로 내가 대답하기를 '새로 나라를 세울 즈음에는 이렇게 될 수도 있을 것이다'라고 했다."

옥사가 이뤄지자 이명덕 등이 상세히 아뢰니, 이종무·성달생·김효손 등은 석방해 보냈다. 애초에 상인이 말했다.

"일찍이 연사종(延嗣宗)·최윤덕(崔潤德)·조말생·전흥(田興)·원숙을 보고 '병사(兵事)를 어떻게 하겠느냐?'고 물으니, 모두 말하기를 '마땅히 의건부(義建府)에 합쳐야 한다'라고 했다."

이때에 조말생과 전흥이 상인과 대질하기를 청하자 상왕이 이를 허락하지 않았고, 박습·심온·심정·상인·이관 등의 가산(家産)을 몰수했다.

○ 경상도 관찰사에게 명해, 고려의 주서(注書) 길재(吉再)의 자손(子孫) 중에 재주와 행실이 있는 자를 찾아서 아뢰도록 했다. 길재는 위조(僞朝-고려 우왕)에 벼슬해 문하주서(門下注書)가 됐다가, 관직에서 물러 나와 (경상도) 선주(善州-선산) 금오산(金烏山) 아래에서 살았다. 상왕이 일찍이 불러 봉상박사(奉常博士)로 삼으려 했으나 따르지 않았다.

신미일(辛未日-25일)에 상왕이 박은·이원·조말생·원숙을 불러서 일을 토의하고[議事], 이어서 술을 내려주었다. 술자리가 무르익자[酒酣] 박은과 이원이 아뢰어 말했다.

"두 전하는 일체(一體)이신데 험악하고 편협한 간신들이 두 길로 갈라서 일을 꾀하고 있습니다. 이 무리가 모두 임금의 은혜를 특별히 입었는데도 그 범죄가 이와 같으니, 상의 마음이 어찌 믿으시겠나이까? 신 등이 모두 분하게 여기는 바입니다."

상왕이 말했다.

"내가 두 정승의 마음을 아니, 육척고아(六尺孤兒)를 부탁할 만하다[可托六尺之孤]."[8]

이원이 아뢰었다.

"신이 전일에 옥에 갇히게 됐는데 사사로이 생각하기를, 만약에 상인이 그 말을 고집해서 정승이 그 일을 진실로 안다고 했다면 신이

---

8 『논어(論語)』「태백(泰伯)」편에 나오는 증자(曾子)의 말이다. 어린 자식이 임금이 됐을 때 그 보좌를 믿고 맡길 만한 충성스러운 신하라는 뜻이다.

장차 어떻게 변명했겠습니까? 다시 생각해봐도 천지가 아득합니다 [茫茫]."
　　망망

　말을 마치자 눈물을 흘리고 우니, 상왕도 또한 눈물을 흘리면서 말했다.

　"우의정의 정상이 가련했다. 우의정뿐만이 아니라 혹시 무함(誣陷)을 당한 사람이 또 없지나 않은지, 나 역시 이 때문에 눈물을 흘리는 것이다. 원참의(元參議-원숙)는 이 뜻을 알 것이다."

　박은과 이원이 술이 취해 예의(禮義)를 잃을까 해서 조말생이 말을 중지시키니, 상왕이 말했다.

　"이것이 곧 진정(眞情)이니, 무슨 상관이냐."

　또 말했다.

　"원숙이 응봉사(應奉司)의 관원(官員)으로 있으면서 그 직책에 부지런했기에[勤], 내가 승선(承宣)으로 삼아 오늘에 이르렀다."
　　　　　　　　　　　　근

　또 물었다.

　"그대의 나이 얼마나 되었느냐, 어찌 흰 머리털이 저렇듯 많은가?"

　또 허지(許遲)는 기국(器局)이 있고 최부(崔府)는 순직(純直)하다고 말했다.

　○ 판전의감사(判典醫監事) 이욱(李勗)을 의금부 진무(義禁府鎭撫)로 삼아, 의주(義州)에 가서 심온(沈溫)이 돌아오기를 기다려 잡아 오라고 했다. 이어서 명했다.

　"심온이 만약 사신과 같이 오거든, 심온에게 병을 핑계하고 짐짓 머물게 해서 비밀히 잡아 오라. 사신으로 하여금 알게 해서는 안 될 것이니, 혹시라도 중국 조정에서 우리 부자 사이에 변고가 있는 것으로 잘못 알까 염려된다."

○ 의금부에서 아뢰었다.

"형률(刑律)에 의거하면 강상인·박습·심정·이관은 모반대역(謀叛大逆)에 해당하므로, 수모자(首謀者)와 종범자(從犯者)를 분간하지 않고 모두 능지처사(凌遲處死)하게 될 것이며, 그들의 부자(父子) 중 나이 16세 이상이 된 자는 모두 교형(絞刑)에 처하고, 15세 이하와 처첩(妻妾)·조손(祖孫)·형제(兄弟)·자매(姉妹)는 공신(功臣)의 집에 주어 노비로 삼게 할 것입니다. 이각(李慤)과 채지지(蔡知止)는 상인의 모의를 알고도 고발(告發)하지 않았으니 곤장 100대를 치고 3,000리 밖으로 귀양 보낼 것이며, 성달생은 제서(制書)를 어김이 있으니 곤장 100대를 치게 할 것입니다."

○ 상왕이 말했다.

"심인봉(沈仁鳳)은 곧 심정의 배다른 형이다. 비록 세력이 없더라도, 역신(逆臣)의 형으로서 아무 일 없는 듯이 입직(入直)하는 것이 의리(義理)상으로 맞겠느냐?"

조말생 등이 아뢰어 말했다.

"이는 곧 신 등의 죄입니다."

상왕이 일찍이 말했다.

"내가 병권(兵權)을 내놓지 않는 것은 왕위(王位)를 마음에 두고 잊지 못하는 것이 아니라 주상을 위해 무슨 위급한 일이 있을 경우에 후원하고자 하기 때문일 뿐이다. 예로부터 지친(至親)을 이간시키는 것은 여러 소인(小人)의 무리로 말미암음이니, 어찌 크게 징계해 뒷세상 사람을 경계하지 않을 수 있겠는가?"

임신일(壬申日·26일)에 상왕이 박은·조말생·이명덕·원숙을 불러 보고 말했다.

"강상인과 이관은 죄가 중하니 지금 마땅히 죽일 것이나, 심정과 박습은 상인에 비하면 죄가 가벼운 듯하다. 괴수(魁首) 심온이 돌아오지 않았으니, 아직 남겨두었다가 대질시키는 것이 어떠한가? 그렇지 않으면 인심(人心)과 천의(天意)에 부끄러움이 있지 않겠는가?"

박은이 아뢰었다.

"대질시키고자 하신다면 상인만 남겨두고 세 사람은 형벌하는 것이 옳습니다. 그러나 심온이 범한 죄는 사실의 증거가 명백하니 어찌 대질할 필요가 있겠습니까. 남겨두는 것은 옳지 못합니다. 그리고 반역을 함께 모의한 자는 수모자와 종범자를 분간하지 않는 법이오니, 어찌 차등(差等)이 있겠습니까?"

이에 의금부에서 아뢰었다.

"옥에서 곤란한 일이 많사오니, 속히 형(刑)을 집행할 것을 청합니다."

명해 상인은 형률대로 시행하고 박습과 이관·심정은 모두 참형(斬刑)에 처하며, 네 사람의 부자는 교형을 면제해 종으로 삼고, 이각과 채지지·성달생은 사면(赦免)하라고 했다. 의금부에서 다시 아뢰었다.

"죄인의 부자는 이미 사형을 면했으니 마땅히 가산을 적몰(籍沒)해야 할 것이며, 이각과 채지지와 성달생은 모두 사면할 수 없습니다."

그 말을 따라 이각 등은 모두 장형(杖刑)은 면하게 해서 외방(外方)으로 유배 보냈으니, 이각과 채지지는 모두 그전에 갔던 곳으로 유배를 갔다. 백관(百官)을 모아두고 상인을 거열(車裂)하게 하고, 박습과 이관과 심정을 서교(西郊)에서 목 베게 했다. 상이 문묘(文廟)에 참배 하고자 이미 길일(吉日)을 가렸다가, 상인 등이 처형되는 일로 인해 이를 정지했다.

상인의 아우 강상신(姜尙信)을 영해(寧海)로, 강상례(姜尙禮)를 무 안(務安)으로, 강상려(姜尙呂)를 서산(瑞山)으로, 강상망(姜尙望)을 단 양(丹陽)으로, 아들 강장생(姜長生)을 영덕(盈德)으로, 박습의 아들 박의손(朴義孫)을 남해(南海)로, 박의보(朴義甫)를 광양(光陽)으로, 이 관의 아들 이소인(李紹仁)을 울산(蔚山)으로, 형 이약(李鑰)을 통천 (通川)으로 유배 보냈으며 모두 관노로 삼았다. 또 이관의 숙부 이원 즙(李元緝)을 평해(平海)로, 이원강(李元綱)을 장기(長鬐)로, 조카 이말 한(李末漢)을 거제(巨濟)로, 이백장(李伯長)을 장흥(長興)으로 유배 보 냈다. 심정의 형인 승려 도생(道生)을 옹진(甕津)으로, 심인봉(沈仁鳳) 을 해진(海珍)으로, 심징(沈澄)을 동래(東萊)로, 조카 심석준(沈石雋) 을 낙안(樂安)으로 유배 보냈다. 심온의 서자(庶子) 심장수(沈長守)를 사천(泗川)으로, 성달생을 삼척(三陟)으로 유배 보냈다.

박습은 옥중에 있다가 벌써 죽었다. 상인이 수레에 올라 크게 부 르짖어 말했다.

"나는 실상 죄가 없는데, 때리는 매[箠楚]를 견디지 못해 죽는다."
                              추초
후에 변계량이 상(-세종)에게 아뢰어 말했다.

"무술년 옥사(獄事) 때 신이 의금부 제조(義禁府提調)로 있었는데, 허지가 여러 제조에게 말하기를 '마땅히 박습에게 압슬형을 써야 할 것이다'라고 하니 여러 제조가 좋다고 해서, 이에 압슬형을 써서 곧 자백하게 했습니다. 상왕께서도 박습의 죄는 의심을 하고 있었으나, 박은이 다시 청해 이에 목 베었습니다."

또 말했다.

"허지(許遲, 1372~1422년)⁹가 오래지 않아 죽었으니, 그 보복의 틀리지 않음이 이와 같았습니다."

○ 상왕이 선지했다.

"심씨(沈氏)가 이미 국모(國母)가 됐으니, 그 집안이 어찌 천인(賤人)에 속할 수 있겠느냐?"

심인봉 등은 이로 말미암아 천인이 됨을 면하고 양민(良民)이 됐다. 선지해 말했다.

"심온의 아내와 네 명의 어린 딸을 천인에 속하게 할 때는 임금의 윤허를 얻어 시행하라."

갑술일(甲戌日-28일)에 상왕이 영돈녕(領敦寧) 유정현, 좌의정 박은, 우의정 이원, 병조판서 조말생, 예조판서 허조, 지신사(知申事) 하연 등을 불러 말했다.

"그 아버지가 죄를 지었어도 딸이 후비(后妃)가 된 일은 옛날에도 있었으며, 더욱이 형률(刑律)에도 연좌한다는 명문(明文)이 없다. 내가 이미 공비(恭妃-세종 비)에게 밥 먹기를 권했고 또 염려하지 말라고 명했으니, 경(卿) 등은 마땅히 이 뜻을 알라."

---

9 『세종실록』에서는 그가 죽었을 때 이렇게 평가하고 있다. "지는 사람이 무겁고 너그러우며 술을 잘 마셨는데, 많이 마셔도 취하지 않았다. 가는 곳마다 칭찬이 있어 여론이 크게 쓰일 사람이라고 기대했는데, 나이 50에 돌아가니 사람들이 애석하게 여겼다."

모두 아뢰어 말했다.

"상(上)의 가르침이 진실로 마땅합니다[允當]."
允當

을해일(乙亥日-29일)에 (상이) 경연에 나아가 『대학연의(大學衍義)』를 강(講)했는데, 우문사급(宇文士及)이 (당나라) 태종(太宗)을 모시다가 곁에서 (아름다운 나무를) 탄복해 칭송했다는 말에 이르러 상이 말했다.

"예로부터 간사하고 아첨하는 신하가 그 임금에게 아양을 부리는 형상이 이와 같았지만, 그러나 그 신명(身命)을 끝까지 보전한 자는 없었다."

정초(鄭招)가 아뢰어 말했다.

"간책(簡冊-역사책)을 보고서 충신과 간신을 분변하는 것은 비록 신 같은 혼몽(昏蒙)한 사람으로서도 족히 알 수 있으니, 반드시 임금이 먼저 그 마음을 바로잡아서 주장하는 근원이 맑고 깨끗해져야만 사람들의 진실과 허위에 환하여 어둡지 않을 것입니다. 한갓 문자(文字)로써 능히 신하의 간사하고 아첨함을 살피는 일과 같은 것은 예로부터 있지 않습니다."

상이 말했다.

"그렇다."

○ 상왕이 유정현·박은·이원·조말생·허조·하연을 불러 가르침을 전해 말했다.

"한(漢)나라 고조(高祖)는 영명(英明)한 임금으로서 혜제(惠帝)에게 재위(帝位)를 전했는데, 혜제는 천성이 인자(仁慈)하나 유약해서 인체(人彘)¹⁰를 보고는 병을 얻어 마침내 여씨(呂氏)의 난(亂)을 빚어내게 했으니, 만약 주발(周勃)이 아니었다면 한나라의 국운이 어찌 되었을지 알 수 없을 것이다. 혜제가 또한 후사(後嗣)가 없었으므로 국운(國運)이 심히 위태로웠으니, 임금은 계사(繼嗣-후사)를 많이 두지 않으면 안 될 것이다. 내가 지난해에 예관(禮官)의 청으로 3~4명의 빈(嬪)과 잉첩(滕妾)을 들였는데, 그들의 아버지인 권홍(權弘)·김구덕(金九德)·노귀산(盧龜山)·김점(金漸) 등의 왕실(王室)을 향하는 마음은 반드시 다른 신하와는 달랐다. 한편으로는 계사를 많이 두고 한편으로는 여러 사람의 도움을 얻게 되며 또한 옛날의 한 번 혼인에 아홉 여자를 취한다는 뜻에도 맞으니, 지금 주상이 정궁(正宮)에 세 아들이 있지만, 더 많으면 더욱 좋을 것이다."

유정현이 대답했다.

"예로부터 제왕은 자손이 번성하는 것을 귀하게 여겼으니, 빈(嬪)과 잉첩(滕妾) 2~3명을 들이기를 청합니다."

상왕이 말했다.

"이 일은 주상이 알 바가 아니니, 내가 마땅히 주장할 것이다."

그 참에 예조에 명해 가례색(嘉禮色)의 제조(提調)·별좌(別坐)를 선임(選任)해 아뢰게 했다. 박은 등이 상왕을 앞에서 모시고 앉았다가 말을 하는 김에 아뢰었다.

"궁중(宮中)이 적막합니다."

---

10 인간 돼지라는 말이다. 한나라 여후(呂后)가 척부인(戚夫人)의 손과 발을 잘라 뒷간에 두게 하고 이를 인체(人彘)라고 불렀다.

그 뜻은 대개 중궁(中宮)을 마땅히 폐(廢)할 것을 말한 것이다. 상왕이 그 뜻을 알고 말했다.

"내가 이미 경의 뜻을 알고 있다."

의금부 제조(義禁府提調) 등이 수강궁에 나아가 중궁을 폐할 것을 청하니, 상왕이 말했다.

"평민의 딸도 시집을 가면 (친정 가족에) 연좌되지 않는 법이다. 하물며 심씨(沈氏)는 이미 왕비가 됐는데 어찌 감히 폐출(廢黜)하겠는가. 경들의 말이 옳지 못한 것 같다."

그러고는 상에게 말했다.

"죄인의 딸인 까닭으로 외인(外人)이 반드시 이를 의심하지만, 그러나 이것이 어찌 법관(法官)이 마땅히 청할 바이겠느냐."

조말생·원숙·장윤화 등이 대답했다.

"만약 형률(刑律)로 논하자면 상교(上教-상의 가르침)가 옳습니다. 그러나 주상의 처지에서 논한다면 심온은 곧 부왕(父王)의 원수이니, 어찌 그 딸로 중궁(中宮)에 자리를 잡고 있도록 하겠습니까? 은정(恩情)을 끊어 후세(後世)에 모범을 남겨두실 것을 청합니다."

상왕이 대답하지 않았다. 박은이 또 병조에 나아가 당상관(堂上官)에게 일러 말했다.

"그 아버지가 죄가 있으니, 그 딸은 마땅히 왕비로 있을 수 없다."

상왕이 이 말을 듣고, 이에 유정현·허조·허지와 의정부 당상관을 불러 보고 말했다.

"『경(經)』에 이르기를 '형벌은 아들에게 미치지 않는다'라고 했는데 하물며 딸에게 미치겠느냐? 그전의 민씨(閔氏) 일도 불충(不忠)이 되었으나 그 당시에는 왕비를 폐하고 새로 왕비를 맞아 세우자고 의논한 사람이 하나도 없었는데, 지금은 어찌 이 지경에 이르렀느냐. 내가 전일에 가례색(嘉禮色)을 세우라고 명한 것은 빈(嬪)과 잉첩(媵妾)을 뽑으려고 한 것일 뿐이다."

유정현은 대답하지 않았고, 박은이 아뢰어 말했다.

"신 등도 금지옥엽(金枝玉葉)이 이와 같이 번성하고 있고, 왕비를 폐하고 새로 세우고 하는 일은 경솔히 토의할 수 없으니, 빈과 잉첩을 갖추게 하고자 함이 심히 마땅하다고 생각합니다."

허조가 아뢰었다.

"빈과 잉첩을 갖추고자 함은, 신도 역시 마땅히 두 성씨(姓氏)를 맞아들여야 할 것이라 생각합니다."

상왕이 매우 기뻐했으며, 그래서 혼가(婚嫁-혼인)를 금하도록 명했다.

○ 선지했다.

"심온이 이미 대역(大逆)이 됐으니, 혹시 이를 알고 도망해 숨을까 염려된다. 속히 평안도 관찰사에게 일러 미리 체포하는 것에 대비하게 하라."

12월

기묘일(己卯日-4일)에 총제(摠制) 원민생(元閔生)이 상왕에게 아뢰어 말했다.

"의주목사(義州牧使) 임귀년(任龜年)은 심온이 천거한 사람이오며 또 심온의 집 종이 일찍이 심온을 맞이하려고 의주(義州)로 갔사오니, 마땅히 사람을 보내 체포해야 할 것이며 또 임구년의 관직을 갈아서 변고를 일으키지 못하게 해야 할 것입니다."

즉시 지인(知印) 강권선(康勸善)을 보내 이욱(李勖)에게 뜻을 전해 말했다.

"임귀년의 관직을 이미 파면했으니 속히 역마로 보낼 것이며, 또 심온의 종을 단단히 가둬 누설되지 않도록 하라."

또 강권선으로 하여금 선지(宣旨)로써 평안도 관찰사에게 일러 요긴한 길목을 지켜서 다른 사람이 심온에게 소식을 알리지 못하도록 하고, 전 부윤(府尹) 우균(禹均)을 판의주목사(判義州牧事)로 삼고 모의(毛衣)와 관(冠) 및 신을 내려주었다.

경진일(庚辰日-5일)에 상왕이 하연(河演)을 불러 상에게 빈(嬪)과 잉첩(媵妾)을 맞아들일 것을 권유하게 했더니, 하연이 중궁(中宮)에게 혐의(嫌疑)를 둔 것이라 여겨 (거짓으로) 상왕의 밀지(密旨)를 받든다고 일컬으며 직접 뵈옵고 아뢰기를 청했다. 상이 (상왕의) 밀지가 아닌데 밀지라고 일컫는다 해서 사제(私第)에 돌아가도록 명하고, 원숙(元肅)이 그 직무를 대신 관장(管掌)하게 했다.

○ 역관(譯官) 전의(全義)로 하여금 군사 10명을 거느리고 연산참(連山站)으로 가서 심온을 기다렸다 칼을 씌우고 수갑을 채워서 잡아 오되 (심온이) 연산참을 지나지 못하게 했다. 심온(沈溫)이 만약 사신과 함께 오거든 어머니의 병을 핑계하고 불러내어서 잡아 오도

록 했다.

신사일(辛巳日-6일)에 원민생(元閔生)이 아뢰었다.

"전의(全義)가 군사를 거느리고 연산(連山)에 이르렀는데, 파수 보는 관원이 반드시 잡아서 머물러두고 도사(都司)에게 보고한다 합니다."

상왕이 박은·이원·조말생에게 토의하게 하니 박은 등도 또한 아뢰어 말했다.

"마땅히 전의로 하여금 이욱(李勛)과 더불어 팔참(八站)[11]에 이르도록 쫓아가서 찾아 돌아오게 하소서. 연산에 도착하게 해서는 아니 됩니다."

전의가 광탄로(廣灘路)에 이르러 심온의 종을 만나서 곧 돌아왔다.

○ 상의원 별감(尙衣院別監) 임군례(任君禮)·김을현(金乙賢)·신이(辛頤)·장합(張合) 등의 직을 파직했다. 그들이 일찍이 심온에게 친밀히 붙좇았기 때문이다. 또 신이의 아우 형조좌랑(刑曹佐郎) 신회(辛回)와 사복직장(司僕直長) 신헌(辛憲)을 파직했다.

임오일(壬午日-7일)에 하연(河演)의 관직을 파면하고, 원숙(元肅)이 이를 대신하게 했다.

---

11 동팔참(東八站)이라고도 한다. 팔참이란 중국과의 첫 접경 지역인 구련성(九連城 또는 鎭江城)부터 시작해서 탕참(湯站)-책문(柵門)-봉황성(鳳凰城)-진동보(鎭東堡 또는 松站)- 진이보(鎭夷堡 혹은 通遠堡)-연산관(連山關)-첨수참(甛水站)-요동(遼東)-십리보(十里堡)- 심양(瀋陽 또는 盛京)에 이르는 육로의 여덟 참을 지칭했다.

갑신일(甲申日-9일)에 상왕이 하연을 불러 말했다.

"내가 주상을 통해서 네가 중궁(中宮)에게 혐의가 미쳤다고 한 말을 듣고, 그제야 너의 원정(原情-속마음)을 알았다."

병조로 하여금 음식물을 보내주게 했다.

정해일(丁亥日-12일)에 허지가 아뢰었다.

"하연이 근신(近臣)의 장(長)으로서 오로지 (왕명의) 출납(出納)을 맡았는데, 속으로 간사한 마음을 품고 밀지(密旨)라고 거짓으로 일컬어 두 임금을 이간(離間)했으니, 법대로 논죄(論罪)할 것을 청합니다."

상이 말했다.

"하연은 작은 과실이니 책망할 것이 못 된다."

계사일(癸巳日-18일)에 상왕이 상과 더불어 수강궁 남쪽 행랑에 나아가서 조말생과 원숙을 불러 말했다.

"심온이 이미 국왕비(國王妃)의 아버지가 돼 반역했으니, 사신이 어찌 국왕도 참여해 알고 있었다고 여기지 않겠느냐. 이와 같이 되면 부자(父子)의 지극한 정리(情理)를 무엇으로써 밝히겠느냐? 마땅히 사람을 보내 평안도 관찰사와 의주목사에게 타일러, 만약 사신이 심온의 안부를 묻거든 어머니 병으로 충청도에 돌아갔다고 대답하고 사람들로 하여금 그 일을 누설하지 않도록 하는 것이 옳을 것이니, 경들이 의정부의 여러 경과 토의하라."

유정현 등이 모두 말했다.

"옳습니다."

즉시 지인(知印) 강권선(康勸善)을 평안도로 보내 이르게 하고, 강권선에게 옷과 모관(毛冠)을 내려주었다.

정유일(丁酉日-22일)에 이욱(李勖)이 심온을 잡아 오니, 이에 이명덕·허지·성엄(成揜)·정초에게 명해 의금부와 같이 그를 신문하게 했다. 심온은 강상인(姜尚仁) 등이 벌써 죽은 줄을 모르고 그들과 더불어 대변(對辨)할 것을 요구했다. 이에 매로 치고 압슬형(壓膝刑)을 쓰니, 심온이 말했다.

"반드시 (죽음을) 면하지 못할 것이다."

드디어 복죄(伏罪)했다.

"상인 등 여러 사람이 아뢴 바와 모두 같습니다. 신은 무인(武人)인 까닭으로 병권(兵權)을 홀로 잡아보자는 것뿐이었고, 함께 모의(謀議)한 자는 상인 등 여러 사람 외에 다른 사람은 없습니다."

다시 신문했다. 안수산(安壽山)이 옥방(獄房)에서 심온을 바라다보는데, 심온이 마침 이를 돌아보고 말했다.

"수산도 이를 알았다."

수산이 마주 대해 논변(論辨)하고 고문(拷問)을 받았으나 복죄(服罪)하지 않으니, 심온이 또 무함(誣陷)했다고 자복(自服)했다. 수산은 그제야 죄를 면하게 됐다.

애초에 수산이 서신(書信)을 써서 심온의 반인(伴人) 편으로 평안도로 보내 심온에게 부쳐서, 자기가 판각(判閣)이 돼 상이 종묘(宗廟)에 친히 제사 지내는 예(禮)에 참여해서 상사(賞賜)를 많이 받았다는 일들을 자세히 말하면서, 또 상인(尚仁)이 갇힌 일을 말하고 끝에 가서는 이 글을 불살라버리라고 했다. 의금부에서 논청(論請)했다.

"상인의 일을 말하고 또 즉시 불살라버리라고 말했으니 그가 상인의 모의를 알고 있었던 것이 명백하므로, 잡아서 신문하기를 청합니다."

(수산이) 또 서신 한 장을 부쳤는데, 말한 바가 모두 보통으로 숨기지 않는 바의 일인데도 끝에 가서는 또한 즉시 불살라버리라고 했다. 상왕이 웃으면서 말했다.

"말한 바가 모두 보통의 일인데도 불살라버리라고 했으니, 이로 미뤄본다면 앞의 서신에서 불살라버리라고 한 것을 무슨 의심할 것이 있으랴. 그를 석방하라."

의금부에서 다시 청했다.

"자서(姊壻)에게 서신을 보내는 것은 보통의 인정(人情)인데도 반드시 불살라버리라고 한 것이 무슨 이유겠습니까. 신들은 뒤의 서신을 보고 더욱 그의 음흉함을 의심합니다. 끝까지 신문해서 정죄하기를 청합니다."

상왕이 윤허하지 않으니, 의금부에서 다시 옥에 가두기를 청했다.

무술일(戊戌日·23일)에 의금부에서 심온과 안수산 등의 죄를 형률에 의거해서 결정해 아뢰니, 상왕이 수산의 직첩(職牒)을 거두고 자원(自願)에 따라 예천(醴泉)에 정배하라고 명했다. 또 말했다.

"심온이 비록 중죄(重罪)를 범했으나, (그의 딸) 공비(恭妃)가 이미 주상의 배필이 되어 아들을 많이 둔 경사(慶事)가 있으니 어찌 다른 사람에 비할 수 있으랴."

진무(鎮撫) 이양(李揚)에게 명해 수원(水原)으로 압송(押送)해서 스스로 목숨을 끊게 하고, 또 가산(家産)을 돌려주어 장사(葬事)를 지내도록 했다.

애초에 의금부에서 심온에게 물었다.

"이러저러한 말[云云]은 마땅히 상왕을 어떤 처지에 두려고 했던 것이냐?"

대답했다.

"이와 같이 억지로 묻는 것[强問]은, 나로 하여금 상왕에게 무례(無禮)를 행하게 하려는 것이겠구나."

의금부에서 낭관(郎官)으로 하여금 아뢰게 했다.

"심온이 상왕에게 무례한 짓을 행하고자 했다고 말했습니다."

상왕이 한참 깊이 생각하다가 주상에게 말했다.

"내가 사약(死藥)을 내리고자 했는데, 지금 이 말을 들으니 반드시 아니할 수 없겠다."

또 말했다.

"이 사람은 비록 극형에 처하더라도, 그 딸을 폐하고 세우고 하는 것은 반드시 그렇게 해야 할 이치가 없다."

후에 의금부 제조(義禁府提調) 등이 수강궁에 나아가 아뢰었다.

"무례한 짓을 행하고자 한다는 말은, 그의 말과 기색을 본다면 분격(奮激)한 데서 나온 것이지 그 실정(實情)은 아니므로 계본(啓本) 속에 기록하지 않았습니다."

상왕이 주상에게 일러 말했다.

"만약 그렇다면 마땅히 사약(死藥)을 내릴 것이고, 형(刑)을 더할 필요는 없다."

마침내 스스로 목숨을 끊게[自盡] 했다.
자진

기해일(己亥日·24일)에 상이 수강궁에 문안하고 (상왕에게) 헌수(獻
壽)하니, 박은·이원·최이(崔迆)·정역(鄭易)·맹사성·허조·조말생·조
연(趙涓)·변계량·이징(李澄)·허지·이명덕·원숙 등과 통사(通事) 김
을현·임밀 등이 연회(宴會)에 배석했다. 술자리가 무르익자 여러 사
람이 한 구씩 불러 1편의 시(詩)를 지었다. 상왕이 말했다.

"주상이 나를 성심으로써 위로하니, 내가 어찌 감히 극히 즐기지
않겠느냐. 다만 주상의 몸이 편안하지 못한 것이 염려될 뿐이다."

상이 아뢰었다.

"신이 비록 술은 마시지 못하오나, 몸은 이미 편안합니다."

상왕이 일어나서 춤을 추고 여러 신하 또한 춤을 추었다. 밤이 2경
(更)에 이르러서야 연회를 마쳤다.

경자일(庚子日·25일)에 이양(李揚)이 돌아와서 아뢰었다.

"심온이 이미 스스로 목숨을 끊었습니다."

선지(宣旨)했다.

"심온은 비록 예(禮)를 갖춰 장사지내지 못할지라도, 또한 두텁게
하지 않을 수 없다."

이에 이양달(李陽達)을 보내 장사지낼 땅을 가려 정하게 하고, 수
원부(水原府)에 명해 장사(葬事)를 치르게 했다. 또 관곽(棺槨)·종
이·석회(石灰)를 내려주고 내관(內官)을 보내 장사를 돌보게 했으며,

있는 곳의 관원으로 하여금 치제(致祭)하게 했다.

심온의 자(字)는 중옥(仲玉)으로 경상도 청보군(靑寶郡-청송) 사람이다. 증조(曾祖) 심연(沈淵)은 고려의 각문지후(閣門祗候)요, 조부 심용(沈龍)은 고려의 증 문하시중(贈門下侍中) 청화부원군(淸華府院君)이요, 아버지 심덕부(沈德符)는 본조(本朝)의 좌정승(左政丞) 청성백(靑城伯)이요, 어머니는 인천문씨(仁川門氏)로 낭장(郎將) 문필대(門必大)의 딸이다. 나이 11세에 고려의 감시(監試)에 합격했고, 국초(國初)에 병조와 공조의 의랑(議郎)을 역임했다. 공정왕(恭靖王-정종)이 왕위에 오르자 보공장군(保功將軍) 용무사 대호군(龍武司大護軍)에 제수(除授)됐다가 신무사 대호군(神武司大護軍)으로 옮겼다. 태종(太宗) 초기에 본직(本職)으로서 지각문사(知閣門事)가 되고, 4년에 대호군으로서 간판내시다방사(幹辦內侍茶房事)가 됐다가 조금 후에 용양사 상호군(龍驤司上護軍)으로 승진해 판통례문사(判通禮門事)를 겸했다. 7년에 승정원 동부대언(承政院同副代言)에 발탁됐다가 여러 번 승진해서 좌부대언(左副代言)이 되고, 조금 후에 가선대부(嘉善大夫) 좌군동지총제(左軍同知總制)에 임명됐다. 11년에 가정대부(嘉靖大夫) 풍해도 도관찰사(豊海道都觀察使)에 임명됐다가 들어와서 참지의정부사(參知議政府事)가 되고, 조금 후에 사헌부 대사헌이 됐다. 14년에 자헌대부(資憲大夫) 형조판서(刑曹判書)가 됐다가 호조판서(戶曹判書)로 옮겼다. 이로부터 여러 번 한성 판윤(漢城判尹), 의정부 참찬(議政府參贊), 좌군도총제(左軍都總制)를 역임한 후 정헌대부 이조판서(吏曹判書)가 됐다. 상이 왕위에 오르자 국구(國舅-임금의 장인)로서 청천부원군(靑川府院君)에 봉해졌다가 조금 후에 영의정부사(領議政府事)

가 됐고, 이때에 이르러 죽으니 나이 44세였다.

심온은 성품이 인자하고 온순해서 물정(物情)을 거스르지 않았다. 평소에 심온이 하륜(河崙)과 뜻이 서로 맞지 않았는데, 어느 날 심온이 상에게 아뢰어 말했다.

"하륜이 빈객(賓客)과 많이 교통하고 뇌물을 많이 받아들이며 대낮에 첩의 집에 드나드니, 추잡한 행실이 이와 같습니다."

장차 밀계(密啓)하고자 하므로, 상이 상왕에게 상세히 아뢰니 상왕이 말했다.

"신하가 밀계(密啓)함이 있는 것은 좋은 일이 아니며, 또 외인(外人)의 의심을 초래(招來)하게 될 것이다."

마침내 불러 보지 않았다. 양녕(讓寧)이 덕을 잃자 여러 신하가 다 상에게 마음이 돌아가고 양녕 또한 가끔씩 상의 어진 덕행을 말했다. 상왕이 이를 듣고 매우 불편하게 여겼고, 그 참에 심온에게 경계시키며 감히 공공연하게 말하지 말라고 했다. 또 말했다.

"사인(士人)을 널리 접촉하지 말고, 조심하여 법도를 지키라."

구종수(具宗秀)의 일이 발생하자, 종수의 형 구종지(具宗之)가 의금부에 고하여 말했다.

"전일에 심 판서(沈判書)가 나에게 '네가 신자(臣子)가 되어 동궁(東宮)과 교통하는 것이 옳으냐' 하고 책망했다."

양녕도 말했다.

"종수가 일찍이 내게 말하기를 '심 판서는 내가 동궁(東宮)에 출입하는 것을 알고 일찍이 꾸짖으니, 내가 심히 두려워한다'라고 하더라."

의금부에서 이를 갖춰 아뢰니, 상왕이 상에게 일러 말했다.

"내가 심온에게 그처럼 경계시켰는데도 이런 사람들과 교통하고, 또 말하는 바가 이와 같은 것은 어찌 된 까닭인가?"

일찍이 어느 날 상이 심온과 더불어 손님을 서교(西郊)에서 전송했는데, 종수가 심온을 따라가다가 길에서 심온과 종수가 방종(放縱)하게 농담을 했다. 얼마 안 되어 종수가 죄를 얻게 됐을 때, 양녕이 상에게 말했다.

"네가 손님을 전송하던 날의 일을 종수가 내게 상세히 말하더라."

후에 심온이 이 말을 듣고 뉘우쳐 한탄하며 말했다.

"사람을 믿기가 이와 같이 어려운 줄 나는 일찍이 알지 못했구나."

심온이 중국 서울에 갈 적에 상왕이 상에게 일러 말했다.

"네 왕비의 아버지가 사신으로 갔다가 돌아오면 바로 세말(歲末)이 되니, 친히 왕비의 종족과 더불어 그 집에 가서 잔치를 베풀어 위로할 것이다."

그가 돌아오기 전에 옥사(獄事)가 일어났다. 상이 동궁(東宮)에 있을 적에 심온이 아뢰어 말했다.

"지금의 사대부들이 나를 보면 모두 은근(慇懃)한 뜻을 보내니, 내가 심히 두렵습니다. 마땅히 손님을 사절(謝絶)하고 조용히 여생을 보내야 하겠습니다."

상이 즉시 이 말을 아뢰었더니 상왕이 심히 옳게 여겼다. 이때에 이르러 상왕이 상에게 말했다.

"심온이 전일에 손님을 사절하고 조용하게 지내겠다는 뜻을 내가 심히 옳게 여겼더니, 지금 이와 같은 것은 무슨 까닭이냐?"

상왕이 상에게 늘 일러 말했다.

"네 비(妃)의 집이 상패(喪敗-패망)하고 오직 안수산(安壽山, ?~1434년)¹²만이 홀로 남아 있으니, 마땅히 고관대작(高官大爵)에 임명해야 할 것이다."

수산은 얼마 안 가서 중추부(中樞府)로 들어왔다. 심온의 세 아들은 심준(沈濬)·심회(沈澮)·심결(沈決)이다.

---

12 아버지는 세종의 비 소헌왕후(昭憲王后)의 외조부인 안천보(安天保)다. 왕후가 처음 외조부 집에서 양육되었기 때문에 외숙부인 안수산은 왕후로부터 깊은 총애를 받았다. 공조참판·형조참판·지돈녕부사 등을 거쳐 판중추원사(判中樞院事)에 이르렀다. 1427년(세종 9년) 진헌사(進獻使)로 명나라에 다녀오기도 했다. 성품이 너그럽고 관대하며 처신에 있어서 몸을 삼가고 신중했으나, 본부인을 멀리하고 애기(愛妓)를 깊이 사랑해 집안을 다스리는 데는 법도가 없었다고 한다.

세종 1년(1419년) 기해년

1월

병인일(丙寅日-21일)에 상왕이 사신을 수강궁에 초청하고자 하니, (명나라 사신) 유천(劉泉)이 말했다.

"명령을 받은 일이 끝났는데, 절(節-사신의 부절)을 받들고 다시 갈 수도 없고 또한 절을 놓아두고 다른 곳에 갈 수도 없는 일입니다. 노왕께서 만약 나를 보시려면, 바로 이 처소로 오시는 것이 좋겠습니다."

상왕이 태평관에 나아가 위로연을 베풀었다. 다만 한확(韓確-명나라 후궁 한씨의 아버지)은 병을 칭탁하고 사양했다. 상왕이 사신들에게 말했다.

"왜국이 국경에 근접해 있는 것이, 마치 회안(淮安)에서 사문도(沙門島)를 바라보는 것과 같다. 그러므로 혹은 와서 침략도 하고, 혹은 와서 물건을 팔아 식량을 사서 가기도 한다."

또 말했다.

"백안불화(伯顏不花), 이민(李敏) 등이 해청(海靑)과 토표(土豹)를 잡는다고 칭하면서 황제의 조칙을 싸가지고 와서 함길도(咸吉道)에 머물러 있다."

황엄(黃儼)이 아뢰어 말했다.

"백안불화 등의 일은 전하께서 반드시 아뢰소서. 저도 아뢰겠습니다."

사신들이 화포(火砲)를 보여달라 하니 명을 내려 화붕(火棚)을 설비케 하고, 어둠 녘에 사신과 더불어 관문(館門)에 나가 구경했다. 불이 터지자 유천은 흥미 있게 보다가 놀라서 들어갔는데, 다시 나오기를 두 번이나 했다. 황엄은 놀라지 않은 체했지만, 낯빛이 약간 흔들렸다. 상왕이 사신에게 안장 갖춘 말을 선사하니, 황엄은 받고 유천은 받지 않았다. 상이 지신사 원숙과 내시 노희봉을 보내 태평관에 가서 상왕을 모시고 돌아오게 했다. 이날은 두 차례나 수강궁에 문안했다.

무진일(戊辰日·23일)에 상왕이 승정원 주서(承政院注書) 이사맹(李師孟)을 의금부 옥에 가두게 했다.

이에 앞서 광주 기관(廣州記官) 이첩(李捷)이 비밀리에 기생 권류아(勸留兒)·회안월(淮安月) 등을 양녕에게 바쳤는데, 요새 와서 판목사(判牧事) 이배(李培)가 상왕전에 고하므로 즉시 이사맹에게 명했다.

"빨리 양녕의 처소에 가서 드나드는 자들을 잡으라."

사맹이 다만 방지기 종 전송(全松)과 날지기 양반 이동인(李同仁)을 체포했으나, 이첩은 도망쳐버렸다. 사맹이 죄를 얻을까 저어해서 말했다.

"이첩이 미리 도망갔으므로 잡아 오지 못했습니다."

상왕이 말했다.

"죄인을 놓쳐버렸고, 또 말조차 곧지 않다[不直]."
부직

마침내 명해 옥에 가두게 했다.

경오일(庚午日-25일)에 상왕이 가례색 부사(嘉禮色副使) 최맹온(崔孟溫)과 내시 노희봉을 경상도에 보내 처녀를 가려서 고르게 했다 [揀選].
간선

○ 상왕이 명을 내려 양근군(楊根郡)에 집을 짓게 했는데, 장차 양녕이 거기서 살게 하기 위해서였다.

갑술일(甲戌日-29일)에 상이 두 번 수강궁에 문안했다.

을해일(乙亥日-30일)에 광주(廣州)에서 달려와 아뢰었다.

"양녕이 지난밤 자정에 편지를 써서 봉해놓고 담을 넘어 도망갔습니다."

상왕이 근심과 한탄으로 식사도 전폐하다가, 내시 최한(崔閑)과 홍득경(洪得敬) 및 내금위(內禁衛) 홍약(洪約) 등을 보내 앞질러 광주에 가서 찾아오게 했다. 그리고 곧바로 선지를 내렸다.

"양녕대군 이제(李禔)는 성질과 행실이 광망(狂妄)하나 내가 골육의 정으로써 양근(楊根) 지방에 집을 마련하고 녹봉을 두텁게 주어 편안히 부귀를 누리게 하려 했는데, 이번에 제가 그 광망한 증세를 이겨내지 못하고 독신으로 걸어 나갔다. 이 일을 경기도 관찰사로 하여금 도내에 알려서 찾아 데리고 오게 하되, 그 찾은 사람의 성명을 적어서 올리도록 하라. 내가 상을 아끼지 않겠다."

상도 가르침을 내려 말했다.

"양녕대군은 골육의 지친이니, 경기 감사는 마음을 다해서 찾아주기를 바란다. 찾은 자에게는 큰 상을 주겠다."

상왕이 이배(李倍)와 김경(金俓)에게 임소로 돌아가서 양녕을 찾으라고 명했다. 양녕이 달아남에 있어 상하가 다 허물을 애첩 어리(於里)에게 돌리니, 어리는 근심과 분함을 이기지 못해 이날 밤 목을 매 죽었다.

애초에 상왕이 위(位-임금 자리)에 있을 때, 상은 잠저(潛邸)에 있었고 양녕은 세자였다. 그때 어리 사건이 발생해서 의금부에 가두고 국문하는데, 기생 칠점생(七點生)도 연루된 혐의로 잡혀서 갇혔다. 그 기생이 말했다.

"심 판서(沈判書) 댁 주인도 역시 이 일을 안다."

의금부에서 아뢰었다.

"심온은 대신의 지위에 있으니 동궁이 덕망을 잃은[失德] 사실을 안다면 당장에 아뢰는 것이 마땅하거늘, 끝내 아뢰지 않았으니 그 아내마저 데려다 문초해야 합니다."

세자가 일찍이 금상(今上-세종)에게 일러 말했다.

"어리의 아름다움을 들은 적이 오래였으나, 그가 성 밖에 있기 때문에 어찌할 수 없었다. 그 뒤 서울에 들어왔다는 소문을 듣고 친히 그 집에 가서 나오라고 했으나, 그 집에서 숨기고 내보내지 않았다. 내가 강요하니 어리가 마지못해 나왔는데, 머리에 녹두 분이 묻고 세수도 하지 아니했으나 한 번 봐도 미인임을 알 수 있었다. 내가 그 집 사람에게 말을 대령해서 태우라고 했으나, 그 집 사람이 좋아하지 않는 태도였다. 그래서 내가 말하기를 '그렇다면 내 말에 태워가고 나는 걸어서 가겠다'라고 했더니, 그 집 사람이 마지못해 말을 대령했다. 그래서 내가 어리의 옷소매를 끌어 말을 타게 하자, 어리가 말하기를 '비록 나를 붙들어 올리지 않더라도 내가 탈 작정이다' 하고서 곧장 말을 탔다. 그때 온 마을 사람들이 삼대[麻]같이 모여서 구경했다. 그날 밤은 광통교(廣通橋) 가에 있는 오막집에 와서 자고, 이튿날에 어리가 머리를 감고 연지와 분을 바르고 저물녘에 말에 올라 내 뒤를 따라서 함께 궁으로 들어왔는데, 어렴풋이 비치는 불빛 아래 그 얼굴을 바라보니 너무 아름다워 잊으려도 잊을 수 없다."

또 효령이 임금에게 말했다.

"광대 이법화(李法華)의 아들 이오마지(李吾麿智)는 나의 반당(伴黨)인데, 세자가 항상 법화의 집에 와서 혹은 자기도 하고 혹은 잔치도 했다. 그런데 오마지가 매번 이웃 사람을 속여 말하기를 '우리 주공(主公) 효령대군이 우리 집에 왔다'라고 하니, 나의 다른 반당 한 사람이 탐색해서 알고는 모르는 체하며 오마지더러 말하기를 '나도 주공을 뵙고자 한다'고 하자, 오마지가 온갖 핑계를 대면서 들여보내지 않았다. 새벽녘에 세자가 궁으로 들어가려고 하는데, 그 사람이 역시 따라와 부르면서 말하기를 '주공을 뵙고 싶다'라고 하자 오마지가 말 옆에 서 있으면서 어찌할 바를 몰랐다."

의금부에서 심온과 그 아내의 죄를 다스리자는 주청이 나오게 되자, 상은 세자가 말한 바와 효녕이 말한 바를 갖춰 상왕께 아뢰고, 또 아뢰어 말했다.

"신이 들은 바가 이러합니다. 이로 미뤄보면 경사대부(卿士大夫)로부터 여염집 서민들까지 모르는 자가 없을 것입니다. 지금 심온을 죄주자고 청한 대신 또한 어찌 몰라서 말을 안 했겠습니까? 유독 심온과 그 아내에게 죄를 주자고 한다면 옳다 할 수 있겠습니까?"

상왕이 말했다.

"네 말이 옳다."

이튿날 아침에 상왕이 친히 지신사(知申事) 및 대간(臺諫)을 불러들여 상이 아뢴 바대로 갖춰 말하고, 또 말했다.

"심온은 충녕(忠寧)의 장인인데, 인정상 세자의 일을 어떻게 말하겠느냐?"

하연(河演)이 때마침 대관(臺官)이 돼 면전에서 말했다.

"상의 가르침이 실로 마땅합니다."

그래서 신문하지 말라는 명을 내렸다. 양녕이 간사한 소인들과 사통해서 그들을 동궁(東宮)에 드나들게 하니, 상왕이 알고서 진무(鎭撫)하는 사람들로 하여금 항상 동궁에 있으면서 살피게 했다. 이에 하루는 양녕이 금상에게 일러 말했다.

"오늘 문을 지키는 진무가, 내가 세수할 때 잡인이 문에 드나드는 것을 보고는 겉으로 검찰하는 시늉을 하며 언성을 높여 꾸짖기는 했으나 실상은 나를 두둔하는 모양 같았다."

성명을 말하지는 않았지만, 이는 대개 권이(權頤)였을 것이다. 금상이 동궁에 있을 때, 심온이 금상에게 아뢰어 말했다.

"조정 관원들의 떠드는 말이, 양녕이 만약 폐위를 당하지 않고 1~2년만 지났더라면 임군례(任君禮, ?~1421년)[13]·권이(權頤)도 다 구

---

13 사람됨이 욕심이 많고 야비하며, 역관으로서 여러 번 명나라에 사신을 따라가서 큰 부자

종수(具宗秀)와 같이 됐을 것이라 합니다."

그 뒤에 상은 이 사실을 모두 다 상왕에게 아뢰었다.

2월

병자일(丙子日-1일)에 양녕이 도망쳐서 즉시 아차산(峨嵯山)에 올라가 하루를 보낸 뒤 밤에 평구역리(平丘驛里)[14]에 사는 본궁(本宮)의 종 이견(李堅) 집에 들렀는데, 신이 해져서 발이 나와 있었다. 이견이 와서 고하니, 상왕은 효령대군·경녕군(敬寧君)과 내시 유실(兪實)·엄영수(嚴永守)를 보내 의복과 신발 및 술을 가지고 가서 맞아 오게 했다. 양녕이 어둘 녘에 성안에 들어와, 스스로 부끄러워서 옷소매로 낯을 가리고 수강궁에 나아갔다. 상왕은 그를 보고는 한편으로는 슬프고 한편으로는 기뻐서[且悲且喜] 정성껏 훈계하고 또 말했다.
<small>차 비 차 희</small>

"네가 도망했을 적에 주상이 그 소식을 듣고 음식을 전폐하며 서

가 되었으면서도 일시라도 기세 있는 자가 있으면 반드시 아부하므로, 사람들은 오방저미(五方猪尾)라고 불렀다. 충호위(忠扈衛)의 제거(提擧)가 돼 관의 목수를 자기 집에서 사적으로 부렀고, 또 관의 재정을 도적질한 일로 제거직에서 파직됐다. 그러자 임군례가 이를 원망해 태종에게 글을 올렸는데, 말이 매우 거만할 뿐 아니라 '이징의 참소'라는 말이 있었으므로, 태종이 노해 의금부에 하옥시키고 그를 교사한 정안지(鄭安止)를 심문했다. 그 과정에서 임군례가 한 "상왕이 무시로 놀러 다니는데, 신우(辛禑)가 호곶(壺串)에 가서 놀며 즐겨 하던 일과 다를 것이 무엇인가"와 "정종이 병이라 칭탁하고 왕위를 전위한 것을 황제가 만약 안다면 충혜왕(忠惠王)이 뒤집힌 전철이 또 있을 것이다"라는 말이 알려지자 1421년 대역죄로 다스려서, 백관을 저자에 모아놓고 다섯 수레로 찢어 죽여 사방에 조리돌리고, 그 가산은 적몰하고 처자는 노비가 됐다.

14 지금의 경기도 남양주시 삼패동 평구마을을 가리킨다.

러운 눈물[悲泣]이 그치지 않았다. 너는 어찌 이 모양이냐. 너의 소행
이 너무도 패악하나, 나는 특히 부자의 정으로 가련하게 여기는 것
일 뿐이다."

양녕 이제가 가르침을 듣고 방으로 물러갔는데, 손수 비파(琵琶)를
타는 것이 회개하는 기색이 없고 동작이 평상시와 같으니 환관들이
탄식하며 말했다.

"천성(天性)을 고치기 어려운 것[難化]이 이와 같다."

정축일(丁丑日·2일)에 상왕이 명을 내려 약장(藥莊)·가이(加伊)·충개
(虫介)를 의금부에 가두게 했다. 약장은 양녕의 유모(乳母)이고 가이
는 김한로의 비첩(婢妾)이며 충개는 어리의 몸종이다. 양녕이 도망갔
을 때, 약장 등은 일이 어리 때문에 났다고 해서 허물을 씌워 협박
을 가했고, 충개는 어리가 목을 매 죽는 것을 제지하지 못했기 때문
인데, 옥에 가두고 문초하다가 이윽고[尋=俄而] 놓아주었다.

무인일(戊寅日·3일)에 상왕이 편전에 나와 앉으니, 상이 모셨고 양녕
도 곁에 있었다. 상왕이 병조판서 조말생, 참판 이명덕, 지신사(知申
事) 원숙(元肅), 좌대언(左代言) 김익정(金益精), 좌부대언(左副代言) 윤
회(尹淮)를 불러서 앉히고 말했다.

"내가 여러 날을 두고 양녕을 처우하는 방법을 깊이 생각해서 이
제야 단안을 얻었다. 경(卿)들은 다 고금을 통달한 선비들이니, 내 말
을 분명히 들으라. 양녕이 하는 짓이 광패해서 가르쳐도 고치지 못
하다가 드디어 이 지경에 이르게 됐다. 그러나 반역을 도모한 죄는

356

전혀 없기 때문에 서울 근방에 두고 목숨이나 보존케 하려고 했는데, 또다시 오늘 같은 일이 있게 되니 부끄러운 일이다. 내가 젊은 시절에 아들 셋을 연이어 여의고 갑술년(甲戌年-1394년)에 양녕을 낳았는데, 그도 죽을까 두려워서 본방댁(本房宅)【즉 여흥부원군 민제의 집】에 두게 했고, 병자년(丙子年-1396년)에 효령을 낳았지만, 열흘이 채 못 되어 병을 얻었으므로 홍영리(洪永理)의 집에 두게 했고, 정축년(丁丑年-1397년)에 주상을 낳았다. 그때 내가 정도전(鄭道傳) 일파의 시기로 말미암아 형세상 용납되지 못하게 되니, 실로 남은 날이 얼마 없지 않나 생각돼서 항상 가슴이 답답하고 아무런 낙이 없었다. 그래서 대비와 더불어 서로 양녕을 안아주고 업어주고 해서 일찍이 무릎 위를 떠난 적이 없었으니, 이로 말미암아 자애하는 마음이 가장 두터워 다른 자식들과 달랐다. 다만 세자로 봉하는 날에는 다만 적자요 장자인 때문으로 양녕을 봉한 것이니, 내가 어찌 털끝만큼이라도 그 사이에 사정(私情)을 두었겠느냐?

양녕이 이미 동궁(東宮)에 있을 때 행동이 선하지 못하고 부모에게 불효했던 것은 차마 말할 수가 없으니, 이 뒤로는 양녕을 의정부에 회부하든 육조에 회부하든 나는 관여하지 않을 것이다. 또 만약 법을 범한다면, 의정부가 잡아 오든 육조가 잡아 오든 나는 상관하지 않고 한결같이 국가의 처분만 따를 것이다. 내시나 궁첩(宮妾)들이 감히 사정을 두고서 양녕의 일을 들어 나에게 고한다면 나는 단연코 용서하지 않을 것이니, 그때 가서 나더러 잔인하다는 말을 하지 말 것이다. 오직 연중의 정지세시(正至歲時-정월과 하지·동지) 같은 명절에 부모를 보고자 해서 대궐 문밖에 와 있다면 마땅히 불러서 볼 것이며, 양녕의 몸에 만약 병이 있어 위급해 빈사 상태에 빠졌다면 또한 나에게 알려야 할 것이다.

나와 양녕은 부자지간이라 인정상 차마 못 할 일이 있거니와, 임금과 신하에서는 이와 다르다. 신하가 임금에게 진실로 명분을 범한다면 죽음을 내리는 법이 있을 따름이니, 양녕이 비록 지극히 어리석다지만 어찌 모르겠느냐? 옛적에 당 명황(唐明皇)[15]이 하루에 아들 셋을 죽였기로 역사가[史氏]는 너무도 어질지 못하다[不仁]고 꾸짖었다. 이것은 세 아들이 죄가 없는데 당 명황이 남들이 중상하는 말을 듣고서 한 일일 따름이지만 만약 그들이 참으로 죄가 있었다면 실로 어쩔 수 없는 일일 뿐이다."

또 말했다.

"내가 전위(傳位)한 것은 본래 세상일을 잊어버리고 한가롭게 지내고자 함에서였다. 오직 군사에 관한 것을 아직도 내가 거느리고 있는 것은 주상이 나이 젊어 군무를 모르기 때문이나, 나이 30이 돼 일에 대한 경험이 많아지면 다 맡길 생각이다. 지난날 여러 아들을 원수(元帥)로 삼아서 각 도의 병마를 갈라 맡게 하고 장사(將士)들을 접견하게 하는 것과 같이 했다면 주상이 어찌 지금까지 군무를 모르겠느냐? 그러나 내가 감히 하지 못했으니, 저런 험상한 위인이 동궁에 있는데 여러 아우가 각기 병권을 잡는다면 어떻게 서로 용납될 수 있었겠느냐?"

양녕을 보고 말했다.

---

15 당 현종을 가리킨다.

"네가 도망갔을 때 나나 대비가 너의 생사를 알지 못해 늘 눈물을 흘리니, 주상이 곁에 있으면서 역시 눈물을 흘렸다. 가령 네 몸은 편안한데 아우들이 연고가 있다면, 너는 주상의 처사와 같이 하겠느냐? 주상은 효도와 우애가 참으로 지극해서 너희 형제가 다 같이 보전될 수 있을 것이니, 나는 근심이 없다. 내가 눈물을 흘리는 것은 너를 위해서가 아니라 국가의 수치가 되기 때문이다. 네가 만약 도주해 불행한 일이라도 있었다면, 후일에 어찌 네가 광망(狂妄)해서 스스로 그렇게 된 것임을 알 수 있으랴!"

또 말했다.

"어리의 죽음은 진실로 슬프고 가슴 아프다. 어리 스스로 양녕에게 들어온 것이 아니라 양녕이 재상의 첩을 탈취한 것이며, 또 양녕이 달아난 것도 어찌 어리 때문이겠느냐?"

또 말했다.

"이제 양녕에게 매 2연(連)과 말 3필을 주어 매사냥이나 하며 저하고 싶은 대로 살게 하겠다."

그래서 광주목사나 판관 가운데 한 사람으로 하여금 수행하게 했다. 양녕이 다시 매를 길들이는 자 장립(張立) 등 3명을 청하니, 상왕이 돌아보며 말했다.

"무릇 천인이 귀인을 따르는 것은 귀인이 잘 비호해주기 때문인데, 너는 불초하여 네 몸도 잘 보전치 못하면서 하물며 다른 사람을 챙기겠느냐? (멀쩡한) 사람치고 누가 너를 기꺼이 따르겠느냐? 또 너는 비록 다른 기술은 없으나 매를 길들이는 것은 네 자신이 능하니 다른 사람이 필요 없다."

기묘일(己卯日-4일)에 양녕대군 이제를 도로 광주에 있게 했다. 상왕이 말 4필과 매 2연을 주고 5일 만에 한 차례씩 매를 날리게 하되 반드시 목사가 수행하게 하고, 목사가 연고가 있으면 판관이, 판관이 연고가 있으면 그 지방에 사는 노숙한 품관(品官)이 수행하도록 명했다. 그리고 또 양근(楊根)에 집 짓는 역사를 그만두게 했다.

무술일(戊戌日-23일)에 상왕이 다시 풍병을 앓게 되므로, 조말생·원숙 등이 두 번이나 온천에 목욕 갈 것을 청하니 상왕이 말했다.
"황해도 백성이 어찌 나더러 변동이 많다 아니하겠느냐?"
드디어 윤허하지 않았다.

신축일(辛丑日-26일)에 상이 두 상왕을 따라 양주의 경계에서 사냥을 했다.

3월

무신일(戊申日-4일)에, (일찍이) 양녕이 도망갔을 때 환관 엄영수(嚴永守)가 아뢰었다.
"총제들이 말하기를 '상왕이 양녕을 효령과 같이 대우했더라면 어찌 이런 변이 생겼겠느냐'라고 했습니다."
그 뒤에 상왕이 총제의 이름을 물으니 영수가 모른다고 대답하므로, 의금부로 하여금 무릎을 꿇리고 문초하라고 명을 내렸다.

신해일(辛亥日-7일)에 선지했다.

"엄영수(嚴永守)의 직첩을 거둬들이고 수원 관노(官奴)에 속하게
하라."

임자일(壬子日-8일)에 영의정 유정현이 수강궁에 나아가서 강무(講
武-사냥)를 정지할 것을 청하고, 또 말했다.

"흉년에다가 농번기는 임박하온데 지금이 두 번째 행차이오니, 만
약 어쩔 수 없더라도 세 분 전하께서 다 가시는 것만은 불가하옵
니다. 상왕께서는 이미 병무(兵務)를 친히 관장하고 계시는 바이니
무사를 강습하는 것은 오히려 당연하거니와, 주상께서 즉위하신 처
음부터 어찌 사냥으로 인해 농사를 방해할 수 있겠습니까?"

좌의정 박은이 말했다.

"상왕께서 지난해 봄부터 울적한 마음을 가지고 계셨습니다. 평강
(平康) 등지는 일찍이 강무하던 땅이요 그곳 백성은 4월이 돼야 농사
를 시작하니, 한 번쯤 가시는 것이 무슨 해가 있겠습니까?"

유정현이 박은에게 일러 말했다.

"그대가 상께 사냥을 권장하는 것은 대신의 도리[大臣之道]가 아
니다."

박은이 낯빛이 변하며 말했다.

"끝내 정지하시게 할 작정입니까?"

유정현도 낯빛이 변했다. 상왕이 말했다.

"나는 주상과 서로 떨어지고 싶지 않다. 주상이 정지한다면 나도
정지하고, 주상이 간다면 나도 가겠다."

박은과 유정현이 결국 서로 풀지 못하고 물러났다. 상왕이 병조와 승정원에 문의한 결과 모두 다 '가는 것이 옳다'고 했다.

상이 명을 내려, 농민을 부리지 말고 방패(防牌) 500명과 재인(才人)·화척(火尺) 100명을 몰이꾼으로 삼고, 무릇 농민에게 피해가 될 만한 것은 모두 제거하며, 갑사(甲士) 및 시위 대소인원에게 각기 10일 동안 먹을 양식을 비축하게 했다.

기사일(己巳日-25일)에 상왕이 상과 더불어 동교(東郊)에 나아가 해청(海靑-매) 사냥을 구경하는데, 하도 날래어 놓아주면 곧바로 새들을 잡아 오니 상왕이 무척 진귀하게 여겼다. 낙천정에서 술을 마시는데, 종척(宗戚-종친)과 대신들이 차례로 잔을 올렸다. 상왕이 조말생과 원숙을 불러들여 앞으로 나오게 하고서 말했다.

"지나간 을미년(乙未年-1415년)에 서쪽을 순행하려 하는데 허조가 '아뢸 말씀이 있으니 옆 사람을 물리쳐달라' 하고서 눈물을 흘리며 하는 말하기를, '서쪽에 가실 일을 정지하고, 또 노이(盧異)를 써주시옵소서'라고 했다. 그의 지극한 충성이 말과 얼굴에 나타나기에 내가 서쪽 순행을 정지하겠다고는 했으나 중론이 '지공(支供)의 범절(凡節)이 이미 준비돼 있으니 중지할 수 없다' 해서 마침내 따르지 못했고, 노이의 일은 내가 그 자상한 내용을 말했더니 허조도 역시 수긍했다. 애초에 노이가 정언(正言)이 됐을 적에 좌중에다 말을 펼치며 나를 남의 처첩(妻妾)이나 빼앗은 사람으로 만드니, 사간(司諫) 안성(安省)이 듣고 와서 아뢰므로 내가 '만약 이런 일이 있었다면 저 하늘의 해가 굽어본다'라고 말한 일이 있었다."

좌의정 박은, 곡산군(谷山君) 연사종(延嗣宗) 등이 아뢰어 말했다.

"신들은 이런 일을 지금에야 들었습니다. 그 연유를 문초해야 하겠습니다."

상왕이 말했다.

"무슨 소린가? 오늘 이런 말을 한 것은 다름 아니라 말을 날조해낸 자를 알아내고 노이를 쓰려는 때문이다. 그때 박석명(朴錫命)으로 하여금 문초한 결과 노이가 죄를 시인했지만, 그러나 반드시 말을 날조해낸 자가 있었을 것이다. 그렇다면 노이의 죄가 아니다. 내가 즉위한 이래로 좋은 사람이 있다는 말을 들으면 반드시 썼는데, 노이나 이양명(李陽明)은 사람들이 다 선하다고 칭하는데도 등용하지 못했으니 이 일은 나의 평생의 한이다. 마땅히 불러서 사유를 들어봐야 하겠는데, 노이는 지금 어디에 있으며 그때 낭사(郎舍)[16]는 누구던가?"

조말생이 대답해 말했다.

"노이는 지금 합천(陜川)에 있사옵고, 그때 낭사는 신효(申曉)·안성(安省)·조휴(趙休)·박초(朴礎) 등이었습니다."

상왕이 또 말했다.

"이양명이 헌납(獻納)으로 있던 시절에 이지직(李之直)·전가식(田可植) 등이 민씨의 부탁을 받아 말을 펼치기를 내가 응견(鷹犬)·성색(聲色)을 좋아하니 '장차 간언해야겠다' 하니, 이양명이 말하기를 '부

---

16 고려 시대와 조선 초기에 문하성(門下省)·첨의부(僉議府)·도첨의사사(都僉議使司)·도첨의부(都僉議府)·문하부(門下府) 등에 소속돼 간쟁(諫諍)과 봉박(封駁)에 관한 일을 맡아보던 부서(部署) 또는 그 부서의 관원을 말한다.

모가 주신 몸은 각각 스스로 아껴야 하는 것이니, 마땅히 먼저 언관(言官)에게는 죄를 주지 않는다는 법부터 마련하고서 간언해야 한다'라고 했다는 것이다. 그 생각은, 만약 간언한다면 반드시 시비도 가리지 않고 바로 형벌을 가할 것으로 안 것이니 나를 북방의 야인(野人)과 같이 본 것이다. 어찌 임금을 사랑하는 뜻이 있다고 하겠는가? 내 집안이 대대로 활쏘기를 익혔지만, 그러나 나는 나이 25세 때야 비로소 매사냥을 알았을 뿐이요 개나 성색은 내가 좋아하는 바가 아니다. 다만 그때 새로 권궁주(權宮主)를 들여앉힌 일 때문에 민씨가 이지직 등을 사주해 간언하게 했던 것이다. 전가식을 대질 심문한 결과 '민무구(閔無咎) 등의 사주를 받았다'라고 하므로 내가 그 실정을 알게 됐다. 이지직은 사람됨이 비록 순량하나[良] 죄가 전가식과 같으므로 쓰지 않았고, 이양명은 마음씨가 비록 굽었지만[曲=枉] 내가 써서 벼슬이 4품에 이르렀다. 이양명은 지금 어디에 있는가?"

원숙이 대답해 말했다.

"행주(幸州)에 있습니다."

상왕이 말했다.

"불러오라. 내가 장차 다시 물어봐야겠다."

상왕이 또 말했다.

"대사헌은 중직(重職)이니, 성재(省宰-2품 이상 관리)로 하여금 겸직하게 할까 한다."

좌우에서 모두 말했다.

"괜찮습니다."

상왕이 또 말했다.

"이래(李來)가 대사헌이 됐을 때, 이백온(李伯溫-이원계의 아들)이 살인(殺人)을 하자 이래가 소유(所由-사헌부 소속 하급 관리)로 하여금 옷을 벗겨 잡아 오게 했다. 이백온은 왕의 지친인데 나에게 아뢰지도 않고 갑작스레 욕을 보였기에, 내가 그 무례한 행동이 미워서 그 사무를 관장한 지평(持平) 이흡(李洽)을 포박해서 옥에 가두었다. 이는 내 평생 부끄럽고 한 되는 일이다."

또 말했다.

"김여지(金汝知)가 지신사가 됐을 때 왕걸우음[王乬于音] 사건으로 파직됐으나, 그의 사람됨은 말이 둔하고 성품이 곧아서[語鈍性直] 주창(朱昌)[17]의 풍모가 있었다."

또 말했다.

"좌의정이 지난해 큰일[大事]을 당했을 적에 (세자의) 사부(師傅)이면서도 혐의를 들어 사퇴하지 않고 마침내 하는 말이 '신이 비록 사부의 직을 띠고 있지만, 보도(輔導)한 일이 없는데 신이 무엇 때문에 혐의를 두겠습니까?'라고 하고는 바로 와서 일을 결정했으므로, 나는 매우 아름답게 여겼다."

경오일(庚午日-26일)에 (상이) 수강궁에 문안했다. 유정현과 정역(鄭

---

17 한나라 유방 때의 관리다. 한고조 유방이 척희(戚姬)를 끌어안고 있을 때 일을 아뢰려다 가 달아났다. 이때 유방이 그를 붙잡아 "나는 어떤 임금이냐"라고 묻자, "폐하는 (하나라의 마지막 임금) 걸왕이나 (은나라의 마지막 임금) 주왕 같은 임금입니다"라고 말했다. 직언의 대명사 같은 인물이다. 그의 이야기는 『한서(漢書)』 「주창전(朱昌傳)」에 실려 있다.

易) 등이 노이·이양명을 의금부에 내려 문초하고 죄를 다스릴 것을 청하자 상이 장차 그 청에 따르기로 하니, 상왕이 말했다.

"전일에 노이·이양명의 사실을 말한 것은 그들로 하여금 시비를 가려내게 하려는 것이었는데, 지금 만약 잡아 온다면 나의 본의가 아니다. 굳이 잡아 온다면 나는 대산(臺山-오대산)에 가서 있고, 서울에 돌아오지 않을 것이다. 편지를 보내 불러오도록 하라."

마침내 선지해서 경상도 감사에게 공문을 띄워[移文] 노이를 불렀다.
이문

신미일(辛未日-27일)에 이양명이 수강궁에 들어와 뵙자 상왕이 말했다.

"전날의 범죄에 대해 해명할 수 있다면 숨김없이 다 말하라."

이양명이 아뢰었다.

"신은 해명할 것이 없습니다."

상왕이 말했다.

"잘 대접해서[厚饋] 보내라."
후궤

4월

계미일(癸未日-9일)에 전 김해도호부사(金海都護府使) 전사리(田思理)에게 곤장 100대를 때리고 아울러 그 가산을 적몰해서 (전라도) 보성(寶城) 관노(官奴)로 삼았으며, 병조참의 장윤화(張允和)의 직첩

366

을 회수하고 아울러 속장(贖杖) 100대에 고성(固城)에 정배했다.

애초에 상왕은 전사리가 심온과 상통했다고 여겨 현직을 해임하라고 명했다. 장윤화는 바로 전사리의 친구이자 동서였는데, 평소 서로 좋은 사이는 아니었지만, 인친인 관계로 상왕의 뜻을 전사리에게 누설했던 것이다. 전사리가 서울로 돌아와서는, 도리어 장윤화가 자기를 중상했는가 의심하고 하루는 박은의 집에 찾아가 말했다.

"일찍이 심온과 상통한 일이 없는데, 상왕께서 남의 중상을 믿으셨기에 드디어 연좌됐습니다."

박은이 놀라서 말했다.

"상왕께서는 굳세고 눈 밝으신데[剛明] 어찌 중상하는 말을 믿으_{강명}시겠는가? 그대는 어찌하여 이런 말을 하는가?"[18]

다시 힐문해서 말했다.

"그대는 누가 중상했다고 의심하는가?"

전사리가 말했다.

"장윤화가 한 것 같습니다."

박은이 장윤화를 부르고 상왕께 아뢰니, 상왕은 의금부에 명해 국문하게 했다. 전사리는 지존(至尊)을 비방한 죄에 해당하니 마땅히 능지처참해야 하고 장윤화도 기밀을 누설했으니 마땅히 죽여야 한다

---

18 여기서 핵심 단어는 굳셈[剛]보다는 눈 밝음[明]에 있다. 이 점은 『논어(論語)』「안연(顏淵)」편에 나오는 다음 구절이 근거가 된다. "자장이 눈 밝음[明]에 관해 묻자 공자가 말했다. '서서히 젖어 드는 참소(譖訴)와 피부에 와닿는 (근신이나 친족들의) 하소연이 행해지지 않는다면 그 정사는 눈 밝다[明]고 이를 만하다.'" 이 중에서 참소가 바로 중상모략과 같은 뜻이다.

고 했으나, 상왕이 각각 형을 경감해 시행하라고 명했다.

을유일(乙酉日-11일)에 상왕이 역마(驛馬)를 통해 전라도 수군도절제사(水軍都節制使) 박초(朴礎, 1367~1454년)[19]를 불러 대궐로 나아오게 했는데, 그로 하여금 장윤화(의 병조참의)를 대신하게 하기 위함이었다.

병술일(丙戌日-12일)에 판우군도총제부사(判右軍都摠制府事) 박자청(朴子靑), 판선공감사(判繕工監事) 신보안을 의금부에 내렸다.

애초에 상왕이 인정문 밖에 행랑을 건립하라는 명을 내리고, 박자청으로 하여금 역사를 감독하게 하면서 아무쪼록 단정하게 지으라고 했다. 자청이 뜰의 넓고 좁은 것을 요량하지 않고 성 짓기를 시작하니, 이미 기둥을 세우고 상량(上樑)까지 했으나 인정전에서 굽어보

---

19 1391년(공양왕 3년) 불교 배척 상소문으로 사형을 받게 됐으나 정몽주(鄭夢周)의 변호로 사면됐다. 1404년(태종 4년)에 사헌부 좌헌납(司憲府左獻納) 재직 중, 전에 선공감승(繕工監丞)으로 있을 때 관철(官鐵)을 사사로이 사용한 일로 인해 장형(杖刑-태장을 맞는 신체에 대한 형벌)에 처해졌다. 1413년 수군도만호(水軍都萬戶)로 회례사(回禮使)가 돼 일본에 다녀왔고, 그해에 전라도수군도만호(水軍都萬戶) 겸 해진군사(兼海珍郡事)를 역임했다. 1417년 제주목사에 임명됐으나 관물(官物)을 축재했다는 죄목으로 파직당했다가, 이어 의주목사에 임명됐다. 이때인 1418년(태종 8년) 병조참의를 거쳐 이듬해 좌군절제사·전라도수군도절제사·경상우도수군처치사를 지냈고, 1421년 도안무사(都安撫使)를 거쳐 좌군동지총제(左軍同知摠制)를 역임했다. 1424년 북변에 여진의 침입이 잦으므로 조정에서 경원부(慶源府)를 남쪽으로 옮기려 하자, 이에 반대, 부령(富寧)에 존속하게 함으로써 국토가 축소되지 않게 했다. 1431년 강계절도사로 재직 중 침범해 온 야인들과 싸우지 않았다는 죄목으로 직첩(職牒-관직 임명 사령장)을 삭탈당했고, 전옥서 유사(典獄署有司)에게 검거되지 않으려 하다 왕의 엄명으로 고신(告身-관직에 임명된 자에게 주던 사령장)을 추탈당했다가 뒤에 복관됐다.

면 경사가 져서 바르지 못했다. (이에) 상왕이 화가 나서 곧 헐어버리게 하고 박자청 등을 하옥시킨 것이다.

○ 고려 문하주서(門下注書) 길재(吉再)가 졸(卒)했다. 상이 호조에 명해 부의로 백미·콩 15석과 종이 100권을 보내고, 이어서 매장할 인부를 마련해주었다.

길재의 자는 재부(再夫)요 호는 야은(冶隱) 혹은 금오산인(金鰲山人)으로, (경상도) 선산부(善山府)에 소속된 해평현(海平縣) 사람이다. 어릴 적부터 맑고 (몸이) 파리했으며 영리했다. 아버지 원진(元進)이 서울에서 벼슬했는데, 길재는 어머니 김씨를 따라 시골에 있었다. 원진이 보성(寶城)군수가 되자 어머니도 같이 갔으나, 봉급이 워낙 박해서 길재를 외가에 남겨두니 그때 나이 8세였다. 하루는 혼자서 남쪽 시냇가에서 놀다가 가재[石鼈]¹마리를 잡아들고 노래를 불렀다.

"가재야, 가재야, 너도 어미를 잃었느냐. 나는 너를 삶아 먹고 싶지만, 네가 어미를 잃은 것이 나와 같기에 너를 놓아준다."

그러고는 물에 던지고 슬퍼 부르짖으니 이웃집 할멈도 보고 흐느껴 울었다. 온 고을 사람이 듣고 눈물을 흘리지 않는 자가 없었다. 뒤에 원진이 서울로 가고 어머니는 고향으로 돌아갔는데, 원진이 또 노씨(盧氏)에게 장가들어 어머니를 멀리하자 어머니가 원망했다. 길재가 어머니에게 말했다.

"아내는 남편에게, 자식은 어버이에게, 비록 불의(不義)한 일이 있을지라도 그르게 여기는 마음을 조금도 둬서는 안 됩니다. 인륜의 괴변은 옛날의 빼어난 이도 면하지 못했으니, 다만 바르게 처사해 정상으로 돌아올 때를 기다릴 따름입니다."

어머니가 감동해 끝까지 원망하는 말을 입 밖에 내지 않았다.

길재가 나이 18세에 상주 사록(尚州司錄) 박비(朴賁)를 찾아가서 공부했는데, 집이 몹시 가난해서 말도 종도 없었다. 하루는 어머니에게 하직하며 말했다.

"아버지를 두고 뵙지 못하니, 사람의 자식 된 도리가 아닙니다."

곧바로 박비를 따라 서울로 가서 아버지를 섬기는데, 아버지를 섬기는 것이 지극했다. 노씨가 사랑하지 않았지만, 길재가 공경하고 효도를 다하자[起敬起孝] 노씨가 감화돼 자기가 낳은 자식과 같이 대접했고, 이웃 마을에서도 칭송했다. 드디어 이색(李穡)·정몽주(鄭夢周)·권근(權近) 등과 교유해서 배우고, 국학에 입학해서 생원·진사에 합격했다.

상왕이 잠저(潛邸)에 있을 때 (성균관에) 입학해 글을 읽으니, 길재는 한마을에 사는 관계로 서로 따르며 배움을 강구했고[講學] 서로의 정의(情意)가 매우 도타웠다. 신우(辛禑) 병인년(丙寅年-1386년)에 과거에 올랐다. 신우가 요동(遼東)을 공격하게 되자, 길재가 시를 지었다.

"몸은 비록 특별난 것 없지만, 백이·숙제 수양산에 굶어 죽는 뜻을 가졌노라."

기사년(己巳年-1389년)에 문하주서(門下注書)가 됐으나, 경오년(庚午年-1390년) 봄에 나라가 장차 위태함을 알고서 벼슬을 버리고 시골로 돌아갔다. 돌아가는 길에 이색에게 들러 하직을 고하자 이색이 시를 지어주었다.

"뜬구름 같은 벼슬 따위 연연해 할 바 아니라서, 기러기 아득히 공중으로 날아가네."

드디어 선산(善山) 옛집으로 돌아오니, 여러 차례 불러도 (벼슬에) 나가지 않았다. 신우의 흉보를 듣게 되자 3년복을 입고 채과해장(菜果醢漿)을 먹지 않았다. 어머니를 극진히 봉양해서, 혼정신성(昏定晨省)을 폐하지 않았고 반드시 맛있는 음식을 장만해 올렸다. 집 안에 양식이 자주 떨어져도 늘 흔연해 조금도 염려하는 기색이 없었으며, 학도(學徒)를 가르치되 효제충신(孝悌忠信)·예의염치(禮義廉恥)를 위주로 했다.

상왕이 세자가 되자 불러들여 봉상박사(奉常博士)의 직을 제수하니, 길재가 전문(箋文)을 올려 진술해 말했다.

"충신은 두 임금을 섬기지 않습니다. 신은 초래(草萊)의 태생으로 위조(僞朝)에 신하 되어 벼슬까지 받았으니, 다시 또 성대한 조정[盛朝]에 출사해서 풍교에 누(累)를 끼칠 수가 없습니다."
성조

상왕이 그 절의를 아름답게 여겨 두터운 예로 대접해서 보내고 그 집안에 대해 복호(復戶-세금 감면)해주었다. 어머니가 세상을 버리게 되자 상장제사(喪葬祭祀)를 한결같이 주문공(朱文公-주희)의 『가례(家禮)』에 의거했고, 불가의 화장법을 쓰지 않았다. 처부(妻父) 신면(申勉)에게 일찍이 10여 명의 종이 있었는데, 도망쳐 해가 지나도 돌아오지 않으므로 (신면이) 자손과 약속했다.

"찾는 자에게 넘겨주라."

길재가 마침 찾아내자 신면이 약속한 대로 하려 하니, 길재가 굳게 사양했다. 신면이 몰래 약속한 대로 증서를 만들어주었는데, 길재가 얼마 뒤에 문서를 뒤지다 그것을 보고 또 굳게 사양했다. 신면이 성내어 말했다.

"벼슬도 사양하고 노복도 사양하니, 이는 사람[人類]의 처사가 아니다."

길재가 말했다.

"자손은 조상의 유체(遺體-물려받은 몸)인데 후박(厚薄)을 둬서는 되겠습니까? 적자(嫡子)가 이미 죽고 없으니 비록 서자라도 마땅히 제사를 받들어야 하는 것인즉, 소중하지 않을 수 없습니다."

드디어 나눠 반 이상을 주었다. 권근의 사망을 듣고 눈물을 흘리며 말했다.

"사람이 군(君)·사(師)·부(父) 세 분으로 사는 이상, 섬기는 것도 한결같아야 한다."

3년을 심상(心喪)했으며, 박비가 죽었을 때도 이와 같이 했다. 외종형인 중 설당(雪幢)이 법손(法孫)의 노복을 길재의 아들 길사순(吉師舜)에게 주니, 길재가 말했다.

"이미 법손이라 칭할진대 어찌 족친에게 줄 수 있는가?"

사순을 시켜 곧 돌려보내게 했다. 사순이 상의 부름을 받고 서울에 가게 되자 길재가 가르쳐 말했다.

"임금이 먼저 신하를 불러 보는 것은 (하·은·주) 삼대 이후로 드문 일이니, 너는 마땅히 내가 고려에 쏟은 그 마음을 본받아서 네 조선의 임금을 섬기도록 하라."

길재는 매번 제삿날을 당하면 나물밥으로 재(齋)하고 슬피 울기를 초상 때와 같이했다. (길재가) 늘 사람들에게 일러 말했다.

"사람의 언행이 낮에 잘못되는 것은 밤에 주의하지 않기 때문

이다.'

(그래서) 밤이면 반드시 고요히 앉았다가 밤중에야 잠들었으며, 혹은 옷깃을 여미고 날을 새기도 했다. 닭이 처음 울면 의관을 갖추고 사당 및 선성(先聖)께 절한 뒤 자제와 더불어 경서를 강론했으며, 비록 병이 들어도 손에서 책을 놓지 않았다. 병이 위급하게 되자 초상 장사를 주문공의 『가례(家禮)』에 의거하도록 부탁하고, 그 말을 마치자 졸했다. 권근이 일찍이 길재의 시에 서문을 지었다.

"고려 500년에, 교화를 배양해 선비의 기풍을 격려한 효과가 선생의 한 몸에서 수확됐고, 조선 억만년에, 강상(綱常)을 부식해 신하된 절개를 밝히는 근본이 선생의 한 몸에서 터 닦았다. 명교(名敎)에 공로가 있음이 이보다 클 수 없으리라."

신묘일(辛卯日-17일)에 의금부에서 강순(康順) 등의 죄상을 갖춰 아뢰니, (상왕이) 선지했다.

"강순은 장 100대를 때려 먼 곳으로 유배 보내고, 신보안(辛保安)은 장 100대를, 정기(鄭其)는 장 80대를 때리고, 박자청(朴子靑)은 수원으로 유배 보내고, 박신(朴信)은 파직하라."

애초에 박자청이 성조(成造-토목 건축)하는 일을 전부 관장했는데, 수강궁을 경영할 때는 윤린(尹麟)이 대신하게 됐다. 강순이, 윤린이 유능한 것을 시기해서 드디어 재목과 철물 등을 도용한 사실을 들어 마침내 소장을 써서 박자청과 신보안 등에게 보여줌으로써 진실로 그렇게 한 것처럼 믿게 했다. 또 강순이 정기(鄭其)에게 보이자 정기 역시 허물을 윤린에게 돌리므로, 윤린이 장차 자기를 모함할까 두려워서 사실을 아뢰어 의금부에 회부됐다. 윤린은 문부(文簿-문서)가 갖춰 있고 강순의 소장은 다 무고(誣告)에 지나지 않으므로, 드디어 (강순을) 죄에 처한 것이다. 박자청은 한미(寒微)한 집안인데, 태조대왕을 잠저 때부터 섬긴 관계로 원종공신(元從功臣)이 돼 드디어 현관(顯官)에 승진했다. 상왕조(上王朝-태종대)에 미쳐 무릇 토목 공사가 있으면 반드시 박자청을 시켜 감독하게 하니, 자청은 속성(速成)을 목표로 밤낮없이 계속하므로 부역하는 자들이 괴롭게 여겼고, 영조한 건물 역시 견고하지 못한 것이 많았다. 천성이 너무 강하고 사나워 제 말만 세우니[自用], 아래 관리들이 다 미워했다.

임진일(壬辰日-18일)에 정초·박관(朴冠) 등이 전사리(田思理) 등에게 죄줄 것을 청했으나 윤허하지 않았다.

기해일(己亥日-25일)에 (황해도) 해주 금굴산(金屈山)에서 사냥을 구경하고, 드디어 장봉산(長峯山) 감수북산(甘水北山)으로 내려와 성불동(成佛洞)에 돌아와서 머물렀다. 상왕이 원숙을 불러 말했다.

"함길도 10처(處)의 일은 경솔히 다뤄서는 안 된다. 네가 일찍이 응봉사(應奉司-사대교린 문서 담당 부서)로 있었으니 자세한 내용을 알 것이다. 상국(上國)이 10처의 인민을 두고 누차 분쟁을 벌이므로 내가 즉위한 뒤에 겨우 인준을 얻었는데, 지금 야인(野人)을 불러들이는 자가 두 번이나 왔다고 한다. 혹시 간활(姦猾)한 무리가 있어 북경에 가서 하소연한다면 후일에 경계를 다투는 변이 다시 일어날지 모른다. 그러니 응봉사로 하여금 10처를 인준 맡은 그 서류를 잘 보관해서 불의의 변에 대비케 하며, 또 10처의 사람이 와서 벼슬에 종사하고자 하거든 등용하는 것이 옳다."

원숙이 대답해 말했다.

"옛날에 박의중(朴宜中)을 보내 인준을 청했으나 못 얻었다가 전하께서 김첨(金瞻)을 보내 비로소 윤허를 받았으니, 진실로 염려하시는 바와 같이 후일의 변고를 생각해 경솔히 할 수 없습니다."

계묘일(癸卯日·29일)에 유정현과 조말생 등이 문안하고, 그 참에 다시 6~7일 동안 더 머물러 목욕할 것을 청하니 상왕이 말했다.

"나의 오른팔이 시고 아리며 손가락을 펴고 구부리는 것도 정상이 아니었는데, 지금 목욕한 효과로 병이 이미 나았다. 또 주상과 함께 오게 돼서 시종자가 너무도 많으니, 어찌 그 폐단이 없겠는가? 하물며 지금 가뭄이 오래도록 들어 매우 근심이 되니 속히 돌아가야겠다."

5월

병오일(丙午日·2일)에 상의 행차가 기탄(岐灘)으로 돌아왔다. 상왕의 목 위에 난 작은 종기가 목욕할 때 중풍(中風)이 돼 병환이 더 심해졌기 때문이다.

기유일(己酉日·5일)에 전라도 도절제사가 보고했다.

'왜선 39척이 명(明)나라에 가서 도적질하고 오는 길에 우리와 가까운 섬에 머무르고 있으니, 영광(靈光) 경계에 둔병(屯兵)해 방비하고 있습니다.'

신해일(辛亥日-7일)에 충청 관찰사 정진(鄭津, 1361~1427년)²⁰이 비보(飛報-급보)했다.

'이달 초5일 새벽에 왜적의 배 50여 척이 갑자기 비인현(庇仁縣) 도두음곶(都豆音串)에 이르러 우리 병선을 에워싸고 불살라서, 연기가 자욱하게 끼어 서로를 분별하지 못할 지경입니다.'

상왕이 곧바로 명해 그 도(道) 시위별패(侍衛別牌)와 하번갑사(下番甲士)와 수호군(守護軍)을 징집해서 당하(當下)의 영선군(領船軍)과 함께 엄하게 방비하라고 했다. 총제 성달생을 경기·황해·충청 수군도처치사(水軍都處置使), 상호군(上護軍) 이각(李恪)을 경기 수군첨절제사, 이사검(李思儉)을 황해도 수군첨절제사, 전 총제 왕인(王麟)은 충청도 수군도절제사에 임명하고, 또 해주목사 박영(朴齡)에게는 황해

---

20 정도전의 아들이다. 1382년(우왕 8년) 낭장이 되고, 사재령(司宰令)·전농령(典農令)을 지냈다. 1391년(공양왕 3년) 정몽주(鄭夢周) 등 고려를 지키려는 구세력의 탄핵을 받아 아버지인 정도전과 함께 삭직됐다가, 1392년(태조 1년)에 조선이 개국되자 풀려나와 개국공신의 아들로서 연안부사로 등용됐다. 1393년 판사재감사(判司宰監事)를 거쳐 경흥부윤·영원주목사 등을 역임하고, 그 뒤 내직으로 들어 공조전서와 형조전서를 지냈다. 1398년 중추원부사로 있을 때 1차 왕자의 난이 일어나 아버지 정도전이 주살되면서 그도 벼슬을 삭직당해 전라도 수군에 충군됐다. 1407년(태종 7년) 다시 판나주목사로 기용되고, 1416년 인녕부윤(仁寧府尹)이 되어 크게 치적을 올렸다. 이때인 1419년(세종 1년) 충청도 관찰사가 됐다가 1420년 판한성부사가 됐다. 그해 성절사(聖節使)가 돼 명나라에 다녀와서 평안도도관찰사가 됐다. 1423년 공조판서를 역임하고, 1424년 개성유후사 유후(開城留後司留後)가 됐으며, 1425년 형조판서가 됐다.

도 병마도절제사를 겸하게 했다. (좌의정) 박은이 아뢰어 말했다.

"국가에서 왜인을 대접하기를 극히 두텁게 했는데 이제 우리 변방을 침략하니, 믿을 수 없음이 이와 같습니다. 평도전(平道全)은 성은(聖恩)을 두텁게 입고 벼슬이 상호군에 이르렀으니, 마땅히 도전을 보내 싸움을 돕게 하소서. 이제 만일 그의 힘을 이용하지 않는다면 장차 어디에 쓰겠습니까? 죽이는 것도 괜찮을 것입니다."

마침내 명해 도전(道全)을 충청도 조전병마사(助戰兵馬使)로 삼아서 같은 왜인 16명을 거느리고 가게 했다. 도전은 본래 일본국 사람이다.

계축일(癸丑日-9일)에 상이 수강궁에 나아가 문안했다. 상왕이 주연을 베풀고 우의정 이원(李原)과 대사헌 신상(申商)을 위로했다. 원(原)은 사은사로 연경에서 돌아왔고 상(商)은 새로 교체된 감사로서 경상도로부터 왔으므로 위로한 것이다. 상왕이 말했다.

"이직(李稷)과 이숙번(李叔蕃)의 죄는 아마도 크게 심하지는 않다고 할 것이다. 이직이 사는 성주(星州)는 곧 그의 고향인데, 숙번은 생리(生理-생계)가 어떠한가?"

상이 대답해 말했다.

"신이 함양(咸陽)을 지나면서 그가 사는 곳을 보니 산업이 풍족했습니다."

상왕이 말했다.

"내가 일찍이 이와 같은 것에는 마음 쓰지 않았으나, 김한로(金漢老)가 전에 구종수(具宗秀)의 일을 나에게 고할 때 '세자가 시정 사람들과 접(接)하는 것을 허락했다'라고 했다. 이로써 돌이켜보건대, 딴 마음이 있었던 것이 아니라 다만 세자에게 꺼려 함을 받을까 두려워했던 것이니 청주(淸州)에 옮겨두는 것도 좋다. 황희(黃喜)는 그 죄가 더 가볍다. 황희가 만일 지난해 친문(親問)할 때 실제대로만 대답했으면 옳을 것인데 그대로 숨겨두었으니, 곧지 않은 것[不直]이므로 본 향인 남원에 안치한 것이다. 그 처자를 거기에 보내 편안하게 생활하게 하는 것이 좋겠다. 박신(朴信)은 그 죄가 무겁다. 흉한 마음[凶懷]을 품고 있었음이 이미 드러났으나, 다만 그를 용서해 그가 살던 시골 통진(通津)에 두게 하라. 박자청(朴子靑)은 본래 무지한지라 족히 따질 것도 없다. 다만 유사에서 청하는 바에 따라 수원에 방치했다가 소환할 것이다. 장윤화(張允和)는 실상 죄가 없으니, 어찌 이로써 기밀에 붙일 말을 누설했다고 하겠는가? 내가 불러서 쓰려고 한다."

갑인일(甲寅日-10일)에 박실(朴實)과 박초(朴礎)를 아울러 좌군동지총제로 삼고, 장윤화를 다시 병조참의, 정초(鄭招)를 공조참의, 이천(李蕆)을 우군첨총제, 조서로(趙瑞老)를 우사간대부(右司諫大夫), 이중지(李中至)를 충청도 병마도절제사, 하준(河峻)을 전구부승(典廐副丞)으로 삼았다.

애초에 상이 즉위해 효순(孝順)한 사람들을 널리 구하니, 하준이 진사(進士)로서 효행이 있다고 뽑혀 제릉지기가 됐었다.

○ 충청좌도 도만호(都萬戶) 김성길(金成吉)이 복주(伏誅)됐다.

애초에 전라도 감사가 왜적이 경내(境內-나라 안)를 지나간다고 빨리 알렸으나 성길(成吉)이 이를 알고서도 방비하지 않다가 마침내 패하기에 이르렀으니, 체복사(體覆使)가 목을 벤 것이다. 후에 해주목사 박영이 한 왜인을 사로잡아 바쳤는데, 병조가 물으니 말했다.

"나는 대마도에 사는 사람으로, 섬사람들이 다 굶게 되자 배 수십 척을 가지고 (명나라) 절강(浙江) 등지에서 노략질하려고 했습니다. 단지 양식이 떨어져서 우선 (충청도) 비인(庇仁)을 털고 다음에 해주에 와서 도적질할 것을 엿보았는데, 물을 길으려고 조그만 배를 타고 언덕에 올랐다가 홀지(忽地)에 관병(官兵)에게 사로잡혔습니다. 저희 괴수는 도두음곶을 털 때 만호의 화살에 맞아 죽었습니다."

성길이 처음에는 비록 방비를 하지 않았으나, 적을 만나자 부자가 서로 힘껏 싸우다가 함께 죽었으니 사람들이 자못 슬퍼했다.

병진일(丙辰日-12일)에 권만(權蔓)을 경상도 도체찰사, 박초를 전라도 도체찰사, 이지실(李之實)을 충청도 도체찰사로 삼았다. 그때 권만이 모상(母喪)을 당해 경상도 예천군에 돌아가 있었는데, 기복(起復-상을 마치기 전에 벼슬을 시킴)시켜 역마로 불렀다.

○ 황해도 감사 권담이 급히 보고했다.

'왜적 7척이 해주에서 도적질했습니다.'

정사일(丁巳日-13일)에 황해도 감사가 급보했다.

'이달 11일에 조전절제사(助戰節制使) 이사검(李思儉)이 만호 이덕생(李德生)과 함께 병선 5척으로 해주의 연평곶(延平串)에서 적을 엿보고 있을 때, 적선 38척이 짙은 안개 속으로 갑자기 와서 우리 배를 에워싸고 겁박하며 양식을 구했습니다. 사검 등에게 말하기를

"우리들은 조선을 목적으로 온 것이 아니라 본래 중국을 향해 가려던 것인데, 마침 양식이 떨어졌기에 여기에 왔으니 만일 우리에게 양식을 주면 곧 물러가겠다. 전일에 도두음곶에서 싸움한 것은 우리가 먼저 친 것이 아니라 도리어 그대 나라 사람들이 우리들을 하수(下手)하기에 어쩔 수 없이 응했을 뿐이다"라고 했습니다. 사검이 이에 사람을 보내 쌀 5섬과 술 10병을 주었더니 적은 고맙다는 말도 없이 도리어 보낸 사람을 붙잡고 양식을 더 토색질했습니다. 사검이 진무(鎭撫) 2인과 선군(船軍) 1인을 보내 쌀 40섬을 주었으나, 적은 이속(吏屬)과 진무는 보내면서 또 선군(船軍)을 잡아두고 사검과 서로 대치하고 있습니다. 성달생이 경기(京畿) 병선은 역풍(逆風)으로 인해 앞으로 나아가기 어렵다고 해서 이에 역마를 빨리 달려 황해도 병선을 타고 가려 했으나, 가서 본즉 그 배가 매우 적은 데다가 이미 사검 등이 타고 있어서 달생은 할 수가 없었습니다.'

상왕과 상이 매우 근심해, 곧 대호군(大護軍) 김효성(金孝誠)을 경기·황해도 조전병마사, 전 예빈소윤(禮賓少尹) 장우량(張友良)을 황해도 경차관(敬差官)으로 각각 명하고, 그 참에 효성은 별군 약장(別軍藥匠) 20인을, 우량은 30인을 거느리고 즉일로 떠나가게 했다. 상이 수레를 몰아 환궁해서 또 이지실을 황해도 조전병마도절제사, 김만수를 평안도 병마도절제사로 삼았다. 그때에 만수가 죄로 인해 평안도 정주에 있었으므로 지인(知印)을 보내 유시(諭示)했다. 박은·이원 및 조말생·이명덕을 대궐로 불러, 허술한 틈을 타서 대마도를 섬멸한 뒤에 물러서서 적의 반격을 맞을 계책을 밀의하고 밤늦게야 마쳤다.

무오일(戊午日·14일)에 양상(兩上-상왕과 상)이 명해 유정현·박은·이원·허조(許稠) 등을 불러 허술한 틈을 타서[乘虛] 대마도를 치는 것의 여부를 토의하니 모두 말했다.

"허술한 틈을 타는 것은 안 될 일이고, 마땅히 적이 (명나라에 갔다가) 돌아오는 것을 기다려서 치는 것이 좋겠습니다."

조말생만이 홀로 말했다.

"허술한 틈을 타서 쳐야 합니다."

상왕이 말했다.

"금일의 토의가 전일에 계책한 것과 다르다. 만일 물리치지 못하고 항상 침노만 받는다면 한(漢)나라가 흉노에게 욕을 당한 것과 무엇이 다르겠는가? 그러므로 허술한 틈을 타 쳐서 그들의 처자식을 잡아 오는 것만 못하다. (친 후에는) 우리 군사를 거제도에 물렸다가 적이 돌아옴을 기다려서 요격해 그 배를 빼앗아 불사르고 장사하러 온 자와 배에 머물러 있는 자를 모두 구류(拘留)하며 만일 명을 어기는 자가 있으면 베되, 구주(九州)에서 온 왜인만은 구류해 경동(驚動)하는 일이 없게 하라. 다시 우리가 약함을 보이는 것[示弱]은 안 될 일이다. 후일의 우환이 어찌 다함이 있으랴."

곧바로 장천군(長川君) 이종무(李從茂)를 삼군도체찰사(三軍都體察使)로 명해 중군(中軍)을 거느리게 하고 우박·이숙묘·황상을 중군절제사, 유습(柳濕)을 좌군도절제사, 박초(朴礎)·박실(朴實)을 좌군절제사, 이지실(李之實)을 우군도절제사, 김을화(金乙和)·이순몽(李順蒙)을 우군절제사로 삼아서, 경상·전라·충청의 3도 병선 200척과 하번갑사(下番甲士), 별패(別牌), 시위패(侍衛牌) 및 수성군(守城軍) 영속(營

屬)과, 재인(才人)·화척(禾尺-백정)·한량인민(閑良人民)·향리(鄕吏)·일수양반(日守兩班) 중에서 배 타는 데 능숙한 군정(軍丁)을 거느리고 왜구가 돌아오는 길목에서 맞이하게 했다. 6월 초8일에 각 도의 병선들이 함께 견내량(見乃梁)에 모여 기다리기로 약속했다.

임술일(壬戌日-18일)에 이종무에게 숭록대부(崇祿大夫) 장천군(長川君)을 더하고, 송거신(宋居信)을 자헌대부(資憲大夫) 여산군(礪山君), 유습(柳濕)을 중군도총제(中軍都摠制), 우박(禹博)을 우군총제(右軍摠制), 김을화(金乙和)를 우군동지총제(右軍同知摠制), 이춘생(李春生)을 좌군동지총제, 안망지(安望之)를 공안부윤(恭安府尹), 성엄(成揜)을 인수부윤(仁壽府尹), 유장(柳暲)을 이조참의, 정초(鄭招)를 예조참의, 심보(沈寶)를 공조참의, 이숙묘(李叔畝)를 황해도 도관찰사, 정을현(鄭乙賢)을 제주도 도안무사, 이중배(李仲培)를 판수원도호부사(判水原都護府事-수원도호부 판사)로 삼고, 또 오익생(吳益生)을 상호군(上護軍), 김윤(金閏)을 대호군(大護軍), 송호생(宋虎生)을 군기부정(軍器副正)으로 삼으니, 그들의 공로에 상을 준 것이다.

○상이 수강궁에 문안드리고, 상왕과 상이 두모포(豆毛浦)[21] 백사정(白沙汀)에 행차해서 이종무 등 여덟 장수를 전송했다. 상왕이 친히 여러 장수와 군관에게 술을 주었으니, 환관 최한(崔閑)에게 명해 술을 돌리게 하고 여러 장수에게 활과 화살을 내려주었다. 상왕이 박성양(朴成陽)에게 말했다.

---

21 지금의 서울 성동구 옥수동 동호대교 북단에 있던 포구다.

"경이 광주목사가 돼 행사에 어긋남이 있었으나 작은 일이기에 용서하거니와, 만일에 큰일이었다면 어찌 감히 용서하겠는가?"

또 종무 등 여러 장수에게 말했다.

"명하는 대로 다하면 조상에게까지 상을 줄 것이고, 명하는 대로 반드시 못하면 사(社)에서 죽일 것이니, 예로부터 상벌은 이와 같다. 우리나라가 비록 금과 은은 적으나 농민에게 벼슬과 상을 주는 것은 어렵지 않으니, 여러 장수는 군사들에게 알려서 각기 마음과 힘을 다하게 하라."

양상(兩上)이 드디어 낙천정(樂天亭)에 갔다가, 날이 저물어 궁으로 돌아왔다.

○ 중군(中軍)과 우군(右軍)은 떠나가고, 좌군은 다음날 떠나기로 했다.

○ 충청도 체복사 조치(趙菑)가 아뢰어 조절제사 김상려(金尙旅)가 비인(庇仁)을 구원하지 못한 죄를 말하니, 상왕이 명했다.

"의금부에서 잡아 와 국문하게 하라."

○ 상왕이 김을화는 늙었으므로 우군첨절제사 이천(李蕆)을 부절제사로 삼도록 명했다.

갑자일(甲子日·20일)에 상왕이 영의정 유정현(柳廷顯)을 삼도도통사, 참찬 최윤덕(崔閏德)을 삼군도절제사, 사인(舍人) 오선경(吳先敬)과 군자정(軍資正) 곽존중(郭存中)을 도통사 종사관(都統使從事官), 사직(司直) 정간(丁艮)과 김윤수(金允壽)를 도절제사 진무(都節制使鎭撫)로 삼았다.

○ 대마도의 종준(宗峻)이 사신으로 보내온 왜인들이 자기 섬으로 돌아가겠다고 고하니 상이 대접하게 하고, 지신사 원숙을 시켜 말을 전했다.

"우리나라가 종정무(宗貞茂)와 화친한 지 오래인데, 무엇이나 원하는 대로 좇지 아니한 것이 없었다. 그런데 이제 와서는 도적을 시켜 우리의 변방을 침노하고 병선까지 불사르며 살인한 것도 심히 많으니, 무슨 까닭이냐?"

대답해 말했다.

"대마도의 인심이 똑같지 않으므로 이와 같은 자도 있으나, 정무(貞茂-대마도주 종정무)의 생시에는 전하께 성의가 극히 두터웠습니다. 이제 그 아들이 자리를 이으면서부터 성의가 정무보다도 지나쳐서, 말하기를 '조선은 형제와 같아서, 이 뜻을 오래도록 지키려고 한다' 라고 하더니, 이제 적인(賊人)이 많이 침노한다 하니 부끄러운 일입니다."

원숙이 말했다.

"너의 섬에 돌아가서 수호(守護)에게 고하되, 처음에 도적질하기를 꾀한 자를 찾아서 법으로 다스리고 그 처자를 보낼 것이며, 또 사로잡힌 우리나라 사람들을 모두 돌려보내라."

대답했다.

"속히 돌아가서 고하겠습니다."

상왕이 곧 명했다.

"위의 왜인 8인을 함길도로 보내서 나눠두게 하라."

병인일(丙寅日-22일)에 대간(臺諫)이 합동으로 대궐에 엎드려 소를 올렸다.

'인신(人臣-남의 신하 된 자)의 불경죄(不敬罪)는 법에서 용서하지 못하는 것입니다. 엎드려 살피건대, 전 참의 이지직과 전 도사(都事) 전가식 등이 일찍이 간관(諫官)이 돼서는 민씨(閔氏)가 사주(使嗾)한 바를 듣고 감히 없는 과실을 들어 거짓말로 글을 올려서 성덕(聖德)을 더럽혔으니, 불경함이 어찌 이보다 더 심하겠습니까? 그때 정부와 대간이 합사(合辭)해서 상서해 법대로 벌줄 것을 청했습니다. 전 사예(司藝) 이양명(李陽明)이 그때 마침 간신(諫臣)이면서도 청죄(請罪)하려는 마음이 없이, 도리어 불경한 무리와 당을 지어 말을 꾸며서 그 죄를 면하게 하라고 청했으니 불경한 죄가 같습니다. 전 정언 노이는 불순한 말을 만들어 사사로이 지존(至尊)을 헐뜯었으니 그 불경 됨이 막심하오며, 전 교수관(敎授官) 신효는 같은 때의 정언으로서 그 말에 조력해 (왕의 없는 허물을) 드러나게 했으니 죄가 또한 중합니다. 그러나 특히 상왕의 지극히 어진 덕을 입어 각각 목숨을 보전해서 오늘에 이르렀으니, 불경한 죄를 징계할 바 없습니다. 바라건대 전하께서 지직과 가식·양명·노이·신효 등을 유사에 맡겨 법대로 죄를 주어 그 불경함을 징계함으로써 신민(臣民)의 바람을 터주신다면 지극히 다행할 것입니다.'

그 참에 아뢰어 말했다.

"박만(朴蔓)의 죄도 용서하지 못할 것입니다. 특히 주상의 자애하심을 받아 성명(性命)을 보전하고 있으니 마땅히 마음을 씻고 생각을 가다듬어 그 행실을 고쳐야 할 것이나, 이런 것은 돌보지 않고 도리어 원망을 품어서 망령되게 무엄히 소원하니, 이것은 죽이지 않을 수 없습니다. 또 박자청은 본래 재덕도 없이 벼슬이 1품에 이르렀으니 무릇 국가의 영선(營繕)하는 사역에 마땅히 심력을 다해야 할 것인데, 전일에 모화루와 시중 행랑(市中行廊)을 감조(監造)한 것이 다 기울게 돼 이에 버텨서 일으킬 정도였습니다. 또 궐내의 행랑을 지을 적에도 규모와 계획을 (상왕이) 선지하신 대로 좇지 않았으니, 그 죄가 가볍지 않거늘 도리어 방면됐습니다. 또 장윤화는 직책이 출납(出納)을 맡고 있으면서 기밀(機密)한 사정(事情)을 누설했습니다. 당초 죄를 입었을 때는 벼슬에 서임하지 않기로 하고도 이제 와 다만 방면할 뿐 아니라 불러서 본직에까지 회복하게 했으니, 신 등은 이와 같이 가볍게 상벌을 시행해서는 안 된다고 생각합니다."

상이 수강궁에 문안드리고, 가식·양명·노이 등의 직첩(職牒)을 거둬 서인(庶人)으로 폐하고 나머지는 모두 논하지 말라고 했다.

정묘일(丁卯日·23일)에 박영(朴齡)·성달생 등이 급히 보고했다.

'윤득홍(尹得洪)·평도전(平道全) 등이 처치사(處置使)와 더불어 백령도(白翎島)에 이달 18일 미시(未時)까지 모여서 협공할 것을 기약하고, 득홍이 병선 2척으로 먼저 백령도에 이르러 적선 2척을 만나서 싸우니 도전도 병선 2척을 거느리고 달려와서 협공했습니다. 신시(申時)에 왜놈이 탄 배 1척을 잡으니, 이는 곧 적의 괴수가 탄 배였습니다. 적은 대개 60여 인이었는데, 득홍이 13급을 베고 8인을 사로잡았으며 도전은 3급을 베고 18인을 사로잡았으니, 나머지는 빠져 죽었습니다. 남은 배는 구름이 어른어른하는 지평선에 보일락 말락 남

으로 향해 달아났습니다.'

두 임금이 그 공을 가상히 여겨, 진무 김여려(金汝礪)를 보내 하사하는 술을 받들고 득홍과 도전이 있는 곳에 가서 위로하게 했으며, 각각 옷 1벌씩을 내려주고 힘써 싸운 사람의 성명을 기록해 올리게 했다. 선군 중에 죽은 두 사람에게는 상이 명해 부의를 보내고 복호(復戶)하게 했으며, 소재지 수령관으로 하여금 매장하고 표목(標木)을 세우게 했다.

○ (상왕이) 선지했다.

"사로잡힌 왜인 26인 가운데 사정을 아는 자 3인만 살려두고 나머지는 다 도착한 곳에서 베게 하되, 만일 당인(唐人-중국 사람)이 섞여 있으면 아울러 죽이지는 말라."

○ 조말생과 허조에게 명해 일본국 구주(九州)에서 사자(使者)로 보내온 정우(正祐) 등 네 사람을 제군(諸君)의 처소에서 대접하고 그 따라온 사람들은 배가 머물러 있는 곳으로 보내라고 이르고, 우리나라에서 대마도를 토벌할 뜻을 말하되 너무 놀라게 하지는 말라고 했다. 그 자리에서 각각 따라온 사람을 다 내세우니 5인이므로, 상이 옷을 주어 판관 최기(崔岐)로 하여금 압행(押行)하게 했다.

○ 평도전이 그의 반인(伴人) 17명과, 윤득홍의 반인 박영충(朴英忠)을 거느리고 역마를 달려 서울에 들어와, 수강궁에 나아가 포로와 병기·의갑(衣甲)을 드리니 상왕이 명했다.

"술과 먹을 것을 후하게 내려주라."

그 참에 도전에게는 안장 갖춘 말을, 영충에게는 활과 화살을 내려주었다. 상이 또 도전에게는 쌀과 콩 40석을, 평팔랑(平八郎)에게는 옷 1벌과 쌀과 콩 10석을 주고, 그 나머지 따라온 사람들에게도 각각 쌀과 콩 10석을, 영충에게는 옷 1벌을 내려주었다. 팔랑은 도전의 아우이고, 16인은 왜인 중에서 도전을 따라서 서울에 머무르고 있던 자들이다. 도전이 득홍과 더불어 적을 추격했으나 득홍의 공이 도전보다 훨씬 많았지만, 득홍은 도전이 원래 귀화한 사람이므로 공을 서로 다투지 않았으나 도전이 도리어 말했다.

"내가 공이 많으므로 상이 특별히 후한 것이다."

기사일(己巳日-25일)에 삼군도통사 유정현이 떠나가므로, 상왕이 친히 선지와 부월(鈇鉞)을 주어 보냈다. 선지했다.

"대개 듣건대 '장수의 임무를 띠고[分閫=閫寄] 적진(敵陣)에 나아
분곤 곤기
갈 때는 임금이 마침내 꿇어앉아 수레바퀴를 밀어주며[跪而推轂][22],
궤 이 추곡
(제후가) 천자가 근심하는 자를 대적하기[敵王所愾][23]를 신하가 손으
적 왕 소개
로 (자기의) 머리를 보호하려는 것과 같이 한다'라고 했다. 옛날에 주선왕(周宣王)이 6월에 군사를 일으켰으며 하우씨(夏禹氏)는 삼묘(三苗)의 역(役)이 있었으니, 군후(群后-삼묘를 쳐 공로를 세운 사람)와 방숙(方叔-주 선왕 때 험윤(玁狁)을 쳐서 공로를 세운 사람)은 침벌(侵伐)하는 것을 이롭게 쓰지 아니할 수 없었다.

이 조그마한 왜인이 가만히 해도(海島)에 있으면서 벌처럼 덤비고 개미처럼 우글거리며 화심(禍心)을 속에 품고 상국(上國)을 능멸하려

---

22 『한서(漢書)』「풍당전(馮唐伝)」에 나오는 말이다.
23 『춘추좌씨전(春秋左氏伝)』 문공(文公) 4년에 나오는 말이다.

하는도다. 이에[爰=於是] 경인년(庚寅年-1410년)부터 포악한 일을 마
음대로 행해, 우리나라를 (국경이나 해안을 제멋대로) 침략해 우리 사
민(士民)들을 죽였다. (그로 인해 생겨난) 고아과처(孤兒寡妻)들의 원망
으로 화기(和氣)가 상했으니, 지사(志士)와 백성의 마음이 썩고 이가
갈렸던 세월이 이미 오래됐다.

우리 태조께서 개국하신 이래로 (너희들이) 겉으로는[革面] 신(臣)
인 체하고 정성껏 화친하기를 구하는지라, 나도 또한 모르는 중에 끌
려서 놈들이 올 때는 예를 갖춰 위로하고 갈 때는 물건을 있는 대로
주어서 두터이 대접했다. 대개 그들이 필요하다고 청하는 것은 일일
이 그 뜻대로 응하지 아니한 것이 없었음은, 오로지 우리 임금의 죽
이지 않으려는 어진 마음에 감복해줄 것을 바랐던 것이다. (그런데)
이제 도리어 은혜를 잊고 은덕을 배반해서 가만히 변방에 들어와 배
를 불사르고 군사를 죽여 없애니, 토죄(討罪)의 형벌을 어찌 안 할 수
가 있겠는가!

오직 경은 일찍부터 충의로운 천성을 받아서 본디 어질고 위엄스
러운 풍모[仁威]가 훌륭하며, 유자(儒者)의 지절(志節)을 쌓고 대장
의 방략(方略)까지도 겸했음이 중외(中外)에 여러 차례 알려져 있을
뿐 아니라 성예(聲譽-명성과 영예)와 공적이 크게 성대하니, 내가 심
히 가상히 여겨서 경에게 절월(節鉞)을 주어, 바다의 도적들을 섬멸
하게 한다. 오직 5도 수륙의 대소 군민관(軍民官)과 도체찰사 이하를
경이 다 통솔하되, 상과 벌로써 명을 받드는 자와 받지 아니하는 자
에 쓰라.

아, 옛사람이 말하기를 '은혜를 저버리거나 기강을 어지럽게 하는

자는 귀신도 이를 벨 것이며²⁴, 순한 것을 어기거나 흉한 일을 끝까지 하는 자는 하늘도 그 넋을 빼앗는다'²⁵라고 했으니, 경은 그 잔악하고 포악한 것을 제거하고 쫓아내어[除殘去暴] 임금을 높이고 백성을 보호해서 장인의 길함[丈人之吉]을 이르게 하라."

상왕과 상이 한강정(漢江亭) 북쪽에 행차해서 전송했다. 상왕은 안장 갖춘 말과 활과 화살을 내려주고, 상은 옷과 전립(戰笠) 및 군화를 내려주었다.

계유일(癸酉日-29일)에 도체찰사에게 명해 먼저 사람을 보내서 글을 대마도 수호(守護)에게 주게 했다. 그 글은 이러했다.

"의로움을 사모하고 정성을 다한 자는 자손에게까지 마땅히 후하게 하려니와, 은혜를 배반하고 들어와 도적질한 자는 처와 자식까지도 아울러 죽일 것이니, 이는 하늘과도 같은 이치[天理]의 마땅한 바요 임금다운 임금[王者]의 대법(大法)이다.

대마도는 우리나라와 더불어 물 하나를 서로 바라보며 우리의 품안[撫育]에 있거늘, 전조(前朝-고려)가 쇠란하자 (그 틈을 타서) 경인년(庚寅年)으로부터 우리의 변경을 침략해서 군민을 죽이고 가옥들을 불사르며 재산을 빼앗아 탕진했다. 연해 지방에는 사상자가 깔려 있은 지가 여러 해다. 우리 태조강헌대왕이 용비(龍飛)하시어 운(運)을 맞아서 (너희들을) 도와 편하게 해서 서로 믿고 지내게 했으나 오히려

---

24 『장자(莊子)』「경상초(庚桑楚)」에 나오는 말이다.
25 『춘추좌씨전(春秋左氏伝)』 양공(襄公) 29년에 나온다.

고치지 아니하고, 병자년(丙子年-1396년)에는 동래(東萊)에 들어와서 도적질하고 병선을 빼앗고 군사를 살육했으며, 우리의 성덕신공(聖德神功)하신 상왕이 즉위하신 후 병술년(丙戌年-1406년)에는 조운선(漕運船)을 전라도에서 빼앗아 갔고 무자년(戊子年-1408년)에는 병선을 충청도에서 불사르고 그 만호까지 죽였으며 재차 제주에 들어와서 살상한 것이 또한 많았다.

그러나 우리 전하께서는 거친 것과 때 묻은 것을 포용하시는 도량 [包荒含垢][26]이시므로, 너희들과 교계(較計)하고자 하지도 않고 올 적에는 예를 두터이 하여 대접하셨으며 갈 때도 물건을 갖춰서 두텁게 하셨다. 굶주림을 보고 도와주기도 했고 장사할 시장을 터주기도 해서, 너희들이 하자는 대로 해주지 않은 것이 없었다. 우리가 너희들에게 무엇을 저버린 일이 있었던가? 지금 또 배 32척을 거느리고 와서 우리의 틈을 살피다가, 비인포(庇仁浦)에 잠입해 배를 불사르고 군사를 죽인 것이 거의 300이 넘는다. 황해를 거쳐서 평안도에 이르러 장차 명나라 지경을 침범하려 하니, 은혜를 잊고 의를 배반하며 하늘과도 같은 도리를 어지럽게 함이 심했다. 이에 변방을 지키는 장사가 비록 잡으려고 쫓아갔으나, 만호(萬戶)인 중 소오금(小吾金)을 도두음곶(都豆音串)에서 죽이고 만호인 중 요이(饒伊)를 백령도에서 죽였다. 구라(仇羅) 등 60여 인을 다시 궐하에 끌고 오니, 우리 전하께서 불같이 성내면서 용서함이 없이 신을 명해 가서 그 죄를 묻게

---

26 여기서 포황(包荒)은 『주역(周易)』 태괘(泰卦) 구이(九二)의 효사(爻辭) 중에 나오는 말로, 포용력 있는 도량을 말한다.

하셨다.

죄를 받아오는 말에 이르기를 '수호(守護)의 선부(先父)는 (조선) 왕실을 마음으로 섬겨서 정성을 모으고 순종함을 본받았으므로 내 이를 심히 아름답게 여겼더니, 이제는 다 그만이로다. 내가 그 사람을 생각해도 얻지 못하니, 그 자식 사랑하기를 그 아비와 같이 여기고 있다. (그렇기에) 그들을 토죄할 적에는 수호의 친속들과, 전일에 이미 순순히 항복해온 자와, 지금 우리의 풍화(風化-풍속과 교화)를 사모해 투항(投降)한 자들만은 죽이지 말고, 다만 입구(入寇)한 자의 처자식과 패거리만을 잡아 오라'라고 하셨다.

아아, 우리 성덕신공하신 상왕 전하의 지인대의(至仁大義)는 멀리 고금에 뛰어나서 천지를 움직이고 귀신을 감동케 했으니, 수호는 우리 전하의 뜻을 받들어 적당(賊黨)으로서 섬에 있는 자들은 모조리 쓸어서 보내되 한 놈도 남기지 맒으로써, 선부(先父)가 정성을 다해 바치던 뜻을 이어 길이길이 화호(和好)함을 도탑게 하는 것이 어찌 너희 섬의 복이 아니겠는가? 만일 그렇지 못하면 (뒷날에) 뉘우쳐도 미치지 못할 것이니, 오직 수호는 삼가 도중(島中)의 사람 중에서 대의를 알 만한 자들과 잘 생각하라."

6월

갑술일(甲戌日-1일)에 최윤덕(崔閏德)이 (경상도 진해 인근) 내이포(乃而浦)에 이르러 군사를 엄격하게 정비한 뒤에 왜인 중에서 포에 온

자를 다 잡아다가 멀리 떨어진 곳에 나눠두고서, 완악하고 흉한 자중 각 관에서 어찌할 수 없는 평망고(平望古) 같은 21인을 목 베니 왜인들이 감히 꼼짝도 하지 못했다. 망고는 평도전(平道全)의 아들이다.

을해일(乙亥日-2일)에 조흡(曹洽)을 좌군도총제, 이춘생(李春生)을 좌군총제, 이천(李蕆)을 좌군동지총제, 윤득홍(尹得洪)을 좌군첨총제로 삼았다. 천(蕆)은 그때 첨절제사로 대마도 정벌에 종군했었고 득홍은 왜인을 잡는 데 공이 있어 (이번에) 발탁됐다.

병자일(丙子日-3일)에, 이에 앞서 평도전이 대마도에 암통(暗通)해서 말했다.

"조선이 근래에 너희들을 참혹하게 박대하니, 만약에 다시 변군(邊郡-변경의 군)을 침략해서 놀라게 하면 앞으로는 반드시 대접함이 처음과 같을 것이다."

그 후에 윤득홍이 왜인을 백령도에서 쫓아내니, 도전은 자신이 일본인이라 기꺼이 진력하지 않다가 득홍이 먼저 적과 싸워 왜적이 이미 패하게 되자 마지못해 조력했다. 또 도전이 왜적 중에 자기가 아는 왜승(倭僧)을 보고서는 득홍에게 청해 죽이지는 말고 처치해주기를 원하니, 득홍이 성달생을 보내 도전을 힐책했다. 도전이 먼저 궐하에 와서 자기 공이라 자칭했다. 이때에 이르러 득홍이 사실을 아뢰니, 선지(宣旨)했다.

"도전과 그 처자들 14명을 평양에 두고, 따라온 자들은 함길도 각 관가에 나눠두라."

상이 명해 도전의 처자들에게 생업을 갖춰 살게 하고, 간혹 쌀과 소금을 주며 또한 비어 있는 집을 주어 그 삶을 살아가게 해주었다.

정축일(丁丑日-4일)에 유정현이 아뢰었다.

"경상도 각 포(浦)에 와서 머물고 있는 왜인과 장사하는 왜인을 수로(水路)는 병선으로, 육지는 기병(騎兵)과 보병으로 에워싸서, 구주절도사가 사신으로 보낸 자 외에는 모두 잡아서 각 관청에 나눠두었습니다. 본도에 355명, 충청도에 203명, 강원도에 33명으로 모두 591명입니다. 포로로 잡을 때 죽은 자와 해변의 여러 섬을 수색해서 잡을 때 물에 몸을 던져 자살한 자가 136명이요, 포로로 잡은 중국인이 6명입니다."

기묘일(己卯日-6일)에 상이 수강궁에 나아가 태비(太妃)를 뵈옵고, 드디어 낙천정에 나아가 주연을 베풀고 시위 군사로부터 복예(僕隷)까지 모두에게 술을 내려주었다. 박은 등이 차례로 잔을 올렸다. 두 임금이 평망고(平望古)가 명을 거역하고 죽임을 당한 상황을 묻고서, 말했다.

"그 아비 평도전(平道全)은 사람됨이 똑똑한데[穎悟] 망고는 악하기가 이와 같았으나, 마땅히 사로잡아 죄를 물을 것이거늘 제장들은 어찌하여 그처럼 급하게 죽였는가? 도리어 사람만 상해한 것이 됐다."

○ 삼군도통사에 선지를 내렸다. 대략 이러했다.

"구주절도사(九州節度使)가 우리나라의 대마도 정벌의 본의를 알지 못하고 반드시 의혹을 품을 것이니, 구주 사신의 배는 우리나라 병선이 떠난 뒤에 돌려보내게 하고 구주에는 간여하지 않을 뜻임을 알리라."

　임오일(壬午日-9일)에 상왕이 중외에 가르쳐 말했다.
　"군사들을 궁지로 몰아넣어 무력을 함부로 쓰는 것[窮兵黷武]²⁷은 진실로 빼어난 이나 뛰어난 이[聖賢]들이 경계한 바이지만, 죄 있는 이를 다스리기 위해 군사를 일으키는 것은 제왕으로서 그냥 있을 일이 아니다. 옛적에 (은나라를 세운) 성탕(成湯)은 농사일을 제쳐놓고 하(夏)나라를 정벌했고, 주(周)나라 선왕(宣王)은 6월같이 더운 때에 험윤(玁狁-흉노의 일족)을 토벌했다.²⁸ 그 일에 있어 비록 크고 작은 차이가 있으나, 모두가 죄를 토벌하려 했다는 점에서는 한가지일 뿐이다.
　대마도는 본래 우리나라 땅인데, 다만 궁벽하게 막혀 있고 또 좁고 누추하므로 왜놈들이 살게 내버려두었다. 그런데 마침내 개같이 도적질하고 쥐같이 훔치는 버릇을 가지고서 경인년(庚寅年-1410년)부터 변경에 뛰놀기 시작하더니 마음대로 군민을 살해하고 부형을 잡아가며 그 집에 불을 질러서, 고아와 과부가 바다를 바라보고 우는 일이 해마다 없는 때가 없었다. 뜻 있는 선비와 착한 사람들이 팔뚝을 걷

───────────

27　진수(陳寿)의 『삼국지(三国志)』 「오서(呉書)·육손전(陸遜伝)」에 나오는 말이다.
28　이는 농번기임에도 정벌이 불가피함을 밝히기 위한 역사적 전거다.

어붙이고 탄식하며 그 고기를 씹고 그 가죽 위에서 잠들 것을 생각한 것이 여러 해다.

생각건대 우리 태조강헌대왕이 용이 나는 천운에 응해 위엄과 다움[威德]이 널리 퍼지고 빛나서, 어루만지고 편안하게 해주시는 은덕을 입어 그렇지 않으리라 믿었다. 그러나 그 음흉하고 탐욕 많은 버릇이 더욱 방자해 그치지 않더니, 병자년(丙子年-1396년)에는 동래(東萊) 병선 20여 척을 노략하고 군사를 살해했다. 내가 대통을 이어 즉위한 이후에는, 병술년(丙戌年-1406년)에는 전라도에, 무자년(戊子年-1408년)에는 충청도에 들어와서 혹은 운송하는 물품을 빼앗고 혹은 병선을 불사르며 만호를 죽이기까지 하니, 그 포학함이 심하도다. 두 번 제주에 들어와서 살상함이 많았으니, 대개 사람을 좋아하는 성낸 짐승처럼 간교(奸狡)한 생각을 숨긴 채 있는 것은 귀신과 사람이 모두 함께 분개하는 바다. 그러나 내가 도리어 널리 포용하고 더러움을 참아서 교정하려 하지 않고, 그 배고픈 것도 구제하고 그 통상을 허락하기도 하면서 온갖 구함과 찾는 것을 수응(酬應)해주지 아니한 것이 없으니 다 같이 살기를 기약한 것이다. 그런데 뜻밖에 이제 또 우리나라의 허실을 엿봐, 비인포(庇仁浦)에 몰래 들어와서 인민을 죽이고 노략한 것이 거의 300명이 넘는다. 배를 불사르고 우리 장사(將士)를 해치며 황해에 떠서 평안도까지 이르러 우리 백성을 소란하게 했으며 장차 명나라 지경까지 범하고자 하니, 그 은혜를 잊고 의리를 배반하며 하늘의 떳떳한 도리를 어지럽게 함이 너무 심하지 아니한가. 내가 살리기를 좋아하는 마음[好生之心=仁]으로 한 사람이라도 살 곳을 잃어버리는 것을 오히려 하늘과 땅에 죄를 얻는 것같이 두려워하지만, 이제 왜구가 탐독(貪毒)한 행동을 제멋대로 해서 뭇 백성을 학살함으로써 천벌을 자청하는데도 오히려 용납하고 참아서 토벌하지 못한다면 어찌 나라에 사람이 있다 하랴. 이제 한창 농사짓는 달을 당해서 장수를 보내 출병하여 그 죄를 바로잡으려 하는 것은 어쩔 수가 없는 일이다.

아아, 신민이여, 간흉한 무리를 쓸어버리고 백성을 수화(水火)에서 건지고자 하니, 여기에 이해(利害)를 말해 나의 뜻을 일반 신민에게 널리 알리노라."

무자일(戊子日-15일)에 상왕이 상과 더불어 저자도(楮子島)²⁹에 행차해서 중류에 배를 띄우고 주연을 베푸니, 종친들과 정부의 호가(扈駕-어가를 따름) 재상들과 대언(代言)이 모두 시연(侍宴)했고 양녕대군도 부름을 받고 왔다. 각각 차례로 술잔을 드리고 모든 신하가 서로 춤추니 상왕이 일어나서 춤추고, 상에게 명했다.

"일어나서 춤추라."

상이 마침내 춤추고, 다시 헌수하고 극진히 즐기다가 날이 저문 뒤에 마쳤다. (이어) 강변에서 씨름하는 것을 구경했다. 상왕이 대신들에게 일러 말했다.

"아래로 흐름을 따라 내려가 돌아올 줄 모르는 것을 유(流)라 이르고 흐름을 따라 올라가 돌아올 줄 모르는 것을 연(連)이라 이르

---

29 서울 강남구 삼성동에 있던 마을로, 옛날에 닥나무가 많이 있었다는 데서 마을 이름이 유래됐다. 삼성동 동쪽 한강 가운데 있던 섬으로, 1970년대에 압구정동 일대에 고층아파트를 지을 때 이 섬의 흙을 파다가 써서 섬은 사라지고 말았다.

니,[30] 이것이 옛사람이 경계한 바요 나도 일찍부터 스스로 경계한 것이다."

박은이 대답해 말했다.

"옛날 임금 중에서 유련(流連)한 이로 대신들과 뛰어난 대부(大夫)들과 더불어 동락(同樂)한 이가 몇 사람이나 있겠습니까?"

두 임금이 낙천정에 묵었다.

경인일(庚寅日·17일)에 삼군도체찰사(三軍都體察使) 이종무가 9절제사를 거느리고 거제도를 떠나 바다 가운데로 나갔다가, 바람에 거슬려서 다시 거제도에 와서 배를 맸다. 병선 수효가, 경기도 10척, 충청도 32척, 전라도 50척, 경상도 126척, 총계 227척이고, 서울로부터 출정 나간 모든 장수 이하 관군 및 따르는 사람이 669명이고 갑사·별패·시위·영진속(營鎭屬)과 스스로 모여든 건장한 잡색군(雜色軍)과 원기선군(元騎船軍)을 병합해 1만 6,616명으로, 총수 1만 7,285명에 65일 치 양식을 싸가지고 행군했다.

---

30 『맹자(孟子)』「양혜왕하(梁惠王下)」에 나오는 안자(晏子)의 말이다. "군대를 데리고 다니면서 양식을 먹어치워 굶주린 자가 먹지 못하고, 지칠 때로 지친 자가 쉬지를 못해 눈을 흘겨가며 서로 비방을 일삼아서, 백성이 마침내 원망을 토해내는데도 천명을 거역해, 백성을 못살게 굴면서 술 마시고 음식 먹는 것을 마치 물 흐르듯이 합니다. 유련황망(流連荒亡)함은 제후들의 근심거리가 되고 있습니다. 물길을 따라 내려갔다가 되돌아옴[反]을 잊어버리는 것을 유[流]라 하고, 반대로 물길을 거슬러 위로 올라갔다가 되돌아옴을 잊어버리는 것을 연/련[連]이라 하고, 짐승을 쫓아 사냥하는 데 만족할 줄 모르는 것을 황[荒]이라 하고, 술을 즐겨 만족할 줄 모르는 것을 망[亡]이라 합니다. 선왕께서는 유련(流連)의 즐거움과 황망(荒亡)의 행태가 없으셨으니, (그것이 바로) 오직 임금이 행해야 할 바입니다."

임진일(壬辰日-19일)에, 이날 사시(巳時)에 이종무가 거제도 남쪽에 있는 주원방포(周原防浦)에서 출발해서 다시 대마도로 향했다.

계사일(癸巳日-20일) 오시(午時)에 우리 군사 10여 척이 먼저 대마도에 도착했다. 섬에 있던 도적들이 바라보고서는 본섬에 있는 사람들이 득리(得利)해서 돌아온다 하면서 술과 고기를 가지고 환대했다. 대군이 뒤이어 이르러 두지포(豆知浦)에 정박하니 모두 넋을 잃고 도망하고 다만 50여 인이 막으며 싸우다가, 흩어져 양식과 재산을 버린 채 험하고 막힌 곳에 숨어들어 대적하지 않았다. 먼저 귀화한 왜인 지문(池文)을 보내서 편지로 도도웅와(都都熊瓦)에게 깨우쳐 일러주었으나, 대답하지 않았다. 우리 군사가 길을 나눠 수색해서 크고 작은 적선 129척을 빼앗아, 그중에 사용할 만한 20척을 골라내고 나머지는 모두 불살라버렸으며, 또 도적의 가옥 1,939호를 불 질렀다. 전후에 머리 벤 것이 114급이요 사로잡은 사람이 21명이었으며, 밭에 있는 벼를 베어버렸다. 포로로 있던 중국인 남녀가 합쳐 131명이었는데, 여러 장수가 포로가 된 중국인들에게 물으니 섬 안에 기갈이 심하고 또 창졸간이라서 부자라 해도 겨우 양식 한두 말만 가지고 달아났으므로 오랫동안 포위하면 반드시 굶어 죽으리라 했다. 드디어 책(柵)을 훈내곶(訓乃串)에 세워서, 적이 왕래하는 중요한 곳을 막으면서 오래 머무를 뜻을 보였다.

이날 상왕이, 출정한 장수가 배로 떠났다는 보고가 오지 않으므로 형조참판 홍여방을 명해 체복사(體覆使)로 삼으려 했으나, 마침 유정현의 보고가 들어와서 17일 경인(庚寅)에 이미 발선(發船)해 나갔다 하므로 마침내 그쳤다. 이어서 들으니 모든 장수가 마파람으로 인해 거제도로 돌아왔다 하기에, 병조정랑 권맹손(權孟孫)을 명해 경차관(敬差官)으로 삼고 선지를 주어 보냈다. 선지해서 말했다.

"금월 11일 갑신(甲申)이 곧 발선하는 길일(吉日)이었거늘 여러 장군이 기꺼이 발선하지 않다가 12일 을유(乙酉)에야 겨우 발선해서 거제도에 도착하더니, 17일 경인에 이르러 또다시 여러 장군이 기꺼이 발선하지 않았다 한다. 또 여러 장군의 보고에 이르기를 '17일에 배가 떠났으나, 바람에 거슬려 거제도로 돌아왔다'라고 하니, 이는 다 군대를 움직이는 큰일이거늘 경은 어찌하여 분변해 장계하지 않았는가? 위에 적은 그날에 더디게 된 사유와 역풍의 진위(眞僞)를 속히 분변해서 장계할 것이며, 또 여러 장군을 독촉해서 발선하게 하라."

임인일(壬寅日-29일)에 유정현의 종사관 조의구(趙義昫)가 대마도에서 돌아와 승전을 고하니[告捷], 3품 이상이 수강궁에 나아가 하례했다. 상왕이 훈련관 최기(崔岐)를 보내, 선지(宣旨) 2통을 받들고 군중(軍中)에 가서 도체찰사 이종무에게 이르렀다.

그 첫째는 이러했다.

"예로부터 군사를 일으켜 도적을 치는 뜻은 죄를 묻는 데 있지, 많이 죽이는 데 있는 것이 아니다. 배도(裵度)가 (당나라) 헌종(憲宗)의 명을 받아 채(蔡)나라를 치고 조빈(曹彬, 931~999년)[31]이 (송나라) 태

---

31 북송 초기의 명장으로 자는 국화(國華)다. 태조(太祖) 건덕(乾德) 2년(964년) 촉(蜀)을 정

조(太祖)의 명을 받아 촉(蜀)나라를 정복시킨 것이, 역사책에 실려 있어 환하게 볼 수 있다. 오직 경은 나의 지극한 생각을 체인해서, 적이 투항(投降)하도록 하는 데 힘써서 모두 나에게 이르게 하라. 또한 왜놈[倭奴]의 마음은 간사함을 헤아릴 수가 없으니, 이긴 뒤라도 방비가 없다가 혹 일을 그르칠까 함이 또한 염려되는 바다. 또 생각건대, 7월 지간에는 으레 폭풍이 많으니 경은 그 점을 잘 생각해서 오래도록 해상에 머물지 말라."

그 둘째는 이러했다.

"봄에 살아나게 하고 가을에 죽이는 것은 하늘의 도리다. 임금다운 임금[王者]은 하늘의 도리를 체화해 만민을 사랑하고 길러주지만, 그 도적과 간사한 무리 중에 패상난기(敗常亂紀-천도를 어기고 인륜을 어지럽히는 것) 하는 자가 있으면 베고 토벌을 행한다. 이것은 어쩔 수가 없이 하는 일이어서, 삼가며 불쌍히 여기는 뜻 또한 언제나 떠나지 않는다. 근자의 대마도 왜적들은 은혜를 배반하고 의리를 저버린 채 몰래 우리의 땅 경계로 들어와서 군사를 노략한 자이므로 잡는 대로 베어서 큰 법을 바르게 하되, 전일에 의리를 사모해서 전부

벌하고 도감(都監)이 돼 협중(峽中)의 군현을 함락했는데, 청렴하고 성실해 가는 곳마다 열복(悅服)했다. 나중에 태원(太原)을 정벌했다. 개보(開寶) 7년(974년) 승주서남로행영마보군전조도도부서(昇州西南路行營馬步軍戰權都部署)에 임명돼 남당(南唐)을 정벌하고 금릉(金陵)을 함락시켰지만, 함부로 사람을 죽이지는 않았다. 귀환해 추밀사(樞密使)와 검교태위(檢校太尉), 충무군절도사(忠武軍節度使)를 역임했다. 태종이 즉위하자 동평장사(同平章事)가 더해졌다. 옹희(雍熙) 3년(986년) 반미(潘美) 등과 거란(契丹)을 쳐서 연이어 주현(州縣)을 함락했지만, 야율휴가(耶律休哥)에게 패해 기구관(岐溝關)까지 밀렸다가 궤멸당했다. 책임을 지고 우효위상장군(右驍衛上將軍)이 됐다. 진종(眞宗)이 즉위하자 다시 검교태사(檢校太師)와 동평장사가 됐다. 노국공(魯國公)에 봉작(封爵)돼 장상(將相)을 겸했다.

터 우리나라의 경계에 살던 자들과 이제 이익을 찾아온 자들은 모두 여러 고을에 나눠 배치해서 옷과 식량을 주어 그들의 생활이 되게 하라. 대마도는 토지가 척박해서 심고 거두는 데 적당하지 않아 생계가 실로 어려우니, 내 심히 민망히 여긴다. 혹 그 땅의 사람들이 전부 와서 항복한다면 거처와 의식을 요구하는 대로 해줄 것이니, 경은 나의 지극한 뜻을 도도웅와와 대소 왜인들에게 깨우쳐서 알려 주도록 하라."

도도웅와는 곧 종정성(宗貞盛)이다. 이때는 군사가 (대마도 왜적을) 패배시켰다는 보고가 아직 오지 않았으므로 이런 뜻을 내렸다.

○ 이종무 등이 배를 두지포(豆知浦)에 머무르게 한 뒤 날마다 편장(褊將)을 보내 육지에 내려 수색하게 해서, 다시 그 가옥 68호와 배 15척을 불사르고 도적 9급(級)을 베었으며 중국인 남녀 15명과 본국인 8명을 얻었다. 적이 밤낮으로 우리 군사 막기를 생각했는데, 26일에 종무가 전진해서 이로군(尼老郡)에 이르러서는 3군에 명해 길을 나눠 육지에 내리게 했다. 한 번 싸우고자 좌우 군사들을 독려해서 먼저 육지에 내리게 하니, 좌군절제사 박실(朴實)이 적과 서로 만났다. 적이 험한 곳에 모여 복병하고 기다렸다가, 실(實)이 군사를 거느리고 높은 곳에 올라 싸우려 할 그 순간에 졸지에 복병을 일으켜 돌격해 왔다. 우리 군사가 패전해, 편장 박홍신(朴弘信)·박무양(朴茂陽)·김해(金該)·김희(金熹)가 전사했다. 실이 군사를 거두고 다시 배에 오르자 적이 추격해 왔는데, 우리 군사 중에 전사하거나 언덕에서 떨어져 죽은 자가 백 수십 인이나 됐다. 우군절제사 이순몽(李順蒙)과 병마사 김효성(金孝誠) 등이 또한 적을 만나 힘껏 싸워서 막

자 적이 그제야 물러났고, 중군은 마침내 육지에 내리지 않았다. 도도웅와는 우리 군사가 오래 머물까 두려워서, 글을 받들어 군사를 물리고 수호(修好)하기를 빌면서 말했다.

"7월 사이에는 항상 풍파의 변이 있으니, 오래 머무는 것은 옳지 않습니다."

7월

병오일(丙午日-3일)에 이종무 등이 수군[舟師]을 이끌고 돌아와서 거제도에 머물렀다.

정미일(丁未日-4일)에 왜구가 황해도에서 충청도까지 이르러, 적의 배 2척이 안흥량(安興梁)에 들어와서 전라도의 공선(貢船) 9척을 노략질한 뒤 대마도로 향했으나, 수군도만호 이매(李枚)는 감히 구원하지 못했다.

무신일(戊申日-5일)에 황해도 감사가 급보했다.

'중국으로부터 돌아오는 왜구 약 수십 척이 이달 초3일에 소청도(小靑島) 해양(海洋)에 출몰했습니다.'

상왕이 곧바로 진무 이양성(李養性)을 보내서 유정현을 일깨워 말했다.

"방비를 엄중하게 하라."

또 영을 내려 연해의 요로(要路)에 각각 병선 20척씩을 예비했다가 변(變)에 대비하게 했다.

○ 이종무가 보내온 진무(鎭撫) 송유인(宋宥仁)이 밤에 와서 아뢰었다.

"군사가 거제로 돌아왔는데, 전함(戰艦) 중에 전복되거나 침몰한 것은 없습니다."

상왕이 곧바로 불러 보고 친히 상황을 묻고는 마구간의 말 1필을 내려주었고, 상도 옷 1벌을 내려주었다.

○ 좌의정 박은이 상왕에게 아뢰었다.

"지금 적왜(賊倭)가 중국에 들어가 도적질하고 본도로 돌아오니, 바로 이때입니다. 마땅히 이종무 등으로 하여금 다시 대마도에 나아가게 해서, 적이 섬에 돌아오기를 기다렸다가 맞아서 치면 적을 깨트릴 것이 틀림없습니다. 진실로 진멸(殄滅)시킬 기회를 잃지 마소서."

상왕이 그렇게 여겼다.

경술일(庚戌日-7일)에 정역(鄭易)에게 한성 부사를 맡기고 권홍(權弘)을 영가군(永嘉君)으로 삼았으며, 이종무를 의정부 찬성사, 이순몽을 좌군총제, 박성양(朴成陽)을 우군동지총제(右軍同知摠制)로 삼았다. 동정(東征-대마도 정벌)한 여러 절제사는 모두 좌목(座目)에 올리고, 싸움에 죽은 병마부사 이상은 쌀과 콩 각각 8석, 군관(軍官)은 사람마다 각각 5석, 군정(軍丁)은 사람마다 3석을 내려주었다. 상왕이 동지총제 이춘생(李春生)을 보내 동정군중(東征軍中)에 나가게 해서 하사한 술로써 여러 장군을 위로하고, 유정현에게 일러 말했다.

"중국으로부터 돌아온 적선 30여 척이 이달 초3일에 황해도 소청도에 이르렀다가, 초4일에 안흥량(安興梁)에 와서 우리 배 9척을 노략하고 도로 대마도로 향했다. 우박과 권만(權蔓)을 중군절제사로 삼고 박실과 박초를 좌군절제사, 이순몽과 이천을 우군절제사로 삼아서 각각 병선 20척씩을 거느리게 할 것이니, 도체찰사가 모두 거느리고 다시 대마도로 가라. 육지에 내려 싸우지는 말고, 군사를 거느리고 바다에 떠서 변(變)을 기다리도록 하라. 또 박성양을 중군절제사, 유습을 좌군절제사, 황상을 우군절제사로 삼으니, 각각 병선 25척씩을 거느리고 나눠 등산(登山)·굴두(窟頭) 같은 요해처(要害處)에 머물렀다가, 적이 돌아오는 길을 맞아 쫓으면서 협공으로 반드시 대마도까지 이르게 하라."

곧바로 종무 이하 10인의 장수에게 갑옷과 옷 1벌을 내려주었다.

임자일(壬子日-9일)에 우의정 이원이 상왕에게 아뢰었다.

"지금 대마도를 치러 갔던 수군이 돌아와서 해안에 머물러 있는데, 또 명해 대마도에 다시 가서 맞아 치도록 하셨습니다. 이 계책도 득책(得策)이라 할 수 있으나, 군사들의 예기(銳氣)가 이미 쇠하고 선박의 장비가 또한 파손됐으며 더구나 기후가 점점 바람이 높으니, 멀리 불측한 험지를 건너가다가 혹 생각지 못한 변이라도 있으면 뉘우쳐도 따를 수 없을 터입니다. 바람이 평온해지기를 기다렸다가 군사를 정제(整齊)해 다시 쳐도 늦지 않습니다."

상왕이 그렇게 여겨 박은에게 의견을 물었는데, 은은 자기가 먼저 정한 계책을 고집하며 이 시기를 놓치는 것은 불가하다 했다. 상왕이 다시 박은에게 물었다.

"옛날에 주공(周公)이 완고한 백성을 일러서 깨우치기를 여러 번 했으니, 빼어난 이의 다움으로도 오히려 이와 같이 했다. 조그마한 작은 섬 놈들이 은혜를 저버리고 죽을죄를 범했으나, 내가 글로써 일러 알아듣도록 타일러주고서 그래도 오히려 마음을 고치지 아니하거든 군사를 동원해서 다시 친다 하더라도, 무엇이 나의 임금다움[德]에 무슨 해가 될 것인가?"
  덕

은이 계속 고집하며 듣지 않았다.

계축일(癸丑日·10일)에 유정현이 다시 아뢰었다.
"대마도에서 전사한 자가 180명입니다."

을묘일(乙卯日·12일)에 상왕이 지인(知印) 이호신(李好信)을 보내 유정현에게 선지를 내렸다.
"대마도를 다시 토벌하는 것을 중지하게 하고, 장수들로 하여금 전라, 경상도의 요해처에 보내 엄하게 방비해서 적이 통과하는 것을 기다렸다가 추격해 잡게 하라."

무오일(戊午日·15일)에 동정(東征)하는 여러 장수가 구량량(仇良梁)에 모였다. 이날 배를 출발시켜 대마도로 향해 가려고 할 때, 마침 이호신이 진시(辰時)에 군중(軍中)에 이르러 선지를 전했다.
"다시 토벌하는 행군을 중지하라."
이날 밤에 구량량에 동풍(東風)이 비를 따라 급히 불어와, 병선

7척이 파괴됐고 1척은 배 전체가 뒤집혀 빠져 죽은 자가 7명이나 됐으며 또 8척은 바람에 떠내려가 행방을 모르게 됐다.

경신일(庚申日·17일)에 전 갑산군사(甲山郡事) 장온(張蘊)을 의금부옥에 내렸다. 삼성(三省)과 병조참의 장윤화(張允和)에게 명해 서로 토의해서 다스리게 했다. 장온이 동정(東征)할 때 먼저 서울로 돌아와 떠들어 말했다.

"장수의 상공(上功)을 실상으로써 하지 않았고, 또 싸움에 당해서는 중군(中軍)이 배에서 내리지 않았다."

상왕이 듣고 말했다.

"옥에 내려 국문하라."

갑자일(甲子日·21일)에 상이 명했다.

"이번 동정(東征)해서 얻은 한인(漢人) 모두 130여 명은, 포로가 됐다가 도망쳐 온 회회인의 예에 의해 옷과 갓·신·포목을 주어서 요동으로 풀어 보내라."

을축일(乙丑日·22일)에 좌의정 박은이 아뢰었다.

"좌군절제사 박실이 대마도에서 패군할 때 호위하던 한인(漢人) 송관동(宋官童) 등 11명은 우리 군사가 패하게 된 상황을 자세히 알고 있습니다. 중국에 돌려보내 우리나라의 약점을 보이는 것은 불가합니다."

우의정 이원과 변계량·허조 등이 모두 말했다.

"마땅히 풀어 보내 사대(事大)의 예를 완전히 해야 합니다."

상이 통사를 보내서 관동(官童) 등을 중로(中路)에서 만나 그 소견을 탐문하게 했다.

8월

계유일(癸酉日-1일)에 유정현(柳廷顯)이 경상도로부터 돌아오므로, 상왕이 지병조사(知兵曹事) 이욱(李勗)을 보내고 상이 동부대언(同副代言) 유영(柳穎)을 보내서 한강 가에서 영접해 위로하게 했다. 최윤덕(崔閏德)이 전라도에서 마침 이날 돌아왔으므로 상왕과 상이 인견해서 주연을 베풀어 위로하고, 환관에게 명해 종사관(從事官) 곽존중(郭存中)·오선경(吳先敬)·조의구(趙義珣) 등도 대접하게 했다.

병자일(丙子日-4일)에 이종무·우박(禹博)·박성양(朴成陽)·서성(徐省)·임상양(林尙陽)·이징석(李澄石) 등이 돌아오니, 상왕이 병조참의 장윤화(張允和)를 보내고 상이 우부대언(右副代言) 최사강(崔士康)을 보내서 한강 가에서 영접해 위로하게 했다. 상왕이 상과 함께 낙천정(樂天亭)에 행차해서 그들을 기다리니 종무 등이 들어와서 뵈므로 주연을 베풀어 위로했는데, 행차에 배행했던 종친과 대신들도 연회에 참례케 했다.

상왕이 말했다.

"오늘날의 계획으로는 병선을 더 만드는 것보다 나은 일이 없으므로, 이미 함길·평안·강원도 등에 명해 각각 병선을 더 만들게 했다. 또 생각하면 강원도 영동의 여러 곳에는 소나무가 많을 것이니, 배를 만들게 해서 경상도로 보내는 것이 어떠하겠는가?"

좌우에서 모두 말했다.

"좋습니다."

날이 저물어서야 두 임금이 대궐로 돌아갔다.

정축일(丁丑日-5일)에 통사(通事) 최운(崔雲)과 선존의(宣存義)가 송관동(宋官童) 등 12명을 중로에 가서 만나 그 보고 들은 것을 물으니, 관동이 대답했다.

"대마도란 곳은 길이는 한 300리가 되겠고 너비는 60여 리쯤 되겠는데, 이번 싸움에 전사한 것이 왜인은 20여 명이고 조선 사람은 100여 명이다."

최운 등이 돌아와서 그대로 아뢰니, 상왕이 최운 등에게 물었다.

"관동 등을 모두 요동으로 보내야 할까, 혹은 그냥 붙들어둘까?"

최운 등이 아뢰었다.

"중국의 군병으로도 달단(韃靼)을 치다가 죽은 사람이 반이 넘는데, 100여 명 죽은 것이 어찌 부끄럽겠습니까?"

상왕이 말했다.

"내 뜻이 본래 그러했다."

곧 명해 요동으로 보내게 했다.

기묘일(己卯日-7일)에 상호군(上護軍) 최운(崔雲)을 보내 대마도 정벌

때 포로로 잡은 요동·절강·광동 등 여러 곳의 남녀 142명을 요동으로 압송하게 했다.

병술일(丙戌日-14일)에 상왕이, 박실이 군율을 어겨서 패군했다는 이유로 의금부에 하옥하게 하고, 삼성(三省)을 시켜서 같이 치죄(治罪)하게 했다.

무자일(戊子日-16일)에 의금부 제조 변계량 등이 수강궁에 가서 아뢰었다.

"어제 명을 듣고 박실이 패군한 죄를 국문했더니 박실이 공술하기를 '이종무가 처음에는 삼군 세 절제사에게 명하기를 다 육지에 내려서 싸우라고 하더니, 뒤에 명을 변경해서 삼군절제사 각 한 사람만이 육지에 내리라고 해서 실이 제비를 뽑게 돼서 내리게 됐다. 적은 강하고 우리는 약해서 두 번이나 보고해서 구원하기를 청했으나, 종무가 들어주지 아니하고 유습과 박초 등도 또한 내려와 구원하지 않았기 때문에 패전하게 됐다'라고 했습니다. 신들의 생각에는 특별히 박실만의 죄가 아니라 종무와 습과 초도 다 죄가 있습니다. 모두 국문함이 옳은가 합니다."

상왕이 말했다.

"박실이 패군한 죄는 모두 다 아는 바이지만, 만약 법대로 논한다면 유정현이 도통사가 돼서 즉시 박실을 구속하고 벌줄 것을 청하지 않았으니 그것 역시 죄가 되는 일이다. 이제 장온을 무고죄로 벌주고 여러 장수를 상주었다가 또다시 정현과 종무를 옥에 내린다면, 나라 사람들에게 부끄러움이 있지 않겠는가? 하물며 동정할 때에는 승리가 많았고 패전은 적지 않았는가? 뒷날의 일도 역시 생각하지 않을 수 없으니 만약 대거(大擧)할 계획을 한다면 또한 권도(權道)를 써야 하겠지만, 내 어찌 이런 일로 해서 끝까지 그 죄를 치죄하지 않을 리야 있겠는가? (다만) 지금은 박실을 공신의 자식이라 해서 면죄시키게 하라."

정유일(丁酉日-25일)에 정역(鄭易)을 의정부 찬성, 이종무를 장천군(長川君), 이중지(李中至)를 중군동지총제(中軍同知摠制), 정경(鄭耕)을 전라도 수군도절제사에 임명했다.

9월

병오일(丙午日-4일)에 사헌부 장령 정연(鄭淵)이 아뢰었다.
"이종무가 공신으로서 허락하시는 명을 기다리지 않고, 마음대로 불충한 자인 김훈(金訓)과 노이(盧異)를 데리고 출정했습니다. 그 죄상을 다스려야 합니다."
상이 말했다.
"곧장 상왕께 아뢰겠다."

무신일(戊申日-6일)에 사은사 조흡(曹洽)과 부사 이흥발(李興發)이 북경에서 돌아왔는데, 황제가 도둔곶(都芚串)에서 붙들려 갔던 선군

(船軍) 이원생(李元生) 등 세 사람을 함께 돌려보내 주었다. 원생(元生) 등이 말했다.

"왜적이 중국 땅을 침노하다가 도독(都督) 유강(劉江)에게 격퇴당해서 1,500명이 목이 잘리고 생포된 자가 103명이었다. 배를 지키던 왜적이 우리들 붙들려 간 사람들에게 말하기를 '너희 나라에서 우리가 침략하러 간다는 것을 가만히 일러주어서 우리들이 패전하게 됐다'라고 하고서 40여 명이나 찔러 죽였는데, 우리들 세 사람이 도망쳐서 중국으로 갔더니 황제가 의복과 식량을 주시며 돌아오게 했다."

전에 천추사(千秋使) 성음(成揜)이 경사(京師)에 갈 때 요동에 가서 왜적의 사변이 있을 것을 일러주었으므로, 유강이 미리 대비해 왜적이 패망했던 것이다.

임술일(壬戌日·20일)에 등현(藤賢)·변상(邊尙) 등이 대마도로부터 돌아왔다. 대마도의 수호 종도도웅와(宗都都熊瓦)가 도이단도로(都伊端都老)를 보내서 예조판서에게 신서(信書)를 내어 항복하기를 빌고 인신(印信) 내리기를 청했으며, 토산물을 바쳤다.

계해일(癸亥日·21일)에 상이 말했다.

"대마도는 지금 비록 궁박한 정도가 심해지자 항복하기를 빌고 있으나, 속마음은 실상 거짓일 것이다. 만약에 온 섬이 통틀어서 항복해온다면 괜찮겠지만, 그들이 오지 않는다면 어찌 족히 믿을 수 있겠는가."

이원이 아뢰었다.

"비록 온 섬이 통틀어서 항복해온다 하더라도 그것을 처치하는 것
역시 어렵습니다."

상이 말했다.

"수만에 지나지 않는데, 그 정도를 처치하는 것이 무엇이 어렵겠
는가."

원(原)이 아뢰었다.

"궁박한 정도가 심해지자 표면적으로 우호적인 교제를 허락한
것일 뿐입니다. 반드시 온 섬이 통틀어서 투항해오지는 않을 것입
니다."

상이 말했다.

"그렇다."

허조(許稠)가 아뢰었다.

"처음에는 일본의 사신이 그래도 적더니 근년에 와서는 칼 한 자
루를 바치는 자까지도 사신이라 칭하고서는, 스스로 나서서 물건을
매매하려 하니 그들이 가지고 온 재화가 길에 연달아 있어 역리들이
폐해를 입는 일이 적지 않습니다. 왕왕 예조에까지 와서 공을 따지
고 성내어 소리치는 자까지 있습니다. 국가에서 1년 동안에 이들에
게 내리는 (양곡이) 1만여 석이라는 많은 양에 달합니다. 지금 만약
에 그들의 내왕을 허락하실 것이라면, 마땅히 도성 밖에다 왜관(倭
館)을 지어 (거기에만 머물게 하고) 도성 안에는 들어오지 못하게 할
것입니다. 도도웅와(都都熊瓦) 및 종준(宗俊) 등의 문서를 가지고 온
자들은 예로써 접대해주되 그들이 매매하는 재화는 스스로 운반해

다니게 하고, 그 밖에 등차랑(藤次郞) 등이 부리는 사람은 접대를 불허함으로써 내왕의 개시를 엄격하게 해야 할 것입니다."

상이 말했다.

"만약에 내왕을 하게 되면 경(卿)의 말대로 하는 것이 좋겠다."

병인일(丙寅日-24일)에 이순몽(李順蒙)이 아뢰었다.

"대마도에 출정했을 때 우군(右軍)은 전연 상륙하지 않았고, 오직 신만이 군사를 거느리고 내려가 높은 산봉우리를 거점으로 삼아 힘을 내서 싸워 적을 물리쳤습니다. 또 20일부터 25일까지 왜적을 수색해 잡고 그들의 집을 불살랐습니다. 그때 공을 세운 군사들의 등급을 매겨서 즉시로 우도 절제사(右道節制使)에게 보고했사온데, 절제사는 그것을 병조에 보고하지 않았습니다. 또 공을 기록할 때도 단지 (왜적의) 목을 벤 다섯 사람만 기록했을 뿐, 그 나머지 왜적을 쳐서 이겨 공을 세운 자들은 모두 다 기록하지 않았습니다. (논공) 행상(行賞)이 불공평할 뿐 아니라 장차 뒤에 올 사람들에게도 권면할 길이 없습니다."

정묘일(丁卯日-25일)에 동정(東征)한 공을 논했는데, 상직을 받은 자가 200여 명이었다.

경오일(庚午日-28일)에 상왕이 박은·이원 등에게 말했다.

"수강궁(壽康宮)은 송나라 광종(光宗)의 궁 이름이다. 지금 이름을 취해서 우리 궁의 이름으로 한 것은 무엇 때문인가."

은(訔) 등이 아뢰었다.

"(『서경(書經)』)「홍범(洪範)」에 수(壽)라고 하고 강(康)이라고 하는 글자가 들어 있다는 것만을 알고 있었을 뿐이고, 그런 일이 있었다는 것은 몰랐습니다."

상왕이 말했다.

"광종이 격분한 끝에 병이 나서 수강궁에 6년 동안 피해 있다가 붕(崩)했다. 이 일은 『송감(宋鑑)』에 나와 있다."

은 등이 아뢰었다.

"대신 노릇을 하는 자는 마땅히 글을 널리 알아야 하는데, 신들이 배우지 못한 탓으로 이 지경에 이르렀습니다. 예조로 하여금 자세히 연구해서 고치도록 해야 할 것입니다."

상왕이 말했다.

"고친다면 기국(氣局-그릇)이 좁아지는 것이니, 고칠 것 없다."

10월

임오일(壬午日-11일)에 수강궁에 문안했다. 상왕이 유정현·박은·이원·허조·신상(申商) 등을 불러 대마도의 투항을 일깨워주는 방책을 토의하니, 모두 말했다.

"마땅히 이렇게 설득해 일깨워줘야 합니다. '너희 섬의 사람들이 애초에 도적질하는 것을 일삼아 우리 땅을 침범해 노략질하다가, 그 후 종정무(宗貞茂)가 사람을 보내 항복하겠다고 빌었다. 우리가 차마 그를 끊어버릴 수 없어 그가 하고자 하는 대로 따른 지가 여러 해 됐는데, 지금 또 도적질해 사단을 일으켰기에 병선을 보내 그 처자들을 잡아 오게 명했다. 너희들이 명령에 항거해 제각기 험한 곳을 이용해 싸웠으나, (이 싸움은) 양쪽이 다 이익될 것이 없었다. 만약에 다시 병선을 1,000척 내지 5~600척을 보내 드나들며 공격하면 스스로 굶주림과 곤란을 초래해 죽게 됨을 (곧 그 자리에서) 면치 못할 것이다. 지금 네가 와서 수호(修好)하기를 빈다마는, 앞서도 수호하지 않은 것이 아니었음에도 그같이 흔단(釁端-사단)을 일으켰으니 어찌 믿을 수 있겠느냐. 반드시 종준(宗俊) 등이 친히 와서 투화한다면 그 때는 너희들이 항복하는 것을 허락해주어, 큰 (공이 있는) 자는 벼슬을 살게 하고 작은 자는 백성이나 되게 해서 너희들이 원하는 바를 들어줌으로써 생업에 안정할 수 있게 해줄 것이다. 너는 돌아가서 도민(島民)들이 깨닫도록 일러주고 속히 와서 보고하라. 11월까지 기다려도 보고해 오지 않는다면, 우리도 영영 투항해오지 않는 것으로 생각하겠다.' 병조와 예조가 함께 설득하고 일깨워서 보내도록 해야 할 것입니다."

상왕이 그것을 옳게 여겼다.

정유일(丁酉日-26일)에 상이 수강궁에 문안하고 술자리를 차리니, 유정현·박은·이원·변계량·허조·조말생·신상(申商) 등이 입시(入侍)했다.

상왕이 정현 등에게 은밀하게 말했다.

"전일 대마도를 정벌했을 때 갑사 5~6인이 왜적에게 사로잡혀 돌아오지 못했다. 이번 도도웅와(都都熊瓦)의 사자가 돌아갈 때, 그들을 돌려보내라고 일러 보냈는가?"

조말생이 아뢰었다.

"일러 보내지 않았습니다."

상왕이 곧 진무 홍사석(洪師錫)을 보내서 그를 따라가 일러주라고 명했다. 상왕이 또 말했다.

"내가 듣건대, 하도(下道)의 백성이 다시 출정하는 것을 꺼려서 유이(流移)하는 자가 무척 많다고 한다. 그런데 대마도는 섬이 험조(險阻)하고 바다가 떨어져 있어 출정 토벌하기가 쉽지 않다. 지금 다행히 도도웅와가 항복을 빌어 왔는데, 배를 만들고 군사를 훈련해서 다시 정벌하러 간다는 소문을 그가 어찌 듣지 못했겠는가? 왜적이 이미 이 소문을 들었을 것이니, 거짓으로 다시 정벌하는 것처럼 해서 그들을 동요시킨다면 또한 좋지 않겠는가?"

정현이 대답해 말했다.

"상의 가르침이 지당합니다."

박은과 이원 등이 아뢰어 말했다.

"신 등이 생각건대, 마땅히 각 도에 '지금 왜인들이 성심으로 항복해왔으므로 잠시 재차 정벌하는 일을 정지한다. 만약에 앞서와 같이 나쁜 짓을 한다면 반드시 다시 정벌해야 할 것이니, 각각 준비하고 기다리라'라고 이문(移文)해야 할 것으로 압니다."

상왕이 말했다.

"옳다."

곧 이문할 것을 명했다.

11월

신축일(辛丑日-1일)에 이종무(李從茂)·이적(李迹)·서성(徐省)을 의금부에 내리고 삼성(三省)에 명해 함께 그 죄를 다스리게 했다.

김훈(金訓)은 이적의 누이의 남편으로, 비록 문과로 출신(出身-벼슬길에 나섬)했으나 본성이 무예를 좋아해서 능히 사나운 짐승을 쏘아 잡았으므로, 문무에 재주가 있다고 자부했다. 그러나 하는 짓이 삼가지 않는 일이 많았고, 또 여색을 좋아했다. 수원 관기 벽단단(碧團團)을 사랑해서 가만히 서울에 데리고 왔는데, 인덕궁(仁德宮-정종) 궁인 소매향(小梅香)은 벽단단의 숙모였다. 훈이 그 인연으로 남모르게 인덕궁을 만나보았고, 인덕궁은 훈에게 활과 화살 및 입던 옷을 주었다. 적의 아버지 전 대제학 이행(李行)은 본래 (세상을) 두려워하고 조심하던 사람이라, 자못 그 정상을 알고 집안에 화가 될까 두려워서 적을 시켜 조정에 고발했다. 안험(按驗)해 사형을 당하게 됐으나 상왕이 사형을 용서하고 장형(杖刑)과 유형(流刑)에 처했는데, 뒤에 사(赦-사면령)가 내려 고향으로 돌아왔다. 동정(東征-대마도 정벌)이 있게 되자 적이 종무에게 말했다.

"훈은 무예가 보통 사람보다 뛰어나니, 공(公)이 만약 그를 종군시켜 공을 세우게 하면 거의 지난날의 죄를 면할 수 있을 것입니다."

종무가 그것을 허락하고 경상도에 이르러서 장계를 올려 훈과 노이(盧異)를 종군하도록 청했는데, 회보(回報)를 기다리지 않고 거느리고 갔다. 이때에 와서 대간이 탄핵해 아뢰었다.

"훈이 일찍이 불충한 죄를 범했는데, 종무가 역(逆)과 순(順)을 돌보지 않고 종군하게 했고, 적은 처음에는 아비의 말로써 훈의 죄를 고발했다가 지금에는 아비의 말을 저버리고 도리어 종무에게 추천해서 뒷날에 출세할 기회를 바랐으며, 성(省)은 (종무의) 종사관으로서 (그런 일을) 바로잡지 못했으니, 모두 죄를 다스리기를 청합니다."

상왕이 그것을 따랐다. 적이 초사(招辭)에서 이순몽(李順蒙)·임상양(林尙陽)을 끌어들여서 모두 훈을 종군하도록 추천한 자들이라고 하므로 드디어 두 사람도 의금부에 내렸는데, 순몽은 스스로 변명할 수 있어서 얼마 뒤에 풀려났다.

갑인일(甲寅日-14일)에 사헌부 대사헌 신상(申商) 등이 소를 올려 말했다.

'가만히 생각건대, 신하의 죄 중에는 불충(不忠)보다 더 큰 것이 없습니다. 어찌 신하가 돼서 불충하고도 하늘과 땅 사이에 용납될 수 있겠습니까. 전날에 김훈이 옥구진 병마사(沃溝鎭兵馬使)가 됐을 때 마음대로 서울에 올라와서 비밀리에 인덕전으로 하여금 그 기생첩과 함께 풍정연(豐呈宴)에 나아가서 자주 물품을 하사하게 했으니, 이것은 두 마음[二心]을 품은 것입니다. 그 아비가 부모상을 당해[丁憂] (충청도) 영동(永同)에 있었건만 지나가면서 보지도 않았으니, 이것은 그 어버이를 잊은 것입니다. 신하와 자식이 돼서 임금을 배반하고 어버이를 잊었으니, 죄는 주륙해도 용납될 수 없는 것입니다. 당시에 대간과 형조에서 법대로 처치하기를 청했으나 상왕 전하께서 살리기를 좋아하는 다움[好生之德=仁]으로 특히 너그러운 법을 적용해서, 다만 곤장을 쳐서 유배 보냈다가 겨우 1년도 지나지 않아 다음해에 다시 외방에서 편한 대로 거주하며 여생을 마치게 했습니다. 죄는 매우 무거운데 벌은 매우 가벼우니, 신하 된 자로서 통분(痛憤)하게 여기지 않는 자가 없었습니다. (그런데) 지금 훈이 또 성상(聖上)께서 (목숨을) 보전하게 한 은혜를 생각지 않고 이적·임상양 등과 더불어 서로 통하고 응해서 조용히 천발(薦拔)되기를 도모했고, 또 그의 자식을 이종무에게 부탁해서 서울로 데리고 가서 권세 있고 귀한 사람과 결탁하게 함으로써 재차 나랏법을 범했으니, 이는 자기 스스로 천주(天誅)를 부른 것입니다.

바라건대 전하께서는 오로지 영락(永樂) 14년 11월 11일에 특히 내리신 교지 내용에 의거해서, 불충한 김훈과 불충에 편당한 이종무·이적·임상양·서성 등을 율대로 (형을) 시행하시어 장래를 징계하는 것이 종사에 다행일까 합니다.'

상이 수강궁에 문안하고, 원숙(元肅)을 불러 보며 말했다.

"의금부에서 종무 등의 죄를 아뢰되 모두 모반(謀叛)으로 논해서 수범(首犯)과 종범(從犯)을 분간하지 않았으나, 그 실정을 구명하면 어찌 차등이 없겠느냐? 또한 이 율은 (그들의) 죄에 합당하지 않은 듯하니, 3의정(議政)과 더불어 토의해서 보고하라."

숙(肅)이 나가서 3의정에게 토의하게 하니, 모두 말했다.

"종무의 죄는 다만 불충에 편당했을 뿐인데, 이제 김훈과 노이의 불충한 죄는 논란하지 않으면서 먼저 종무 등을 논의함은, 신 등은 온당하지 못하다고 생각합니다. 훈과 이를 비록 법대로 처치하지 않더라도, (그 재산을) 적몰해 관노(官奴)로라도 만든 뒤에라야 신하와 백성의 바람에 부응(副應)할 것입니다."

숙이 (이 뜻을) 상에게 보고하니, 상이 상왕께 들어가서 아뢴 후 나와서 숙에게 말했다.

"김훈은 (죄를) 논하지 말고, 종무와 서성은 자원하는 지방에 부처(付處-유배)하고, 이적과 임상양은 (신분을) 폐해 서인으로 만들고 먼 지방에 부처해서 영구히 서용하지 않을 것이니, 이 뜻을 여러 의정에게 알리라."

이어서 사헌부의 소장(疏章)과 의금부의 계본을 각하했다. 박은과 이원이 말했다.

"모름지기 김훈을 먼저 죄주어야 합니다."

유정현이 말했다.

"만약에 김훈을 먼저 논죄하지 않으면, 신은 감히 가르침을 받들지 못하겠습니다."

박은이 말했다.

"종무와 서성의 죄는 약간 차등이 있으니, 일률적으로 시행할 수 없습니다. 서성은 다만 종무의 잘못을 금하지 못한 것일 뿐입니다."

변계량과 허지 등이 말했다.

"성(省)은 사리를 아는 사람으로서 막하(幕下)에 종사하면서 (잘못을) 알고도 금하지 않았으니, 그 죄가 종무보다 못하지 않습니다."

숙이 그 말을 다 아뢰니, 상이 말했다.

"서성과 종무의 죄가 같다는 것이 아니라 종무의 죄는 본래 서성보다 무거우나 특별히 공신인 까닭에 형을 낮춰 서성과 같게 한 것이다. 김훈의 죄를 먼저 다스리라는 청은 옳다."

마침내 들어가 상왕에게 아뢰었으나, 상왕이 윤허하지 않았다. 3의

정이 다시 청하니, 상왕이 김훈의 가산을 적몰하고 관노로 만들도록 명했다. 의금부 제조(提調) 등이 아뢰어 말했다.

"노이의 죄는 방문중(房文仲)과 다름이 없으니, 법대로 처치하기를 청합니다."

상왕이 또 윤허하지 않았으나, 재청하니 가산을 적몰하고 관노로 만들라고 명했다.

무오일(戊午日·18일)에 유정현 등이 또 이종무 등의 죄를 청했으나, 윤허하지 않았다. 대사헌 신상 등이 소를 올려, 이종무는 분하게 여기고 원망하는 말이 있었으며 이순몽은 불충에 편당했다 해서 법대로 처단할 것을 청했으나, 윤허하지 않았다.

임술일(壬戌日·22일)에 수강궁에 문안했다. 두 임금이 내전에 술자리를 베풀고, 유정현·박은·이원·조연(趙涓)·허조·조말생·신상·전흥(田興)·허지·원숙 등을 입시하게 했다. 신상·허지·전흥 등이 상 앞에 나아가 아뢰었다.

"이종무가 분하게 여기고 원망하는 형적이 이미 나타났으니, 사형에 처하기를 바랍니다."

유정현 등도 또한 같은 말로 청했으나, 상왕이 말했다.

"분하게 여기고 원망하는 말을 한 것은, 어리석고 고지식하기 때문이다. 어찌 딴마음이 있었겠는가?"

정현 등이 두 번 세 번 힘껏 청했으나, 끝내 윤허하지 않았다.

계해일(癸亥日-23일)에 상왕이 조말생과 원숙을 불러서 말했다.

"근일에 부엉이가 와서 우는데, 내가 괴이하다고 생각지는 않지만, 궁을 떠나 피해 있는 것은 예로부터 있는 일이다. 또 『운회(韻會)』에 유(鶹)자를 풀이하기를, '유는 새 이름인데, 울면 흉하다'라고 했다. 나는 피해 있고자 한다. 개경 같은 데는 물을 건너야 하고 또 길이 멀어서, 내가 전년에 왕래할 때부터 폐단이 많은 것을 잘 알고 있었다. 포천(抱川)과 풍양(豐壤)에 본궁(本宮)의 노자(奴子)만으로 집 10여 간을 지어, 낙천정에서 풍양을 거쳐 포천을 향해 내왕하면서 (흉한) 방위를 피하고자 한다. 포천 같은 데는 본궁에 딸린 전토와 백성이 많아서 집짓기가 어렵지 않으므로 내가 이미 집을 짓도록 명했지만, 풍양 같은 데는 노자는 있어도 전토가 없으니, 옛 읍터에 집을 짓고 또 묵은 밭을 노자에게 주어 그들의 생계를 돕고자 한다. 그러나 집 짓는 일은 맹세코 국가의 힘을 괴롭게 하지 않겠으니, 너는 (이 계획을) 모두 영의정에게 말하라."

영의정이 마침내 부름을 받고 수강궁에 왔다가, 명을 듣고 아뢰었다.

"상의 가르침이 매우 좋으니, 신이 (명을) 받들어 거행하겠습니다."

갑자일(甲子日-24일)에 상왕이 풍양과 포천에 행차해서 이궁(離宮) (지을) 터를 살펴보았다[相].

12월

임신일(壬申日-2일)에 대행상왕의 시호를 올려 온인공용순효대왕(溫仁恭勇順孝大王)이라 하고, 능호(陵號)를 후릉(厚陵)이라 했다.

갑신일(甲申日-14일)에 의령부원군(宜寧府院君) 남재(南在)가 죽었다. 조회와 저자를 3일 동안 정지하고, 부의(賻儀)로서 쌀과 콩 각 70섬, 종이 200권을 주고, 관에서 장사를 비호(庇護-지원)했다. 시호를 충경(忠景)이라 했으니, 자신을 위태하게 하면서 윗사람을 받드는 것이 충이고, 의(義)에서 행해 일을 이루는 것이 경이다.

재(在)는 경상도 의령이 본관이다. 젊어서 과거에 급제했고, 지금 일에도 밝고 옛일에도 통달해서 대성(臺省)을 역임했다. 중외를 드나들며 경세제민(經世濟民)하는 재간이 있었으니, (고려가 조선으로) 세상이 바뀔 무렵에 (태조를) 추대하는 모략이 재한테서 많이 나왔다. 갑술년(甲戌年-1394년) 사이에 상왕이 왕자로서 명나라에 들어갈 때 재가 따라갔는데, 그때 함께 갔던 재상이 자못 불공했으나 홀로 재만은 예로써 공경했다. 무인년(戊寅年-1398년)에 아우 남은(南誾)이 정도전(鄭道傳)·심효생(沈孝生)과 더불어 여러 적자를 없애버리고자 모의했으나, 상왕은 재가 모의에 간여하지 않았다 하면서 사저(私邸)에 두었고, 사건이 평정된 뒤에는 죽음을 면하게 해서 귀양 보냈다가 다시 소환했다. 여러 번 벼슬이 승진해 우의정에 이르렀고 부원군에 봉해졌는데, 상왕이 기구대신(耆舊大臣)으로서 특히 예모(禮貌)를 더해 대우했다. 이때에 이르러 병으로 죽으니, 나이 69세였다. 그의 손자 남휘(南暉)는 상왕의 넷째 딸 정선공주(貞善公主)와 결혼했다.

남재가 젊었을 때는 집이 가난해서 종이 하나에 말이 1필이었으며, 합문지후(閤門祗候)로서 아홉 해나 승진하지 못하니 그의 부옹(婦翁)도 예대(禮待)하지 않았다. 개국공신이 되자, 세도를 믿고 남의 노비를 많이 탈취했다. 무인년에 변정도감(辨定都監) 제조(提調)가 됐을 적에 어떤 사람이 재를 고소한 일이 있었는데, 재가 성을 내어 딴 일을 가지고서 여러 방법으로 핍박하자 그 사람이 분해서 죽었다. 그 까닭에 만년에는 재산이 제법 부유해졌다. 또 아우 남실(南實)과 살림을 다퉈서 종신토록 화목하지 못했으니, 남실이 아침밥을 겨우 먹는데도 구휼해주지 않았다.

경인일(庚寅日·20일)에 상왕이 조말생과 이명덕을 시켜 가만히 원숙에게 일러 말했다.

"임금으로서 자손이 많아야 하겠는데, 주상에게는 다만 아들 둘뿐이다. 큰 애가 6살이니 어찌 믿을 수 있겠는가? 더구나 이제 안으로 시녀도 없이 홀로 궁중에 있으니, 사알(司謁)이나 사약(司鑰) 따위의 딸 가운데서 시어(侍御)될 만한 사람을 골라 먼저 태비(太妃)께 보이고 들이는 것이 좋겠다."

무술일(戊戌日·28일)에 상이 이어소(移御所-행재소)에 문안을 갔다. 두 상이 술을 갖추고서 명했다.

"유정현·박은·이원·허조·이명덕·윤회(尹淮)·원숙 등은 입시하라."

상왕이 말했다.

"양녕이 광주(廣州)에 있으면서 조금도 뉘우치는 마음이 없다. 이제 또 밤을 이용해 두 사환을 거느리고 담을 넘어 어느 사람의 집에 들어가서, 그 사람의 첩(妾)을 빼앗으려 했으나 그 집에서 굳게 거절했다 한다. 어찌하면 좋겠는가?"

허조가 답해 아뢰었다.

"순(舜)이 상(象)을 봉해주었는데, 혹 말하기를 내쳤다고도 했습니다. 양녕이 광주에 있으면서 매사냥을 좋아해 자주 원야(原野)에 나가는 것은 심히 옳지 못한 일입니다. 신은 그의 출입을 금지시켜서 자신이 깨닫도록 하는 것이 당연한 일이라고 압니다. 그렇지 아니하고 그대로 두었다가 죄에 빠지게 되면, 비록 보전하려 한들 될 수 없을까 염려됩니다."

상왕이 말했다.

"내가 염려하는 것이 바로 이것이다. 전에 매 3마리를 주었다가 내가 이미 2마리를 거둬들였는데도 반성할 줄 모른다. 국가에서 그의 늠록(廩祿)을 감소시켜 그의 생을 곤고하게 하고 또 수직하는 사람에게 명해 마음대로 하지 못하게 해야만 겨우 보전할 것이나, 내가 죽은 뒤에도 오히려 이와 같다면 국가에서 법에 의거해 죄를 청하게 될 경우 주상인들 어찌 보전해줄 수 있겠는가? 그 담을 넘어갈 때 따라간 두 사환을 크게 징계해 다음 사람에게 경계가 되도록 하라."

유정현 등이 모두 아뢰어 말했다.

"상의 가르침이 심히 옳습니다."

세종 2년(1420년) 경자년

1월

　임인일(壬寅日-3일)에 상왕이 낙천정(樂天亭)에 행차하고자 하니, 상이 아뢰어 말했다.

　"오늘은 대행상왕(-정종)의 장례일이오니 마땅히 납시지 않으심이 옳을까 합니다."

　상왕이 깊이 옳게 여겨 말했다.

　"내가 마침 잊고 있었다."

　드디어 그쳤다.

　○ 순효대왕(順孝大王)을 후릉(厚陵)에 장사지냈다. 지문(誌文)은 이러했다.

　'영락 17년(1419년) 세차 기해년 가을 9월 26일 무진일에 온인공용순효대왕(溫仁恭勇順孝大王)이 돌아가시니, 성덕신공(聖德神功) 상왕 전하 및 주상 전하께서 애통함이 지극히 절절해서 상을 입음에 예를 극진히 하고, 임금이 여러 신하를 거느리고 존호(尊號)를 받들어 올렸다. 그 이듬해인 경자년 정월 초3일 임인에 예로써 송경(松京) 해풍군(海豐郡)에 있는 정안왕후(定安王后)의 능에 합장하니, 이는 유명(遺命)에 의한 것이다.

　대왕은 우리 태조강헌대왕의 둘째 아들이다. 타고난 자질이 온인공근(溫仁恭謹)하며, 용맹과 지략이 범인들보다 뛰어났다. 고려에서 벼슬해 여러 번 승진해 장상(將相)에 이르렀다. 일찍이 태조를 따라 출정(出征)해 공을 세웠으니, 경오년(庚午年-1390년)에 군사를 거느리고 예산(禮山)에서 왜적을 잡아 승리를 거두었다. 임신년(壬申年-1392년) 가을 7월에 태조가 왕위에 오르자 영안군(永安君)에 책봉됐고, 무인년(1398년) 가을 8월에 태조가 편치 못했을 때 (정도전·남은 등의) 권신(權臣)이 음모를 꾸며 난리를 꾸미고자 하거늘 우리 상왕이 기미를 밝게 보아 그들을 죽여버리고 태조께 청함으로써 대왕이 세자(世子)로 책봉됐다. 9월 정축일에 태조의 내선(內禪)을 받아 임금이 됐다가, 경진년(庚辰年-1400년) 봄 3월에 왕위를 이을 아들이 없었기 때문에 우리 상왕을 책봉해 세자로 삼았다. 그해 가을에 몸이 편하지 못해 우리 상왕에게 왕위를 전하니, 상왕이 인문공예(仁文恭睿)라는 존호를 올렸다.

상왕은 애경(愛敬)으로 효도를 다하여 날이 갈수록 더욱 돈독했다. 대왕의 춘추는 63세요, 왕위에 있은 지는 3년이고, 한가히 있어 몸을 조리하기는 20년이었으니, 이것이 평생의 애(哀)와 영(榮)의 대략이다.'

병오일(丙午日-7일)에 김점(金漸)을 호조판서, 허지(許遲)를 형조판서, 김자지(金自知)를 대사헌, 신상(申商)을 이조참판, 하연(河演)을 예조참판, 김겸(金謙)을 좌군총제(左軍摠制), 최운(崔雲)을 우군총제(右軍摠制), 곽존중(郭存中)을 겸 지병조사(兼知兵曹事)로 삼았다.

임자일(壬子日-13일)에 상왕이 광주(廣州) 고을 서쪽 대모산(大母山)에 행차해서 수릉(壽陵)을 둘러보았다. 명당(明堂)에 이르러, 말에서 내려 이리저리 바라보면서 오랫동안 탄식하다가 돌아왔다.

기미일(己未日-20일)에 사헌부가 낙천정에 나아가, 우균(禹均)이 함부로 자기 직무를 이탈한 죄와 윤곤(尹坤)·윤자당(尹子當)이 평안도에 명을 받들고 가서 능히 군사를 조달하지 못한 죄를 다스리기를 청하니, 상왕이 말했다.

"일찍이 유사(有司-담당 부서)에 명해 만약 나에게 아뢸 것이 있거든 먼저 주상께 아뢰어 나에게 전달하게 했는데, 이제 어찌 갑자기 와서 소를 올리며 (상왕전을 담당하는) 병조는 어찌하여 이를 저지하지 않았느냐?"

임술일(壬戌日-23일)에 형조판서 허지, 대사헌 김자지, 좌사간 유현(兪顯) 등이 소를 올려 말했다.

'이종무와 김양준(金陽俊) 등의 불충한 죄상이 이미 현저한데, 근일 대간이 여러 번 글을 올려 죄주기를 청해도 윤허를 얻지 못하니 대소 신하들이 다 기대를 잃었습니다. 가만히 생각건대, 신 등은 이 두 사람에게 아무런 사사로운 감정이 없고 또 공적인 원망이 없는데도 감히 청해 마지않는 것은, 오직 일국 신민이 함께 하늘을 이고 살 수 없는[不共戴天] 인물일 뿐 아니라 천지와 종사(宗社)에서 함께 베어 죽일 바라서 전하라 하더라도 용서하지 못할 것이기 때문입니다.
불공대천
예로부터 불충한 사람은 반드시 그 당여(黨與)를 없앤 후에야 악한 자가 외로워지는 법입니다. 김훈(金訓)의 불충은 사람이 다 아는 바인데, 종무가 천거해 빼 올려서 적(敵) 가까이로 가게 했고 또 그 아들을 받아서 감히 데리고 서울로 왔기에, 그 연유를 물은즉 원구 (怨咎)하고 분노해서 감히 주상을 원망하는 말을 했으니 그 불충이 명백합니다. 또 박습(朴習)은 종사(宗社)에 죄를 얻어 죽어도 죄가 남 는데도, 양준이 그의 죽음을 애석하게 여긴 것이 언동에 드러났으니 그 불충이 또한 명백합니다. 오직 전하께서 차마 법에 처치하지 않 고, 종무를 다만 외방에 부처해 아직 공신의 반열에 있게 했고 양준 역시 다만 적몰하고 노비로 삼아서 생명을 보존케 했으니, 국민의 바 람에 어긋나고 심히 종사의 대계(大計)에 어긋나는 바입니다. 이것이 신들이 감히 임금의 위엄을 무릅쓰고 두 번째 청해 마지않는 이유입 니다.

엎드려 바라건대 전하께서 대의(大義)로써 결단을 내려 법률대로 죄를 다스림으로써 후인을 징계하시면 종사를 위해 심히 다행한 일 이 될 것입니다.'

정묘일(丁卯日·28일)에 형조판서 허지, 대사헌 김자지, 좌사간 유현 등이 소를 올려 말했다.

'신들이 가만히 생각건대, '만약 불충한 자가 있으면 극형에 처하 는 것이 종사(宗社) 만년의 대계다'라고 했습니다. 이종무로 말하면 이름이 맹적(盟籍-공신 명단)에 있으면서도 도리어 불충의 뜻을 품어 감히 임금을 원망하는 말을 했고, 김양준은 역신(逆臣)의 죽음을 애 석하게 여긴 것이 언사(言辭)에 나타났으니, 이는 모두 실상이나 법률에서 반드시 죽여야 할 바입니다. 전하께서는 특히 살리기를 좋아하는 다움[好生之德]을 가지셔서 차마 법에 처하지 않으시나, 신들의 직책은 법을 다스리는 데 있으므로 죽음을 무릅쓰고 감히 아뢰는 바이오니, 기어이 윤허를 얻은 후에야 말기로 했습니다. 전하께서 신들의 말이 옳지 않다 해서 윤허하지 않으시는 것이라면, 이는 신들을 더욱 실망케 하는 바입니다. 엎드려 바라건대, 전하께서 특히 유음(兪音-그대로 윤허함)을 내리시면 종사를 위해서 심히 다행하겠습니다.'

윤1월

신묘일(辛卯日-22일)에 삼성(三省)에서 소를 올려 말했다.

'이종무가 용서할 수 없는 죄를 범했는데 낮춰 가벼운 처분을 내리셨습니다. 신 등이 이리저리 생각해보았으나, 예로부터 불충(不忠)한 죄를 저지르고도 공신의 반열에 있는 일은 없었습니다. 종무의 죄는 용서할 수 없는 것인데도 다만 벼슬을 갈고 토지를 몰수하기만 했으니, 이는 전하의 지극한 어짊[至仁]이십니다. 그러나 이미 관직을 삭탈했는데도 공신의 칭호가 그대로 있고 공신권(功臣券)이 그대로 있어서 공신의 토지로 먹고산다면, 죄가 중한 데 비해 벌이 가벼워서 대소 신하 중에서 실망하지 않는 사람이 없습니다. 바라건대 공신 명부에서 삭제케 하시고, 그 공신권을 거둬들여 신민의 기대에 보답해주소서.'

2월

병오일(丙午日-8일)에 두 상이 등산곶(登山串) 안에 있는 강무장(講武場)에 들어가서, 우현(牛峴)의 남쪽이자 달달리(達達里)의 북쪽이 되는 곳에 막차를 정했다. 이날 어가가 금강평(金剛平)에 이르러, 상왕이 매를 팔에 올려서 놓아 보내다가 말이 쓰러지는 바람에 떨어져서 몸이 편치 않았다.

4월

신해일(辛亥日-13일)에 예조에서 아뢰었다.

"순효대왕은 전에 온인공용순효대왕(溫仁恭勇順孝大王)이라 일컬었는데, 이제 황제가 공정(恭靖)이라는 시호를 내렸으니 공(恭)자를 둘씩이나 아울러 쓰는 것은 마땅하지 않습니다. 공용 두 자를 빼고 다만 공정온인순효대왕(恭靖溫仁順孝大王)이라 일컫게 하소서."

그것을 따랐다.

신유일(辛酉日-23일)에 상왕이 대사헌 홍여방(洪汝方, ?~1438년)[32],

---

32 아버지는 공신인 판서 홍길민(洪吉旻)이다. 1401년(태종 1년) 문과에 급제했다. 이듬해 원자우동시학(元子右同侍学)이 된 뒤 예문관검열과 사헌부감찰 등을 지냈다. 1410년 지평이 되고, 1414년 집의가 됐다. 이듬해 동부대언(同副代言)과 지형조사(知刑曹事)를 겸했으나, 판결을 잘못한 책임으로 면직됐다. 1415년 복관돼 좌부대언(左副代言)이 된 뒤, 1417년

장령 송인산(宋仁山, ?~1432년)[33], 지평 허척(許倜)을 의금부에 내리라고 명하고, 병조참판 이명덕에게 명해 이조참판 신상(申商)과 형조·사간원의 행수(行首)와 의금부 제조와 합동해서 국문하게 했다. 선지를 의금부에 내려 말했다.

"가뭄이 그리 심하지 않고, 아직 파종하는 것도 끝나지 않았으며, 근일에 또 적은 비도 내리고 하니, 모든 접응하는 절차에 농민에게 번거로운 폐가 없도록 해서 단지 군사 100명 정도를 거느리고 빈 땅에 3~4일간 가려고 했던 것이다. 그런데 이제 여방 등이 말하기를 '때마침 가뭄이 심하므로 밤이나 낮이나 진념(軫念)하셔야 할 것이니, 거둥하시는 것은 마땅치 않습니다'라고 주상에게 고해서 금지

이조참의에 임명됐다. 이어 강원도관찰사가 됐으나 어머니의 병으로 인해 일시 사직했다가, 곧 순승부윤(順承府尹)이 됐다. 1418년 세종이 즉위하자 인수부윤(仁壽府尹)을 거쳐 예조·형조 참판으로 옮겼다. 다음해에는 사은부사(謝恩副使)로 명나라에 다녀온 뒤 대사헌이 됐다. 그러나 병조의 아전(衙前)을 불법으로 책문해서 문외출송(門外黜送)을 당했다. 처음에는 장기(長鬐)에 유배됐다가 다시 장단으로 이배됐다. 1426년에 풀려나서 인순부윤(仁順府尹)·평안감사·한성부윤 등을 거쳐 좌군총제(左軍摠制)가 됐다. 이어 경상도관찰사가 됐으나, 진상한 문어가 정결하지 못하다 해서 파직됐다. 1433년 복관돼 전주부윤이 됐고, 1437년 판한성부사에 올랐다. 이듬해 사은사로 명나라에 가서 명으로부터 예문관 대제학에 임명됐다. 귀국 때는 황제가 칙명을 내려 원유관복(遠遊冠服-먼 길을 움직이는 데 필요한 관리 복장)을 보내주었고, 귀국 후 이조판서가 됐다. 성품이 온화하고 시와 술을 좋아하며, 직언을 잘했다.

33 1412년(태종 12년) 형조좌랑을 거쳐, 1415년에는 의금부도사가 돼 이문간(李文幹)과 함께 민무휼(閔無恤)·민무회(閔無悔)를 체포해 의금부에 가두었다. 이어 사헌부장령(司憲府掌令)을 역임한 뒤에, 1420년(세종 2년) 당시 상왕으로 물러나 있던 태종의 철원 행차를 가뭄 피해가 예상되므로 정지하라고 간언했다가 파직돼 익산에 유배됐다. 그 뒤 곧 풀려나 1425년 사헌부집의(司憲府執義)가 되고, 이어 군기감정(軍器監正)이 됐다. 이듬해 지사간원사(知司諫院事)를 거쳐, 1427년 겸지형조사(兼知刑曹事)가 됐다. 1429년 첨지총제(僉知摠制)·형조참의를 거쳐 1431년 우부대언(右副代言)과 좌부대언(左副代言)을 차례로 역임했다. 성품이 단정하고 충직했으며, 언관의 직에 있으면서 위엄을 떨쳐 세종의 총애를 받았다.

시키라 했다. 무릇 할 말이 있으면 마땅히 내게 친히 고하거나 대신이나 병조에 고해 나에게 전달(轉達)하게 할 것이거늘 마침내 백관을 규탄하는 전례로 주상에게 고했으니, 실로 신하가 위를 공경하는 예절이 아니다. 인산은 갑사(甲士)로써 시위하게 하는 것이 잘못이라고 하니, 반드시 지목하는 바가 있을 것이다. 대체로 백관을 규탄하는 것 같으면 마땅히 서리로 하여금 고과(告課)하게 할 것이지만, 임금의 거동까지도 서리의 고과로써 말할 수 있다는 것이냐? 모두 다 마땅치 못한 일이니 국문해서 아뢰게 하라."

임술일(壬戌日·24일)에 상왕이 풍양에서 낙천정으로 돌아오니, 상이 충량포(忠良浦)에 나아가 맞이했다. 상왕이 목장 가운데에 이르러 말을 세우고, 쫓아오던 재상 조말생·원숙·권도(權蹈)·문효종(文孝宗)·유은지(柳殷之) 등을 말 앞에 나오게 하고서 말했다.

"이제 경들이 나의 소위(所爲)를 진술한 것을 보고 사헌부에서 병조 영사(兵曹令史)를 불러서 나의 거동을 물었다 하니, 이것이 무슨 예(禮)인가? 홍여방은 공신의 아들로서 헌부의 장이 돼, 거만스럽게 나의 거동을 묻고 주상에게 고해 금지시키라고 해서 마치 백관을 규탄하듯이 했으니, 어찌 나를 사랑하고 공경하는 마음이 있다고 할 것인가? 그래서야 나를 옛 임금으로 여긴다고 하겠는가? 옛글에 말하기를 '수레와 말과 하인과 종자(從者)가 명령을 기다리지 않는 이 없다'라고 했는데, 이는 대개 사람이 그저 간다는 말인가?

이제 험악한 소인의 무리가 이것으로써 나를 견제하려 함이다. 내가 비록 어떤 악한 짓이든지 아니함이 없는 극히 못된 사람이라 할

지라도, 어찌 감히 이같이 할 수가 있겠느냐? 인산이 말하기를 '갑사들이 양식을 싸가지고 거둥에 따라가는 것이 제집에서 먹고 있는 것만 같을 수 있느냐?'라고 했다 하니, 예전에는 한 정승의 행차에도 군사가 반드시 호종했었다. 이제 갑사들이 양식을 싸가지고 가는 것만으로도 말이 된다면, 군사는 설치해서 무엇에 쓰려는가? 또 전조 말년에 모든 죄 있는 자를 혹시 유배 보내게 명령했어도 대성(臺省)에서 구속해 붙들어서 보내지 아니하고 다시 국문하려 했는데, 이는 신하로서 임금을 거역하는 것이다. 그러므로 내가 즉위한 뒤부터는 그런 폐단을 개혁하고자 해서, 만일 다시 국문할 일이 있으면 다시 신청하게 하고 마음대로 구속하는 것은 허락하지 않는다고 영을 내렸다. (그런데) 이제 회양부사 이양수(李養修)를 주상이 이미 부임하라고 명했는데도, 헌부에서 공문을 보내 공무를 집행하지 못하게 했으니 지극히 불경한 일이다. 원숙은 근시하는 신하가 되어 어찌 옳고 그른 것을 말하지 않았는가?"

원숙은 황공해 부복한 채 한 마디도 대답하지 못했다. 상왕이 낙천정에 이르니, 박은과 이원이 문안하고 아뢰었다.

"헌부가 매우 무례했으니, 이제 의금부에 하옥하고 국문하는 것이 마땅합니다."

상왕이 집의(執義) 박서생(朴瑞生)과 장령 정연(鄭淵)을 의금부에 하옥하라 명했는데, 이는 여방 등의 공초에 두 사람이 끌려 들어간 때문이다.

계해일(癸亥日·25일)에 의금부 제조 유정현 등이 아뢰었다.

"홍여방 등이 예사로 물어서는 자복하지 않으니, 고문해 문초하겠습니다."

상왕이 말했다.

"그것은 여방이 먼저 주장하고 나머지 사람들이 따라갔을 뿐이다. 어찌 반드시 고문하겠는가?"

○ 의금부에 (상왕이) 선지를 내려 말했다.

"전조의 말년에 모든 유배 보내는 자에 대해 대간(臺諫)이 이졸(吏卒)을 보내서 중로(中路)에서 구속한 뒤 다시 그 죄를 논핵해 국문할 것을 청했으니, 이는 임금이 약하고 신하가 강해서 그런 폐단이 있었던 것이다. 근자에 대간이 회양부사 이양수가 그 직임에 합당하지 못하다고 해서 그 관직을 파면하기를 청했으나, 주상이 허락하지 아니하므로 헌부에서 그 도에 공문을 보내 공무를 집행하지 못하게 했다. 대체 벼슬 주고 녹을 주는 것은 임금[人主]의 대권(大權)이라서 신하가 감히 제 마음대로 못하는 것이니, 임금이 사람 쓰는 것이 비록 부당하더라도 세 번 간했다가 듣지 아니하면 물러갈 뿐이거늘, 이제 헌부의 거동은 특히 신도(臣道)에 어긋남이 있을 뿐 아니라 장차 뒷날의 근심을 열어놓게 될 것이다. 그 일도 함께 아울러 국문해서 아뢰게 하라."

갑자일(甲子日·26일)에 의금부 제조 유정현 등이 옥사의 시말(始末)을 갖춰 아뢰었다.

"홍여방이 애초에 상왕께서 철원에 거둥하신다는 말을 듣고 동료들에게 말하기를 '이제 한참 가뭄이 심하니, 마땅히 밤낮으로 진념하고 공구(恐懼)해 반성하고 마음을 닦아야 할 때다. 마땅히 안정시켜야 할 것이요, 움직이는 것은 부당하다. 시위하는 군사가 비록 간단하게라지만 양식을 싸가지고 다니는 것도 집에서 편히 앉아서 먹는 것만 같지 못하다'라고 하니, 송인산이 말하기를 '내가 경기 경력(京畿經歷)인데, 상왕의 거둥이 백성에게 번거로운 폐해가 되지나 않을까?'라고 했습니다. 박서생·허척은 옳다 그르다 함이 없었고, 정연이 말하기를 '상왕께서는 이미 왕위를 내어놓으시고 한가로이 계시는 터인즉, 거둥하시는 것이 무엇이 해로울 것인가?' 했습니다. 여방이 말하기를 '상왕께서 비록 사직(社稷)을 금상(今上) 전하께 넘겨주셨지만, 그렇더라도 나랏일에 진념하셔야 할 것은 금상과 매한가지이니 불가불 아뢰어야 한다'라고 하고는, 병조 영사(兵曹令史) 안유인(安有仁)이란 자를 불러 상왕이 거둥하시는 방향을 물은 뒤 마침내 허척을 재촉해 상께 아뢰게 했습니다. 여방 등이 이미 군사로써 시위하는 것을 긴요하지 않은 일이라 했고, 또 병조 영사를 불러서 기탄없이 상왕의 거둥을 물었으니, 모두 모반하는 대역죄로 논(論)하기를 청합니다."

즉시 여방의 집을 봉금(封禁)했다. 이명덕이 의금부 옥사의 추고한 상황을 아뢴 뒤에, 조용히 승전(承傳) 내시 이득주(李得珠)와 이야기했다.

"여방이 이미 공초를 마치고 말하기를 '소신이 공신의 자손으로서 평일에 군상(君上)을 향하는 정성을 다른 신하보다 갑절이나 했는데, 어찌 오늘에 그런 큰 죄를 당할 줄 뜻했으랴' 하고는, 마침내 하늘을 우러러 통곡하더라."

상왕이 이 말을 듣고, 다시 여방이 통곡하던 경상(景狀-실상)을 묻고는 선지를 내렸다.

"홍여방은 충의위(忠義衛)의 적을 삭제하고 그 직첩을 환수한 뒤 먼 곳으로 부처하게 하고, 박서생·송인산·정연·허척 등은 관직을 파면하고 먼 곳으로 부처하게 하라."

그래서 여방을 장기(長鬐)로, 서생을 상주로, 인산을 익산으로, 정연을 진산으로, 허척을 영천(永川)으로 각각 유배 보냈다.

5월

을해일(乙亥日-8일)에 상이 풍양 이궁(離宮)에 문안을 갔다. 두 왕이 주연을 베풀었는데, 조연·조말생·이화영·홍부·이명덕·원숙 등이 입시했다. 이들에게 각각 차례로 술을 따라 올리게 하고서, 상왕이 말했다.

"정승 하륜(河崙)은 사람됨이, 남이 잘하는 것은 되도록 돕고 남이 잘못하는 것은 되지 않도록 말리어 충직하기가 비할 바가 없었다. 전번에 내가 선위(禪位)하려고 했을 때는 륜(崙)이 나에게 친히 고하기를, '만일 선위하려고 하신다면 신은 마땅히 진양(晉陽-진주)으로 물러가서 쉬겠나이다'라고 하면서 울고 말렸다. 여러 민씨는 그런 것도 모르고 (우리 사이에) 이간을 붙이려고 모략했지만, 나와 륜의 서로를 허여해주는 사이[相與之際]를 누가 떼놓을 수 있겠는가? 내가 조준(趙浚)을 아끼는 것은 륜을 아끼는 것만 못하니라."

드디어 눈물을 흘렸다.

○ 이순몽이 물러감을 아뢰니, 상왕이 말했다.

"너의 아비의 공로를 생각해서 너에게 절제사(節制使)를 시키는 것이니, 너는 마땅히 근신해야 할 것이다."

이에 앞서 순몽이 점심 수라 때 입시했다가 이명덕과 말하는 중에 "내가 목이라도 매어 죽고 싶다"고 했다. 상이 그가 예절을 모르는 것을 괘씸하게 여겨, 번갈아 입시하는 것을 바꾸게 하고 은근히 불러서 책망한 뒤 그대로 집으로 돌아가서 빈객도 만나지 말고 근신하게 했더니, 헌부에서 탄핵하려 했다. 이때에 이르러 상왕이 말했다.

"빨리 부임해 가서 헌부의 탄핵을 피하라."

6월

임인일(壬寅日-5일)에 상왕이 이종무·이적·임상양·박서생·송인산·정연·허척(許倜)을 용서하고 서울 밖에서 종편(從便)하며 살도록 허락했으며, 병조정랑 권맹손(權孟孫)을 상에게 보내 이 일을 고해서 왕지(王旨)로 시행케 했다.

7월

병자일(丙子日-10일)에 상왕이 원숙을 불러 말했다.

"대비의 병환이 이미 위급하다. 전일에 점쟁이가 해가 없겠다고 했
는데 이제 와서 이처럼 되니, 점괘의 말을 진실로 믿지 못할 것이다."

낮 오시에 대비가 별전에서 훙(薨)하니, 춘추가 56세요 중궁(中宮)
에 정위(正位)한 지 21년이었다. 모든 범절을 한결같이 고례(古禮)에
좇으니, 상이 옷을 갈아입고 머리를 풀고 발을 벗고 부르짖어 통곡
했다. 상왕이 거적자리[苫次]에 나아가 미음을 전하니, 이때 임금이
　　　　　　　　　점차
음식을 진어하지 않은 지 이미 수일이었다. 상왕이 눈물을 흘리며
울면서 권했다.

8월

신유일(辛酉日-25일)에 예조에서 대행후덕왕대비(大行厚德王大妃)의
시호를 원경왕태후(元敬王太后)라 올리고, 능호(陵號)를 헌(獻)이라 하
기를 청했다. 그것을 따랐다.

10월

병오일(丙午日-11일)에 상왕이 이명덕과 원숙을 불러 말했다.

"내 나이 50이 지난 후로는 잠을 편케 못 자고, 밤이 삼경이 되면
다시는 잠을 이루지 못했다. 무술년(戊戌年-1418년) 12월에 수강궁에
있을 때 시녀 장미(薔薇)를 시켜 무릎을 두드리게 했는데, 장미가 두

드리는 것이 마음에 맞지 아니해서 내가 조금 꾸짖었다. 인하여 잠이 들었더니, 장미가 갑자기 조심 없이 두들겨서 놀라 잠을 깨었다. 그 무례함을 미워해서 대비에게 보내 그 정상을 물었으나 실상대로 대답하지 아니하므로, 내가 불러서 친히 물으니 말하기를 '꾸지람하심에 분이 나서 조심 없이 두드렸다'라고 했다. 그 불경함이 컸으나, 내가 집안을 잘못 다스린 것이 부끄러워 숨겨서 드러내지 아니하고 다만 그대로 쫓아버렸다. 벌써 여러 해가 되었으나, 이제 김천(金天)·매룡(邁龍)의 일로 인해 여러 날을 두고 생각해보니 대전(大殿)뿐 아니라 장차 동궁(東宮)을 세울 것이므로 시녀들을 경계함에 엄격하게 아니할 수 없다. 또 주상(主上)의 말을 듣건대 대전 시녀 한 사람이 공비(恭妃)의 복을 찢어버렸다 하니, 그 죄는 장미와 같다. 인명이 중하다지만 우선 참는 것이 어진 일이라고 해서 뒷사람들을 위해 징계하지 않을 수 없으므로, 장차 이 두 사람을 잡아서 물에 넣든지 목을 졸라서 죽이든지 하려 한다. 네가 서울에 돌아가서 삼정승(三政丞)과 변삼재(卞三宰-변계량)와 토의해서 시행하도록 하라."

임자일(壬子日-17일)에 맹사성(孟思誠)을 이조판서, 이지강(李之剛)을 호조판서, 정역(鄭易)을 예문관대제학, 신호(申浩)를 우군총제(右軍摠制), 이흥발(李興發)을 좌군총제, 이종무(李從茂)를 장천군(長川君), 최견(崔蠲)을 우사간대부(右司諫大夫), 김맹성(金孟誠)을 사헌집의(司憲執義), 장윤화(張允和)를 전라도 도관찰사, 서선(徐選)을 경상도 도관찰사, 김점(金漸)을 평안도 도관찰사, 이각(李恪)을 함길도 병마도절제사, 최운(崔沄)을 평안도 병마도절제사, 정경(鄭耕)을 전주부윤(全

州府尹)에 명하고, 또 송희경(宋希景)을 선공감정(繕工監正)으로 삼아 일본에 봉사(奉使)한 공로를 포상했다.

병진일(丙辰日-21일)에 상왕이 말했다.

"일본 국왕이 우리나라에서 영락(永樂) 연호(年號)를 쓰는 것을 책망했으나, 이것은 족히 꾸짖을 것도 없다. 소이전(小二殿)이 우리 변방을 침략하려 하고 또 도도웅수(都都熊壽)가 말하기를 '금후에는 흥리선(興利船)을 나가지 못하게 하겠다' 하니, 그들이 절교할 뜻을 이미 드러냈다. 내가 수군도절제사(水軍都節制使)를 보내 크게 병선을 대비해서 거제(巨濟) 등지의 요해(要害)한 곳에 모아둔 뒤 대마도의 왜인들로 하여금 농사짓기와 고기잡이와 소금 굽는 일들을 와서 하지 못하게 한다면 반드시 그들이 소이전과 함께 항복하기를 청할 것이요, 만약 항복을 아니하면 여러 장수를 시켜 번갈아가면서 들어가 공격함이 옳을 것이다. 내일에 삼의정(三議政)과 변삼재(卞三宰)와 허판서(許判書)를 부르라."

정사일(丁巳日-22일)에 상왕과 상이 유정현(柳廷顯) 등을 불러서 물으니, 박은과 이원이 대답했다.

"일본 국왕의 말은 족히 죄를 따질 것도 없으나, 소이전과 도도웅수의 말은 가증하오니 마땅히 여러 장수를 보내어 엄중히 방비하며 기다려봐서, 만약 곧바로 와서 항복하지 아니하면 들어가 치는 것이 좋을 것입니다. 지금 대마도 사자(使者)와 흥리인(興利人-상인) 등을 다 구류해두게 하고, 구주(九州)에서 온 사자와 이미 구류된 왜인

중에 미약한 자를 가려서 돌아가게 해서 우리 조정에서 병력을 갖춰 사변을 대비하고 있는 뜻을 가서 전하도록 하는 것이 좋겠습니다."

유정현·변계량·허조가 말했다.

"장수를 보내 방비하는 것은 마땅한 일이나, 저쪽에서 온 사신을 구류한다면 우리가 먼저 쟁단(爭端)을 만드는 것이니 불가한 듯합니다."

토의가 끝난 뒤에 주연을 베풀었는데, 효령대군 이보(李)와 한평군 (漢平君) 조연(趙涓)과 총제(摠制) 홍부(洪敷)·이교(李皎)가 같이 입시 (入侍)했다. 술 마시는 사이에 허조가 아뢰었다.

"마음에 품은 바가 있으면서 말하지 않으면 이는 곧지 못한 것 [不直]이라 하겠습니다. 부자가 한곳에 모여서 사는 것은 인정이 다 부직
같을 것이니, 각 관(官)에 안치해둔 왜인(倭人)들을 다 본국에 돌아가 게 해서 저희들 부자간에 만나려는 소원을 이뤄주면 반드시 왜변(倭 變)은 없으리라고 생각합니다."

상왕이 말했다.

"경(卿)의 이 말은 제 한 몸을 위한 것이 아니라 나라를 위해 염려 하는 말이다. 경이 지난날에도 다른 사람을 물리치고 눈물을 흘리면 서 소회(所懷)를 극진히 말하더니 오늘 또 그렇게 하니, 경이 이같이 아니하면 누가 허 판서라 이르겠는가? 이것이 내가 경을 칭찬하는 까닭이다."

여러 신하가 다 나가고 박은과 이원이 모시고 있을 때, 상왕이 말 했다.

"내일 아침에 다시 경들과 같이 수군절제사에 임명할 만한 자를

가려야겠다."

박은이 아뢰었다.

"가리는 것은 상왕 전하 마음에 있을 것이지, 신 등이 어찌 감히 간택하겠습니까?"

박은이 또 스스로 정승 자리를 물러나기를 청하니, 상왕이 말했다.

"내가 주상(主上)으로 인하여 경의 뜻을 알았으나, 다시는 그러한 청을 하지 말라."

또 말했다.

"각기 마음을 다해 주상을 잘 보필하라."

기미일(己未日·24일)에 유장(柳暲)을 좌군동지총제(左軍同知摠制), 윤하(尹夏)·윤득홍(尹得洪)을 우군동지총제(右軍同知摠制), 황한우(黃旱雨)를 인녕부윤(仁寧府尹)에 임명하고, 다시 경상좌우도·전라·충청도에 수군도절제사를 두고 황상(黃象)·성달생·박초(朴礎)·원윤(元胤) 등으로써 임명하고, 우박(禹博)을 경상우도 병마도절제사, 홍상직(洪尙直)을 경성절제사(鏡城節制使), 윤보로(尹普老)를 판진주목사(判晉州牧事)에 명했다.

계해일(癸亥日·28일)에 상이 낙천정에서 돌아왔다. 상왕이 전의감정(典醫監正) 정종하(鄭從夏)를 의금부에 내려 참형에 처했다.

일찍이 의원(醫員) 원학(元鶴)이 상왕전(上王殿)에서 시종했는데, 상왕이 종하가 의술에 매우 능하다는 말을 들었고 또 양홍달(楊弘達)

이란 의원이 너무 늙었으므로, 종하로 하여금 원학과 더불어 번갈아 입직(入直)하게 하고자 원학을 보내 종하를 불렀다. 종하가 상왕의 강명(剛明)을 꺼려 가까이 모시기를 원하지 아니하고 자신할 만한 경험이 없다 해서 나아가지 아니하니, 원학이 다시 사람을 보내서 불렀으나 또 가지 않았다. 곧 의금부에 내려 신문하니, 종하가 말했다.

"상감께서 명철하신데, 만일에 방서(方書)를 물으시면 어찌 대답하오리까? 그래서 가지 못했습니다."

드디어 대역(大逆)으로 논죄해 참형에 처하고 그 가산을 적몰했다.

11월

을축일(乙丑日·1일)에 정사를 보았다. 허조가 아뢰었다.

"대마도의 사자를 어떻게 처리해야겠습니까?"

상이 말했다.

"부왕(父王)께서 말씀하시기를 '대마도가 송희경(宋希璟)을 박대했을 뿐 아니라 또 그들의 말이, 우리가 등차랑(藤次郞)과 삼미삼보라(三未三甫羅)를 돌려보내면 영구히 태평하게 될 것이라 했으니, 그 말이 매우 무례하다. 다시 수군절제사를 보내 수군을 정비해서 거제도에 정박(定泊)해두면 대마도 왜인들이 반드시 항복할 뜻이 있을 것이니, 이렇게 하면 변방에 대한 근심이 없게 될 것이다'라고 하셨다."

변계량이 아뢰었다.

"상왕께서 이미 신 등에게 이 일을 토의하라 하시기에 신 등이 삼의정(三議政)과 같이 토의하니 모두 말하기를 '저들이 비록 무례하나, 그 사신을 구류하는 것은 너무 급하고 절박한 일이다'라고 했으나, 상왕께서 말씀하시기를 '그 사자를 구류해두고 우리 수군을 거제도에 나눠 정박시켜서 위력을 보이면 저들이 반드시 항복해올 것이니, 이렇게 하는 것이 제일 좋은 계책이다'라고 하셨습니다. 신 등이 다 선지(宣旨)를 따르려 했습니다."

평양부원군(平陽府院君) 김승주(金承霆)가 아뢰어 말했다.

"저들이 비록 패역(悖逆)한 말이 있었다 하더라도, 동정(東征)한 뒤부터 저희들이 악한 것은 반성하지 못하고 분이 나서 그런 것이니 족히 책망할 것이 없습니다. 마땅히 듣고도 못 들은 체하고 엄연히 우리만 스스로 강하게 하고 있다가, 저들이 변방에 침범하거든 우리가 우세한 병력으로 대응하면 어찌 이기지 못할 리 있겠습니까? 또 지금 있는 왜사(倭使)가 겨우 20여 명뿐이니, 그들이 가거나 있거나 간에 그다지 보탬이나 손해가 될 수 없습니다."

상이 말했다.

"경의 말대로 그러했다. 내가 이미 다 알았다."

허조가 아뢰어 말했다.

"상왕께서 수군절제사를 명해 거제도에 나눠 정박시키게 하고 그 사자를 구류하고자 하시는 것은, 대마도가 은혜를 잊어버리고 덕을 배반해서 다시 우리 국경을 침범할까 봐서입니다. 만약 먼저 일본을 설유(說諭)하면 저들이 또 대마도를 그르다 해서 배척하게 되어 대마도의 형세가 고립될 것이고, 또 저들이 송희경에게 원망하는 말을 했다 하더라도 정말 그들이 배반하고 있는지는 적실히 모르는 것이

규는 성격이 온후하고 겸손함과 공손함을 지녔으며 생활을 매우 검소하게 하고 사랑과 공경으로 어머니를 섬겼다. 자기 집에 드나드는 사람이 쌀을 훔친 것을 청지기가 붙잡아서 아뢰자, 규는 가난한 선비라 하면서 그대로 그에게 주었다. 조정의 사대부들로서 그가 죽었다는 말을 듣고 애석하게 여기지 않는 이가 없었다. 아들은 권담(權聃)과 권총(權聰)이다. 시호를 제간(齊簡)이라 했는데, 제(齊)는 마음 가지기를 매우 씩씩하게 한다는 뜻이요 간(簡)은 한결같은 다움을 게을리하지 않는다는 뜻이다. 모든 부마(駙馬)가 죽으면 특별한 지시가 있은 연후에 시호를 내리게 되는데, 예조에서 아뢰었다.

"부마는 다른 대신과 견줄 바가 아닙니다. 지금 길창군 규의 상사는 규정에 의해 예장(禮葬)을 지내는 이외에, 빈소를 드리고 염(斂)을 갖추는 기구를 모두 관가에서 준비하되, 홑저고리와 겹저고리 모두 3벌씩, 저고리 깃 1벌, 홑저고리 깃 2벌, 시체를 묶는 데 쓰는 흰모시 3필, 명정(銘旌)감으로 붉은 명주 10척, 혼백감 1필을 마련하고, 장례는 중등으로 하게 하소서."

그것을 따랐다. 이것은 규의 집이 워낙 가난해서 저축된 것이 없었기 때문이다.

5월

계해일(癸亥日·2일)에 상왕이 이질(痢疾)을 앓으니, 상이 풍양궁에 나아갔다. 상왕이 서울에 들어가서 석전(石戰)놀이를 보고자 하니,

박은이 아뢰었다.

"성체(聖體)가 피로하실까 염려됩니다."

상왕이 말했다.

"석전은 내가 보기를 즐겨 하는 것이니, 만약 이 놀이를 보고 나면 어찌 병이 나을는지 아는가?"

기묘일(己卯日-18일)에 상이 상왕을 모시고 낙천정(樂天亭)에 행차해서 오위(五衛)의 진(陣)을 크게 열병(閱兵)했다.

이에 앞서, 상왕이 참찬 변계량에게 명해 옛날의 제도를 상고해서 진법(陣法)을 이룩하게 했다. 상이 대궐 안에서 다시 그린 진법(陣法) 한 축(軸)을 내어주자 변계량이 참고해서 연구해 오진법(五陣法)을 만들어 올리니, 훈련관(訓鍊觀)으로 하여금 이 진법에 의거해서 교습(敎習)하게 했다. 이때에 와서 삼군(三軍)이 변화돼 오진(五陣)이 됐으나, 차례를 잃은 병졸이 없었다. 이미 열병(閱兵)을 하고 나서 그 참에 손으로 서로 치는 놀이[手搏戲]를 보았고, 술잔치를 베풀고 풍악을 연주해서 삼군(三軍)의 장수를 위로했다. 종친·부마, 의정부 당상 이화영·연사종·조말생·김익정 등이 잔치에 배석(陪席)했다.

신사일(辛巳日-20일)에 상이 김익정에게 명해 변계량에게 묻게 했다.

"지금 경이 지은 『진설(陣說)』 안의, 적군(敵軍)에게 응전(應戰)할 즈음에 후위(後衛)가 먼저 나가서 적군에게 응전한다는 설(說)과, 부딪치는 곳에서 먼저 나간다는 설(說)은 모두 한쪽에 치우친 듯하다. 내 생각에는 중위(中衛)의 주장(主將)이 임시로 포치(布置)했다가 혹은 앞으로 가게 하고 혹은 뒤로 가게 하며 혹은 왼쪽이나 혹은 오른쪽으로 가게 해서, 그 주장의 지휘를 따르게 하는 것이 옳겠다."

계량이 아뢰었다.

"후위(後衛)가 먼저 나간다는 설은 오진(五陣)의 본법(本法)에서 나왔으며, 부딪치는 곳에서 먼저 나간다는 설도 또한 제가(諸家)의 진법(陣法)에서 나왔으니, 모두 폐지할 수 없으므로 그 설을 둘 다 두기를 청합니다."

상이 말했다.

"내가 말한 바와 경이 말한 바를 빠짐없이 써서 올려라. 내가 장차 부왕께 아뢰겠다."

계량이 두 조목을 써서 올리자, 윤회(尹淮)를 보내 상왕에게 아뢰었다.

6월

무신일(戊申日-17일)에 상왕이 상과 함께 모정(茅亭)으로 나아가 정사를 보았다. 모정이 심히 좁아서, 오직 조연(趙涓)·조말생·윤회·김익정(金益精)·한혜(韓惠)만이 모시고 앉아 조그마한 술자리를 베풀었다.

경신일(庚申日-29일)에 두 임금이 수정(水亭)에 나아가 정사를 보고, 그 참에 조그마한 술잔치를 베풀었다. 유정현·박은·이원·변계량·조말생·윤회·김익정·권도(權蹈)·곽존중(郭存中)·조숭덕(曹崇德) 등이 모시고서, 도망한 중 적휴(適休)를 돌려보내 줄 것을 청하는 일을 토의했다.

7월

신미일(辛未日·11일)에 전라도 수군처치사(水軍處置使) 박초(朴礎)가 아뢰었다.

"병선(兵船) 22척이 바람을 만나 침몰해서, 물에 빠져 죽은 사람이 10인이고 바람에 밀려가 행방을 알 수 없는 사람이 91인이나 됩니다."

상왕이 이 말을 듣고 눈물을 흘리면서, 첨지총제(僉知摠制) 조치(趙菑)를 전라도 체복사(體覆使)로 삼아서 박초와 여러 포(浦)의 만호(萬戶)를 국문해 보고할 것을 명했다.

계미일(癸未日·23일)에 상왕이 병조에 일러 말했다.

"경녕군(敬寧君)이 주상전(主上殿)에 무시(無時)로 나아가서 뵙고 한원군(漢原君)이 집현전(集賢殿)에서 글을 배우고 있다 하니, 모두 옳지 못한 일이다. 총애(寵愛)함이 여러 아우와 다른 것은 옛날부터 경계하는 바이니, 내가 장차 주상을 보고 이를 말할 것이다."

8월

무오일(戊午日·28일)에 좌의정 박은(朴訔)이 상왕에게 글을 올려 말했다.

'신이 병중에 있으면서 문득 지나간 일을 생각해 성총(聖聰)을 번거롭게 더럽히니 황공해 몸 둘 곳이 없나이다. 지나간 때에 양녕군(讓寧君)이 세자로서 다움이 없어, 신이 유정현(柳廷顯)과 함께 천수(天水)의 송정(松亭)에서 일찍이 밀지(密旨)를 받았습니다. 전하(殿下)가 장차 종묘와 사직의 큰일을 하시려는 것을 알고는, 신 등이 뜻하고 원하던 것이 이미 정해졌구나 해서 얼마 뒤 신 등이 여러 신하를 이끌고 세자를 폐해 밖에다 두기를 청했습니다. 전하께서 큰아들의 어린 아들로 세대를 잇고자 조말생·이명덕 등에 명해 그 뜻을 여러 신하에게 유지(諭旨)하게 하니, 김점(金漸)이 먼저 그 내용을 알고서 여러 신하에게 크게 말하기를 "손자를 세자로 세우려는 상의 뜻이, 이미 작정이 굳어져서 아무리 해도 돌릴 수가 없다"라고 했습니다. 여러 신하가 듣고 감히 다른 말을 하지 못하게 되었으나, 신이 조말생·유정현 등에게 눈짓을 하며 말하기를 "저부(儲副)를 정하는 것은 나라의 큰일이니, 대신 이하로서 어찌 의견을 올리지 아니할 것인가? 또 아비를 폐하고 그의 아들을 세운다는 것이 옛날부터 정해진 법이 있다면 가하거니와, 그렇지 않으면 의당히 뛰어난 이를 가려서 세워야 한다"라고 했더니, 유정현이 곧 말하기를 "일이 일정한 법으로 나갈 때도 있고 권도(權道)로 할 때도 있으니, 마땅히 뛰어난 이를 가려야 한다"라고 했습니다. 그제야 조연·김구덕(金九德)·유은지(柳殷

之)·문효종(文孝宗)·이춘생(李春生)·이발(李潑)·이적(李迹) 등 10여 인이 이에 뛰어난 이를 가리자는 의견을 바쳤습니다. 한상경(韓尙敬) 이하 20여 인은, 혹 상의 뜻에 순종하기도 했고, 혹 점(占)을 쳐서 결정하자고 청하기도 했고, 혹 위에서 결정하게 하자고 하기도 했고, 혹 옛날 법에 의하자고 하기도 했습니다. 조말생과 이명덕이 여러 의견을 갖춰 아뢰었더니 전하께서는 드디어 맏손자를 세운다는 명을 파하시고 마침내 뛰어난 이를 가린다는 의견을 따르시어, 뛰어나고 다움이 있는 분을 명해 동궁(東宮)의 위(位)에 정하시고 잇따라 내선(內禪)의 예를 행하셨습니다.

오늘날의 이같이 빼어난 일은 옛날에도 없던 바입니다. 이는 대개 이 신비한 모책과 위대한 계략이 성상(聖上)의 마음에서 나온 것이요, 여러 신하는 그사이에 아무것도 참여함이 없다 하겠습니다. 그러나 전하께서 매번 큰일을 처리하실 때는, 실로 빼어난 계산[聖算]에서 나왔더라도 그 결단을 공론으로 정하게 해서 일이 작정됨에 이르러서는 거기에 대한 상벌을 논해 권징(勸懲)하시니, 원종공신이라는 것에도 미세한 공로라도 또한 다 빠짐없이 등록하게 했습니다.

신이 망령되게 바라옵나이다. 뛰어난 이를 가리자는 의논에 나선 유정현 등 10여 인과, 나머지 조말생이 갖춰 주선해서 아뢰었던 공들이 원종공신의 밑에 있지는 아니합니다. 병든 신하의 미친 말이라도 혹 취할 것이 있으시다면 정현·말생 등의 충성과 훈공을 상의 재량으로 등분해 병조(兵曹)에 선지(宣旨)해서, 주상 전하에게 아뢰어 그대로 받들어 시행하게 하소서. (이로써) 인심을 수습하시고 뒷세상으로 하여금 전하께서 맏아들을 폐하고 뛰어난 이를 세운 거조가 공론으로 되었다는 것을 알리시고, 또 양녕군(讓寧君)으로 하여금 자신이 공론에서 용납되지 못한 것임을 알게 해서 원망하고 미워함이 없게 하소서. (이와 같이 한다면) 공정한 도리에 있어 실로 다행할 일이라 하겠나이다.

신은 본디 아무런 공훈도 없는데 외람하게도 공신의 반열에 처해 부귀가 이미 극진하게 됐습니다. 신병이 계속되어 요량하오니, 이 세상에 오래 있지도 못할 것을 알겠는데 다시 무엇을 더 바랄 것이 있겠습니까? 다만 받은 은혜가 깊고 무거워서, 비록 보답할 공효가 없고 여러 사람의 구구한 정성처럼은 하기 어렵더라도 진실로 아는 것은 말하지 아니할 수 없는 것입니다. 이 충성을 죽은 뒤에나 알게 하고자 해서 감히 미친 말을 올려 천청(天聽-임금의 귀)을 번번이 더럽히오니, 오직 성명(聖明)께서 불쌍히 여겨서 살피소서.'

상왕이 읽어보고 말했다.

"다른 사람이 이 글을 보면 반드시 한 푼의 값어치도 없는 것이라 할 것이다. 또 그 당시에 큰 의견을 결정하기는 나의 마음에서 나온 것이요 밖의 토의로 된 것이 아니거늘, 은(訔) 등이 무슨 공이 있겠는가? 말생 등은 말만 출납했을 따름이니 또 무슨 공이 있겠는가?"

드디어 그대로 대궐에 머물러두고 정원(政院)에 내리지 않았다.

9월

무진일(戊辰日-8일)에 상왕이 상과 함께 독요포(禿要浦)에서 매사냥을 구경하고, 낮에 중량포(中良浦)에 이르러 술자리를 베풀었다. 양녕대군 이제와 효령대군 이보가 입시했다. 병조참판 이명덕이 우의정 이원의 말을 가지고 상왕에게 아뢰었다.

"12일에 (태상왕으로 올리는) 봉숭(封崇)의 예를 거행하소서."

상왕이 허락했다. 두 임금이 낙천정으로 돌아오자 상왕이 말했다.

"내가 태상(太上)을 사양했던 것에는 세 가지 뜻이 있으니, 첫째는 우리 태조(太祖)가 태상왕이 되었기 때문이요, 둘째는 인덕전(仁德殿)을 태상으로 봉하지 못했기 때문이요, 셋째는 임금다움이 그에 미치지 못하기 때문이다."

10월

무신일(戊申日-19일)에 태상왕이 숙공궁주(淑恭宮主) 김씨(金氏)를 내보내 친정아버지 집으로 돌아가게 하니, 궁주는 김점(金漸)의 딸이다.

태상왕이 근신에게 일러 말했다.

"김점의 범죄를 유사가 방금 국문하고 있는 중이니, 만약 그 딸이 그대로 궁중에 있게 되면 공정한 의(義)와 사정의 은(恩)이 두 가지로 혐의될 것이다. 내가 이제 내보내는 것은 점(漸)을 다른 여러 사람과 같이 대하려는 것이니, 유사(有司)도 여러 사람을 다스리는 예로 다스리게 될 것이다."

곧바로 점의 아들 호군(護軍) 김유손(金宥孫)을 불러 말했다.

"네 아비가 근래에 청렴치 못했다는 말을 듣고 있으니, 궁주(宮主)를 궁중에 있게 하기가 불편하다. 너는 궁주를 데리고 집으로 돌아가라. 만일 네 아비의 범한 것이 사실이 아니라면 변명해서 억울함을 풀고[昭雪] 다시 불러 돌아오게 할 것이다."

이원이 신궁(新宮)에 나아가 내보내서는 안 된다고 말했으나, 태상왕이 일러 말했다.

"탐오한 사람의 딸은 궁중에 둘 수가 없다."

윤허하지 않았다. 의금부 도사(義禁府都事) 김줴(金萃)를 보내 김점을 잡아 오라 하니, 그때에 점은 반송사(伴送使)가 돼 의주(義州)에 가서 돌아오지 않았다. 그러므로 옥관(獄官)이 먼저 사련(辭連)된 사람을 국문하게 된 것이다.

애초에 첨지통례문사(僉知通禮門事) 서적(徐勣)이 평안도 경력(經歷)으로 있다가 불러서 돌아오게 됐는데, 태상왕이 김점의 범죄 사실을 잘 알리라 했기에 불러 물으니, 적(勣)이 점에게 아부도 했거니와 또 점의 말이 많은 것을 두려워해서 사실대로 대답하지 않았다. 호군(護軍) 강방례(姜方禮)가, 점이 사신으로서 돌아올 때 (사람들에게) 강제로 뇌물을 내게 하고는 약재(藥材)를 무역해온 것이라고 보고한 것과, 한서룡(韓瑞龍-김점의 사위)이 오을마대(吾乙麿大)를 유인해서 도피하게 한 것을 갖춰 안다고 했다. 모두 의금부(義禁府)에 가두고 국문하게 했다. 또 평양(平壤)에서 물건 출납을 맡던 자와, 뇌물 바치던 자와, 보아서 아는 자와, 그 밖에 점에게 위협을 당해 재물을 빼앗긴 강실(姜實)·권법이(權法伊) 등과, 점의 노비(奴婢)로서 따라다니며 등짐을 지던 가을비(加乙備) 등을 체포했으니, 이리저리 질문해 간히게 된 자가 수십 명이었다. 가을비는 점(漸)을 도와 나쁜 짓을 하게 하던 자였다.

11월

임술일(壬戌日-3일)에 봉녕부원군(奉寧府院君) 이복근(李福根)이 졸했다. (복근은) 태조의 맏아들 진안군(鎭安君) 이방우(李芳雨)의 아들이다. 태상왕이 종사(宗社)를 안정시킬 때 복근이 자못 공이 있었기에 추충협찬정난정사공신(推忠協贊靖亂定社功臣)으로 책훈(策勳)했으니, 공이 2등으로 봉녕후(奉寧侯)로 봉해져서 후에 부원군(府院君)으로 되었다. 이때에 와서 졸하니, (상이) 3일 동안 조회를 폐하고 소찬(素饌)을 했다. 안간(安簡)이라는 시호(諡號)를 내리고 미두(米豆) 80섬과 종이 200권을 내려주었다. 아들이 둘이니 이기(李頎)와 이석(李碩)으로, 천첩(賤妾)에서 난 사람이다.

정묘일(丁卯日-8일)에 태상왕이 유정현·이원·변계량·허조·조말생·이지강·이명덕·김익정을 불러 술자리를 베풀고 태조의 배향공신(配享功臣)을 의논하니, 유정현 등의 의견은 태상왕의 뜻과 같았다. 이에 김익정을 보내 박은의 집에 가서 물으니, 박은이 말했다.

"남은(南誾)이 비록 공은 있으나 또한 용서할 수 없는 죄가 있으므로, 지금의 신자(臣子)로서는 함께 세상에 살 수 없는 사람이다. 그러나 태상왕 전하께서는 아주 공변되고 지극히 발라서, 공을 생각해서 죄를 용서하며 '태조의 하늘에 계신 영(靈)도 또한 (남은을) 배향(配享)시키고자 할 것이다'라고 하셨으니, 다만 남은만의 영광인 것이 아니라 전하의 아름다운 명예도 또한 뒷세상에 전해질 것이다."

김익정이 돌아와서 아뢰니, 태상왕이 말했다.

"그렇다. 죄가 없다는 것이 아니라 그 공이 큰 것이다."

이에 당나라 태종이 위징(魏徵)[34]을 썼던 일로써 개유(開諭)했다. 이명덕이 아뢰었다.

"남은은 비록 공이 있지마는, 태조만 섬길 줄 알고 오늘날이 있을 줄은 알지 못했습니다. 가령 그 계획이 이뤄졌더라면 어찌 오늘날이 있겠습니까? 신은 마땅히 배향할 수 없다고 생각합니다."

태상왕이 말했다.

"사사로운 원망[私怨]으로 큰 공[大功]을 버릴 수 없다."
（사원）（대공）

마침내 남은과 이제(李濟)에게 시호(諡號)를 내려주도록 명했다.

12월

병신일(丙申日-7일)에 박은을 금천부원군(錦川府院君)으로 삼고, 이원(李原)을 좌의정, 정탁(鄭擢)을 우의정으로 삼았다.

---

34 당나라 태종(太宗)의 명신(名臣)으로, 처음에 태자 건성(建成)을 섬기다가 건성이 실패한 후에 태종을 섬겼다. 건성과 태종이 처음 세력을 다툴 적에, 위징이 건성에게 태종을 제거하려고 권고한 일이 있었다.

이에 앞서 박은의 병이 위중하니, 두 상이 김익정(金益精)을 보내 이원에게 물었다.

"좌의정이 병이 위중하니, 누가 이를 대신할 만한가?"

이원은 찬성 조연을 천거했다. 태상왕이 일러 말했다.

"의정(議政)은 그대와 더불어 옳다 그르다 하며 서로 도와야 하는데, 조연의 사람됨은 종일토록 모시고 앉아 있어도 한마디 말도 옳다 그르다 하는 일이 없다. 청성부원군 정탁은 공신이며 또 들어서 아는 것이 많으니, 박은을 대신할 만하다."

김익정이 대답했다.

"정탁은 재리(財利)에 마음을 두고 있으니, 재상의 직책에는 마땅하지 못합니다."

태상왕이 말했다.

"정탁은 공로가 높고 나이가 많으니, 이 임무에 있으면 어찌 근신(勤愼)하지 않겠는가?"

마침내 정탁을 재상으로 임용했다.

갑인일(甲寅日-25일)에 이거이(李居易)의 아들 이백관(李伯寬)·이백신(李伯信)·이현(李儇) 등의 고신(告身)을 돌려주라고 명했다.

세종 4년(1422년) 임인년

1월

갑자일(甲子日-6일)에 예조에서 아뢰었다.

"삼가 고려의 『상정례(詳定禮)』를 살펴보니 당나라 제도에서 나온 것인데, 체협(禘祫)의 의주(儀注)에 배향공신(配享功臣)의 위차(位次)를 그 평일에 섬긴 선왕의 위차에 따라 각기 한 줄로 했습니다. 첫째 줄에는 태조의 공신 위차를 설치하고, 둘째 줄에는 2세(世) 임금의 공신 위차를 설치하고, 셋째 줄 이하도 이를 모방했습니다. 지금 우리 왕조(王朝)의 배향 공신 위차도 고려의 제도에 의해, 첫째 줄에는 의안군(義安君) 이화(李和), 평양부원군(平壤府院君) 조준(趙浚), 의령부원군(宜寧府院君) 남재(南在), 흥안군(興安君) 이제(李濟), 청해군(靑海君) 이지란(李之蘭), 의성군(宜城君) 남은(南誾), 한산군(漢山君) 조인옥(趙仁沃)의 신주(神主)를 설치하고, 둘째 줄에는 익안대군(益安大君) 이방의(李芳毅)의 신주를 설치하게 하소서."

그것을 따랐다.

임신일(壬申日-14일)에 이직(李稷)을 용서하고, 그 아들 전 소윤(少尹) 이사후(李師厚)를 보내서 성주(星州)로 가서 불러 돌아오게 했다. 태상왕이 근신(近臣)에게 일러 말했다.

"이직은 그 자신이 범한 죄가 있는 것이 아니라 염치용(廉致庸)의 죄를 논한 것이 가벼웠기 때문이다. 그러나 정부에 있으면서 말을 꺼냈으니, 그 마음이 거짓을 품은 것은 아니다. 내가 그때에 민씨(閔氏)의 불충(不忠)한 행위를 미워하고 있었는데, 민무휼(閔無恤)이 곧 이직의 사위인 까닭으로 드디어 이직까지 미워했던 것이다. 그러나 본래 진범(眞犯)이 아니므로 이로써 불러 돌아오게 한 것이요, 그의 딸이 궁중에 들어온 까닭은 아니다."

을해일(乙亥日-17일)에 태상왕이 노한(盧閈)을 불러 뜻을 전해 말했다.

"경은 본래 의심나는 일로 죄를 얻었는데, 내가 지금 용서하니 서울이든지 지방이든지 편리할 대로 거주하라."

사헌부 집의 박안신(朴安臣)이 소(疏)를 올려 그 옳지 못함을 논했으나, 대궐 안에 머물러두고 (유사에) 내려보내지 않았다.

경진일(庚辰日-22일)에 태상왕이 찬성(贊成) 맹사성(孟思誠)을 불러 말했다.

"이거이가 말한 일은, 나를 잊은 것이 아니라 실상은 나를 사랑한 것이다. 또 그때 서운관(書雲觀)에서 천재(天災)와 지변(地變)에 대해 그 감응(感應)을 낱낱이 말했으므로, 거이는 그 설(說)에 미혹됐을 뿐이다. 하물며 그때에, 비록 이백관과 이백신이 외방에 귀양 가 있더라도 청평(淸平-이거이)과 이현(李儇)은 모두 서울 안에 있었다. 만약 죄가 있다면 비록 부마(駙馬)일지라도 어찌 면하겠는가? 노한의 일은 그때 민씨(閔氏)의 일 때문에 모두 내쫓은 것이니, 경들은 다시 말하지 말라."

2월

정미일(丁未日·20일)에 황희(黃喜)가 남원(南原)으로부터 오니, 직첩을 돌려주도록 명했다.

기유일(己酉日·22일)에 사간원 지사간(知司諫) 허성(許誠) 등이 소를 올려 말했다.

'황희(黃喜)는 일찍이 재보(宰輔)가 돼서 난역(亂逆)의 죄를 거짓으로 가볍게 다루었고, 또 위에서 묻는데 곧게 대답하지 아니했으니, 그가 충성스럽지 못하고 곧지 못한[不直] 마음을 품은 것이 말과 행동에 명백하게 나타났습니다. 형(刑)에 처하지 않고 다만 외방(外方)에 내쫓기만 해서 그 목숨을 보전하게 하니 온 나라 신민(臣民)이 실망하지 않는 이가 없었는데, 지금 특별히 용서해 서울로 불러 돌아오게 하니 다만 (사람들의) 보고 듣는 데 놀라울 뿐 아니라 실로 종사의 큰 계책에 어긋남이 있습니다. 삼가 바라건대, 전하께서는 황희를 형에 처해 신하로서 충성스럽지 못하고 곧지 못한 자들의 경계로 삼아야 할 것입니다.'

동부대언(同副代言) 곽존중(郭存中)이 소를 받들고 나아가서 읽으니, 상이 이를 그치게 한 뒤 친히 가져와서 보고는 기뻐하지 않으며 말했다.

"황희의 죄는 처음부터 명칭해서 말할 만한 것이 없고 태상왕께서 스스로 결단한 것일 뿐인데, 경들이 어찌 이를 아느냐?"

좌우의 신하가 모두 아뢰었다.

"신들은 범죄의 명칭을 알지 못합니다."

허성이 대답했다.

"애초에 황희가 상왕의 물음에 대답할 적에 곧지 못한 말로 꾸몄으므로, 그때 대간(臺諫)과 형조에서 소에 상세히 기록해 죄주기를 청해 외방에 귀양 보냈습니다. 그 장계(狀啓)의 초본(草本)이 본원(本院)에 갖춰 있으므로, 신들은 이로써 알았습니다."

상이 말했다.

"아래에 있는 사람이 나랏일에 관해 말할 적에는 진실로 이와 같이 해야 할 것이다. 그러나 황희의 죄를 충성스럽지 못하다고는 논할 수 없으며, 또 이미 서울에 돌아왔으니 이를 고칠 수 없다."

4월

신해일(辛亥日·25일)에, 태상왕의 병환이 여러 날을 끌고 가므로 상이 고기반찬을 들지 않았다.

병진일(丙辰日·30일)에, 문안하는 여러 신하를 금지시키고 군대로써 신궁 주위를 엄하게 호위하게 했다.

5월

정사일(丁巳日-1일)에 태상왕의 병환이 더욱 심해지므로, 상이 걱정하고 두려워해서 참찬 변계량, 전 대사헌 김자지, 봉상소윤(奉常少尹) 정종본(鄭宗本), 공정고부사(供正庫副使) 이통(李通)에게 명해 성요법(星曜法)³⁵으로 길흉을 점쳐보게 했다.

경신일(庚申日-4일)에 태상왕의 병환이 조금 나았다.

을축일(乙丑日-9일)에 금천부원군(錦川府院君) 박은(朴訔)이 졸(卒)했다.

은(訔)은 자가 앙지(仰止)로, 전라도 나주(羅州) 반남현(潘南縣) 사람이며 고려 판전교시사(判典校寺事-전교시 판사) 상충(尙衷)의 아들이다. 태어난 지 여섯 해 만에 부모가 모두 돌아가고 외롭게 자라났다. 조금 장성하자 용기를 내서 글을 읽어, 19세 때 급제해서 후덕부승(厚德府丞)에 임명되고 여러 번 전임해 개성소윤(開城少尹)에 이르렀다. 임신년(壬申年-1397년) 7월에 우리 태조가 개국할 때, 지방으로 나가 지금주사(知錦州事-금주지사)가 됐는데 행정 성적이 제일이었으며, 좌보궐(左補闕)로 전임됐다가 태조 3년에 또 외임으로 가서 지영주사(知永州事-영주 지사)가 됐다. 태상왕이 임금이 되기 전에, 은이 본래부터 (태상왕에게) 마음을 바치고 있었으므로 어느 날 편지를

---

35 병든 날짜를 들어서 병을 알아내는 점서(占筮)의 일종이다.

올려 말했다.

'외람되게도 어리석은 사람이 지나치게 알아주심을 받아 금주(錦州) 3년의 임기를 면하고 조정으로 들어와서 문하부(門下府) 간관(諫官)의 영광을 받았습니다. 갑자기 동료의 탄핵을 받게 된 것은 실로 나의 잘못으로 스스로 취한 것이나, 다시 군직(軍職)을 받게 됐으니 오직 공(公)께서 용서한 덕택으로 생각합니다. 그러나 학문이 넉넉지 못함을 슬퍼하고 말과 행실이 그릇될까 두려워하나, 외롭고 가난하고 병까지 있는 몸일지언정 뜻과 기운이 아직 남아 있습니다. 각하께서 보통 사람으로 대접하지 아니하니 내 어이 보통 사람과 같이 보답하리요. 이미 각하를 위해 이 세상에 태어났으니, 마땅히 각하를 위해 몸을 바쳐야 할 것입니다. 이제 각하는 임금과 운명을 같이할 것이요 나라와 존망(存亡)을 같이할 것입니다. 그러므로 죽고 사는 것을 각하에게 바치는 것은 아첨하는 것이 아니요, 노둔한 자질을 때를 밝히는 데 다하는 것은 몸을 위한 것이 아닙니다. 문객이 수없이 드나듦에 뛰어난 자와 어리석은 자[賢愚]가 같이 드나들 것이로되, 진실로 뜻 있는 사람이라면 그 누가 이렇게 하지 아니하리요.'

태조 6년에 사헌 시사(司憲侍史)에 임명됐는데, 계림부윤(鷄林府尹) 유량(柳亮)이 일찍이 어떠한 일을 가지고 은을 욕했다. 은이 굴하지 아니하고 말했다.

"만일 당신의 나이에 이르면 나도 또한 당신과 같이 될 것인데, 어찌하여 이처럼 곤욕을 주느냐."

얼마 되지 않아 조정에서, 량이 항복한 왜놈과 결탁해 본국을 배반했다 해서 헌부(憲府)를 시켜 다스리게 했다. 그때 집정(執政-권력자)이 생각했다.

"은은 일찍이 량에게 곤욕을 당했으니, 반드시 잘 적발해낼 것이다."

(그래서 은을 사헌 시사에 임명하는) 인사가 있었던 것이다. 은이 대(臺)에 오르게 되자 량이 뜰아래서 쳐다보고는 문득 머리를 숙이고 눈물을 흘렸으니, 은이 반드시 그전 원망을 갚을 것이라고 생각한 때문이다. 형리(刑吏)가 결안(結案)을 가지고 은에게 나오자, 은이 붓을 던지고 큰 소리로 말했다.

"어찌 죄 아닌 것을 가지고 사람을 죽음에 빠지게 할 수 있느냐."

마침내 서명하지 않음으로써 아무 일 없이 량을 보호해 죽지 않게 했다. 뒤에 량이 정승(政丞)이 돼서 은에게 일러 말했다.

"량이 진실로 소인이었다. 그대의 말채나 잡고 나의 평생을 마치려고 한 것이 오래다."

집정이 은을 미워해서 지방으로 내보내 지춘주사(知春州事-춘주 지사)로 삼았다.

태조 7년에 왕자의 난이 일어나자 병사를 이끌고 오니, 태상이 돌아가지 못하게 하고 사헌 중승(司憲中丞)에 임명했다. 정종 원년에 판사수감사(判司水監事)가 됐다가 곧 지형조사(知刑曹事)가 됐다. 2년에 공정왕이 태상을 세자로 책봉(冊封)하자, 인녕부 좌사윤(仁寧府左司尹)과 세자좌보덕(世子左輔德)을 거쳐 좌산기상시(左散騎常侍)로 전임됐다. 태상이 임금이 되면서 형조전서(刑曹典書)에 임명됐고, 태종 원년에 호조전서로 전임됐다. 익대좌명공신(翊戴佐命功臣)의 호를 받고, 교서(敎書)가 내려 포장됐다. 병·이(兵吏) 두 조(曹)의 전서(典書)

를 역임했다. 추충익대좌명공신(推忠翊戴佐命功臣)의 호를 더 받고, 관계가 올라 반남군(潘南君)에 봉해졌다. 2년에 강원도관찰사가 되고, 3년에 한성부윤(漢城府尹)이 됐다가 승추부 제학(承樞府提學)으로 전임했다. 4년에 면직되고 반성군(潘城君)에 봉했다가 곧 계림부윤(鷄林府尹)이 됐으나, 조정에서 공신은 외임으로 내보낼 수 없다 해서 정지시켰다. 6년에 전라도관찰사가 됐는데, 이때 명나라에서 환자(宦者) 황엄(黃儼)을 보내 제주(濟州)의 동불(銅佛)을 구하게 했다. 엄이 가는 데마다 위세를 부리므로 여러 도의 관찰사가 위세에 눌려 시키는 대로 했으나, 오직 은만이 예(禮)대로 대접하니, 엄도 흉악한 버릇을 거두고 감히 방자하게 굴지 못했으며, (서울에) 돌아와서 태상에게 아뢰었다.

"전하의 충신은 오직 박은뿐이었습니다."

얼마 되지 않아 중앙으로 불러올려 좌군동지총제(左軍同知摠制)에 임명했다. 8년에 참지의정부사(參知議政府事)로 사헌부 대사헌을 겸임시켰다. 이때 하륜(河崙)이 좌정승(左政丞)이 되어서 모든 일을 혼자서 결재하니 우정승 이하는 다만 서명할 따름이었는데, 은이 옳지 못한 일이 있으면 륜의 앞에 나아가 옳지 않음을 역설해서 (자기의 의견을) 받아주지 아니하면 서명하지 않았다. 조금 있다가 형조판서로 임명되고, 9년에 반성군(潘城君)으로서 서북면(西北面) 도순문찰리사(都巡問察理使) 겸 병마도절제사(兵馬都節制使)가 됐다. 10년에 왕명을 받고 평양성(平壤城) 수축을 감독했는데, 공사가 끝난 뒤 (준공을) 보고하니 태상왕이 조정 관원을 보내 선온(宣醞-대궐의 술)과 표리(表裏-옷감)를 내려주었다. 돌아와서 병조판서에 임명되고, 다시 대사헌에 임명됐다가 호조판서로 전임됐다. 13년에 금천군(錦川君)으로 고쳐서 봉해졌고, 겨울에 참찬의정부사(參贊議政府事)로서 판의용순금사사(判義勇巡禁司事)를 겸임했다. 이때 옥사의 판결이 여러 사람의 뜻을 따르는 것이 아니라 (형장으로써) 그 정상을 잡으려 하고, 또 심문하는 형장에 일정한 수가 없는 것을 보고는, 일러 말했다.

"형장 밑에서 무엇을 구하여 얻지 못하리요."

곧장 임금에게 아뢰어 심문하는 형장을 한 차례에 30대씩으로 정해서 일정한 법으로 만드니, 사람들이 많은 덕을 보았다. 품계가 숭정(崇政)으로 오르고 이조판서에 임명됐다. 16년 3월에 판우군도총제부사(判右軍都摠制府事)가 되고, 5월에 의정부 우의정에 올랐으며, 11월에 좌의정으로 올라 판이조사(判吏曹事)를 겸했다. 18년에 태상왕이 상에게 선위하려고 했으나 드러내놓고 말하지 못했는데, 은이 (그 뜻을) 짐작해 알고 심온(沈溫)에게 일러 말했다.

"요사이 상의 의향을 그대가 아는가?"

또 말했다.

"임금의 처사는 잘되지 않는 것이 없으니, 끝내 아무 일이 없을 것이다."

그 뜻은 내선(內禪)한다 할지라도 아무 탈 없을 것이라는 말이다. 온이 은의 말을 상에게 알리자 상이 은의 말을 옳게 여기지 않았고, 더욱이 온과 말한 것을 옳게 여기지 아니해 곧 태상왕에게 아뢰었다. 태상왕이 선위한 뒤, 상이 태상왕께 말했다.

"어느 날 은이 내선하는 일을 온에게 말했으니, 이것으로 보면 은은 순결한 신하[純臣]가 아닙니다."
_{순신}

태상왕이 말했다.

"내가 장차 내선하겠다는 말을 했고, 은이 직접 이것을 들은 까닭에 그런 말을 한 것이다."

심온이 죄를 받게 되자, 은이 태상께 아뢰었다.

"온이 이조판서가 되었을 때 자기 사람을 많이 등용했습니다."

태상이 듣고는 잠자코 대답하지 않았다. 그때 사람들이 비웃었다.

"은은 자기를 반성할 줄은 모르고 온이 세력 부린 것만 허물하는구나!"

김점(金漸)이 항상 조정에서 은을 보면 반드시 큰 소리로 말했다.

"그대가 등용한 사람은 다 그대의 집에 드나들던 자요 우리들이 부탁한 사람은 모두 들어주지 아니하니, 옳은 일인가?"

은이 대답할 말이 없었다. 은이 비록 친척을 많이 등용했으나, 조정의 명사를 두루 다 뽑아 썼으므로 남들이 심히 원망하지는 않았다. 은은 췌마(揣摩)[36]하는 재주가 있어서 상의 의향을 잘 맞춰 나갔다. 세종 원년 봄에 태상이 평강(平康) 등지에 행차할 것을 내심으로 작정하고, 은과 유정현(柳廷顯)·이원(李原)을 불러 말했다.

"내가 호위하는 사람을 간편히 해서 잠시 평강에 행행(行幸)하려고 한다."

정현이 말했다.

"이제 농사가 한참 성해, 비록 호위할 사람을 간편히 한다 할지라도 두 임금이 거둥하면 민폐가 많을 것입니다."

---

36 자신의 마음으로 다른 사람의 속마음을 미뤄 헤아린다는 뜻이다.

은이 대답해 말했다.

"상의 말씀이 심히 옳습니다."

원은 두 사람의 말 사이에서 왔다 갔다 했다. 태상이 뜻을 전해 말했다.

"영의정의 말을 내가 공경해 들겠지만, 좌의정의 말인들 또한 어찌 망령된 신하라 하겠는가?"

은의 얼굴빛이 크게 변해 정현과 서로 좋게 지내지 않았다. 3년 12월에 병으로 의정(議政)을 사임하고 부원군(府院君)으로서 자택에서 요양했다. 병이 짙어지자 태상이 약을 보내 문병하고, 또 계속해서 내선(內膳)을 내리고, 또 내옹인(內饔人)을 그의 집에 보내 명했다.

"조석 반찬을 그가 원하는 대로 해주되, 내가 먹는 것이나 다름없게 하라."

태상이 병환 중에 계시면서도 오히려 환관을 보내 문병하게 했다. 은이 태상의 병환이 오래간다는 말을 듣고 울면서 말했다.

"노신의 병이야 어찌할 수 없거니와, 성명하신 임금께서는 만년을 살아야 할 터인데 어찌 이 지경에 이르렀단 말인가!"

작고한 연령이 53세다. 사흘 동안 정사를 보지 아니하고, 관에서 장례를 치렀다. 시호를 평도(平度)라 했으니, 강기(綱紀)를 펴서 다스려 나가는 것을 평(平)이라 하고, 마음이 능히 의(義)를 재량할 줄 아는 것을 도(度)라 했다. 은은 식견이 밝고 통달하며 활발하고 너그러웠으며 의견이 확실했다. 내외의 직을 역임해 업적이 심히 많았는데, 태상왕이 크게 소중히 여겨 큰일을 토의할 때는 반드시 그를 참여시켰다. 아들은 박규(朴葵)·박강(朴薑)·박훤(朴萱)이다.

병인일(丙寅日-10일)에 태상왕이 (연화방(蓮花坊)) 신궁(新宮)에서 훙(薨)하니, 춘추가 56세였다.

태상왕은 귀 밝고 눈 밝으며 특출하고 일에 밝았고, 굳세고 튼튼하며 너그럽고 어질었다[聰明英睿 剛健寬仁]. 경전과 역사를 박람(博覽)해 고금의 일을 밝게 알고 어려운 일을 많이 겪어 사물의 진위(眞僞)를 밝게 알았으니, 한 가지 재주와 한 가지 선행(善行)이 있는 자라 해도 등용하지 아니한 일이 없었다. 선대의 제사에는 반드시 친히 참사했고, 중국과의 교제에는 반드시 정성을 다했다. 재상에게 (국사를) 위임하고 환관을 억제하며 상줄 데 상주고 벌줄 데 벌주어서, 친소(親疎)로써 차등을 두지 아니했고 관직을 임명할 때 연조로써 계급을 올려주지 않았다. 문교(文敎)를 숭상하고 무비(武備)를 닦았으며, 검박한 덕을 행하고 사치와 화려한 것을 없앴다. 20년 동안에 백성이 편안하고 산물이 풍부해 창고가 가득 차니, 해적들이 와서 굴복하고 예의가 음악이 바르고 고르게 됐으며 (모든 법의) 강령이 서고 조목이 제정됐다. 성품이 신선과 부처의 도를 좋아하지 아니해서, 사사(寺社)를 개혁해 노비를 거두고 전답을 줄였으며 원경왕태후의 초상에는 유학의 예법을 준행하고 불사(佛事)를 하지 않았다. 다만, 칠재(七齋)만 배설하게 했는데 모두 검약하게 했으며, 능 옆에는 사찰을 건축하지 못하게 했다. 근신에게 일러 말했다.

"이 능은 백세 뒤에 내가 들어갈 데이니, 더러운 중들을 가까이 오게 할 수 없다. 칠재(七齋)도 배설하지 않아야 할 것이나, 다만 명나라에서 부처를 신봉하므로 대국을 섬기는 나라로서 선뜻 달리할 수 없다."

제릉(齊陵) 곁에 여막(廬幕)을 짓고 3년상(三年喪)을 마치고자 했는데, 임신년 봄에 태조(太祖)께서 서쪽으로 행차했다가 병에 걸려 돌아오니 달려와서 탕약(湯藥)을 받들어 모셨다. 공양왕(恭讓王)의 신하들이 그 틈을 타고 경복(傾覆-기울이거나 뒤집어엎음)하기를 꾀해 형세가 매우 위급했으나, 태종이 시기에 응해 변(變)을 제압하고 그 괴수(魁首)를 쳐서 없애니 모든 음모가 와해되었다. 가을 7월에 여러 장상(將相)과 더불어 대의(大義)를 제창해 태조를 추대(推戴)하니, 집을 바꿔 나라를 만들어 정안군(靖安君)에 봉(封)해졌다.

갑술년 여름에 명나라 고황제(高皇帝)가 태조의 친아들을 보내도록 명하자, 태조(太祖)가 우리 태종(太宗)이 경서(經書)에 능통하고 예(禮)에 밝아서 여러 아들 중에 가장 뛰어나다고 해서 즉시 보내 명에 응(應)했다. 명나라에 이르러 황제에게 아뢴 것이 황제의 뜻에 맞았으므로, 황제가 예로써 우대해 돌려보내 주었다.

무인년(戊寅年) 가을 8월에 태조가 편찮으시니, 권신(權臣)들 가운데 집안끼리 무리를 짓고 붕당(朋黨)을 모아서 유얼(幼孼)을 끼고, 정권을 잡아서 자기들의 뜻을 마음대로 펴고자 하는 자들이 있었는데, 화(禍)의 발생이 임박해지자 태종이 기미(幾微)를 밝게 알아 모두 없애버렸다. 그때에 종친(宗親)과 장상(將相)들이 모두 우리 태종을 세자로 삼기를 청했으나 태종이 굳게 사양하고, 공정왕(恭靖王-정종)을 추대해 높여서 위로 태조에게 청해 세자(世子)에 책봉(冊封)하게 함으로써 종묘(宗廟)와 사직(社稷)을 안정시켰다.

9월 정축(丁丑)에 태조(太祖)가 병이 낫지 않으므로 공정왕(恭靖王)에게 선위(禪位)했다. 건문(建文) 경진년 정월(正月)에 역신(逆臣) 박포

(朴苞)가 동기(同氣)를 살해할 음모를 내어 몰래 방간(芳幹) 부자(父子)를 유인해서 군사를 일으켜 난(亂)을 일으키니, 태종이 군사를 거느리고 이를 평정한 뒤 박포를 베고 나머지는 모두 석방했으며 방간을 안치(安置)해 의친(懿親)의 정을 폐하지 아니했다. 공정왕(恭靖王)이 후사(後嗣)가 없고, 또 개국(開國)과 정사(定社)가 모두 우리 태종의 공적이라 해서 세자(世子)로 책봉하고, 겨울 11월에 또한 병으로 우리 태종에게 전위(傳位)했다.

사신을 명나라에 보내 고명(誥命)을 청하자, 다음해 신사년 6월에 건문제(建文帝)가 통정시승(通政寺丞) 장근(章勤) 등을 보내, 고명(誥命)과 인장(印章)을 받들고 와서 우리 태종을 왕(王)으로 봉(封)했다. 겨울에 홍려시 행인(鴻臚寺行人) 반문규(潘文奎)를 보내 면복(冕服)을 하사했는데, 그 직질(職秩)을 친왕(親王)과 같게 했다. 임오년 겨울에 지금의 황제(皇帝)가 즉위하자 좌정승 하륜(河崙)을 보내 등극(登極)을 하례하니, 황제가 충성을 아름답게 여겨 이듬해 계미년 4월에 도지휘사(都指揮使) 고득(高得) 등을 보내와서 고명(誥命)과 인장(印章)을 하사하고 그대로 왕(王)으로 봉(封)했다. 가을에 한림 대조(翰林待詔) 왕연령(王延齡)을 보내와서 곤면(袞冕) 9장(九章)[37]과 금단사라(錦段紗羅)와 서적(書籍)을 하사하니, 태조에게는 금단사라를, 원경왕태후(元敬王太后)에게는 관포(冠袍)와 금단사라를 각각 차등 있게 내려주었다. 이로부터 그 뒤로 황제의 하사함이 거듭 이르러 해마다 거르

---

37 조선 시대에 임금의 정복인 면류관과 곤복에, 의(衣)에는 산(山)·용(竜)·화(火)·화충(華虫)·종이(宗彝) 다섯 가지를 그리고 상(裳)에는 마름·분미(粉米)·보(黼)·불 네 가지를 수놓는 것을 말한다.

는 때가 없었다.

을유년에 한양(漢陽)이 태조께서 도읍한 곳이라 하여 여러 의논을 물리치고 환도(還都)했다.

정해년에 황제가 정조 사신(正朝使臣)에게 말하기를 "조선 국왕이 지성(至誠)으로 사대(事大)한다"라고 했고, 그 뒤부터 매양 사신이 이를 때를 당하면 문득 임금의 지성을 칭찬했다.

무자년 5월에 태조가 안가(晏駕-임금의 죽음)하니, 슬퍼하고 그리워하기가 끝이 없었다. 양암(諒闇-부모의 상중)에 거처하면서 상장(喪葬)을 예(禮)로 했다. 사신을 보내 부고(訃告)를 알리니, 황제가 몹시 슬퍼하고 조회를 파(罷)했다. 또 예부 낭중(禮部郎中) 임관(林觀) 등을 보내와서, 제사에 대뢰(大牢)[38]로써 사제(賜祭)하고 시호(諡號)를 강헌(康獻)이라 내려주었으며 태종에게 칙서(勅書)를 내려 후하게 부의(賻儀)를 하사했다.

임진년 겨울에 왕씨(王氏)의 후예(後裔)로서 민간(民間)에 숨었던 자가 있어 상언(上言)하니, 유사(攸司)에서 베기를 청했다. 그러나 태종이 말하기를 "제왕(帝王)이 일어남은 천명(天命)이 있는 것이니, 왕씨의 후예를 죽인 것은 우리 태조의 본의가 아니었다"라고 하고, 이에 하교(下敎)하기를 "왕씨의 후예로서 생존한 자들은 그들로 하여금 각각 생업(生業)에 안정하게 하라"라고 했다.

갑오년 6월에 감로(甘露)가 함흥부(咸興府) 월광(月光) 구미리(仇未

---

38 나라 제사 때 소를 통째로 제물로 바치는 일을 말한다. 처음에는 소·양·돼지를 함께 바치는 것을 대뢰라고 했으나, 뒤에는 소만 바치게 했다.

里)와 정평(定平) 백운산(白雲山)에 내렸다. 이듬해 을미년 4월에 감로 (甘露)가 또 함흥부(咸興府) 덕산동(德山洞)에 내렸다. 우리 동방(東方)에서는 전고(前古)에 없었던 일이므로 정부에서 함께 전(箋)을 올려 하례했으나, 임금이 받지 않았다.

무술년 6월에 세자 이제(李禔)가 패덕(敗德)했으므로 폐하여 양녕 대군(讓寧大君)으로 봉하고, 우리 전하가 총명하고 효도하고 우애가 있고 학문을 좋아해서 게을리하지 않아 나라 사람들이 촉망(屬望)하므로 세자로 책봉(冊封)해서, 중국에 아뢰니 황제가 윤허했다. 이해 8월에 우리 전하에게 선위(禪位)하고 사신을 보내 고명(誥命)을 청했다. 11월에 우리 전하께서 책보(冊寶)를 받들어 호(號)를 '성덕신공상왕(聖德神功上王)'이라 해서 바치었다. 이듬해 기해년 1월에 황제가 홍려시 승(鴻臚寺丞) 유천(劉泉) 등을 보내 고명(誥命)을 받들고 우리 전하를 왕(王)으로 봉(封)했다.

5월에 대마도(對馬島)의 왜구(倭寇)가 변경을 침범해 군사를 죽이거나 노략질하니, 영의정 신(臣) 유정현(柳廷顯)과 장천군(長川君) 신(臣) 이종무(李從茂) 등에게 명해 주사(舟師-수군)를 거느리고 가서 토벌하게 하니, 대마도의 왜적이 성심으로 복종하기를 전과 같이 했다.

8월에 황제가 사신을 보내어 사연(賜宴)했는데, 칙서(勅書)의 대략은 이러했다. "왕의 지성(至誠)이 돈독하고 후(厚)해, 삼가 중국 조정을 섬기기를 한결같은 덕(德)과 한결같은 마음으로 처음부터 끝까지 게을리하지 않았으며 능히 어진 사람을 고르고 덕(德) 있는 사람에게 명해 종묘(宗廟)·사직(社稷)이 의탁(依託)할 데가 있게 하니, 나

482

라 사람들의 소망에 부응(副應)했다"라고 했고, 또 우리 전하에게 사연(賜宴)했는데, 칙서(勅書)는 대략 이러했다. "그대의 아비가 독후(篤厚)하고 노성(老成)해 천도(天道)를 삼가 공경하니, 충순(忠順)의 정성이 더욱 오래갈수록 변하지 않았다."

9월에 공정왕(恭靖王)이 즉세(卽世-사망)하니, 참최복(斬衰服)을 입고 역월(易月)의 복제(服制)를 마쳤다. 사신을 보내 부고를 알리니, 이듬해 4월에 황제가 사신을 보내 치제(致祭)하고 시호를 "공정왕(恭靖王)"이라 내렸다. 이해 봄에 우리 전하께서 군신(群臣)을 거느리고 태상왕(太上王)의 호를 올리도록 청했으나, 윤허하지 않았다.

가을 7월에 원경왕태후(元敬王太后)께서 훙(薨)하니, 우리 전하께서 심히 슬퍼함이 예(禮)에 지나치므로 (태종께서) 역월(易月)의 복제를 따르도록 명했으나 전하께서 눈물을 흘리고 울며 굳게 사양했다. 이에 명하여 장례 뒤에는 최복(衰服)을 벗고 백의(白衣)로 복제(服制)를 마치게 했다. 9월 임오(壬午)에 태후를 광주(廣州)의 관내 대모산(大母山)에 장사지내고 능을 "헌릉(獻陵)"이라 했다.

신축년 가을 9월에 우리 전하께서 책보(冊寶)를 받들어 태상왕의 호(號)를 바치었다. 10월에 태종에게 품신(稟申)하니, 원자(元子) 향(珦)을 책봉해 세자로 삼도록 명했다.

태종은 좀처럼 세상에 없는 뛰어난 자질로서 성학(聖學)에 밝았으며, 효도와 우애가 신명(神明)에 통하고 정성과 공경은 종묘(宗廟)와 사직(社稷)에 이르렀다. 사대(事大)하는 일은 천자가 그 지성(至誠)을 칭송했고, 교린(交隣)하는 일은 왜국(倭國)이 그 도(道)가 있는 데 복종해왔다. 하늘을 흠모하고 백성을 불쌍히 여겼으며, 검소함을 숭상하고 비용을 절약했으며, 덕(德)과 예(禮)를 먼저 하고 형벌을 삼 갔으며, 충직(忠直)한 이를 등용하고 간사한 이를 내쳤으며, 이단(異端)을 물리치고 음사(淫祀)를 금지했으며, 고금(古今)을 참작해 제도를 정했으며, 문교(文敎)를 밝게 하고 무비(武備)를 엄하게 했다. 쌓였던 폐단을 모두 개혁해 모든 공적(功績)이 다 빛나고, 사방(四方)을 안도(按堵)해 백성이 편안하고 산물이 풍족하니, 제왕(帝王)의 도(道)가 아! 성하였도다. 그 황제의 사랑을 얻음이 융성했던 것과, 두 번씩이나 감로(甘露)의 상서(上瑞)를 얻었던 것도 마땅하다 하겠다. 임인년 4월에 비로소 몸이 편찮아서 5월 병인(丙寅)에 이궁(離宮)에서 훙(薨)했다. 우리 전하께서 애통함을 이기지 못해 3일 동안 철선(輟膳)하니, 군신(君臣)들이 체읍(涕泣)하면서 진선(進膳)하기를 청했으나 마침내 허락하지 않았다. 3년상(三年喪)으로 정하고, 역월(易月)의 제도를 쓰지 않았다.

태종은 춘추가 56세이고, 왕위(王位)에 있은 지 19년이었다. 왕위를 물려주고 한가하게 거(居)하면서 정양한 지 5년 만에 갑자기 승하(昇遐)하시니, 대소 신료(大小臣僚)에서 아래로 복례(僕隷)까지 목이 메어 울지 않는 이가 없었다. 세월이 오랠수록 더욱 슬퍼하니, 마치 고비(考妣-돌아가신 자기 부모)의 상사(喪事)와 같이 했다.

아, 슬프도다! 이해 9월 초2일 병진(丙辰)에 존호(尊號)를 "성덕신공문무광효대왕(聖德神功文武光孝大王)"이라 하고, 묘호를 "태종(太宗)"이라 했다. 초6일 경신(庚申)에 원경왕태후(元敬王太后)의 능에 합장(合葬)했으니, 이것은 유명(遺命)이었다.

중국에 부음(訃音)을 알리자 황제가 애통해하며 철조(輟朝)했고,

특별히 예부 낭중(禮部郎中) 양선(楊善) 등을 보내어 사제(賜祭)했는데 그 글은 대략 이러했다.

"오직 왕이 독후(篤厚)하고 지성(至誠)하며 총명하고 현달(賢達)해, 삼가 중국 조정을 섬겨서 충순(忠順)한 마음이 처음이나 끝이나 변함이 없었다. 부음(訃音)이 멀리 들리니, 진실로 깊이 애도(哀悼)하노라."

또 고명(誥命)을 하사해 시호를 '공정(恭定)'이라 했다. 또 전하에게 내린 부의(賻儀)가 넉넉하고 후(厚)했다. 대개 우리 태종의 공덕의 성함과 우리 전하의 효성의 지극함이 전후에서 서로 이어서 황제의 마음을 잘 누린 까닭으로 시작과 마지막 때에 있어서 남달리 총애(寵愛)하는 은전(恩典)이 이와 같았으니, 그 갖춤이 지극하다 하겠다.

중궁(中宮) 원경왕태후(元敬王太后)는 성(姓)이 민씨(閔氏)로 여흥(驪興)의 세가(世家)였다. 고려의 문하시랑평장사(門下侍郎平章事) 문경공(文景公) 휘(諱) 민영모(閔令謨)로부터 6세(世)인 황고조(皇高祖) 휘(諱) 민종유(閔宗儒)에 이르러 의릉(毅陵-충숙왕)을 도와서 도첨의시랑찬성사(都僉議侍郎贊成事)로 벼슬했고, 시호는 충순공(忠順公)이었다. 충순공(忠順公)은 황증조(皇曾祖) 판밀직사사(判密直司事) 시호 문순공(文順公) 휘(諱) 민적(閔頔)을 낳았으며, 문순공(文順公)은 황조(皇祖) 대광(大匡) 여흥군(驪興君) 휘(諱) 민변(閔抃)을 낳았으며, 대광(大匡)은 황고(皇考) 순충동덕찬화공신(純忠同德贊化功臣) 대광보국숭록대부(大匡輔國崇祿大夫) 여흥부원군(驪興府院君) 수문전대제학(修文殿大提學) 영예문춘추관사(領藝文春秋館事) 시호 문도공(文度公) 휘(諱) 민제(閔霽)를 낳았다. 어머니 송씨(宋氏)는 삼한국대부인(三韓國

大夫人)에 봉(封)해졌는데, 고려 중대광(重大匡) 여양군(礪良君) 휘(諱) 송선(宋璿)의 딸로, 선(善)을 쌓아 경사(慶事)가 돌아와서 이에 숙덕(淑德)을 낳았다.

(태후는) 총명하고 지혜로움이 남보다 뛰어났으므로 곧 계년(笄年-처음 비녀 꽂는 해)이 되자 짝을 골라, 와서 우리 태종의 빈(嬪)이 되었다. 태종이 젊을 때 세상을 구제하려는 뜻이 있어서 마음을 경전(經典)과 사기(史記)에 두고 가산(家産)을 돌보지 않았는데, 태후가 능히 집을 다스리는 데 검소하게 하고 주궤(主饋-음식을 주관함)에 삼가서 그 공(功)을 이루도록 힘썼으니, 많은 아들을 가르쳐서 의방(義方-마땅함과 반듯함)을 따르게 하고 첩(妾)과 시녀를 예로 대우함으로써 부인의 도리를 극진히 했다. 홍무(洪武) 임신년(壬申年)에 정녕옹주(靖寧翁主)로 봉(封)해졌다. 무인년(戊寅年)에 태종이 정사(定社)할 때 형세가 심히 외롭고 위태로웠는데, 태후가 마음을 다해 도와서 큰일을 이루게 했다. 경진년(庚辰年) 봄에 정빈(貞嬪)으로 봉(封)해졌고, 그해 겨울에 태종이 즉위하자 정비(靜妃)로 봉해졌다. 영락(永樂) 계미년(癸未年)에 황제가 관포(冠袍)를 하사했으니, 이 해로부터 정유년(丁酉年)까지 황제의 하사(下賜)를 받은 것이 모두 다섯 번이었다. 무술년(戊戌年) 겨울에 우리 전하가 호(號)를 "후덕왕대비(厚德王大妃)"라 바치었고, 경자년(庚子年) 9월에 시호(諡號)를 "원경왕태후(元敬王太后)"라 올렸다. 춘추는 56세였다.

태후는 유한(幽閑)하고 정정(貞靜)한 덕(德)을 타고났다. 태종에게 능히 짝이 되어 내치(內治)에 오로지해서 20년 동안 궁중의 법도[壺儀]가 엄숙하고 화목(和穆)했으며, 또 빼어난 아들[聖子]을 낳아
곤의   성자

486

종묘와 사직을 맡도록 해서 영광스러운 봉양(奉養)을 누리었다. 홍(薨)하자 빈(嬪)·잉(媵)·첩(妾)·시녀(侍女)들이 마음을 다해 비통해하지 않는 이가 없었다. 부인(婦人)으로서 모의(母儀)가 지극했으니, 4남 4녀를 낳았는데 우리 전하는 셋째다. 장자는 곧 제(禔)이고, 다음은 보(補)이니 효령대군(孝寧大君)에 봉해졌고, 다음은 종(種)이니 성녕대군(誠寧大君)에 봉해졌으나 먼저 졸(卒)했다. 장녀(長女)는 정순공주(貞順公主)이니, 청평부원군(淸平府院君) 이백강(李伯剛)에게 시집갔는데 같은 이씨(李氏)가 아니다. 다음은 경정공주(慶貞公主)이니, 평양부원군(平壤府院君) 조대림(趙大臨)에게 시집갔으며, 다음은 경안공주(慶安公主)이니, 길창군(吉昌君) 권규(權跬)에게 시집갔으나 또한 먼저 졸(卒)했다. 다음은 정선공주(貞善公主)이니, 의산군(宜山君) 남휘(南暉)에게 시집갔다.

의빈(懿嬪) 권씨(權氏)가 1녀를 낳았는데 정혜옹주(貞惠翁主)이니, 운성군(雲城君) 박종우(朴從愚)에게 시집갔다.

소혜궁주(昭惠宮主) 노씨(盧氏)가 1녀를 낳았는데, 아직 어리다.

신녕궁주(信寧宮主) 신씨(辛氏)가 3남 7녀를 낳았는데, 장남 인(䄄)이 공녕군(恭寧君)에 봉해졌으며 나머지는 아직 어리다. 장녀 정신옹주(貞信翁主)는 영평군(鈴平君) 윤계동(尹季童)에게 시집갔고, 다음은 정정옹주(貞靜翁主)이니 한원군(漢原君) 조선(趙璿)에게 시집갔고, 다음은 숙정옹주(淑貞翁主)이니 일성군(日城君) 정효전(鄭孝全)에게 시집갔고, 나머지는 모두 아직 어리다.

궁인(宮人) 안씨(安氏)가 1남 3녀를 낳았는데, 모두 아직 어리다.

김씨(金氏)가 1남을 낳았는데, 비(裶)이니 경녕군(敬寧君)에 봉해졌다.

고씨(高氏)가 1남을 낳았고, 최씨(崔氏)가 1남 1녀를 낳았고, 이씨(李氏)가 1남을 낳았고, 김씨(金氏)가 1녀를 낳았는데, 모두 아직 어리다.

우리 중궁(中宮) 공비(恭妃) 심씨(沈氏)는 문하시중(門下侍中) 휘(諱) 심덕부(沈德符)의 넷째 아들 심온(沈溫)의 딸인데 4남 2녀를 낳았으니, 장남은 곧 세자(世子)이고 나머지는 모두 아직 어리다.

양녕대군(讓寧大君)이 김한로(金漢老)의 딸에게 장가들어 3남 1녀를 낳았으나, 모두 아직 어리다.

효령대군(孝寧大君)이 전 판중군도총제부사(判中軍都摠制府事) 정역(鄭易)의 딸에게 장가들어 4남을 낳았는데, 모두 아직 어리다.

성녕대군(誠寧大君)이 전 전라도 도관찰사(全羅道都觀察使) 성억(成抑)의 딸에게 장가들었으나 자식이 없다.

정순공주(貞順公主)가 1녀를 낳았는데, 용양시위사(龍驤侍衛司) 호군(護軍) 이계린(李季疄)에게 시집갔는데, 역시 같은 이씨가 아니다.

경정공주(慶貞公主)가 4녀를 낳았는데, 장녀는 돈녕부 승(敦寧府丞) 안진(安進)에게 시집갔고, 다음은 유학(幼學) 김중암(金仲淹)에게 시집갔고, 나머지는 아직 어리다.

경안공주(慶安公主)가 2남을 낳았는데, 장남은 한성소윤(漢城少尹) 정연(鄭淵)의 딸에게 장가들었고, 다음은 아직 어리다.

정선공주(貞善公主)가 2남 1녀를 낳았는데, 모두 아직 어리다.

경녕군(敬寧君)이 호조참의(戶曹參議) 김관(金灌)의 딸에게 장가들어 2남을 낳았으나, 모두 아직 어리다.

공녕군(恭寧君)이 병조참판(兵曹參判) 최사강(崔士康)의 딸에게 장가들어 2녀를 낳았으나, 모두 아직 어리다.

신이 간절히 보건대, 우리 태종의 성대한 다움과 높은 공로는 진실로 이미 백왕(百王)의 위에 높이 뛰어났으며, 배필(配匹)의 어짊과 내조(內助)의 공(功) 또한 촉도(蜀塗-험한 인생길)의 길고 험난함과 더불어 부서(符瑞)를 같이해서 아름다움을 짝할 만한 것이었다. 군신(群臣)들이 다 능(陵)의 신도비(神道碑)에 명(銘)을 새겨 영세(永世)에 밝게 보이기를 원하므로 전하께서 신(臣) 변계량(卞季良)에게 명하시니, 신 변계량이 명을 받들어 삼가고 두려워하나 감히 사양하지 못해 삼가 배수(拜手)하고 계수(稽首)하여 명(銘)을 바친다.

하늘이 해동(海東)을 사랑해 우리 태종을 내려주셨네.
부지런하신 태종께서 성한 덕(德)을 몸에 지녔네.
거룩한 아버지를 추대해 능히 위대한 공업을 이루고
이에 황제의 조정에 조근(朝覲)하여 아뢰니
황제가 따르고 용납했네.
황제의 은총(恩寵)을 넉넉히 입어 백성을 보호했도다.
기미(幾微)를 훤하게 알아 난(亂)을 평정하고
적장(嫡長)을 이에 높였다네.
비록 집안싸움을 만났으나 우애가 오히려 두터웠네.
효제(孝悌)의 지극함은 전고(前古)에 듣기 드물었네.
오직 다움이 두텁고 오직 공(功)이 성하니
천감(天鑑-하늘이 살펴봄)이 매우 밝아 이에 거듭 보우(保佑)하셨네.

휘황찬란한 금보(金寶)가 전후(前後)에 빛나고 황제의 고명(誥命)이 잇달아 이르니

내가 이에 왕위를 받았네.

할아버지의 훈계에 오로지 복종해 한북(漢北)에 환도(還都)하고

예악(禮樂)을 제작하니 밝게 빛나도다.

상(喪)을 당해 여막(廬幕)에 살면서 애모(哀慕)함이 끝이 없고

장례(葬禮)와 제례(祭禮)를 옛 법대로 식(式)을 삼았네.

중국 조정을 공경해 섬기니

황제가 지성(至誠)함을 칭송했네.

엄숙히 제사를 받드니 신명(神明)에 감응했네.

교린(交隣)함에 도(道)가 있으니 왜방(倭邦)이 내정(來庭-조정에 찾아옴)했네.

왕씨(王氏) 후예(後裔)를 불쌍히 여겨 그 생업(生業)을 이루게 했네.

중외(中外)가 평안한 지 20년을 내려오니

촉촉한 감로(甘露)가 해마다 함흥부(咸興府)에 내렸도다.

혼매(昏昧)한 이를 폐하고 덕(德) 있는 이에 명해 백성의 임금을 삼았도다.

오랜 세월을 향수(享壽)해 아버님이 이 땅에 임(臨)하기를 기약했더니

어찌 빈천(賓天-임금의 죽음)을 재촉해 한 병이 낫지 않았던가?

슬프고 슬프도다.

빼어난 아드님이 몹시 애통함이 비할 데 없도다.

철선(輟膳)을 3일 동안 하고 상심을 이기지 못하네.

무릇 온갖 상사(喪事)를 오직 예(禮)대로 이행했네.

황제가 듣고 몹시 슬퍼해

사자를 보내어 제사 지내며

시호(諡號)를 주어 포장(襃獎)해 높이고

부의(賻儀)를 내려줌이 매우 융숭했네.

휼전(䘏典-장례의 법도)을 갖춰

신공(臣工)에게 시호(諡號) 내림을 기뻐하도다.

태후(太后)를 생각하고 사모하니

진실로 숙옹(肅雝-삼가고 화합함)했네.

정사(定社)함을 비밀히 도우니 진실로 크게 총명한 이의 짝이었고

성철(聖哲)한 아들을 낳아 종묘(宗廟)의 제사를 주관하게 했네.

하늘처럼 건전하고 밝으심은 공정대왕(恭定大王)의 덕이요

땅처럼 후(厚)하고 바르심은 원경왕후(元敬王后)의 법칙이네.

살아서는 금슬(琴瑟)의 벗이요

죽어서는 같은 땅에 묻히었네.

자손이 번성하니,

아아! 그 기린(麒麟) 같은 자손이 끊이지 않고

종묘 제사를 억만년 이어가리.

신이 절하고 사(詞)를 바치니, 굳고 단단한 돌에 새겨 만세토록 마멸(磨滅)되지 않고 우리 동방(東方)에 비추게 하소서.'

KI신서 10012

이한우의 태종실록

1판 1쇄 인쇄 2021년 12월 15일
1판 1쇄 발행 2021년 12월 29일

옮긴이 이한우
펴낸이 김영곤
펴낸곳 (주)북이십일 21세기북스
출판사업부문 이사 정지은
인문기획팀 양으녕 최유진
디자인 표지 씨디자인 **본문** 제이알컴
출판마케팅영업본부장 민안기
마케팅2팀 엄재욱 나은경 정유진 이다솔 김경은 박보미
출판영업팀 김수현 이광호 최명열
제작팀 이영민 권경민

출판등록 2000년 5월 6일 제406-2003-061호
주소 (10881) 경기도 파주시 회동길 201 (문발동)
대표전화 031-955-2100 **팩스** 031-955-2151 **이메일** book21@book21.co.kr

(주)북이십일 경계를 허무는 콘텐츠 리더

21세기북스 채널에서 도서 정보와 다양한 영상자료, 이벤트를 만나세요!
페이스북 facebook.com/jiinpill21   포스트 post.naver.com/21c_editors
인스타그램 instagram.com/jiinpill21   홈페이지 www.book21.com
유튜브 youtube.com/book21pub

서울대 가지 않아도 들을 수 있는 **명강**의! 〈서가명강〉
유튜브, 네이버, 팟캐스트에서 '**서가명강**'을 검색해보세요!

© 이한우, 2021

ISBN 978-89-509-9844-8 (04900)
        978-89-509-7105-2 (세트)